U0361985

高等院校精品课程系列教材

广东省精品教材

投资学原理及应用

INVESTMENT PRINCIPLES AND APPLICATIONS

|第4版|

贺显南 编著

图书在版编目（CIP）数据

投资学原理及应用 / 贺显南编著．—4 版．—北京：机械工业出版社，2020.1（2023.7 重印）
（高等院校精品课程系列教材）

ISBN 978-7-111-64527-6

I. 投… II. 贺… III. 投资经济学－高等学校－教材 IV. F830.59

中国版本图书馆 CIP 数据核字（2019）第 300327 号

本书保持了前 3 版的特色，书中材料、数据和分析主要基于中国当前投资市场，力图将投资学理论和投资实践融为一体，以使其适合中国学生学习。在本书的修订过程中，作者将许多高校教师的意见和建议融入其中。为使高校教师能够更好地将本书用于教学，作者开发提供了配套练习题、试卷、阅读材料和视频材料。

本书适合高等院校金融学、管理学、经济学类学生使用，也可以作为证券、金融实务工作者了解投资学的参考用书。

出版发行：机械工业出版社（北京市西城区百万庄大街 22 号 邮政编码：100037）
责任编辑：杜 霜　　责任校对：李秋荣
印 刷：河北宝昌佳彩印刷有限公司　　版 次：2023 年 7 月第 4 版第 10 次印刷
开 本：185mm×260mm 1/16　　印 张：21
书 号：ISBN 978-7-111-64527-6　　定 价：49.00 元

客服电话：（010）88361066 68326294

作者简介

About the Author

贺显南，武汉大学经济学博士，广东外语外贸大学金融学院教授，广州市华南财富管理中心研究员，长期从事资本市场和投资银行方面的教学与研究，出版专著《中国证券市场焦点问题研究》《中外投资银行比较》等，主持和参与国家课题两项。

贺显南教授有在投资公司任职以及为多家银行客户开设投资策略讲座和金融理财讲座的经历，曾经在《经济日报》开辟投资者教育专栏，在《中国证券报》《上海证券报》《证券时报》《金融时报》《瞭望》《中国软科学》等报刊就中国投资市场现实问题和未来发展发表论文50余篇，涉及国有股减持、新股发行方式改革、中国股市大辩论、合格机构投资者培育、股市操纵行为、股市政策调控、股市做空机制、限售股解禁和减持等方面。有多篇论文被中国人民大学复印报刊资料《投资与证券》全文转载，并且一些论文的观点体现在日后出台的监管政策中，如1998年12月发表于《中国软科学》的论文《中国股市庄家操纵行为研究及其政策建议》提出，要控制纯炒作性高送转，高送转要与企业成长和业绩相联系，这些观点在2018年11月23日沪深交易所发布的《上市公司高比例送转股份信息披露指引》中得到了充分体现。

前言
Preface

从2016年11月将第3版《投资学原理及应用》书稿交付出版社算起，又过了三年多，按照大约3年一个出版周期的计划，第4版《投资学原理及应用》于2020年初如期出版了。第4版《投资学原理及应用》保持了2011年7月第1版、2014年4月第2版和2017年4月第3版的特色，书中材料、数据和分析主要基于中国投资市场最新发展，力图将投资学理论和投资实践融为一体。

《投资学原理及应用》是专门针对中国高等学校学生学习投资学或证券投资学所设计的入门教材，其既有别于一些被认为理论性不足、仅仅局限于投资操作的教材，又有别于一些过度关注理论严谨、数理推导与投资实践相脱节的教材，目的在于让学生真正理解投资并学会投资的基本方法。本教材被不同类属高等学校广泛用作本科教材或金融专业硕士入学考试参考用书的事实表明，不论是研究型大学、教学研究型大学，还是应用型大学，都已经认同：《投资学原理及应用》对不同类属高等学校的学生学习投资学或证券投资学，有广泛的适用性或重要的参考价值。

一、对第4版教材所做的重要修订

相比第3版教材，作者在第4版中进行了大量修订：

第1章增加了四大投资准则相互关系研究；明确了投资哲学在投资活动中的重要性；将《投资学原理及应用》写作特色和应用指南由参考资料改写为教材正文，以提高教师和学生使用教材的效率。

第2章详细分析了累积投票制的博弈过程；梳理了限售股演变脉络；将可转换债券单列为一节，以体现其在中国投资市场日益突出的重要性；增加了对各类投资产品特性的比较分析。

第3章分析了股票发行注册制下投资市场的新均衡状态，介绍了中国科创板的发展，深入研究了股票高送转的三种理论解释。

第 4 章增加了投资期间资金变化时计算投资收益率的时间加权方法和资金加权方法；介绍了股权质押和商誉减值等新型非系统风险，以及风险控制工具——在险价值；分析了投资风险和投资收益的非对称关系。

第 5 章用更典型的投资组合案例，替换原有引导案例；对投资组合的基本含义进行了拓展，阐述了资产配置和证券选择的四种组合形态；根据投资者效用函数，推导出投资收益是投资风险的二次函数。

第 6 章增加了对最优风险投资组合内部结构的数学解析；根据 CAPM 模型推导出均衡价格公式，解释了 CAPM 被称为资本资产定价公式的原因，分析了资产定价高低与收益率高低的反向变化关系；从数学上推导了套利定价模型。

第 7 章将博傻理论作为噪声理论的案例，明确了投资人行为是理性与情感的综合，增加了过度短视和低价股幻觉行为分析，介绍了适应性市场假说。

第 8 章删除了折现率、现值和终值等债券基础知识的介绍，增加了债券交易的全价和净价分析、久期变化的六大法则、凸性及其对债券价格变动的调整，完善了房地产投资分析案例的假设条件。

第 9 章增加了国外信息和国内信息的分类，以及影响行业兴衰的各种因素分析，对股权激励计划、股票回购、员工持股计划、企业并购进行了初步研究。

第 10 章用更有市场影响的乐视网案例，替换华泰股份作为引导案例；用导数证明了股利分配对不同类型上市公司投资价值的不同影响；对不同类型上市公司盈利预测的可信度进行了分类研究，新增了预测公司未来每股收益的营业收入回归分析法和每股收益趋势线法。

第 11 章对股市价量关系进行了较深入的研究，提出了价量结合的四种形态；增加了趋势线、缺口和岛形反转分析方法，技术分析风险控制方法；强化了技术分析必须和基本面分析相结合的理念，提出了好公司好股票、好公司坏股票、坏公司好股票和坏公司坏股票四种典型组合形态。

第 12 章增加了期货合约基本要素的介绍，用案例阐释了期货的高投机性。

第 13 章用更有时代特色的类期权案例，替换原有较陈旧的引导案例；增加了欧式看跌期权的影响因素分析；介绍了对敲策略的实际应用。

第 14 章是新增加的一章，其回应了第 1 章投资学是对四大投资准则深入研究的观点，对投资学理论按照四大投资准则的线索进行了归纳，对投资绩效进行了评估和归因分析，对投资成败的投资策略原因进行了研究。

总体而言，第 4 版教材较第 3 版教材更加充实和完善。对于目前正在使用第 3 版《投资学原理及应用》的老师，切换到第 4 版非常容易。

二、感谢陪伴和支持《投资学原理及应用》成长的老师们

在第 4 版教材出版之际，作者特别要感谢北京航空航天大学谢岚、北京第二外国

语学院张金宝、广东财经大学王学武、金陵科技学院熊发礼、上海师范大学王铮诤、云南财经大学刘锡标、浙江理工大学赵治辉等老师，他们的批评和意见促使《投资学原理及应用》不断成长。

作者还要对使用《投资学原理及应用》作为教材的学校和相关教师表达谢意。由于这些学校和教师名单主要来自机械工业出版社的不完全统计，可能存在一定疏漏，对此作者深表歉意。下面学校和教师的排序，以各学校校名汉语拼音第一个字母为序：

安徽师范大学经济管理学院　侯德帅
北京第二外国语学院国际商学院　张金宝
北京工商大学嘉华学院　秦艳梅
北京航空航天大学经管学院　谢岚
北京交通大学海滨学院　王宏达
北京师范大学珠海分校
保山学院数学学院　李凯敏
包头师范学院经管学院　朱艳坤
长春财经学院　张克
长春大学旅游学院　田春雨
成都东软学院　蓝天、杨琬琳
成都理工大学工程技术学院　王茂超
重庆工商大学财政金融学院　贺莉萍
东莞理工学院城市学院　姜洪涛、姜加强
对外经济贸易大学　马祥苍
电子科技大学成都学院　杨巧敏
福建江夏学院　赖明发
福州师范大学
广东白云学院信息学院　李春平
广东财经大学金融学院　王学武
广东工业大学管理学院　贺晋
广东工业大学经贸学院　尹梅
广东海洋大学寸金学院
广东金融学院经济贸易学院　甘小立、梁涛
广东培正学院　简逸蓉
广东外语外贸大学
广东外语外贸大学南国商学院金融系　李仕安
广西科技大学　叶志锋
广西师范大学
广西师范大学漓江学院　李根宏
广州大学华软软件财会系　李妍
湖北大学商学院　杨克明
河北大学
河北工业大学经济管理学院　李延军
河北金融学院　刘莉
河北师范大学商学院　魏占杰
菏泽学院　张素云
华东交通大学理工学院　熊成文
海口经济学院
海南大学　丁浩
河南理工大学　牛枫、张琳琳
湖南工程学院经济学院　罗晶
华南理工大学广州学院经济学院　丁慧
惠州学院经管学院　黄文娣
荆楚理工学院经济与管理学院　王坤
吉林师范大学经济学院　赵洪丹
金陵科技学院商学院　熊发礼
江苏信息职业技术学院　唐琪
江西财经大学金融学院　钟小林
嘉兴学院商学院　王喜
辽东学院
吕梁学院　冯珊珊、赵艳艳
辽宁大学经济学院
闽江学院经济管理学院　林嘉华

南昌航空大学　熊晴海
南京师范大学　陈文军
南京邮电大学
南阳师范学院　张晓锋
内蒙古大学经济管理学院　张彻
内蒙古工业大学经济管理学院　周艳明
内蒙古建筑职业学院　杨淑芝
内蒙古科技大学　吕跃聪
四川大学工商管理学院　吴岚
四川大学锦城学院财会学院　龙敏
四川大学锦江学院
四川农业大学
韶关学院经管学院
上海财经大学浙江学院金融与统计系　刘昱
上海师范大学商学院　王铮诤
宿迁学院　嵇正龙
山西大学经管学院　李志伟
山西工商学院金融学院　侯安平
山西能源学院　徐英
山西师范大学经济管理学院　高文军、郭泽英
沈阳工业大学（中央校区）经济学院　李倩
天津理工大学中环信息学院经济与管理系　张媛媛
铜陵学院金融学院　赖涛昌
太原工业学院经管系　郭永珍
武汉工商学院管理学院　聂新田
西安欧亚学院
西华大学管理学院　王翊
西华大学经济学院　黄煦凯
西南大学经济管理学院　张晓川
西南科技大学经济管理学院　刘丽雪
厦门工学院商学院　葛晓伟
延边大学经济管理学院　朴基石
宜春学院经济与管理学院　邓婉琦
仰恩大学经济学院　林双妹
云南财经大学　刘锡标
云南师范大学经济学院　叶育甫
浙江大学经济学院　邹小芃
浙江理工大学经济管理学院　赵治辉
浙江师范大学经济与管理学院　冯朝前
浙江万里学院商学院　田剑英
中国传媒大学经济与管理学院　曲小刚
中山大学南方学院经济系　林学宏
中山大学新华学院　刘双凤、王金鹏
郑州成功财经学院商学系　夏元燕
郑州工业应用技术学院商学院　赵红丽

三、期待老师和同学们给予更多的批评和支持

据作者不完全统计，国内高等学校使用的投资学或证券投资学教材至少超过100种，这些教材中有引进的国外经典教材，有国家规划教材，还有大量的高校教师自编教材。在众多教材充分竞争的背景下，《投资学原理及应用》能够得到近百所高等学校教师的青睐，甚至被带到国外用作外国学生学习中国投资学的教材，其最重要的原因是，中国高等教育现代化发展迫切需要有中国特色的本土原创教材，这种需求与作者在2011年出版的第1版《投资学原理及应用》前言中所确定的写作教材的三大目标高度吻合：①理论与实践深度融合；②具有鲜明的中国时代特色；③可复制、可操作的投资策略和投资方法。

作者将继续砥砺前行，以工匠精神不断修订《投资学原理及应用》，同时殷切希

望继续得到老师们的大力支持，帮助本教材不断完善，每3年新版出来都能更上一层楼，不断向最适合中国大学生学习投资学或证券投资学的本土原创教材的目标迈进。

作者还希望，老师们能够对与第4版《投资学原理及应用》配套的《投资学原理及应用第4版习题集》提出更多批评。这本习题集的写作目的是帮助同学们更好地理解教材内容。习题集中的一些习题完全由作者设计，没有参考资料可以借鉴，且由于使用时间较短，可能存在诸多不完善之处。

对于教材的使用者——同学们，作者首先感谢你们尊重知识产权，使用正版教材和习题集。同时，作者还期待你们从读者角度对教材和习题集多提意见。实际上，自第1版《投资学原理及应用》出版以来，就有不少同学通过邮件或当面向作者提出意见。这里特别要赞赏我教授的广东外语外贸大学张景润同学，他将教材和习题集作为研究和批判的对象，提出了一些建设性意见。

我始终在等待老师们和同学们的批评和意见，对你们的意见我必将第一时间回复。我的邮箱是：200210483@ oamail. gdufs. edu. cn。

贺显南

2019年10月于广州白云山下

教学建议
Suggestion

教学目的

本课程教学目的在于让学生了解基本投资产品，理解投资市场运行机制，掌握基本投资理论，学会用投资学理论指导实际投资活动。

前期需要掌握的知识

经济学、货币金融学、概率论、微积分等课程相关知识。

课时分布

根据各专业要求不同，课程可以安排每周 2 学时或 3 学时，总学时分别为 34 学时或 48 学时。课程强调学生自学。每周 2 课时着重讲授课程重点和难点。每周 3 课时可在 2 课时的基础上增加案例和现实投资问题的分析和探讨。具体安排如下：

教学内容	学习要点	总学时		案例及视频材料使用建议
		34 学时	48 学时	
第 1 章 导论	(1)收益和风险的关系 (2)牛熊市周而复始 (3)适应市场的生存法则 (4)分散投资	1 学时	3 学时	视频材料《华尔街之六》、上海交易所模拟炒股平台、浏览中证指数有限公司、中国财经信息网、巨潮资讯网等网站

（续）

教学内容	学习要点	总学时		案例及视频材料使用建议
		34 学时	48 学时	
第 2 章 各具特色的投资产品	(1)明确股东的责任和权利 (2)限售股和非限售股的关系 (3)可转换债券主要条款 (4)基金主要分类 (5)了解期货、期权的基本特性	2 学时	3 学时	引导案例、炒股软件、视频材料《蓝色梦想－第三篇－交易型开放式指数基金－01》《警惕金融衍生品陷阱》等
第 3 章 投资市场运行	(1)公司发行股票的利益及约束 (2)认识盘面变化 (3)融资融券保证金比率计算 (4)除权的含义及实践价值	2 学时	3 学时	引导案例、炒股软件
第 4 章 投资收益与投资风险	(1)资金不变及资金变动的收益率 (2)年化收益率基本原理及公式 (3)实际数据计算收益率和方差 (4)用专家估计推算收益率和方差 (5)变异系数及其应用	2 课时	3 课时	引导案例、视频材料《世纪骗局之一：末日神话》和《蓝色梦想－第八篇－证券投资风险》等
第 5 章 投资组合	(1)投资组合收益率计算 (2)协方差、相关系数 (3)投资组合风险计算 (4)可行集、有效集基本形态 (5)无差异曲线和最优投资组合	4 学时	5 学时	引导案例、视频材料《教你做基金投资组合》
第 6 章 风险定价理论	(1)市场组合的性质及实践价值 (2)贝塔系数含义及实践价值 (3)CAPM 模型及其应用 (4)单指数模型和多因素模型 (5)套利定价理论及其应用	4 学时	5 学时	引导案例
第 7 章 有效市场假设、行为金融学与适应性市场假说	(1)随机游走假设 (2)有效市场假设含义及三个层次 (3)有效市场争论及其实践意义 (4)投资人基本行为假定 (5)适应性市场假说	1 学时	2 学时	引导案例
第 8 章 债券投资分析	(1)债券定价基本公式推演 (2)债券价格变化六大定理 (3)到期收益率及其计算 (4)久期计算及其应用 (5)凸性计算及其应用	5 学时	6 学时	引导案例
第 9 章 股票投资信息分析	(1)信息分类 (2)信息背后的利益博弈 (3)信息分析方法	1 学时	2 学时	引导案例、视频材料《吕小奎先生做客浙江经视》
第 10 章 股票价值分析	(1)三大财务报表及主要财务指标 (2)戈登模型及其实际应用 (3)市盈率计算及市盈率高低评判 (4)PEG 公式及其应用 (5)对股票投资价值分析报告的使用	4 学时	5 学时	引导案例

（续）

教学内容	学习要点	总学时		案例及视频材料使用建议
		34 学时	48 学时	
第 11 章 技术分析	(1)技术分析及其三大假设 (2)量价关系和时空关系 (3)常见的技术分析方法 (4)技术分析中的风险控制 (5)对技术分析的争论	2 学时	3 学时	引导案例、炒股软件、视频材料《财富非常道：技术的力量(下)——技术之美》等
第 12 章 期货市场	(1)期货保证金制度和逐日盯市制度 (2)期货价格与未来即期价格关系 (3)现货 - 期货平价定理 (4)股指期货及其在实践中的价值	2 学时	3 学时	引导案例、视频材料《土豆网：带您参观芝加哥期货交易所》《国债 327 事件》
第 13 章 期权市场	(1)期权合约的要素和分类 (2)期权内在价值和时间价值，期权到期时损益图 (3)期权价格影响因素 (4)看跌 - 看涨平价定理及其应用 (5)期权和标的股票的组合	3 学时	4 学时	引导案例、《期货的起源》《期货的境外发展》等上海交易所关于期权的系列视频
第 14 章 投资总评和投资策略选择	(1)四大投资准则贯穿于全部投资学理论 (2)对投资绩效的评估和归因分析 (3)投资策略选择	1 学时	1 学时	—

目 录
Contents

第1章
CHAPTER 1

导　论

§本章提要

投资收益和投资风险形影相随；牛熊市周而复始；尊重市场、适应市场是投资人的生存法则；分散投资可有效降低投资风险。四大投资准则密切相连。《投资学原理及应用》按照投资人需求研究投资学问题，将投资学理论与投资实践融为一体。

§重点难点

- 明确投资收益和投资风险的相互关系
- 理解牛熊市周而复始的经济规律
- 了解尊重市场、适应市场和分散投资降低风险的投资准则
- 理解四大投资准则的内在联系

仰望天空时，什么都比你高，你会自卑；俯视大地时，什么都比你低，你会自负；只有放宽视野，把天空和大地尽收眼底，才能在苍穹泛土之间找到你真正的位置。

——佚名

假设你有稳定收入，希望打理好自己的钱财，以应对未来各种紧急需要，以及购置房屋、国内外旅行、子女教育、养老等特定需求。你知道普通中国人理财的主要途径有：

- 提供多种收支服务且有稳定利息收入的银行储蓄，以及各种银行和互联网金融理财产品；
- 防御各种天灾人祸并能积攒一笔不菲养老金的保险产品；
- 规避不时出现的通货膨胀威胁的有效工具——黄金；
- 能够分享中国经济蓬勃发展成果的股票、基金；
- 可以吸纳大量资金且长期有升值潜力的房产；

……

当你把资金投放或配置在上述一种或多种产品时，你就在投资。**投资**（investment）就是为了在未来获取更多资金，或规避资产价值大幅波动带来的风险，而在今天将资金投放在各种投资产品上。

在所有投资产品中，股票、债券、基金等证券产品特色鲜明：

（1）投资股票、债券等证券产品的资金门槛较低，特别适合中小投资者。

（2）投资股票等证券产品所需信息容易获得，交易非常便捷。

（3）买卖股票等证券产品所需交易费用低廉。

（4）投资股票、债券等证券产品长期收益率高，如在1802年将1美元投资于黄金、债券和股票，则到2006年的最终价值分别为1.95美元、1 083美元和755 163美元。[一]

虽然证券产品投资便捷、长期投资收益率高于其他投资产品等鲜明特色使其深受众多投资人青睐，但证券价格短期波动极大，证券市场运行非常复杂，做好证券投资需要理解并灵活运用有关投资理论和投资方法。在导论中，我们将主要以证券投资尤其是股票投资为例，阐述投资市场的四大投资准则、四大投资准则之间的内在联系以及使用四大投资准则的基本方法。需要说明的是，四大投资准则虽然主要以股票等证券产品进行分析，但其实际上几乎适用于所有投资产品。此外，我们还将阐述本教材的写作特色及使用指南，以帮助读者更好地学习投资学理论。

1.1 投资收益和投资风险形影相随

投资时须有明确的目标，投资目标主要由投资人购置房屋、国内外旅行等现实需求决定。不同投资人的具体投资目标可能不同，但实现投资目标都要赚钱，获得投资收益。中外投资界有一些获得极高投资收益的传奇人物，如美国股神巴菲特[二]、金融大鳄索罗斯[三]、量化投资大师西蒙斯[四]，中国股神林园[五]、杨百万[六]等。这些传奇人物的事迹被广泛传诵，其投资方法被众多投资者模仿和学习。

但是，投资收益着眼于未来，而资产的未来价格波动经常与投资人预期相反：当投资人预期资产价格上涨而买入后，资产价格却下跌甚至大幅下跌；当投资人预期资产价格下跌而卖出后，资产价格却上涨甚至持续上涨。我们将资产价格大幅波动特别是下跌称为投资风险。在投资市场因价格下跌遭受投资亏损甚至严重亏损的不仅有数不胜数的普通投资人，而且世界名人和公众人物也大有人在，如科学巨匠牛顿投资英国南海公司股票赔上10年薪水，英国前首相丘吉尔在一天之内几乎赔光投入股市的本钱，中国香港影星李嘉欣在

[一] 西格尔．股市长线法宝（原书第4版）[M]．范霁瑶，译．北京：机械工业出版社，2009.

[二] 巴菲特1930年8月30日出生于美国内布拉斯加州奥马哈市，7岁开始阅读父亲有关股票的书籍，11岁开始购买股票。巴菲特运作伯克希尔公司的53年间（1965—2018），公司净资产年均增长率达20.41%。

[三] 索罗斯1930年8月12日出生于匈牙利布达佩斯一个犹太人家庭。他所管理的量子基金在1969年到2012年间年复利收益率为30.23%。索罗斯善于利用金融动荡牟取暴利，故被称为金融大鳄。

[四] 西蒙斯生于1938年，是文艺复兴科技公司的掌门人。从1988年到2015年，他管理的大奖章基金年均净回报率高达35%，比同期标准普尔500指数年均回报率高出20多个百分点。

[五] 2009年3月20日凤凰网《调查中国“股神”林园的“股道”之行》报道：林园1989年开始接触股票，以8 000元进入股市，到2007年资金增值到20多亿元。

[六] 杨百万真名杨怀定，在1988年从事国库券买卖赚取其人生第一桶金而成名，随后成为上海滩第一批证券投资大户，并在1998年被中央电视台评为“中国改革开放二十年风云人物”。

2008 年股市大跌中损失近半，等等。

早在 2001 年，北京电视台“证券无限周刊”栏目记者杜欣根据中国投资市场现实编撰了《输家 · 赢家》[㊀] 一书，其扉页上的警示语形象地阐释了投资收益和投资风险的紧密关系：如果你爱他，把他送到股市，因为那儿是天堂；如果你恨他，把他送到股市，因为那儿是地狱。

基于投资收益和投资风险的密切关系，每个投资人进入投资市场时必须权衡：我希望获得多高的投资收益？我能够并且愿意承担多大的投资风险？在投资实践中，专业投资人在权衡某项投资的投资收益和投资风险时，更加重视投资风险，投资逻辑更加清晰：这项投资的风险有多大？这项投资的收益有多高？为了获得预期收益，值不值得承担相应的投资风险？

投资界通常认为，投资人在权衡投资收益和投资风险时有风险偏好、风险中性和风险厌恶三种选择：

（1）**风险偏好者**（risk seekers）在预期投资收益一定时，喜好风险较高即价格波动大的投资产品。

（2）**风险中性者**（risk-neutral individual）只考虑预期投资收益高低，不顾及投资风险大小。

（3）**风险厌恶者**（risk averter）在预期投资收益一定时，倾向购买风险较低的投资产品。

大部分投资人都有风险厌恶倾向，这已为各种实证研究所证实。我们仅以 2002 年诺贝尔经济学奖得主丹尼尔 · 卡尼曼（Daniel Kahneman）所做的一个心理学实验加以说明。这个实验是：

给被测试者 50 美元，然后抛硬币：当硬币头面朝上，再给被测试者 50 美元；当硬币头面朝下，拿走给被测试者的 50 美元。被测试者也可以不接受抛硬币游戏，直接拿走 50 美元。实验结果是，大部分被测试者在预期收益均是 50 美元的情况下，选择直接拿走 50 美元这种风险小的策略。

风险厌恶型投资人分为高风险厌恶、中等风险厌恶和低风险厌恶三类，投资人属于哪种类别通常用风险问卷测试方法评估：

（1）高风险厌恶者投资保守，不愿承担本金损失风险以换取额外收益，主要投资债券、债券型基金等低风险低收益投资产品。

（2）中等风险厌恶者投资稳健，为获得较高收益愿意且能承担资产价格短期波动带来的风险，主要投资股票、股票型基金等风险投资产品。

（3）低风险厌恶者投资激进，为获得高额收益愿意且能承受资产价格大幅波动带来的风险，其投资产品除股票、股票型基金外，还包括期货、期权等高风险高收益投资产品。

投资人风险厌恶程度高低与投资人年龄大小密切相关，这种关系被称为生命周期投资。生命周期投资理论认为：大多数投资人年轻时没有很多资金投资，为快速积累财富，投资风格往往比较激进，侧重于有高增长可能的高风险股票投资；投资人进入中年后，家庭需求和责任使其投资风格越来越稳健，越来越重视增长和收入之间的平衡，债券、基金的投资比重不断加大；当投资人接近退休年龄时，保守资本和当前收入成了其主要目的，债券、

㊀ 杜欣．输家 · 赢家：中国股市大起底［M］．北京：新世界出版社，2001.

基金成了其主要的投资对象。生命周期投资理论可用图 1-1 直观表示。

增长导向的青年期（22～45岁）	⇒	增长和收入的平衡期（45～65岁）	⇒	收入导向的退休期（65岁以上）

图 1-1 生命周期投资

股票投资收益和投资风险还与投资时间密切相关：股票价格短期波动大，长期则会随经济发展、公司盈利增加呈现不断上涨趋势。因此，当我们目光持续聚焦在最新市场价格上，情绪就会受短期价格涨跌即投资风险的强烈影响；反之，经过较长时间再回首，不经意间股票价格“轻舟已过万重山”，较过去有了可观的涨幅，我们又可体会投资收益不断增加的愉悦。

基于上述分析，我们将**投资学**（investment）或**证券投资学**（securities investment）定义为：主要以投资人风险厌恶为前提，研究股票、债券等证券产品投资收益、投资风险及两者相互关系的科学。

即问即答：投资收益和投资风险形影相随是否适合黄金、房地产等其他投资产品？

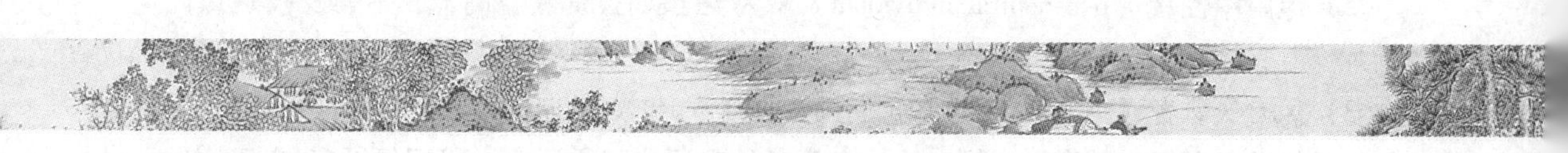

背景材料

测试你的风险厌恶程度

1. 你投资 60 天后，投资产品价格下跌 20%，假设所有情况不变，你会如何做？
   A. 为避免更大损失先卖出　B. 什么也不做，等待收回投资
   C. 继续买入，这是好的投资机会，也是便宜的投资
2. 现在换个角度看上面的问题。你的投资产品价格下跌了 20%，但它是资产组合的一部分，拟在下面三个不同时间段达到投资目标。
   （1）如果投资目标是 5 年以后，你怎样做？
   A. 抛出　B. 什么也不做　C. 继续买入
   （2）如果投资目标是 15 年以后，你怎样做？
   A. 抛出　B. 什么也不做　C. 继续买入
   （3）如果投资目标是 30 年以后，你怎样做？
   A. 抛出　B. 什么也不做　C. 继续买入
3. 当你买入某股票 1 个月后，其价格上涨了 25%，同样假设所有情况不变，沾沾自喜后你会怎样做？
   A. 卖出股票锁定利润　B. 继续持有，期待更高利润
   C. 买入更多，因为可能还会上涨
4. 你的投资期限是 15 年以上，目的是养老保障，你更愿意怎么做？
   A. 投资于货币市场基金，重点保证本金安全
   B. 将资金平分投入到债券基金和股票基金
   C. 投资于当年收益可能大幅波动，但 5 年或 10 年后收益有高增长潜力的基金

5. 下面有三个奖项，你会选择哪一个？
   A. 2 000 元现金
   B. 50% 的机会获得 5 000 元现金，50% 的机会什么也没有
   C. 20% 的机会获得 15 000 元现金，80% 的机会什么也没有
6. 有一个很好的投资机会，但你需要借钱，你会接受贷款吗？
   A. 绝对不会　　B. 也许会　　C. 会
7. 你所在公司要将股票卖给员工，公司管理层计划公司在 3 年后上市。上市之前你不能卖出股票，也没有任何分红，但上市时你的投资收益可能翻 10 倍，你会投资多少钱买股票？
   A. 一点也不买　　B. 两个月的工资　　C. 四个月的工资

按照选择 A 为 1 分，B 为 2 分，C 为 3 分的计分标准，计算你的总分：

- 总分在区间 9 ~ 14 分时，是高风险厌恶者；
- 总分在区间 15 ~ 21 分时，是中等风险厌恶者；
- 总分在区间 22 ~ 27 分时，是低风险厌恶者。

1.2 牛熊市周而复始

“牛市”和“熊市”是股票市场两种典型的运行态势。**牛市**（bullish）也称多头市场，指股票价格普遍且持续时间较长的上升市场，通常市场从低点上涨到高点的幅度超过 20%。**熊市**（bearish）也称空头市场，指股票价格普遍且持续时间较长的下降市场，通常市场从高点下跌到低点的幅度超过 20%。此外，中国投资市场还用猴市喻指股票市场大幅震荡。

牛市（熊市）导致投资人股市财富增长（减少），投资人消费支出可能因此增加（减少），这被称为股市财富效应。中国学术界对中国股市是否存在财富效应有明显分歧，但中国政府对股市的态度显示其更倾向于支持股市财富效应，并希望借助股市财富效应间接推动经济发展，如官方媒体《人民网》在 2015 年 4 月 21 日发文称，“4 000 点才是 A 股牛市的开端”，极大地刺激了当时的股市上涨。

牛市股市财富迅速膨胀，熊市股市财富瞬间破灭，许多投资人对此困惑不解，股市财富增长（消失）机制如何形成？可设计如下案例释疑。

假设投资市场仅有一只股票，总股份为 1 亿股，投资人张一、张二……张十等分别持有 1 000 万股，股价为 10 元，10 个投资人初始财富都是 1 亿元。此后依序有如下交易：①李一以 11 元/股的价格买入张一所有股票，股价上涨到 11 元，张一兑现盈利 1 000 万元，张二等九人账面盈利 1 000 万元；②李二以 15 元/股的价格买入李一所有股票，股价上涨到 15 元，李一兑现盈利 4 000 万元，张二等九人账面盈利 4 000 万元；③李三以 20 元/股的价格买入李二所有股票，股价上涨到 20 元，李二兑现盈利 5 000 万元，张二等九人账面盈利 5 000 万元。因此，在股价由 10 元上涨到 20 元的过程中，只有张一、李一和李二等少数股票易手的投资人真正赚了共计 1 亿元利润，其他人赚取的只是账面利润共计 9 亿元。

股价上涨到 20 元后，依序有如下交易：①李三以 18 元/股的价格向李四卖出所有股票，股价下跌到 18 元，李三亏损 2 000 万元，张二等九人账面亏损 2 000 万元；②李四以 14 元/股的价格向李五卖出所有股票，股价下跌到 14 元，李四亏损 4 000 万元，张二等九人账面亏损 4 000 万元；③李五向李六以 8 元/股的价格卖出所有股票，股价下跌到 8 元，李五

亏损6 000万元，张二等九人账面亏损6 000万元。因此，在股价由20元下跌到8元的过程中，全体投资人总计亏损为12 ×1（亿股） =12亿元，但这些亏损并没有成为他人的利润，这些财富直接“蒸发”了。

与股市财富迅速膨胀和瞬间破灭相对应，股市长期运行于“牛市－熊市－牛市”的循环之中，如上证指数2007年暴涨96.66%，2008年却暴跌65.39%，2009年又暴涨79.98%。牛熊市循环表现为：牛市和熊市各分为三期，牛市第一期与熊市第三期末，熊市第一期与牛市第三期末交织在一起展开。许多发达国家股市牛熊循环中牛市时间通常长于熊市时间，熊市时间约为牛市时间的1/3 ~2/3，而中国股市牛熊循环中熊市时间通常长于牛市时间，被称为“牛短熊长”。另外需注意，熊市股价下跌速度大约是牛市股价上升速度的两倍，表现在图形上就是相对较短时间的下降通道通常比平缓的上升通道陡峭很多，1年的收益很可能在半年甚至1 ~2个月消失殆尽。我们可以观察图1-2和图1-3显示的中美股市长期走势，体会中美股市牛熊变化的基本脉络及差异。

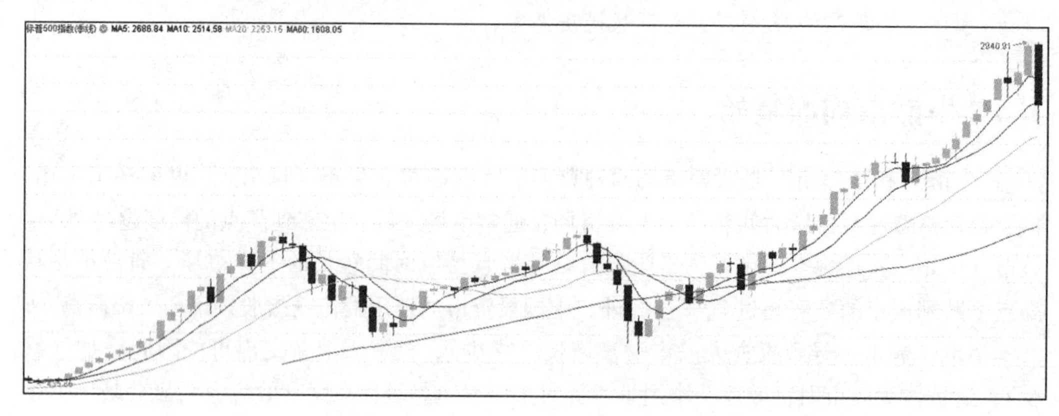

图1-2　美国股市（标普500季线）1985 ~2018年牛熊周期

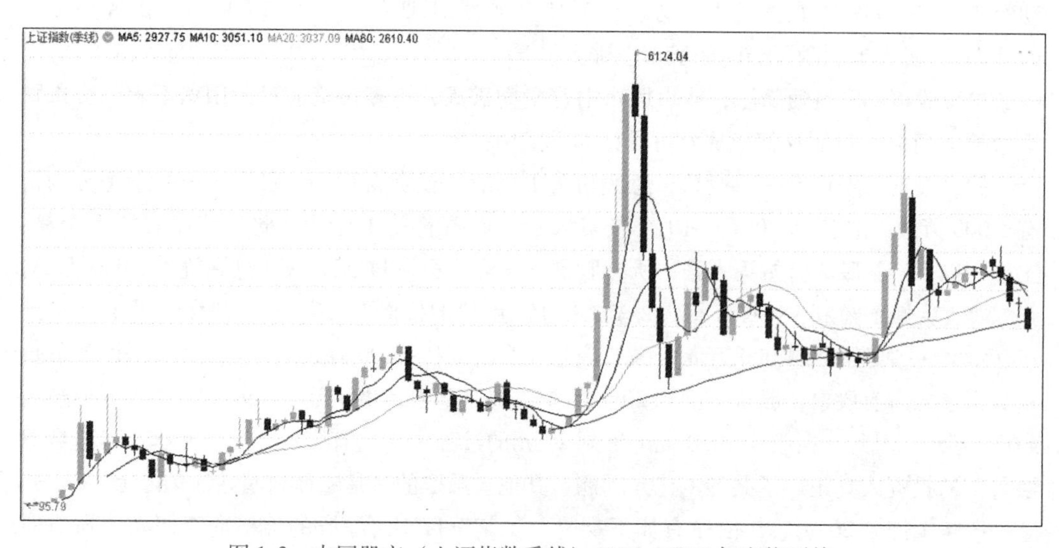

图1-3　中国股市（上证指数季线）1990 ~2018年牛熊更替

股票市场牛熊变化主要由经济周期演变、投资者情绪和行为变化、其他投资产品牛熊周期变化等多种因素造成：

（1）**经济周期**（business cycle）指总体经济活动扩张和收缩交替出现的过程。在经济扩张阶段，企业经营状况不断改善，投资者持续买入股票，股市相应上涨；在经济收缩阶段，企业经营状况下滑明显，投资者持续卖出股票，股市相应下跌。

（2）投资人情绪经常在谨慎、乐观、贪婪和恐惧之间转换，投资人行为主要受贪婪、恐惧等人性本能或者动物精神[⊖]影响甚至控制，投资者乐观（信心上升）或悲观（信心回落）等情绪变化，与股价上涨或下跌形成正反馈机制：

- 在股价经历漫长下跌后，投资者恐慌情绪逐渐消散，信心有所恢复，开始加大股票的买入力度，推动股价止跌回升；
- 股价回升使投资者更有信心，买入股票力度持续加大，股价不断上涨。这种信心上升推动股价上涨，股价上涨又提升信心的正反馈循环会持续下去，直至股价**泡沫**（bubble）最终产生，即股票市场价格远远高于股票合理价格；
- 某种未预期因素刺破股价泡沫，投资者信心回落而抛售股票，股价开始下跌；
- 股价下跌导致投资者信心进一步回落，信心进一步回落导致更大的抛售，这又使股价继续大幅下跌。这种信心下降导致股价下跌，股价下跌又使信心进一步下降的正反馈循环也会持续下去，直到投资人对股市的信心降至冰点，股价跌无可跌。

（3）股票与其他投资产品如债券、黄金、房地产等有一定的替代性，投资于股票市场的资金与投资于其他投资产品的资金相互竞争，在一定程度上存在此消彼长的关系，股票市场牛熊变化也因此受其他投资市场涨跌影响。

牛熊市周而复始的规律，也鲜明地体现在黄金、房地产价格的波动上。在20世纪70年代黄金牛市中，黄金价格由200美元/盎司上涨到852美元/盎司。随后是长达20年的熊市，在1999年8月价格最低下跌到251美元/盎司。进入21世纪，黄金又开始了长达10多年的大牛市，到2011年9月，黄金价格最高上冲到1 920美元/盎司。此后又进入熊市循环，2016年1月，黄金价格下跌到低点1 045美元/盎司。低点之后黄金价格又开始回升，2019年8月7日黄金价格涨到了1 519.6美元/盎司。

在房地产价格牛熊变化方面，美国学者霍默·霍伊特、英国学者哈里森等人的研究都表明，房地产价格存在一个18年的周期性波动。中国房地产价格是否存在18年的周期，现在还没有被证实，但从国外房地产市场的一般发展规律和中国人口未来呈下降趋势分析，中国房地产价格恐怕很难摆脱周期性下跌的影响。

即问即答：牛熊市周而复始对投资人最重要的启示是什么？

新闻摘录

炒股被指成败家方式 小伙子找对象以不炒股为荣

据央行统计，2011年居民炒股意愿降至3年来最低，很多投资者不愿谈论股票，不愿

⊖ 动物精神由经济学家凯恩斯首先提出，指情绪化和非理性的动机和行为。

承认自己炒股，认为炒股丢人。

2007年媒婆介绍小伙子的优点，说某某会炒股，姑娘特喜欢，觉得小伙子有出息；现在媒婆说某某人本分，不炒股，姑娘乐了，多好的男孩儿。炒股在老百姓心中已经从投资理财变为败家方式，朋友同事吃饭聊天之际，也不谈论股票，谁起这个话头，不仅自己没面子，也招别人心烦。

就是这样的社会环境，央行调查居民的炒股意愿，除了铁杆股民，基本没人说自己愿意炒股，投资股票已经从光荣与梦想变成尴尬的地下活动。虽然很多单位已经不禁止员工上班时间炒股，但多数人仍然主动不看股票，似乎玩玩愤怒的小鸟也比炒股更加时髦。

资料来源：2011年9月16日《北京商报》。作者有删改。

新闻摘录

卖香蕉炒股照走红　引美国网友关注

美国知名博客网站 Zero Hedge 一周内两次用同一张照片（见图1-4），描述股票交易在中国的火热程度：照片中一名中国男子在路边边卖香蕉边观看股市行情。

图1-4　卖香蕉人看K线图

美国网友对这张照片背后反映出的中国股市问题进行调侃。许多网友回复"There's always money in the banana stand."（香蕉摊上总是有钱的）。美剧《发展受阻》的台词似乎能完美诠释这张图片。

资料来源：2015年4月30日新华网。作者有删改。

1.3　尊重市场、适应市场

投资市场有直接搜寻市场、经纪人市场、交易商市场和公开拍卖市场等四种基本形态。直接搜寻市场买卖双方互相寻找交易对手，交易效率极低。经纪人市场以经纪人（中介人）为核心，由经纪人为买卖双方提供配对交易服务。交易商市场交易商作为买方或卖方的交易对手卖出或买入，直接创造市场流动性。公开拍卖市场聚集观点、操作风格各异的投资人，投资人之间为谋求自身利益激烈竞争。

现代投资市场是公开拍卖市场的高级形态，其以先进的电子信息网络为基础，投资信息迅速反映在市场价格变动上，而促使价格迅速变化的直接原因是不同类型投资人的买卖行为。具体来看，投资市场有三类不同类型的投资人：一类是认为市场价格将会下跌，先卖出股票等证券，以待价格下跌后低价买回的“**空头**”（bear）；另一类是认为市场价格将上升，先买进股票等证券，以期日后高价卖出的“**多头**”（bull）；还有一类是无法判断市场涨跌，因而处于观望状态的投资人。三类投资人买卖行为的强弱最终以市场涨跌形式表现：市场上涨证明多头力量强大，市场下跌表明空头占据上风，市场上涨或下跌趋势不明显则说明多空双方势均力敌。

投资市场运行趋势是全体投资人对当前经济状况和未来经济前景综合评价的反映，无论你资金实力如何雄厚，都不应该轻易逆市而行，即在市场上升趋势明显时做“空头”，或在市场下降趋势形成时做“多头”，而应采取顺势而为的投资策略。顺势而为的具体要求是：

（1）高度尊重市场，不以自身好恶为标准判断市场上涨或者下跌的合理性。当投资者立足于空头阵营时，其希望市场下跌，最好是持续大跌，并且找出许多理由证明市场下跌的必然性和合理性。但当市场上涨尤其是持续上涨时，投资者会认为这种上涨是市场泡沫，很难客观分析市场上涨的内在原因，导致投资机会丧失。同样，当投资者与多头为伍时，也很容易将市场下跌尤其是持续大跌视为股票市场价格低于股票合理价格，与国民经济的良好发展相悖，致使自己的亏损越来越大。

（2）发现市场主流趋势，深入分析其形成原因，适时调整自己的多空立场。当市场（或某类股票）上涨（或下跌）趋势形成时，你要全面分析形成该趋势的各种原因及其可持续性。当判定这些原因将持续下去，你就应该顺势加入处于优势地位的多头或者空头阵营，或者从劣势一方转向优势一方。

但是，投资人顺势而为并非始终保持其多空立场不变。恰恰相反，随着市场牛熊运行趋势变化，顺势而为要求投资人相应改变其“多”“空”立场，即多头转变为空头，简称“多翻空”，或者空头转变为多头，简称“空翻多”。

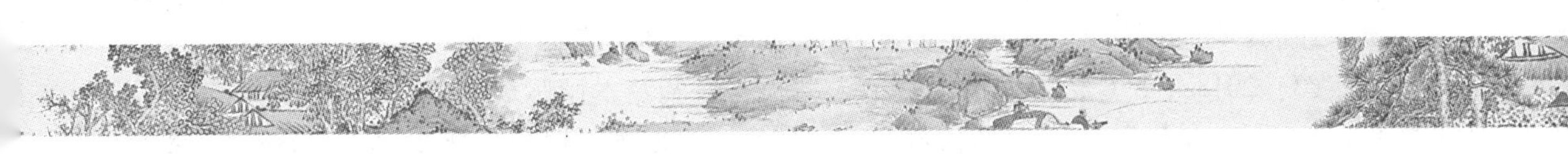

新闻摘录

77%炒股家庭没赚过钱 学历越低炒股越挣钱

2012年5月13日，西南财经大学中国家庭金融调查与研究中心发布的全国首份《中国家庭金融调查报告》显示：家庭对股市的参与率为8.84%；炒股盈利的家庭占22.27%，盈亏平衡的占21.82%，亏损的占56.01%，即高达77%的炒股家庭没有赚钱。

报告显示，学历与股市参与率显著正相关。户主没有上过学的家庭股市参与率为0.47%，小学1.44%，初中4.9%，高中10.53%，中专17.61%，大专23.57%，大学本科30.66%，硕士研究生43.66%，博士研究生29.17%。

但高学历与炒股赚钱没有必然关系：炒股盈利者中，没上过学的占33.33%，小学文化的占37.04%，初中文化的占9.84%，中专/职高的占20.59%，大专/高职的占25.4%，大学本科的占19.31%，硕士研究生的占22.22%。

炒股赚钱是一个经验累积的过程：在户主为青年的家庭中，炒股盈利的占16.14%；在中年家庭中，炒股盈利的占23.71%；在老年家庭中，炒股盈利的占比达到30.30%。

资料来源：2012年5月15日中财网。作者有删改。

1.4 分散投资降低风险

投资市场个股涨跌难以预料，投资人应如何稳定或者提高持股价值？可行的方法是将资金分散投资在不同类型的股票上，一些股票价格下跌的损失可以被另外一些股票价格上涨的收益所弥补，以确保获得较稳定的收益。

我们可以从理论上模拟分散投资的优势。假设将10万元资金平均分配在未来价格大幅上涨和大幅下跌概率各占50%的10只股票上，10只股票的期初价格都是5元，且假设其价格涨跌相互独立，问：10只股票全部大跌的概率是多少？10只股票至少有一只大涨的概率是多少？当一只股票超预期大涨后，对整个投资收益率的影响是什么？

很容易计算，10只股票全部大跌的概率是$0.5^{10}=0.000\,976\,55$，而10只股票至少有一只大涨的概率是$1-0.5^{10}=0.999\,023\,5$。假设有9只股票期末价格都下跌到零元，有1只股票暴涨后期末价格为60元，则整个投资收益率仍然高达20%。

就投资实践而言，在全球经济一体化虽有波折但发展趋势仍然不可逆转的背景下，分散投资的最高境界是全球投资，即投资人不仅投资本国股票，而且投资众多外国股票。作为全球投资市场极其重要的组成部分，中国投资市场备受外国投资人关注，外国投资人进入中国投资市场的标志性事件主要有：

（1）2003年5月中国实施QFII制度。QFII是Qualified Foreign Institutional Investors的简称，是指合格的境外机构投资者被允许把一定额度外汇资金兑换成人民币，通过专门账户投资中国证券市场，包括股息及买卖价差等在内的各种资本所得经中国政府有关部门审核后可转换为外汇汇出。根据国家外汇管理局网站数据，截至2019年6月28日共有290家QFII。

（2）2011年底中国实施RQFII制度。RQFII即人民币合格的境外机构投资者，其与QFII的主要区别是，境外机构投资者运用来自境外的人民币资金进行境内证券投资。根据国家外汇管理局网站数据，截至2019年6月28日共有217家RQFII。

（3）2018年6月，中国市场被纳入摩根士丹利资本国际公司（Morgan Stanley Capital International，MSCI）新兴市场指数和全球指数，先期纳入股票占比2.5%，后续纳入指数比例升至5%。

（4）2019年6月，富时罗素宣布将中国A股纳入其全球股票指数体系。截至2019年6月24日，富时新兴市场指数中所包含的中国A股股票的总市值为590亿美元，在2020年3月之前，另外2 950亿美元的股票将被纳入这一指数。

中国投资人也可以借助中国政府2006年9月推出的QDII制度进入国外投资市场，进而降低投资风险。QDII是Qualified Domestic Institutional Investors的简称，是在人民币资本项目不可兑换、资本市场未开放条件下，经中国政府有关部门批准，有控制地允许国内机构投资者投资境外投资市场的一项制度安排。根据国家外汇管理局网站数据，截至2019年6月28日共有152家QDII基金。

即使对于绝大多数主要投资本国市场的中国投资人来说，也有必要分散投资，因为中国股市不同年份涨跌幅度最大的行业不同（见表1-1），且这种变化很难有规律可循，将资金分散投资在不同行业股票上，其收益稳定性高于将资金集中投资在某个或少数特定行业上。

表1-1　2006~2018年涨跌幅度最大的行业　（%）

	2006年	2007年	2008年	2009年	2010年	2011年	2012年
当年最佳	证券（331.60）	船舶（552.01）	医疗保健（-37.17）	汽车（246.39）	医疗保健（78.06）	酿酒（-20.04）	证券（35.73）
当年最差	互联网（30.31）	互联网（44.11）	船舶（-83.40）	电力（41.33）	证券（-40.46）	半导体（-48.11）	电信营运（-29.89）
	2013年	2014年	2015年	2016年	2017年	2018年	
当年最佳	互联网（183.84）	证券（158.66）	家居用品（154.32）	酿酒（25.65）	酿酒（84.58）	旅游（-3.11）	
当年最差	煤炭（-38.94）	日化（-1.36）	证券（-21.59）	公共交通（-34.76）	文教休闲（31.17）	环境保护（-50.38）	

1.5　四大投资准则的内在联系

四大投资准则有着严密的逻辑关系：

（1）四大投资准则的核心是“投资收益和投资风险形影相随”。投资收益和投资风险形影相随奠定了投资人分析任何投资问题的逻辑起点和理论框架。一项投资的投资收益和投资风险一旦不能相互匹配，我们就可以断定，该投资是值得怀疑的投资，或者其潜在风险没有被投资人完全认知，甚至可以认为，这是以投资为幌子的骗局。

（2）投资收益和投资风险的重要表现形式是“牛熊市周而复始”。牛熊市周而复始表明：任何投资市场都不可能只涨不跌，也不可能只跌不涨。当一个投资市场持续上涨、投资人趋之若鹜之时，我们就有理由认为这个市场已经开启了熊市的阀门，离持续下跌为时不远。当一个投资市场持续下跌、投资人唯恐避之不及之时，我们也可以坚信这个市场正在孕育牛市的春天。

（3）对待和处理投资收益和投资风险的基本方法是“尊重市场、适应市场”和“分散投资降低风险”。投资人无法打破牛熊市周而复始的铁律，其最理想、最明智的做法就是顺势而为，在牛市中持有股票，在熊市中卖出或卖空股票、持有现金，总结就是：尊重市场牛熊变换、适应市场牛熊变换。在现实投资市场中，“尊重市场、适应市场”往往采取“分散投资降低风险”这种变通方法，投资人借此实现与投资市场投资收益和投资风险的和谐相处。

（4）四大投资准则不仅环环相扣、层层递进，而且使用时必须适度，谨记“过犹不及”。以“尊重市场、适应市场”投资准则为指导，你应该在牛市中不断增加投资。但随着市场持续上涨，“牛熊市周而复始”投资准则就开始警醒你，牛市转换为熊市的概率日趋加大，应该卖出投资产品逐渐退出市场。又如以“投资收益和投资风险形影相随”为基础，“分散投资降低风险”也会降低收益，因而分散并非越充分越好。因此，投资人运用各种投资准则须适度，要根据市场变化的蛛丝马迹相机决策，具有一定的艺术性。据此，一些投资人尤其是专业投资人士甚至认为，投资是一门需要处理各种投资矛盾的艺术。

你可能认为，对四大投资准则以及四大投资准则内在联系的分析似乎在谈论一些哲学问题。从哲学是世界观和方法论的角度来看，作者赞同你的观点，并且认为在本书开篇就和你谈谈投资哲学很有必要，因为不仅成为如巴菲特、索罗斯一般的投资大师需要有独特的投资哲学，而且即使只是希望在投资领域小有成就，你也需要有自己认同并遵守的投资哲学，也需要领悟四大投资准则及其内在联系之精妙。退一步而言，即使你怀疑四大投资准则本身的科学性，认为四大投资准则有些玄妙，也请你静心阅读本教材，因为作者坚信，当你系统学习投资学理论之后，你终会豁然开朗：

投资学理论就是对四大投资准则所蕴含的朴素投资思想的深入分析和研究，或者将各种投资学理论归纳总结上升到投资哲学的高度，就是四大投资准则。

1.6 本书架构及使用指南

《投资学原理及应用》是一本主要供中国大学生学习投资学（证券投资学）的入门教材。虽然本教材力图将投资学理论和中国投资实践融为一体，但我们的投资视野并不局限于中国投资市场，而是着眼于全球投资市场，从中外投资市场的比较中学习投资学理论。

1.6.1 《投资学原理及应用》以投资人需求为导向研究投资学问题

《投资学原理及应用》将学生视为投资者，按照投资者学习投资学的需求——学会如何做好投资决策，从投资决策的相关性和重要性方面构建和组织投资学理论研究：

第一，《投资学原理及应用》将同学们置身于实际投资活动之中，以投资人所观、所感看待和分析投资活动，直至体会投资人的情绪变化。

第二，按照投资人投资活动演进规律展开投资学理论研究。许多投资学教材将成熟投资人的投资过程描述为五个阶段：①制定投资政策；②进行证券分析；③构建投资组合；④修正投资组合；⑤评估投资组合的业绩。作者认为，对于还没有且准备进入投资市场的投资人，或者进入投资市场不久的投资人，他们会在投资实践中学习投资学理论，在学习投资理论的同时不断实践，其投资活动会依次经历5个阶段，并循环往复：

（1）了解投资市场。该阶段包括形成对投资风险和投资收益的总体判断，了解各种投资产品的特性，知晓买卖投资产品的交易规则和投资市场运行规则。本书第1~3章是投资学基础知识，其回应了投资人了解投资市场的需求。

（2）学习投资学主要理论和分析方法。了解投资市场之后，投资人需要学习投资学的基本理论和分析方法，为分析投资市场运行奠定理论基础。本书第4~7章是投资学主要理论和观点，其契合了投资人深入学习理论的要求。

（3）将投资学理论应用于投资实践。投资学理论应用的重点在于评估股票和债券价值，以帮助投资人寻求低买高卖的方法和时机。对投资学有关理论的应用，融入本书第8~11章。

（4）规避投资风险，提高投资收益。这是投资人追求的更高层次目标。以规避股票投资风险为目标，本书第12~13章对期货和期权展开了研究。

（5）对投资理论进行反思，对投资绩效和投资策略进行评估及分析。这是投资人投资活动的最后一个阶段，是本书第14章主要研究的问题。同时，第5个阶段又是投资人重新认识投资市场，继续深入学习投资学理论，更好地将理论运用于投资实践，不断提高投资绩效新循环的起点。

第三，《投资学原理及应用》设计了大量例题，这些例题尽可能使用真实而不是虚构的投资数据，解释和分析各种投资理论的缘起，推演实际投资活动。

第四，采用一些反映投资活动的视频和新闻材料，帮助同学们加深对真实投资世界的感悟，以弥补无法真正进入投资市场的缺憾。

1.6.2 如何高效使用《投资学原理及应用》教材

高效使用《投资学原理及应用》，除要求同学们课前预习、课后复习和认真做与教材配套的《投资学原理及应用习题集》练习之外，还应充分挖掘其以下特色：

第一，体验真实投资世界。在大多数同学不能真实投资的情形下，很多高校将模拟炒股作为真实投资的替代品，但模拟炒股效果有限，因为其与真实盈亏无关。本教材力图从多角度让同学们感受真实投资世界：每章后面有精选的视频材料，每章中间插入了一些重要新闻摘录，学习这些材料有助于同学们近距离观察投资世界，体验投资人的真实感受。尤其是视频材料，教师可以选择一些在课堂上组织同学们观看并讨论，或者同学们自己在课后观看。

第二，推演真实投资活动。当你阅读《投资学原理及应用》时会发现，作者设计的一些例题的数据可能稍显陈旧，或许你会问：会时过境迁吗？你可以按照书中的方法，搜集市场最新数据，然后进行数据处理和分析，对结论进行验证。验证结果无非有两种：一种和原来结论相差无几，另一种和原来结论差异较大。对于结论差异较大者须进一步分析，是有关理论和观点本身有待完善，还是数据处理方法有偏差。如此，你就完成了投资人的某项真实投资活动，增加了对投资市场的真实感受。

需要申明的是，本书推演真实投资活动时使用了大量普通投资者都能获得的投资实例和数据图表，但同学们不应该认为提到某家企业及其证券就是买入或卖出这些证券的建议，因为选择这些事例只是为了帮助分析和探讨某些理论问题，并不代表作者的投资倾向和偏好。

第三，认真阅读课后延伸阅读材料。学好一门课程仅仅依赖一本教材远远不够，尤其是对投资学这种涉及经济学、政治学、数学、心理学等多学科的综合性学科更是如此。《投资学原理及应用》尽管是较适合中国学生学习投资学的入门教材，但由于教材容量有限，也有一些不足之处，如对国外投资市场最新情况和投资领域的一些新思想、新观念未能展开分析，对一些投资理论的适用性分析还不够深入等，这些不足都能通过阅读作者精选的延伸阅读材料在一定程度上得以弥补。

延伸阅读材料主要有两类：一类是中外尤其是国外经典的投资学著作，另一类是对中国投资市场重大现实问题进行研究的论文。阅读经典投资学著作，会将你的投资视野从中国拓展到世界各国，有助于你形成开放的投资思维。阅读有关中国投资市场重大问题的论文，能够强化你对投资市场的认识，并加深你对有关投资学理论和观点的理解。

关键概念

投资	风险厌恶	生命周期投资
投资学	牛市	熊市
股市财富效应	多头	空头

本章小结

1. 投资就是为了在未来获取更多的资金，或规避资产价值大幅度波动，而在今天所进行的各种资金投放活动。
2. 投资收益和投资风险形影相随。投资人大多厌恶风险，可划分为高风险厌恶、中等风险厌恶和低风险厌恶等三类。
3. 股票市场牛熊市周而复始由经济运行周期演变、投资者情绪和心理变化、其他投资产品牛熊周期变化等因素造成。
4. 投资市场的生存法则是顺势而为。必须客观分析市场发展趋势，以及支持该趋势的内在原因，并据此调整自己的多空立场。
5. 分散投资能有效降低投资风险。
6. 四大投资准则密切相关。
7. 投资学理论源于投资实践并用于指导投资实践。

视频材料

1. CCTV2 财富故事会：《股民老张》，https://v.youku.com/v_show/id_XMTYxMjM4NjUy.html?spm=a2h0k.11417342.soresults.dposter。
2. CCTV：《华尔街第六集：投资之道》，http://video.sina.com.cn/m/hej_61166715.html。
3. 腾讯视频：2015 股市牛熊之变，https://v.qq.com/x/page/u0178hqv84a.html。

问题和应用

1. 浏览中证指数有限公司、中国财经信息网、巨潮资讯网、中国基金网、中国债券信息网、证券之星、中国证监会、中国证券业协会、华尔街见闻等网站。
2. 下载一款证券公司炒股软件，了解其操作。
3. 到上海证券交易所投资者教育栏目中的证券模拟交易平台，进行模拟操作。
4. 简述四大投资准则及其相互关系。

延伸阅读材料

1. 汉格斯特龙．股票投资的大智慧［M］. 肖敏，译. 北京：中国青年出版社，2008.
2. 高倚云，刘伟，赵小川．30 部必读的投资学经典［M］. 北京：北京工业大学出版社，2006.
3. 云锋金融．11 张图全景复盘 1900 年以来全球投资的收益情况［EB/OL］.（2018-04-08）. http://new.qq.com/omn/20180408/20180408A06Z83.html.
4. 周业安，等．具有社会偏好个体的风险厌恶的实验研究［J］. 管理世界，2012(06)：86-95.
5. 袁冬梅，等．股票市场财富效应论争及原因探析［J］. 当代经济管理，2006(12)：95-100.
6. 国泰君安证券研究所．中美牛市比较：如何从快牛疯牛变成慢牛长牛［N］. 上海证券报，2015.5.21.
7. 宏源证券．中外房地产周期的比较［J］. 资本市场，2014（11）：115-120.
8. 杨晓兰，等．股票市场投资与主观幸福感——基于个体投资者的调查问卷分析［J］. 浙江大学学报（人文社会科学版），2011（3）：42-50.

第2章
CHAPTER 2

各具特色的投资产品

§本章提要

股票是股东所持股份的凭证。债券是发行人承诺支付一系列固定或按特定公式计算现金流的有价证券。基金是集中中小投资人资金的理财工具。期货是规定持有者在未来特定时间以特定价格买卖一定数量标的物的标准化合约。期权是期权买方向期权卖方支付期权费后，获得在未来特定期间或时点按约定价格购进或售出一定数量特定资产的权利。

§重点难点

- 明确股东责任和权利，理解直接投票制和累积投票制、普通股与优先股、流通股与非流通股的区别
- 了解政府债券、金融债券、公司债券等不同类型债券的收益和风险差异，掌握可转换债券的主要条款
- 明辨开放式基金和封闭式基金、指数基金和非指数基金的差别，了解分级基金和基金定投的特点
- 了解衍生产品零和游戏及高杠杆交易的特征

§引导案例

两项中国居民投资意向调查

2007年1月，中央电视台中文国际频道《理智理财》网上调查“2007年你会选择哪种投资途径”，得到如图2-1所示的居民投资意向分布图。

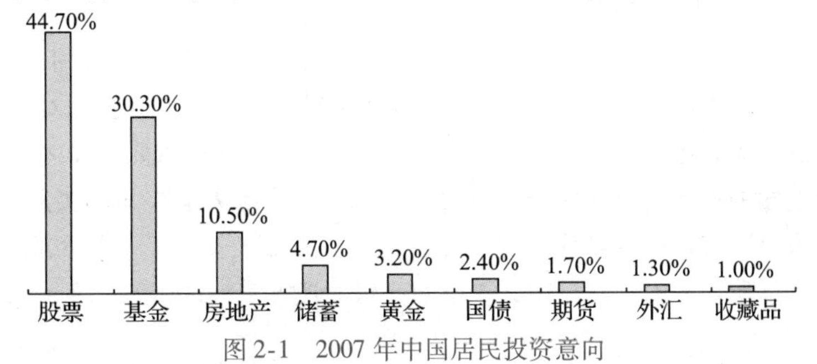

图2-1　2007年中国居民投资意向

注：由于四舍五入的原因，合计不一定为100%。

2012年初搜狐财经进行了“2012年您比较看好哪些理财投资方式”的调查，得到如图2-2所示的居民投资意向分布图。

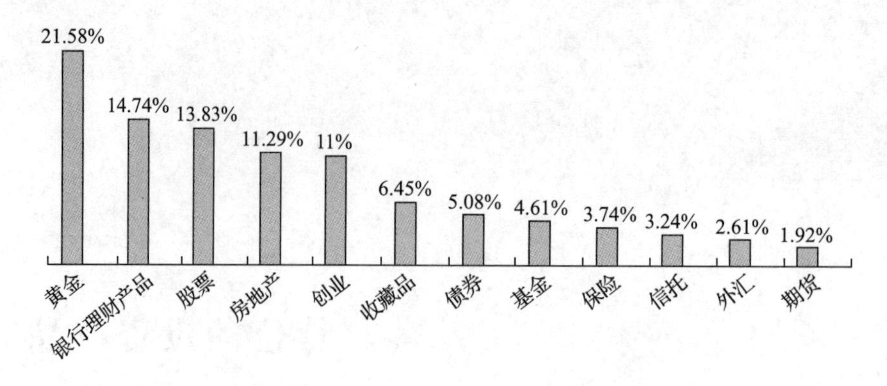

图2-2 2012年中国居民投资意向

注：由于四舍五入的原因，合计不一定为100%。

§案例思考

2007年1月调查的背景是2006年股市大牛市，2012年初调查是以持续多年熊市为基础的。两项调查显示：股票、债券、基金等在投资者投资意向排序上发生了显著变化。请问：这些变化与各种产品的属性有何内在联系？

通常认为，高风险厌恶者应该投资债券等低风险产品，中等风险厌恶者可以投资股票、股票型基金等风险较高的投资产品，低风险厌恶者能够追逐有暴利可能的期货、期权等高风险产品。假设你测试了自己的风险厌恶程度，知道适合自己特点的投资产品，现在你想了解适合自己投资的产品和其他投资产品相比有何不同。本章只对股票、债券、基金、期货、期权等投资产品的风险和收益特征进行简单的介绍和分析，以满足初入投资市场投资人的基本需要，投资产品定价分析等更加复杂的问题留待以后研究。

2.1 股票及其分类

股票（stock）是投资人所持股份的凭证，是大多数投资人进入投资市场接触最早和最频繁的投资产品，是投资学最主要的研究对象。

2.1.1 股票与股份有限公司

股票融资于1602年起源于荷兰。当时世界上最早设立的股份有限公司——荷兰东印度公司发行股票融资，承诺对股东分红，成功将居民分散的资金转变为公司对外扩张的资本。历经数百年发展，股票融资现已成为中外股份有限公司融资的最重要形式之一。

股份有限公司的资本划分为股份，每股金额相等。投资人从公司购买股份，公司用发行股票筹集的资金购买各种资产从事生产经营活动，投资人长期投资公司股票的收益主要源自公司经营活动所创造的利润。图2-3中两张纸质股票显示了股票与股份及股份有限公司的基本关系。

图 2-3　两张纸质股票

现代股票通常由证券登记结算机构[㊀]以计算机录入条目的形式登记在投资者账户名下。除紫金矿业、洛阳钼业等极少数公司外，中国内地上市公司每股股份面值通常是人民币 1 元。

2.1.2　股东的责任和权利

股东（shareholder）是公司股票持有人，是公司所有者。股东不得撤回投入公司的资本，并以其投入资本为限对公司债务承担有限责任。

公司不同类别股东持有股份的比例及相互关系，被称为公司股权结构。公司股权结构有同股不同权和同股同权两种形式。同股不同权将公司股票分为高投票权和普通投票权两种类型，在国外主要为一些高科技上市公司所采用，我国科创板市场上市公司也可以采取这种股权结构。同股不同权的特点是：①高投票权股票被称为 A 类股，主要由公司创始人持有，其每股对“选举董事”等特殊事项具有 N 票（$2 \leqslant N \leqslant 10$）投票权，以此保证公司重大决策权由创始人股东掌控；②普通投票权股票被称为 B 类股，其每股只有 1 票投票权，由一般股东持有；③A 类股通常不在市场交易，一旦转让或出售，就转变为 B 类股。

在同股同权制度下，公司发行的股票每股均只有 1 票投票权，所有股东公平享有以下 4 项权利。

㊀ 证券登记结算机构是为交易所提供登记、托管与结算服务的专门机构。中国证券登记结算有限责任公司是我国证券交易所市场唯一的证券登记结算机构，设有上海分公司和深圳分公司。

（1）出席**股东大会**（annual shareholder meeting），选举公司董事，参与公司重大经营决策。选举董事有**直接投票制**（direct voting）和**累积投票制**（cumulative voting）两种制度。在直接投票制度下，股东每股对任一候选人只能投一票。在累积投票制度下，股东投票权总数等于股东所持股份总数与选举董事人数的乘积，股东投票时可将全部投票权集中投向一个候选人，或分散投向若干个候选人。

假设某公司总股份为130万股，公司拟选举董事5人，甲、乙、丙和丁4个股东所持股份数量分别为40万股、35万股、30万股和25万股，投票权分别为200万票、175万票、150万票和125万票，每个股东想要选举的董事人选都不相同，且股东之间相互独立，即股东之间是非合作博弈，则可模拟累积投票博弈如表2-1所示。

表2-1 累积投票制下各种投票策略 （万票）

股东	投5人每人获得票数	投4人每人获得票数	投3人每人获得票数	投2人每人获得票数	投1人每人获得票数
甲	40	50	66.67	100	200
乙	35	43.75	58.33	87.5	175
丙	30	37.5	50	75	150
丁	25	31.25	41.67	62	125

博弈中每个股东必须考虑其他股东的策略，然后使自己选择董事人数最大化。我们以股东乙为例说明博弈过程。显然，股东乙选择5个人、4个人和3个人，都是失败策略，如选择投3个人每人58.33票，则此时甲可选择投3个人，丙和丁可选择投2个人，且甲、丙和丁所选董事获得的票数都超过58.33票，乙所投票的三位董事全部落选。当股东乙选择投2个人每人87.5票时，甲可以选择投2个人，丙和丁可选择投1个人，博弈结果是乙所投的2个人中有1个人当选。

上述博弈实际上是按照各股东投票权占全部投票权的比重来分配董事人选，或者是按照各股东股份数占全部股份的比重来分配董事人选，真正体现了股东之间股份的公平性。具体来看，股东甲、乙、丙、丁选定或分配的董事人数分别为：

$$\text{股东甲选定的董事人数} = \frac{\text{股东甲的股份数}}{\text{公司总股份}} \times \text{拟选董事人数}$$

$$= \frac{400\ 000}{1\ 300\ 000} \times 5 \approx 1.54(\text{人})$$

$$\text{股东乙选定的董事人数} = \frac{\text{股东乙的股份数}}{\text{公司总股份}} \times \text{拟选董事人数}$$

$$= \frac{350\ 000}{1\ 300\ 000} \times 5 \approx 1.35(\text{人})$$

$$\text{股东丙选定的董事人数} = \frac{\text{股东丙的股份数}}{\text{公司总股份}} \times \text{拟选董事人数}$$

$$= \frac{300\ 000}{1\ 300\ 000} \times 5 \approx 1.15(\text{人})$$

$$\text{股东丁选定的董事人数} = \frac{\text{股东丁的股份数}}{\text{公司总股份}} \times \text{拟选董事人数}$$

$$= \frac{250\ 000}{1\ 300\ 000} \times 5 \approx 0.96(\text{人})$$

股东按持股比例分配董事人选的最优选择是，甲、乙、丙、丁分别将全部投票权集中在2个人、2个人或1个人、1个人和1个人，最后选定的董事人数分别为2人、1人、1人、1人。

从表2-1还可以看出，当甲、乙、丙、丁都将投票权平均分配在5个候选人上，累积投票制就变成了直接投票制，这时5个董事将全部由第一大股东选定。

将上述案例推而广之，可得如下结论：

1）如果公司拟选举n名董事，则累积投票制给予每位股东n种选择，每位股东选择的最优董事人数是，股东持股数量占公司股份总数的比例乘以n后取整数。

2）直接投票制只是累积投票制n种选择中的选项之一，其限制了股东其他$n-1$种选择，理论上第一大股东可以决定全部董事人选。

股东参与的公司重大经营决策包括：①议决公司利润分配方案；②讨论公司章程及其变更；③审查公司经营状况；④审议公司重大投资项目等。

（2）按持股比例获得公司分派的**股利**（dividend）。股利主要有现金股利、股票股利等形式，前者是以现金形式发放给股东的股利，后者是指公司向股东免费发行新股。中国上市公司向股东派发现金股息时，会根据股东持股时间长短代扣股息税：持股1个月（含1个月）以内的税率为20%，1个月以上至1年（含1年）的税率为10%，超过1年的不需缴税。

（3）享有**优先认股权**（preemptive right）。优先认股权是指原有股东享有按照其持股数量的一定比例，优先于他人认购公司发行新股、可转换债券的权利。优先认股权主要体现在配股、公开增发新股尤其是配股上，定向增发新股只是间接考虑原股东权益。

1）**配股**（rights offering）是指原股东按其持股比例，以较低的价格认购公司发行新股的募集资金形式。如2013年6月17日片仔癀公告，向全体股东每10股配售新股1.5股，配股价格为37.14元，而当日片仔癀股票市价为136.29元。

2）公开增发新股面向所有投资人，公司此时会预留一部分新股，按原股东持股比例向其配售。

3）**定向增发**（private placement）是公司向少数（不超过10人）特定投资者，通常是机构投资者，与公司具有合作关系或意向且欲长期持有公司股票的战略投资者，以及公司大股东和高级管理人员，以不低于定向增发发行期首日公司股票市场价格的90%[⊖]非公开发行新股票。极少数情形下定向增发价格可能高于市场价格，如2015年9月30日紫光股份公告拟以远高于市价69.37美元的92.5美元/股认购美国西部数据新发行的4 000万股普通股（后该事项未通过美国政府审查而被终止），2018年6月25日中国农业银行公告拟以比市价高12.5%的溢价向7家机构投资者发行不超过274.73亿股新股。

（4）出售股票。对于出售股票，中小投资人通常可以在极短时间内甚至瞬间完成，因而被视为一种短期行为。对于热衷买卖股票的投资人，国外称之为**交易者**（trader），中国媒体称之为股民。

⊖ 在2017年2月17日中国证监会发布《关于修改〈上市公司非公开发行股票实施细则〉的决定》之前，上市公司定向增发基准日通常选择董事会决议公告日或者股东大会决议公告日，最终设定的定向增发价格可能大幅低于发行日公司股票的市场价格。

2.1.3 普通股和优先股

普通股（common stock），顾名思义，就是最普通、最常见的股票，其股息分派通常根据公司每年经营业绩来确定。**优先股**（preferred stock）是股东享有某些优先权利的股票，这些优先权通常指分派股息优先、公司破产清算时补偿优先等。优先股股东一般在股东大会上没有表决权，所持有的股票可以被上市公司按照原价或增加一定补偿赎回等。

国外优先股种类繁多，可从三个方面分类。

（1）累积优先股（cumulative preferred shares）和非累积优先股。其分类标准是：以前未能支付的优先股股息，是否累积到次年或以后某年，在普通股红利发放前，连同本年优先股股息一并发放；若是则为累积优先股，否则为非累积优先股。

（2）参与优先股（participating preferred stock）和非参与优先股。其分类标准是：若公司某些年度盈利较多，按序分派优先股股息及普通股股利（不少于优先股股息）后，优先股股东是否可以参与超额盈余分配；若是则为参与优先股，否则为非参与优先股。

（3）可转换优先股（convertible preferred stock）和不可转换优先股。其分类标准是：优先股股东是否可以按有关条款在未来将优先股转换成普通股；若是则为可转换优先股，否则为不可转换优先股。

中国优先股市场长期处于停滞状态，直到2014年才开始在上市银行试行。表2-2是上市公司中国银行优先股的主要条款。

表2-2 上市公司中国银行优先股的主要条款

发行数量及金额	不超过6亿股，每股面值100元，募集资金不超过600亿元
发行方式及对象	对30家机构投资人非公开发行
评级及转让	优先股信用等级为AA+，在上交所非公开转让
股息决定方式	固定股息率，票面股息率为6.0%
股东权益	非累积，非参与，不可回售，特殊情形下可被赎回，转为普通股

资料来源：作者根据有关资料整理所得。

2.1.4 有限售条件股票和无限售条件股票

上市公司股票分为有限售条件股票和无限售条件股票两类。投资者在上市公司首次公开发行新股票时认购的股票，从投资市场上购买的股票，通常都可以在市场上自由买卖，被称为无限售条件股票，俗称**流通股**（circulation stock）。有限售条件股票，简称**限售股**（restricted stock），俗称**非流通股**（non-circulation stock），是依照法律、法规或股东承诺须持有一段时间即限售期后才可以自由买卖的股票。

中国股市限售股按产生时间先后可以分为五大类：

（1）创始人限售股。公司创始人通常是公司董事长、总经理或其他高级管理人员、高级技术人员，他们在公司首次发行股票时的认股价格通常略高于每股面值，这些股票是公司公开发行股票上市后数量最大、成本最低的限售股。

（2）风险投资家限售股。公司创立后上市前，经营发展需要大量资金，但此时经营风险大，银行不太愿意发放贷款。而基于公司发展的良好预期，不断有风险投资家向公司投入资本，并参与到公司运营中。风险投资家投资时间越早，其面临的风险就越大，认购股票的价格也越低。所有风险投资家持有的股份在公司发行股票上市之后，就成了限售股。

（3）IPO战略配售限售股。《证券发行承销与管理办法》规定，首次公开发行股票数量4亿股以上者，可以向战略投资者配售股票。科创板允许保荐机构[㊀]、战略投资者、发行人高管和核心员工参与新股战略配售。战略配售限售股由此产生。

（4）定向增发限售股。定向增发限售股分为两种：①定向增发者以现金认购增发股票；②定向增发者以其资产换取上市公司股票，即企业并购时上市公司以被并购企业公允价值为基础加上一定溢价（这种溢价被称为商誉），向被并购企业股东发行股票。

（5）限制性股票限售股。这是公司上市后对公司高管进行股权激励，以约为股票市场价格50%的低价发售限制性股票所形成的限售股。

限售股发展脉络可用图2-4表示。

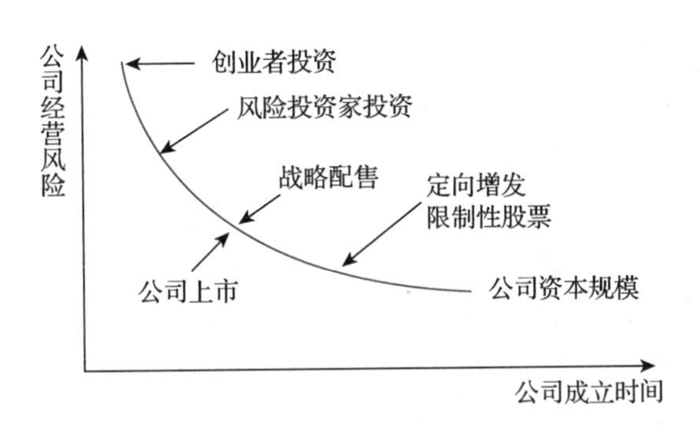

图2-4　限售股发展脉络

限售股股东身份特殊、持股成本偏低，有些限售股股东还对公司经营有着重要影响，故中外投资市场均对限售股股东股票流通设置限售时间，以达到以下目的：①避免限售股股东尤其是创始人股东在公司上市时就卖出公司股票，保证公司经营稳健运行；②减缓限售股流通对公司股价的冲击。

国外上市公司限售股股东和承销商通常自主约定半年左右的限售（lock-up）时间，中国内地对限售股规定的限售时间要长很多，其具体规定是：

（1）创始人限售股和风险投资家限售股除少数在公司股票首次公开发行时可在网下向投资者转让外，其余通常在新发行股票上市流通后有一年及以上的限售时间。

（2）战略配售和定向增发限售股，在新发行股票上市流通后有一年及以上的限售时间。

（3）限制性股票有一年及以上的限售时间，且限制性股票出售须满足股权激励条件。

限售股可以流通时被称为解禁，限售股股东卖出股票被称为减持。在中国内地投资市场，限售股特别是数量大、成本极低的创始人限售股解禁和股东减持，可能对公司股价造成较大冲击，影响市场稳健发展。限售股解禁和股东减持的实际影响，取决于限售股股东出售股票意愿的强烈程度。限售股解禁后如果被公司大股东和高级管理人员大量卖出，则很容易被市场解读为大股东、高管等公司内部人士不看好公司发展前景，或者认为公司股票价格过高，从而加剧市场对公司股票的抛售。如果限售股股东不急于抛售股票，或宣称增加限售期限，或宣称拟在一定时期减持但期满后并未减持，则预示公司内部人士看好公

㊀ 保荐机构同企业达成协议，将符合条件的企业推荐上市，并对申请人适合上市、上市文件的准确完整以及董事知悉自身责任义务等负有保证责任。

司发展，或认为公司股票价格偏低。这会有助于缓解市场对公司股票的抛售。

背景材料

瑞凌股份的限售股及其流通

深圳市瑞凌实业股份有限公司（以下简称“瑞凌股份”）在2010年12月20日以每股38.50元公开发售股票2 800万股，其中网上公开发行2 240万股，网下向基金等机构投资者配售股票560万股。本次发行前公司共有股份8 375万股，其形成过程如下：

（1）2009年6月28日，瑞凌股份以截至2008年12月31日经审计的账面净资产76 312 190元按1：0.953 321的比例折股为7 275万股，即每股认购价格为1.05元，其余3 562 190（=76 312 190－72 750 000）元计入资本公积。各股东以其所持瑞凌股份股权比例对应的净资产作为出资，认购相应比例股份，以整体变更方式设立瑞凌实业。

（2）2009年10月22日，公司临时股东大会决议增资430万元。理涵投资出资600万元，以每股1.5元认购公司股份400万股，其中400万元计入注册资本，其余200万元计入资本公积；华刚出资45万元，以每股1.5元认购公司股份30万股，其中30万元计入注册资本，其余15万元计入资本公积。增资后公司注册资本由7 275万元增至7 705万元。

（3）2009年12月10日，公司临时股东大会决议增资670万元。富海银涛出资2 052万元，以每股5.373 1元认购公司股份381.9万股，其中381.9万元计入注册资本，其余1 670.1万元计入资本公积；平安财智出资1 548万元，以每股5.373 1元认购公司股份288.1万股，其中288.1万元计入注册资本，其余1 259.9万元计入资本公积。增资后公司注册资本由7 705万元增至8 375万元。

2010年12月29日，瑞凌股份网上发行的2 240万股流通股上市交易。根据股东承诺，形成了如表2-3所示的限售股结构。

表2-3 瑞凌股份限售股结构

认购人	认购时间	每股价格（元/股）	认购数（万股）	上市时间
长盛投资基金等[⊖]	2010-12-20	38.50	560	2011-03-29
查秉柱等4人	2009-06-28	1.05	165	2011-12-29
华刚、理涵投资	2009-10-22	1.5	430	2012-11-05
平安财智、富海银涛	2009-12-10	5.373 1	670	2012-12-23
董事长丘光、鸿创科技	2009-06-28	1.05	7 110	2013-12-29

资料来源：作者根据公司招股说明书整理所得。

2.2 债券

债券（bond）是发行人承诺支付一系列固定或按某种特定公式计算现金流的有价证券。相对于股票，债券流动性较差，价格波动幅度较小，被许多投资人认为是一种乏味、保守

⊖ 2012年4月28日，中国证监会取消了基金等机构投资者网下配售股票有3个月限售期的规定。

的投资产品。但债券种类繁多，且无论是市值、交易额还是经济重要性，其都可以和股票相媲美，投资人对债券必须高度重视。

2.2.1　债券的基本要素

债券的基本要素有：债券发行人、债券面值、债券期限、信用评级、票面利率等。

- 债券发行人是在市场上向个人和机构投资者以债券形式募集资金的实体，包括政府、金融机构、工商企业等。
- 债券面值（face value）是指债券票面所标明的价值，通常为100元或1 000元。
- 债券期限是指从债券的计息日起到偿还本息日止的时间。除没有规定到期期限的永久债券（或永续债券）外，债券一般都有到期期限。
- 信用评级（credit rating）是指信用评级机构对发行人的偿债能力及债券本身的风险进行的评价，常以字母代表债券或发行人的风险等级。
- 票面利率，又称息票率（coupon rate），是指支付的利息额与债券面值的比率。通常，债券期限越短，信用评级越高，则其票面利率越低。国外一些创新性债券如巨灾债券、指数债券等，投资人获得的收益将与巨大灾害、某种价格指数等挂钩，这与传统的固定股息率完全不同。

背景材料

债券信用评级

国际著名债券信用评级机构穆迪公司和标准普尔公司的主要评级指标如表2-4所示。

表2-4　债券信用评级指标

穆迪公司	标准普尔	符号含义	级别定义
Aaa	AAA	最高级	本息具有最大保障
Aa	AA	高级	本息保障条件略逊于最高级债券
A	A	中高级	本息保障适当，但保障条件不及上面两种债券
Baa	BBB	中级	目前本息保障尚可，但情况变化时可能不足以保障本息安全
Ba	BB	中低级	具有一定的投机性，保障条件属中等
B	B	投机性	具有投机性，缺乏投资性，未来本息缺乏适当保障
Caa	CCC	投机性	两者均具有投机性，后者较前者更差。债息尚能支付，但经济状况不佳时，债息可能停付
Ca	CC		
C	C	高投机性	债信不佳，本息可能已经违约停付，专指无力支付债息的债券

2.2.2　政府债券

政府债券（government debt）是政府为筹集资金而发行的以承担还本付息责任为前提的债务凭证，包括国家债券（简称“国债”）和地方政府债券两个层次。

国家债券的还款保证是国家财政收入，几乎没有到期不能偿付本金和利息的违约风险，是债券中信用级别最高、风险最小、流动性最强的投资品种，其票面利率比其他债券低。短期国债通常更是被投资人视为无风险产品，其收益率被称为无风险收益率。

地方政府债券是地方政府及其所属机构发行的债券。国外地方政府债券以发行人的信用，或以筹建项目本身的收益为保证，其风险较国债要高。

中国政府债券市场中地方政府债券市场发展比较落后，国债市场比较发达，形成了交易所市场、银行间债券市场[⊖]、银行柜台市场三个各具特色的国债交易市场。

2.2.3 金融债券

金融债券（financial bond）是银行、保险公司、证券公司等金融机构为筹措资金而发行的债券。中国金融债券的交易大多在银行间债券市场。金融债券的风险高于政府债券、低于公司债券，其票面利率通常高于政府债券、低于公司债券。

2.2.4 公司债券

公司为筹措资金而发行的债券即为**公司债券**（corporate bond）。公司债券的信用评级不及政府债券和金融债券，其税收待遇和安全性相对较低，票面利率相对较高，可能出现发行人违约的情形。实际上，近些年中国公司债券违约事件不断发生，相关评级机构因此也被监管部门处罚。[⊜]

公司债券品种繁多，通常可从三个方面分类：

（1）参加公司债券和非参加公司债券。其分类标准是：债券持有人按预先约定获得利息收入外，是否还可以参加公司利润分配；若是则为参加公司债券，否则为非参加公司债券。

（2）可提前赎回公司债券和不可提前赎回公司债券。其分类标准是：发行公司在债券到期前是否可赎回其发行的全部或部分债券；若是则为可提前赎回公司债券，否则为不可提前赎回公司债券。

（3）附选择权的公司债券和未附选择权的公司债券。其分类标准是：债券发行人是否给予投资人一定的选择权。可交换债券、可转换公司债券、附认股权证的公司债券和可回售公司债券等是最常见的附选择权公司债券。其中，可交换债券（exchangeable bond，EB）的全称为“可交换他公司股票的债券”，债券持有人在将来可按照债券发行时约定的价格用债券换取发债人抵押的上市公司股权；附认股权证的公司债券指公司债券附有认股权证，持有人享有在一定期间内按约定价格（执行价格）认购公司股票的权利，是债券加上认股权证的产品组合；可回售债券附有持有人在债券到期前将其回售给发行人的选择权。

2.2.5 可转换债券

可转换债券是一种特殊的公司债券，在中国投资市场备受关注，故将其单列介绍。**可转换债券**（convertible bond）简称转债，是指在约定的转换期内，投资者有权将其持有的债券按约定的转股价格转换成公司普通股的一种公司债券；如果投资者放弃转股的权利，公司必须在债券到期时偿还本金及约定的利息。

投资可转换债券时须注意以下条款：

（1）基准股票。基准股票是指债券持有人将所持转债转换成发行公司普通股的股票。

⊖ 银行间债券市场是指依托于中国外汇交易中心暨全国银行间同业拆借中心和中央国债登记结算公司，包括商业银行、农村信用联社、保险公司、证券公司等金融机构进行债券买卖和回购的市场。

⊜ 2018年8月19日新浪财经综合《大公评级被罚停业1年：频踩雷 三年摊上13只违约债券》。

（2）票面利率。转债的票面利率一般比普通债券低，通常采取前低后高的累进利率形式。如2010年6月2日发行的6年期中国银行（简称“中行”）转债，其票面利率以时间先后排序为0.5%，0.8%，1.1%，1.4%，1.7%，2.0%。如果可转债最后未被转换，则相当于公司发行了较低利率的债券，大大降低了筹资成本。

（3）转换期。转换期是指转债可以转换为股票的起始日至结束日的期限，通常比转债期限短。如中行转债的转换期是2010年12月2日至2016年6月2日，比其期限6年要少半年。

（4）转股价格。转股价格是转债转换为公司股份时每股股份所支付的价格，通常稍高于基准股票当时的市场价格，如中行转债发行时约定转股价格为4.02元，而当日中国银行股票市场价格为3.89元。如果可转债被转换，相当于公司发行了比市价高的股票。为了保证可转债转股成功，发行人在基准股票价格大幅下跌时还可能向下修正转股价格。

由转股价格可推算一定面值的转债转换为基准股票的转股比例，其计算公式为：

$$\text{转股比例} = \text{转债面值(通常是 100 元)} / \text{转股价格} \tag{2-1}$$

如前述100元面值的中行转债转换为中国银行股票的转股比例为100/4.02≈24.88股。

与转股价格密切相关的两个重要概念是：转换价值和转债价格。转换价值（market conversion value）是指转债转换为当前股票的价值，其计算公式为：

$$\begin{aligned}\text{转换价值} &= \text{转股比例} \times \text{基准股票市价} \\ &= \frac{\text{转债面值}}{\text{转股价格}} \times \text{基准股票市价}\end{aligned} \tag{2-2}$$

转债价格是转债的市场交易价格，在转债到期之前通常高于转换价值，超出部分被称为转股溢价，用公式表示为：

$$\begin{aligned}\text{转债价格} &= \text{转换价值} + \text{转股溢价} \\ &= \frac{\text{转债面值}}{\text{转股价格}} \times \text{基准股票市价} + \text{转股溢价}\end{aligned} \tag{2-3}$$

转债价格波动主要受基准股票价格影响，两者呈现高度正相关。这在中行转债价格与中国银行股价走势上表现极为明显，如图2-5所示。

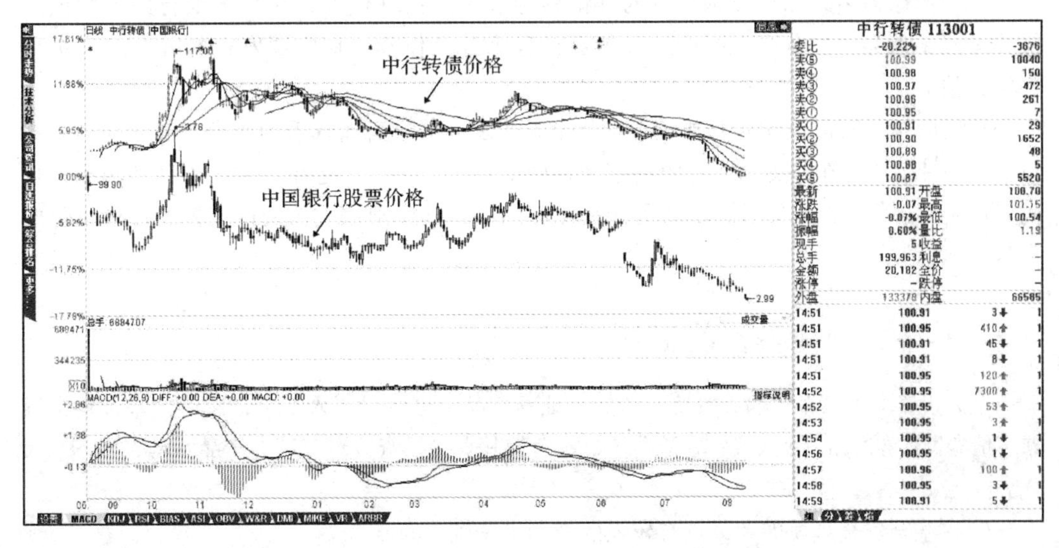

图2-5 中国银行股票价格和中行转债价格的走势对照

（5）赎回条款。赎回条款（call feature）规定，公司有权在一定时间按约定的赎回价格（通常是债券面值加当年利息）提前购回其未到期的发行在外的转债。如中行转债规定：转股期内若其A股股票连续30个交易日中至少有15个交易日的收盘价格不低于当期转股价格的130%（含130%），公司有权按照债券面值加当期应计利息的价格赎回全部或部分未转股的转债。赎回条款在基准股票价格上涨时迫使投资人将转债转换为确定数量的基准股票，公司可借此达到将转债转为股票的目的。

（6）回售条款。回售条款一般规定，当基准股票价格在一段时间内连续低于转股价格某一幅度时，转债持有人可按约定的回售价格（略高于债券面值）将转债卖回发行人。回售条款相当于购买可转债的保险条款，其在一定程度上限制了可转债的下跌。当基准股票股价下跌时，回售条款设定条件越容易达到，从而投资人越容易实施回售行为，则回售条款对投资人利益的保障程度越大。表2-5列举了作者收集整理的三家转债的回售条款。

表2-5 三家转债回售条款对投资人利益保护的差异

转债名称	回售条款
双良转债	当出现下述情形之一时，持有人有权将其持有的转债按面值的103%回售给发行人： 1. 公司A股股票收盘价连续30个交易日低于当期转股价格的70% 2. 发行人改变募集资金用途
歌华转债	在本可转债最后一个计息年度，如果公司股票在任何连续30个交易日的收盘价格低于当期转股价的70%，持有人可按债券面值的103%将债券回售给发行人
中行转债	若本次可转债募集资金的运用与募资承诺出现变化，并被中国证监会认定为改变募资用途，持有人享有一次以面值加当期应计利息的价格向本行回售可转债的权利

2.2.6 国际债券

国际债券分为外国债券和欧洲债券两种类型。外国债券指某国借款人在另一国发行以该国货币为面值的债券，如一家英国公司在美国发行以美元标明面值的债券。根据国际惯例，国外机构在一国发行外国债券时，债券一般以该国最具特征的吉祥物或者最具代表性的形象命名，如在美国发行的外国债券被称为扬基债券，在日本发行的外国债券被称为武士债券，在英国发行的外国债券被称为猛犬债券，在中国发行的外国债券被称为熊猫债券。

欧洲债券（Euro bond）指票面金额货币并非发行国家当地货币的债券，如欧洲美元指以美元为计价单位在除美国以外的国家销售的债券，欧洲日元是在日本以外其他国家发行的以日元为计价单位的债券，欧洲英镑是在英国以外其他国家发行的以英镑为计价单位的债券。

2.3 基金：便捷投资的工具

个人投资者可以直接购买股票、债券等证券产品，也可以买入基金，然后由基金购买股票、债券等证券产品。个人投资者借助基金投资较其直接投资股票等证券产品，具有如下三大优势：

（1）基金资金规模庞大，具有较强的抵御市场风险的能力。

（2）基金可以构建良好的投资组合，充分利用分散投资降低风险的优势。

（3）基金从业人员是专业投资人士，基金投资业绩总体相对较高[一]且更加稳定。

相对于境外投资市场，中国大陆个人投资者无论持股市值还是交易额都占有很高的比重（见图2-6和图2-7），[二] 监管部门因此认为中国证券投资基金发展潜力巨大，从而提供各种优惠政策，大力扶持证券投资基金等机构投资者发展，甚至为了某种特殊目的而专门推出某种特殊基金。[三]

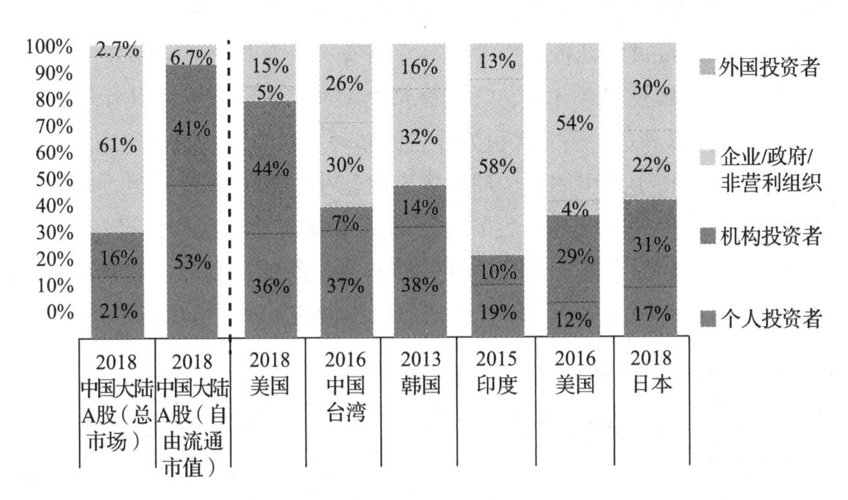

图2-6 各市场投资者持股比例对比

注：由于四舍五入的原因，相加不一定为100%。

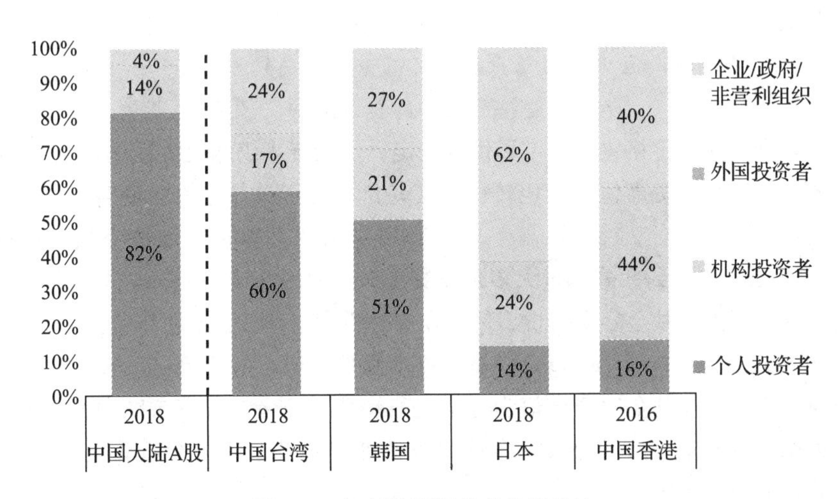

图2-7 各市场投资者成交额对比

注：由于四舍五入的原因，相加不一定为100%。

2.3.1 基金的主要分类和属性

中国投资市场基金数量众多、种类繁杂，可以从以下几个方面分类。

㈠ 有研究认为，基金行业竞争激烈，许多业绩不佳的基金被清盘关闭或者被合并，统计基金收益的样本都是业绩较好而得以“幸存”的基金，从而出现基金业绩普遍较好的假象。这被称为“幸存者偏差”。

㈡ 2019年7月3日中财网刊载的文章《A股还是“散户”市吗？这些数据值得所有人重视》。

㈢ 2018年6月7日腾讯证券刊载的文章《管理层火速推出“独角兽基金”释放什么信号?》。

1. 公募基金和私募基金

其分类标准是，募集资金的方式是公开还是不公开。

公募基金（public fund）是指在投资信托制度下，通过公开发售基金份额募集资金，由独立的托管机构即基金保管人对基金资产进行保管，由基金管理公司对股票、债券等金融工具进行投资和管理，投资者按出资比例分享投资收益并承担风险的理财产品。

私募基金（private fund）以非公开方式募集资金，从事代客理财业务。私募基金只对富有的个人投资者和机构投资者开放，其投资策略多样且极为灵活，较少受到监管。对冲基金（hedge fund）是私募基金中非常引人注目的品种。对冲基金起源于20世纪50年代的美国，当时的操作宗旨在于利用期货、期权等金融衍生产品，以及对相关联的不同股票进行买空卖空、风险对冲等操作，在一定程度上规避和化解投资风险。经过几十年的演变，对冲基金已成为一种新的投资模式的代名词，即基于最新的投资理论和复杂的金融市场操作技巧，充分利用各种金融衍生产品的杠杆效应，承担高风险、追求高收益的投资模式。

2. 开放式基金和封闭式基金

其分类标准是发行的基金单位数量是否固定，以及基金运营时间是否有限。

（1）**封闭式基金**（closed-end fund）规定有营运期限，基金管理公司在预定数量的基金份额发行完之后，不再接受投资者的购买要求，投资人买卖基金份额都须通过交易所进行。

基金公司每天计算基金净值，以此表明该基金截至当天的回报高低。单位基金净资产值的计算公式为：

$$\begin{aligned}\text{单位基金净资产值} &= \text{基金资产净值} / \text{基金单位总数} \\ &= (\text{基金持有证券的总市值} - \text{总负债}) / \text{基金单位总数}\end{aligned} \tag{2-4}$$

封闭式基金的交易价格主要由市场供求决定，但投资人仍然会关注单位基金净资产值，并将交易价格与基金净资产值进行比较：当交易价格低于单位净资产值时，称基金**折价交易**（discount trading）；当交易价格高于单位净资产值时，称基金**溢价交易**（premium trading）。在实际投资中，封闭式基金大多折价交易，其原因众说纷纭，学术界称之为封闭式基金折价之谜。封闭式基金容易折价，使其在中外投资市场日益被边缘化。

（2）**开放式基金**（open-end fund）是指资本总额及股份数不固定，基金公司可按投资者要求以每个交易日末基金净资产值为基准发行新股，或者被投资者赎回股份，并且运营时间没有期限的投资基金。开放式基金如果投资业绩不佳，就可能遭受投资人大量赎回，这对基金管理人造成了很大压力。

3. 股票型基金、债券型基金、货币市场基金、贵金属基金、房地产基金等

这是根据基金投资对象差异进行的粗浅分类，实际投资中分类更加细化。

（1）**股票型基金**（stock fund）主要以股票为投资对象，其投资目标侧重于追求长期资本增值。

（2）**债券型基金**（bond fund）主要以债券为投资对象，其投资目标侧重于当期收益，是一种低风险投资产品。

（3）**货币市场基金**（money market fund，MMF）主要以货币市场短期有价证券为投资对象。货币市场基金安全性高、流动性好。

（4）**贵金属基金**（precious metals fund）主要投资于黄金、白银及其他与贵金属有关的证券。

（5）**房地产基金**（real estate fund）主要投资于房地产或与房地产有关的公司股票。

4. 指数基金和非指数基金

这是根据基金经理投资理念不同，即是否认为可以获得超过市场平均利润率水平的超额利润所进行的分类。

（1）**指数基金**（index fund）是指基金经理选取某个股票价格指数作为模仿对象，按照该指数各证券市值（股价×股份总量）比例购买各种证券，以获得与该指数相同的收益率水平。假设某只资产总值为100亿元的指数基金所追踪的指数由100只股票组成，其中股票A市值占100只股票总市值的比重为2%，则该基金应该买入股票A的资金量为2亿元，股票B市值占总市值的比重为1.5%，则买入股票B的资金量为1.5亿元，依此类推。

指数基金名称后往往有100、300等数值，以对应其追踪指数包括的股票家数，其价格走势与追踪指数高度一致，如银华300指数与沪深300指数就显示了这种规律（见图2-8）。

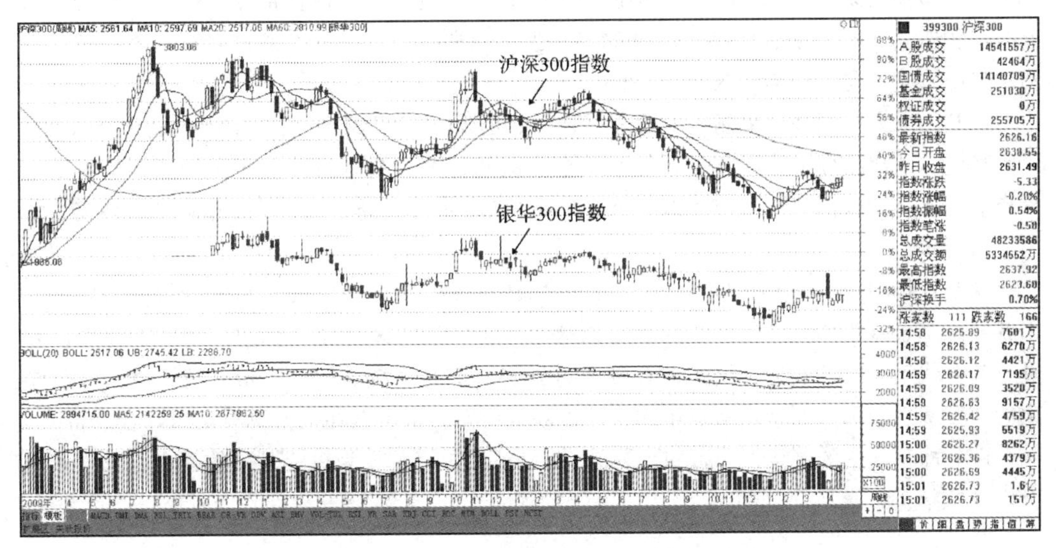

图2-8　银华300指数与沪深300指数周K线比较

指数基金的优势是投资组合充分分散，交易费用和管理费用较低；缺陷是可能忽略小公司股票。指数基金追踪指数，试图获得指数的收益率，但由于构建组合需要费用和交易成本，所以指数基金的收益率总是低于基准指数收益率。有鉴于此，基金管理公司推出了增强型指数基金，其有限度使用主动投资策略，即稍微调整指数中股票权重，以达到组合收益率超越目标指数的目的。

（2）非指数基金。非指数基金也称积极管理型基金，其力求获得较市场平均收益率更高的收益率。非指数基金要求的收益率包括两部分：基准指数收益率和主动管理收益率。主动管理收益率是否大于零，是衡量非指数基金运作是否成功的标准。相对于指数基金，非指数基金收取较高的管理费，并因交易频繁产生大量交易费用。

5. 九宫格“风格箱”

这是美国晨星公司根据基金投资风格所进行的分类：①以股票市值大小将股票分为大

盘股、中盘股和小盘股；②以市盈率、市净率等指标为基础，将股票分为价值型、平衡型和成长型[⊖]；③将基金分为九类（见图2-9）：大盘价值型、中盘价值型、小盘价值型、大盘平衡型、中盘平衡型、小盘平衡型、大盘成长型、中盘成长型、小盘成长型。

	V（价值型）	B（平衡型）	G（成长型）
L（大盘股）			
M（中盘股）			
S（小盘股）			

图2-9 晨星公司九宫格"风格箱"

6. ETF、LOF和FOF等创新型基金

ETF（exchange-traded fund）被称为"交易型开放式指数证券投资基金"，其融合了封闭式基金和开放式基金的优点，是一种跟踪"标的指数"变化，既可以在交易所上市交易，又可以用一揽子证券进行创设和置换的基金品种。投资者向发行人申购和赎回ETF，这被称为一级市场交易：申购ETF时需构造一个与ETF投资组合构成比例相同的投资组合，以此换得相应的ETF份额；赎回ETF时得到一揽子股票。ETF也可以像封闭式基金一样在交易所自由买卖，这被称为二级市场交易。

ETF已成为中国基金市场重要投资品种。截至2019年7月26日，中国内地共有223只ETF基金，基金品种十分丰富，有行业基金如医药行业、金融行业、军工行业，有投资境外市场的基金如德国30、标普500、纳指ETF，还有货币市场基金、黄金市场基金如安信货币、博时黄金。

LOF（listed open-ended fund）是指通过交易所系统发行并上市交易的开放式基金。上市开放式基金募集期内，投资者除了可以通过基金管理人及代销机构申购之外，还可以在具有基金代销资格的各证券公司营业部通过深交所交易系统认购。上市开放式基金发行结束后，投资者既可以在指定网点申购与赎回基金份额，也可以在交易所买卖该基金。

FOF即基金中的基金（fund of fund），是以证券投资基金为投资对象的基金，其投资组合由其他基金组成。

7. 将不同风险厌恶程度投资人进行组合的分级基金

分级基金是指在一个投资组合下，通过分解基金收益，形成两级（或多级）风险收益有一定差异化的A类和B类基金份额的基金品种。A类基金通常称为"××A"，或者"××稳健"，其收益率一般规定高于同期银行存款利率。B类基金通常称为"××B"，或者"××进取"，其收益取决于整个基金收益状况，与投资市场波动密切相关。如果将分级基金视为一家企业，则A类基金持有人相当于企业债权人，B类基金持有人相当于企业股东，B类基金（股东）向A类基金（债权人）借款投资，其风险（价格波动）要大很多。

2.3.2 基金定投：积少成多的好方法

股价总体水平较低、上涨可能性较大时，是买入基金的较好时机；股价总体水平较高、

⊖ 所谓成长型（成长股），是指收入和利润快速增长，且市盈率（股价/每股盈利）、市净率（股价/每股净资产）较高的股票；所谓价值型（价值股），是指市盈率、市净率较低，且经常被市场低估的股票。

下跌可能性较大时，是卖出基金的较佳时机。但判断股票价格高低绝非易事，故一些投资人不考虑基金买卖时机，选择基金定投产品。

基金定投（fund purchase by instalment）是定期定额买入基金的简称，是指在固定时间（如每月8日）以固定金额（如1 000元）投资指定基金。基金定投有助于投资人降低投资成本，因为在基金价格高时买进份额较少，在基金价格低时买进份额较多。如每期投入1 000元购买某基金，第一期单位基金净值为0.9元时买入1 111单位，第二期净值为1元时买入1 000单位，第三期净值为1.1元时买入909单位，共计买入基金3 020单位，单位成本0.99元。

2.3.3 不要迷信明星基金

《漫步华尔街》[㊀] 的作者伯顿·马尔基尔分析了一些著名基金的长期表现：在1970～1980年，排名前20位的基金的年平均收益率是19%，远远高于10.4%的同期全部基金的平均收益率；而在1980～1990年，这20家基金的平均收益率是11.1%，明显低于同期全部基金11.7%的平均收益率。作者因此认为：决定基金业绩排名的重要因素是幸运女神。

中国2014～2018年由媒体评选的股票型明星基金排序如表2-6所示。

表2-6 2014～2018年明星基金榜单

2014年	2015年	2016年	2017年	2018年
工银瑞信金融地产行业	富国城镇发展	圆信永丰优加生活	东方红睿华沪港深	金鹰信息产业A
中邮战略新兴产业	申万量化小盘	嘉实环保低碳	东方红沪港深	诺安策略精选
工银瑞信信息产业	景顺中小盘创	中欧时代先锋	易方达消费行业	南方中小盘成长
汇添富逆向投资	汇丰晋信科技	泓德战略转型	国泰互联网+	上投摩根医疗健康
交银阿尔法核心	建信中小盘先	工银瑞信文体产业	东方红中国优势	上投摩根港股低波红利A
南方成份精选	上投摩根民生	诺安先进制造	东方红睿轩沪港深	上投摩根港股低波红利C
大摩量化配置	汇添富移动互联	前海开源再融资主题精选	东方红睿元三年定期	鹏华港股通中证香港
长信量化先锋	大摩品质生活	安信价值精选	景顺长城新兴成长	华夏港股通恒生ETF
中邮核心主题	富国创业板指	南方量化成长	景顺长城鼎益	华夏港股通恒生ETF联接A
诺安中小盘	融通创业板指		东方红睿满沪港深	南方恒生ETF联接A

资料来源：作者根据相关资料整理所得。

表2-6中没有一家基金连续5年都上榜单，基金业绩排名也有很大的幸运因素，其主要原因可能是：市场投资风格、投资热点经常变化，当某只基金的投资风格刚好与市场主流投资风格相吻合时，则该基金会获得较高收益。例如，2015年榜单上投资中小板和创业板的基金特别引人注目；2017年榜单上涉及沪港深三地运作的基金竟然有4家，热点相当集中；2018年则是ETF基金表现突出。因此，对明星基金的业绩要做长期分析，不能迷信明星基金。国外研究[㊁]也表明，个人投资者买入最近业绩优秀的基金，卖出最近业绩不佳的基金，这种行为不仅无助于提升其收益率，反而使其收益率较以往降低了1.5%。

2.3.4 基金：想说爱你不容易

基金经理是投资专家，缺少时间或专业知识的普通投资人购买基金相当于雇用专家为自己理财，应该是一种较好的选择。但许多普通投资人不选择基金而是直接购买股票、债

㊀ 本书中文版机械工业出版社已出版。

㊁ 斯马特，吉特曼，乔恩科．投资学基础（原书第12版）［M］．孙国伟，译．北京：中国人民大学出版社，2018：344.

券，其主要原因是：

（1）买卖基金需要支付各种费用，包括申购费、赎回费、管理费、托管费等。

购买开放式基金时需支付的费用称为申购费。出售开放式基金时需支付的费用称为赎回费。申购费和赎回费可以视为基金为个人投资者提供流动性而收取的费用，因为个人投资者的申购和赎回经常迫使基金经理不得不进行不适当的交易，影响基金业绩：在市场上升时，个人投资者会积极申购，导致基金经理持有太多现金，而此时基金经理本应该持有更高比例的股票；在市场下跌时，个人投资者倾向于赎回基金，导致基金经理持有的现金减少，而此时基金经理本应该持有更高比例的现金。

管理费（management fee）是支付给实际运用基金资产、为基金提供专业化服务的基金管理人的费用。管理费通常按照每个估值日基金资产净值的一定比例（年率）逐日计算，按月支付。通常，基金资产规模大小与管理费费率高低成反比，基金投资风险大小与管理费费率高低成正比。

托管费（custody fee）是基金托管银行为保证基金资产安全而向基金收取的费用，其收取方法类似于管理费。

（2）基金经理投资风格存在漂移现象，即基金经理的实际投资风格异于其宣称的投资风格，这既失信于基金投资人，也可能使基金经理陷入自己并不熟悉的投资风格和操作手段，导致经常转换投资风格的基金比保持一致风格的基金的收益率要低很多。[⊖]

（3）基金经理存在从事不利于基金投资人交易活动的道德风险。道德风险主要有两种表现形式：①基金经理拉抬基金重仓股票以操纵基金资产净值，与基金管理公司控股股东进行关联交易，以便为基金管理公司赚取更多管理费；②基金经理借用他人账户，以个人资金在股票低价位秘密买入建仓，等到公募基金将股价拉升到高价位后，率先将个人持有的股票卖出以获得高额回报，而基金投资者则相应遭受投资损失。基金经理这种阴损他人以牟取私利的非法行为被称为“老鼠仓”（rat trading）。虽然“老鼠仓”受到监管部门的严厉打击，但基金“老鼠仓”行为在高额利润的诱惑下仍然屡禁不止。

2.4 衍生产品

衍生产品（derivatives）是一种价值、价格和存在都取决于其他资产的金融工具，包括期货、期权等。衍生产品具有较大的风险，各国对衍生产品的交易都严加监管。

2.4.1 期货

期货（futures）又称期货合约，是规定持有者在未来特定时间以特定价格买入或卖出一定数量标的物的标准化合约。

假设你是一个农场主，在8月中旬的时候，你担心9月份收获2 500吨棉花时棉价较目前价格15 885元/吨会下跌，你以15 880元/吨卖出5吨/张共500张的9月交割的棉花期货合约。9月棉花价格如果下跌到15 785元/吨，则届时你销售棉花的收入为39 462 500（=15 785×2 500）元，比期初39 712 500（=15 885×2 500）元少250 000元。但9月到期的

⊖ 达摩达兰．投资原理——成功的策略和成功的投资者［M］．大连：东北财经大学出版社，2009：344.

期货价格也会下跌到 15 785 元/吨，则这时你买回 500 张期货合约（又称平仓）将盈利 237 500 [(= 15 880 − 15 785) × 2 500] 元，基本规避了棉价下跌风险；或者你在 9 月份以 15 880 元/吨的价格直接向交易所交付 2 500 吨棉花，收益为 39 700 000（ = 15 880 × 2 500）元，效果完全一样。如果 9 月棉花价格上涨到 16 000 元/吨，你可以进行同样的操作。上述策略可用表 2-7 表示。

表 2-7　期货交易对冲风险的策略　（单位：元）

策略		收益		
		期货收益	现货收益	期货与现货总收益
期末棉价下跌到 15 785 元/吨	期货平仓、卖出棉花	237 500	39 462 500	39 700 000
	直接交割棉花	39 700 000	0	39 700 000
期末棉价上涨到 16 000 元/吨	期货平仓、卖出棉花	−300 000	40 000 000	39 700 000
	直接交割棉花	39 700 000	0	39 700 000

表 2-7 显示：利用期货交易，无论未来棉价如何波动，农场主收获 2 500 吨棉花时都有 39 700 000 元收入，基本规避了棉价波动的风险。

期货交易有零和游戏和高杠杆两个重要特点：

（1）零和游戏。上例中农场主期货盈利 237 500 元，这种盈利一定来自于市场上其他投资人的亏损。将这种情形推而广之，我们发现，在一个封闭的金融市场上，单个交易者或盈或亏，但所有交易者的盈亏之和（忽略所有交易费用）为零。这种所有交易者盈亏为零的情形，理论上称为**零和游戏**（zero-sum game）。

（2）高杠杆交易。期货签约时买方不需要全额付款，卖方也不需要提供商品，买卖双方都只要有合约总价值某个百分比的保证金，该保证金交给权威中介机构——期货清算所保管，以此保证买卖双方届时都能履约。签约后买卖双方的盈亏由合约总价值涨跌来确定。这种以低于合约价值的保证金为资本进行交易，盈利或亏损按照合约价值的盈亏进行计算的交易方式，被称为**杠杆交易**（leverage trading）。杠杆交易可带来倍增的利润，或者导致倍增的亏损。如上例中农场主卖出 500 张合约的价值是 39 700 000 元，但按交易保证金为 5% 的规定，农场主只要有保证金 1 985 000(= 39 700 000 × 5%) 元就可完成上述交易。在期货合约价值微跌 0.598% [≈ (15 785 − 15 880)/15 880] 的情形下，农场主的盈利为 237 500元，相对于其保证金的回报率达到约 11.96%(= 237 500/1 985 000)，约是 0.598% 的 20(= 1/5%) 倍。

2.4.2　期权

期权（options）是指期权买方向期权卖方支付一定费用（期权费）后，获得在未来特定期间或时点按约定价格向期权卖方买入或卖出一定数量特定资产的权利。

假设 1 个月后将收到国外客户 5 000 万美元货款，由于担心美元贬值，你以 60 万元期权费为代价与某家银行签订了总金额为 5 000 万美元、执行价格为 1 美元兑换 6.90 元人民币的美元看跌期权。如 1 个月后 1 美元兑换人民币 6.88 元，你执行美元卖出期权，以 1 美元兑换 6.90 元的价格卖出 5 000 万美元，可减少美元贬值损失人民币 100 [= (6.90 − 6.88) × 5 000] 万元，扣除期权费后减少损失人民币 40 万元。如果美元不贬反升到 1 美元兑换人民币 6.95 元，你放弃按 6.90 元卖出美元的机会，将损失 60 万元期权费。

2.4.3 衍生产品是天使抑或魔鬼

最初推出衍生产品是为了控制金融风险，但衍生产品本身又隐含着巨大风险：①所有衍生产品都采取高杠杆交易方式，客观上放大了交易风险；②衍生产品的设计越来越复杂，对其监管越来越困难。

实际上，衍生产品监管缺失的危害已经充分暴露出来，本节新闻摘录就揭露了中国国民因购买境外金融机构推出的衍生产品屡屡遭受重大损失的一些事件。

新闻摘录

汇丰银行衍生品血洗富豪　女首富杨某某亏损12亿

高盛、摩根士丹利纷纷因金融衍生品诈骗而遭到调查为人们敲响警钟。无独有偶，中国富豪们通过银行理财，不但自己的上亿身家赔得干干净净，更欠下银行巨额债务。内地商人郝某倒欠星展银行9 000万港元，中国女首富杨某某亏损人民币12亿元，中国证监会前首席顾问梁某某被花旗银行追讨970万港元。这些被血洗的投资客，不乏在资本市场上的精明玩家，现在只能被这些投资机构宰割。

“金融鸦片”的真实面孔

KODA（Knock Out Discount Accumulator）是汇丰银行的一款金融衍生品，翻译成中文就是“累计期权合约”。虽然KODA提供给投资者低于市价购买股票的权利，但是到达取消价合约就终止了，而投资者却有不论市价跌至多少都须按行权价加倍购买股票的义务，投资人的权利和义务并不对等，因而是一款名为期权却违背期权本质的产品。

国内富豪“哀鸿遍野”

2007年，上海商人金某购买了1 000股股票，被“吸走”上千万资产。2008年，方先生在汇丰银行购买“双利存款”产品，损失了35万元。

很多KODA产品苦主都是通过人际关系与香港的银行建立联系，或是银行理财人员主动上门，或是经过几层朋友关系与香港银行取得联系。几乎所有苦主都是带着对外资银行近乎仰慕的信任，购买了这些当时自己根本摸不清门道的理财产品。

被绞杀几时休

继高盛被指控诈骗投资者后，大型投行摩根士丹利也卷入调查。有分析认为，这是奥巴马在对金融危机的始作俑者“秋后算账”。但在美国投资者权益获得保护的同时，国内金融衍生品受害者却无法保护自己的权益。

中国政法大学民商法学院管晓峰教授认为，“当我国的法律资源无法解决那些似有欺诈嫌疑的金融产品交易引发的争议时，监管部门应该暂停这样的产品销售。”

资料来源：2010年5月14日《证券日报》。作者有删改。

2.5 对各类投资产品的比较分析

债券、基金、股票、衍生产品的特性不同，可以从投资收益、投资风险、交易费用、流动性、投资门槛、研究能力等方面对其进行比较，如表2-8所示。

表2-8　债券、基金、股票、衍生产品特性的比较

产品	投资收益	投资风险	交易费用	流动性	投资门槛	研究能力
债券	低	低	较低	较弱	低	弱
基金	较高	较高	较高	较强	低	较弱
股票	高	高	低	强	较低	较强
衍生产品	很高	很高	低	较弱	高	强

比较显示：循着债券、基金、股票、衍生产品这条路径推进，要求投资人的风险承受能力越来越强，或者说投资人风险厌恶程度越来越低，需要具备的专业化知识水平越来越高。

关键概念

股票　股东　股东大会
同股同权制度　同股不同权制度　直接投票制度
累积投票制度　优先认股权　配股
公开增发　定向增发　普通股
优先股　流通股　非流通股
限售股　债券　信用评级
政府债券　金融债券　公司债券
可转换债券　转换价值　转换溢价
证券投资基金　私募基金　开放式基金
封闭式基金　基金折价交易　基金溢价交易
封闭式基金折价之谜　股票型基金　债券型基金
货币市场基金　贵金属基金　房地产基金
指数基金　基金定投　分级基金
老鼠仓　衍生产品　期货
零和游戏　杠杆交易　期权

本章小结

1. 股票是股份有限公司签发的证明股东所持股份的凭证。股东是持有公司股票、为公司提供资本金的投资者。股东不得向公司提出退股索回本金的要求，股东以其投入公司的资本为限对公司债务承担有限责任。股东享有选举公司董事，参与公司重大经营决策，按持股比例分享公司利润，优先认购公司股份，将股票出售给其他投资者等权利。
2. 普通股是股票最常见的形式。优先股是指股东享有优先分派股息、公司破产时补偿优先等优先权利的股票。优先股股东一般在股东大会上没有表决权，其持有的股票可以被上市公司按照原价或增加若干补偿金额赎回。
3. 限售股解禁对公司股价的具体影响取决于限售股股东出售股票意愿的强烈程度。
4. 债券是约定在一定期限内还本付息的有价证券，通常分为政府债券、金融债券和公司债券。

5. 可转换债券是指在约定的转换期内，投资者有权将其持有的债券按约定的转股价格转换成公司普通股的一种公司债券。可转换债券的主要条款包括基准股票、票面利率、转换期、转股价格、赎回条款、回售条款等。
6. 外国债券是指某国借款人在本国以外的另一国发行以该国货币为面值的债券。欧洲债券是指借款人在境外发行、不以发行市场所在国的货币标明面值的债券。
7. 证券投资基金是在投资信托制度下，由基金管理公司向社会公开发行基金单位募集资金，用于投资股票、债券等金融工具的理财产品。
8. 期货是规定持有者在未来特定时间以特定价格买卖一定数量标的物的标准化合约。
9. 期权是允许买方在特定期间或时点，以约定价格（执行价格）买入或卖出某一特定标的物的合约。

视频材料

1. 纪录片：《蓝色梦想－第三篇－交易型开放式指数基金》，https://v.youku.com/v_show/id_XMzU3NTUxMzQw.html?refer=seo_operation.liuxiao.liux_00003307_3000_z2iuq2_19042900。
2. CCTV2，经济与法：警惕金融衍生品陷阱，https://video.tudou.com/v/XMjE3MzEyNzk4OA==.html。

问题和应用

1. 某上市公司总股份有1亿股，两个大股东持有公司股票5 100万股，其他中小股东持有剩下的4 900万股。假设公司股东大会拟选举9名董事，两个大股东拟选举董事的候选人为张一、张二……张九，中小股东拟选举董事的候选人为李一、李二……李九。请分析在直接投票制和累积投票制下，两个大股东和其他中小股东最大可能选举的董事人数。
2. 简述限售股的起源及对限售股解禁后的投资方法。
3. 查找资料，了解中科创达、长信科技、聚光科技、海虹控股、中源协和等公司的股东结构。
4. 上网查找一家上市公司近期披露的非公开发行股票的发行方案，仔细研读方案中与原有股东利益密切相关的条款，并将其列出。
5. 谈谈配股与增发（包括公开增发和定向增发）对原有股东利益的不同影响。
6. 以2019年3月15日上市公司长信科技可转换公司债券发行公告为例，列出其主要条款。
7. 2018年8月27日亚太转债收盘价格为86.34元，其最新转股价格为10.34元，基准股票亚太股份收盘价格为5.58元，请计算该转债的转换价值和转股溢价。
8. 如果你要买基金，你会买指数基金还是非指数基金？为什么？
9. 与传统的封闭式基金和开放式基金相比，ETF的优点是什么？
10. 通过证券公司软件，查找并了解一家分级基金的运行情况。
11. 上中国基金网查找买卖华夏蓝筹、鹏华500等基金所需花费的各种费用。
12. 选择一种投资产品，或者构建一个投资组合，可以是单只股票、股票组合、债券组合、某个基金等，假设持有该投资产品或组合到学期末，计算你的投资收益率。

延伸阅读材料

1. 仲继银．荷兰东印度公司［J］．中国新时代，2012（3）：78-80.
2. 郭成林．股东大会异闻录［J］．董事会，2008（10）：41-44.
3. 十大要点看巴菲特股东大会！5小时58个问题，看巴菲特说了哪些干货［EB/OL］．(2018-05-06)．http://finance.ifeng.com/c/7cf4OJRLI9A.
4. 钱玉林．累积投票制的引入与实践——以上市公司为例的经验性观察［J］．法学研究，2013（6）：119-130.
5. 尹中立．债券市场是如何玩老鼠仓的［J］．中国金融，2013（13）：71-72.
6. 邓国华．封闭式基金折价之谜研究综述［J］．当代财经，2005（11）：33-37.

第3章
CHAPTER 3

投资市场运行

§本章提要

市场参与者有发行人、投资人和中介机构。市场按功能分为发行市场和流通市场，按层次分为主板、中小板、创业板、代办股份转让系统和科创板。融资融券是借钱买股票和借股票卖出。除权价格等于每股投资成本。公司披露重大信息时其股票须停牌。未满足上市标准或有重大问题的上市公司须退市。股价指数反映某一市场价格水平变化。投资市场须严密监管。

§重点难点

- 理解公司发行股票之利弊
- 了解跟随机构投资者进行投资的策略
- 了解证券公司的主要业务
- 理解发行市场、流通市场及两者关系
- 掌握融资融券保证金比例、实际保证金比例和维持担保比例的含义及计算
- 理解上市公司股票高送转及除权的实质，能计算除权价格和复权价格
- 了解上市公司股票停牌、复牌与退市
- 了解股价指数的计算方法，以及权重股对股价指数的影响
- 理解中国证监会监管市场的逆市场策略

§引导案例

股票市场是谁的财富盛宴

股票是财富的象征，但回答中国股票市场究竟是谁的财富盛宴很纠结：

（1）股票投资收益惨不忍睹，股票投资者幸福感最低。2011年8月2日《北京青年报》发表了题为“A股十年回报率接近于零”的报道，引起了社会各界的广泛关注。2013年3月瑞士信贷集团在其发布的《瑞士信贷全球投资回报年鉴2013》中指出：过去十年A股的真实回报率为负2.5%。2015年12月钱军教授在其论文《为什么经济增长最“牛”的大国有最“熊”的股市?》中指出：A股投资回报竟

不如银行活期存款！中国社科院发布的《2018年中国投资者幸福感调查报告》显示：在银行理财、互联网金融、保险、信托、股票、基金六大投资领域中，股票投资者幸福感最低。

（2）企业获得了发展生产需要的宝贵资金。中国证监会网站的数据显示，中国企业在2002~2018年通过A股市场IPO（首次公开发行）筹集资金共计为26 874.8亿元。

（3）国家获得了大量印花税收入。印花税是向交易双方或单方按交易金额的一定比例征收的税款，中国目前只对股票卖方征收1‰的印花税。中国证监会网站的数据显示，国家在2002~2018年征收的股票交易印花税共计为12 709.7亿元。

（4）证券行业、基金管理行业是收入最高的行业群体。国家统计局公布的2018年全国城镇非私营单位就业人员年平均工资约为8.25万元，同期上市证券公司剔除高管薪酬后的人均薪酬约为42.72万元[一]，是前者的5.18倍。2017年基金经理的平均年薪（中位数）为169万元[二]，2018年缺乏较为准确的统计数据，仅以2018年大型公募基金公司基金经理年薪高于200万为例[三]，仍然可以窥见基金管理行业整体高薪之一斑。

（5）制造了一大批亿万富豪。《新财富》于2019年5月14日发布“2019新财富500富人榜”，上榜富人人均财富为162亿元，其财富主要依托于A股市场。

§案例思考

上述各种数据展示了投资市场复杂利益关系的冰山一角。请以本章投资市场运行为背景，全面阐述投资市场复杂的利益竞合关系。

投资市场（investment market）是证券发行和交易的场所或计算机网络，包括股票市场、债券市场、基金市场和衍生品市场。绝大多数投资人进入投资市场始于股票市场，且投资重心偏向股票市场，故本章所研究的投资市场主要限定于股票市场。

在股票市场上，经常出现连续暴涨和连续暴跌的股票，给投资人提供了低买高卖或高卖低买的短线盈利机会，一些投资人据此将股票视为快速致富的工具。但是，在金融交易中，所有投资人都不应该忽视一个基本事实：股价波动源自投资人之间相互博弈，你的短期盈利往往意味着他人的亏损，而其他投资人同样精明，故而这绝非易事。实际上，投资人盈亏不是孤立事件，其既取决于交易双方对交易机会的分析和利用，对市场格局、市场规则变化的理解和把握，也受其他市场参与者以及监管机构的间接影响。因此，投资人欲在市场博弈中增加自己胜算的概率，就必须深入理解投资市场：各类市场参与者如何实现其利益目标；市场基本结构和市场运行规则现状及演变趋势；监管机构的监管原则、思路及其变化。

3.1 投资市场参与者

投资市场参与者有发行人、各类投资人、各种中介机构，投资市场运行态势是所有市

[一] 2019年5月6日万家热线刊载的文章《金融机构薪资排名 上市金融机构2018年人均月薪比拼（2）》。
[二] 2017年12月11日搜狐网刊载的文章《基金经理平均年薪169万 规模前十公司薪酬再高32%》。
[三] 2019年1月24日东方财富网刊载的文章《旱涝保收 年薪百万？基金经理的2018 那些你不知道的事》。

场参与者博弈的结果。

3.1.1 发行人：股票、债券的供给者

发行人（issuer）是发行股票、债券等证券以筹集资金的公司和机构。发行证券尤其是发行股票时发行人须满足一些基本条件，如一定的经营年限、营业收入及其增长、净资产规模等。相对而言，在中国内地股票市场发行上市的条件比许多发达国家市场严格。

发行股票给公司发展提供了三大机遇：

（1）公司发行股票可以获得无须偿还的资本金，并且可获得持续、稳定的融资渠道。

（2）公开发行股票是一种身份和荣誉的象征，能为公司各项业务活动带来便利。

（3）公司可以采用股权激励计划等措施，留住和吸引关键人才，提升公司竞争力。

发行股票也可能对公司发展造成负面影响，主要有四个方面：

（1）公司上市后须按规定持续披露公司经营相关信息，如新产品在研计划、市场开拓进展等，这里面可能包含一些重要的商业信息，为竞争对手提供了可乘之机。

（2）股票市场评价公司未来发展前景主要以短期业绩高低为标准，不利于公司技术创新以及追求其他长远经营目标。

（3）发行股票使公司股权分散，有可能被敌意收购（hostile acquisition）[㊀]，特别当大股东持股比例较低时可能性更大。

（4）当公司经营困难、股价持续低迷时，公司形象和资本运作会受到不利影响，公司每年需要支付的上市年费、财务报告审计费用等资本市场维护费用也成为负担。

基于上述原因，境外企业融资时遵循美国经济学家梅耶（Mayer）的啄食顺序理论（pecking order theory）：首选公司内部融资；次选银行贷款；再次是发行债券；最后才是发行股票。此外，公司上市后大股东权衡利弊，也可能以现金收购其他股东股份，将公司私有化后从交易所主动退市。

但在中国内地投资市场，由于投资文化、投资制度等方面与境外市场有着本质差异，企业对发行股票上市融资趋之若鹜，上市后主动退市也十分罕见。

3.1.2 投资人：最庞大的利益群体

投资人是股票等证券的购买者，分为人数众多的个人投资者和实力雄厚的机构投资者两大类型。**个人投资者**（individual investor）管理自有资金，自主做出买卖股票等证券产品的投资决策。与发达国家相比，中国个人投资者追逐高风险高收益的偏好较为明显。[㊁]

中国个人投资者分为普通投资者和专业投资者两类。绝大多数个人投资者都是普通投资者，其资金量有限、投资经验相对不足，通常被称为散户。专业投资者除要求投资资金在500万元以上，还对以往投资业绩高低、投资时间长短等有严格要求。将个人投资者分类的初衷是，证券公司等中介机构应该将适当的投资产品推荐给适当的投资者：普通投资者主要投资低风险、低收益投资产品；而专业投资者可以投资高收益、高风险投资产品。

㊀ 敌意收购是指收购方在被收购方不知情或不愿意的情况下，强行夺取被收购方的经营控股权。

㊁ 刘俊玮，王一鸣，宁叶．选择偏差与股权溢价之谜——中国股票市场的风险厌恶程度测算［J］．证券市场导报，2017（7）：25-33.

机构投资者（institutional investor）是指用自有资金，或者从分散个人手中筹集资金，专门投资股票等证券产品的法人机构。中国机构投资者呈现以公募基金为主体，券商自营、券商资管、保险、信托、财务公司、企业年金、QFII、私募基金、非金融上市公司等其他机构投资者共同发展的格局。

机构投资者具有资金、人才、信息等优势，其投资动向可能对投资市场产生一定影响，一些个人投资者会根据机构投资动向进行投资。跟随机构投资获得成功取决于两个关键要素：其一，识别聪明的机构投资者；其二，及时发现聪明机构投资者何时以何种价格买入哪些股票，立即跟随买入相应股票。学术界对个人投资者是否应该跟随机构投资者进行投资并未达成一致观点。一些实证研究认为，“跟随机构投资”的策略是有效的[一][二]。更多实证研究则认为，跟随机构投资并非好选择[三]：①机构资金不一定是聪明钱，机构资金大量买入的股票的未来收益率并不高[四]，有时机构投资者还会出现重大投资失误；②机构投资者利用计算机算法交易，将大额订单拆分为中小订单，以期降低交易成本、提高交易效率，或者隐藏其行踪[五]，增加了个人投资者追踪机构投资者的难度；③机构投资者会管理媒体报道[六]，利用媒体“唱多做空”或“唱空做多”，即声明看好市场却悄悄卖出股票，或声明看空市场却悄悄买入股票，以误导个人投资者。

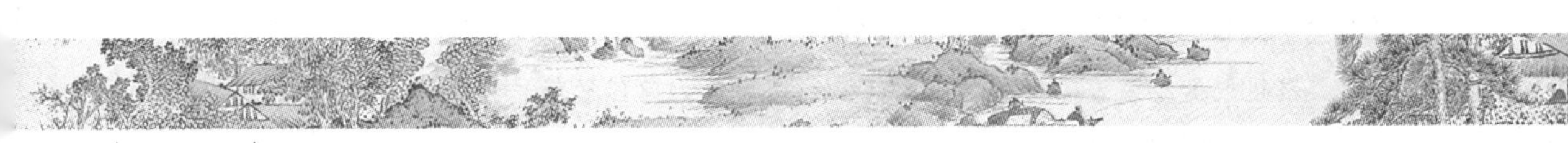

新闻摘录

银行股最大谜团：机构集体看错一年　到底错在哪里

如果要说近一年A股市场上最大的忽悠，不得不提到银行股，这个低PE[七]投资典范忽悠了整个市场接近一年，直到被机构和散户抛弃。

机构集体看错银行一年

当很多金融行业分析师回想2009年6月的时候，一定充满着温暖，因为银行股“如期”率领大盘走出盘局，风格有效转换[八]。

从2009年二季度末基金的仓位[九]看，基金持有的金融、保险业市值占基金全部持股市值的比例为29.22%，金融、保险业成为2009年二季度基金配置比例最高的行业。

回想2009年7月，尽管随着央行和银监会对商业银行调控政策的频繁出台，地产股已明显冲顶，但银行股因为估值低，仍然被普遍看好。

时间走到2009年8月，大跌之后银行股仍然是被推荐的重中之重，尽管监管层对银行

㊀ 李茁．证券交易所信息披露的信息含量研究——基于龙虎数据的实证［J］．上海金融，2015(11)：73-77.
㊁ 梁晋嘉，等．个人投资者跟随开放式基金投资股票的可行性研究［J］．海南金融，2013(1)：43-47.
㊂ 周正怡．短期内机构投资者行为和股票价格的互作分析［J］．上海管理科学，2012(2)：31-36.
㊃ 2016年6月2日《华尔街见闻》刊登的文章《大单资金等于聪明资金吗?》
㊄ 徐龙炳，等．投资者隐蔽交易行为研究进展［J］．经济学动态，2010(4)：109-114.
㊅ 逯东，等．机构投资者会主动管理媒体报道吗?［J］财经研究，2016(2)：73-84.
㊆ PE是市盈率的简称，低PE的股票通常被认为投资价值较高。
㊇ 风格转换通常指市场热点在大盘股和中小盘股之间转换。这里指市场热点在银行股带领下向大盘股转换。
㊈ 仓位（position condition）是指投资者买入证券的资金量占投资者资金总量的比重。

的资本充足率[⊖]开始实行更加严格的管理。

到2009年12月，对银行股的依赖成为一种集体性赌注，这一豪赌一直持续到2010年4月才以崩盘的形式宣告破产。

我们错在哪里

机构集体走眼，是错在何处?《理财周报》采访了诸多券商人士，得出如下一些结论：

(1) 一些不可预估因素太猛烈，如国家地产调控政策，对地方融资平台的过分压制。

(2) 银监会意外提高了资本充足率，降低了银行的杠杆率，所以估值下降。

(3) 再融资导致的资金压力让股市失血，进而影响了银行股的表现和整个股市的表现。

(4) 股市走熊。

(5) 资本市场是零和博弈，大部分人估错是常态。

“我认为最根本的可能是大家完全看错了今年的形势，很多人脱离整个市场系统和经济基本面，孤立研究银行股，被低市盈率迷惑了。”一位大型私募基金总裁说。

“很多人拿2007年大牛市中金融股的表现去对比，这种逻辑完全错误。”一位基金公司知名投资总监对《理财周报》说，“2007年是流动性泡沫堆起来的整体蓝筹行情，现在流动性没有了。”

“中国银行股本质就不是能看清的”

“银行股是经济繁荣标志，中国经济高速增长的时代已经结束，这个大背景决定了中国银行业不可能再高速增长了。”一家机构的知名研究人士说。

而具体到因素层面，上述投资总监说，银行股面临三座大山：

“第一是流动性收紧；第二是基本面坏消息和隐患较大，主要来源于过度信贷导致的地产和地方融资平台的坏账风险；第三是一些大的资本运行行业，比如钢铁、有色金属冶炼、重化工等行业增速放缓，甚至停滞，信贷萎缩，给银行带来了极大压力。”

更有资深者对银行股的本质进行了更尖锐的剖析：中国的银行就是一个工具，监管层既要让银行放贷，又要让它再融资，让它全能化，政府调控的力度很大、很杂，很难预期。

资料来源：2010年5月31日中国财经信息网。作者有删改。

3.1.3 投资市场中介机构

投资市场中介机构连接着上市公司和投资人，为证券发行与交易提供各种服务。除证券登记结算公司、证券信用评级机构外，还有会计师事务所、资产评估机构、律师事务所、证券交易所、证券投资咨询公司、证券公司、中国证券金融股份有限公司等中介机构。

会计师事务所、资产评估机构和律师事务所，分别对公司的财务状况、资产评估资料、重要合同等进行审查，以便于投资人评估公司价值。

证券交易所是证券集中交易的有形场所。中国有上海证券交易所、深圳证券交易所、中国金融期货交易所、香港交易所、台湾证券交易所等五大证券交易所。

证券投资咨询机构也称投资顾问，是为证券投资人提供证券投资分析、预测、建议等

⊖ 资本充足率是保证银行等金融机构正常运营和发展所必需的资本比率。各国金融管理当局一般都有对商业银行资本充足率的管制，目的是监测银行抵御风险的能力。资本充足率有不同的口径，主要比率有资本对存款的比率、资本对负债的比率、资本对总资产的比率、资本对风险资产的比率等。

服务的专业咨询机构。

证券公司（securities company）简称券商，在国外经常称之为投资银行，其主要业务有代理买卖证券，证券承销，自营投资，受托客户资产管理，股权投资等。证券公司代理买卖证券会向客户收取佣金，承销证券会向发行人收取承销费用，自营投资赚取股息、利息和买卖差价收入，这些是证券公司的主要收入和利润来源。证券公司的收入和利润会在牛市中不断创出新高，而在熊市中刚好相反，这一特点由证券业全行业2012~2018年各种收入和净利润统计数据就可以看出，如表3-1所示。

表3-1 中国证券业2012~2018年收入和利润总计

年度	上证涨跌（%）	代理买卖（亿元）	承销保荐（亿元）	财务顾问（亿元）	投资咨询（亿元）	资产管理（亿元）	证券投资（亿元）	利息收入（亿元）	净利润（亿元）
2012	3.17	504.07	177.44	35.51	11.46	26.76	290.17	52.60	329.30
2013	-6.75	759.21	128.62	44.75	25.87	70.30	305.52	184.62	440.21
2014	52.87	1 049.48	240.19	69.19	22.31	124.35	710.28	446.24	965.54
2015	9.41	2 690.96	393.52	137.93	44.78	274.88	1 413.54	591.25	2 447.63
2016	-12.31	1 052.95	519.99	164.16	50.54	296.46	568.47	381.79	1 234.45
2017	6.56	820.92	384.24	125.37	33.96	310.21	860.98	348.09	1 129.95
2018	-24.59	623.42	258.46	111.50	31.52	275.00	800.27	214.85	666.20

资料来源：作者根据中国证券业协会网站数据整理所得。

中国证券金融股份有限公司（简称中证金融公司），是中国内地唯一专门服务于融资融券的金融机构，其核心业务是转融资融券：①转融资是指中证金融公司将自有资金或者通过发行债券等方式筹集的资金融出给证券公司，由证券公司提供给客户，供客户买入证券；②转融券是指中证金融公司向上市公司股东等出借人借入流通证券，再融出给证券公司，由证券公司提供给客户供其卖出。

3.1.4 市场参与者的竞合博弈

投资市场发行人、各类投资人和各种中介机构等市场参与者的利益取向不同。发行人希望和中介机构配合，用浓墨重彩描绘公司灿烂前景，而对不利于公司发展的因素则尽可能模糊，或者轻描淡写，以提高投资人对公司的认同，进而提高股票发行价格。

中介机构的业务收入主要来自主导或参与发行人发行股票所收取的各种费用，如2015年5月天际股份公开发行股票所支付的费用就有5项（见表3-2），全部费用占筹资额的比重高达近16%，中介机构在平衡发行人和投资人利益时会倾向发行人。

表3-2 天际股份公开发行股票筹资总额及各种费用

项　目	金额（万元）	占筹资总额比例（%）
承销保荐费用	3 650.00	12.66
审计、评估及验资费用	336.00	1.17
律师费用	110.00	0.39
发行手续费	75.00	0.26
本次发行有关的信息披露费用	380.00	1.32
费用合计	4 551.00	15.78
募资总额	28 848.00	100.00

资料来源：作者根据天际股份上市公告书整理所得。

面对发行人和中介机构，投资人希望发行价格越低越好，公司信息披露越充分越好。

但在市场交易时，投资人之间又存在明显分歧：多头和空头对市场未来走势的期待完全相反；机构和个人的利益时有矛盾和冲突。

虽然所有市场参与者目标各异且时常互有冲突，但要实现其目标，又必须相互合作，如没有投资人的不断发展壮大，发行人最终可能面临所发行证券无人投资的窘境，中介机构的业务也会日趋萎缩。

3.2 发行市场和流通市场

投资市场按功能不同分为发行市场和流通市场。投资人进入投资市场，须持居民身份证和银行储蓄卡，在证券公司开立**证券账户**（securities account）和**资金账户**（cash account）。

3.2.1 发行市场

发行市场（issue market）又称**初级市场**（primary market），是证券发行人发行证券、筹集资金的市场。股票发行首先可以分为私下发行（私募）和公开发行。私下发行指将股票等证券直接向少数机构投资者、专业投资者销售，其程序简单、发行成本低，但证券流动性较差。公开发行指发行人将所发行的证券通过证券公司组织的承销团[一]分散和小批量地发售给社会公众，分为首次公开发行（initial public offering，IPO）和再次发行（seasoned equity offerings），前者较后者更复杂。

1. 股票发行环节

中国投资人至少需要了解首次公开发行（IPO）如下几个重要环节：

（1）路演（road show）。首次公开发行股票的招股意向书刊登后，发行人及其主承销商会借助互联网等方式向投资者宣传公司股票的投资价值，争取最大认购量，保证发行成功。

（2）向机构投资者和专业投资者询价[二]以确定发行价格。参与询价者报出其愿意购买的股票数量和相应价格，主承销商按照报价由高到低累积申购股票的数量，以累积申购股票数量达到拟发行股票数量一定倍数时的对应报价作为初步发行价格。如某公司拟发行股票2 000万股，主承销商收到如表3-3所示的6种报价，如果主承销商以12元作为初步发行价格，则此时累计申购量（10 000万股）为拟发行量（2 000万股）的5倍。

表3-3 新股具体报价情况

出价者	数量（万股）	价格（元）	出价者	数量（万股）	价格（元）
A	500	16	D	9 000	10
B	2 000	14	E	15 000	8
C	7 500	12	F	20 000	6

科创板新股发行定价主要由上述询价方式确定。上海主板、深圳中小板和创业板新股的最终发行价格通常根据市盈率定价公式确定，即新股发行价格 = 每股税后利润 × 合理市盈率

[一] 我国《证券经营机构股票承销业务管理办法》规定，当拟公开发行或配售股票的面值总额超过人民币3 000万元或预期销售总额超过人民币5 000万元时，应由2家以上证券公司组成承销团，其中牵头的证券公司成为主承销商。

[二] 在上海主板市场、深圳中小板和创业板发行股票数量不超过2 000万股时，新股发行价格由发行公司和承销商商定。

倍数，合理市盈率主要参照已上市同行业公司股票的平均市盈率，并且经常低于平均市盈率。

中国新股发行价格经常低于新股上市首日的收盘价，这被称为新股抑价。新股抑价幅度 =（股票上市当日收盘价 - 股票发行价）/股票发行价。上海主板、深圳中小板和创业板新股上市首日设定了涨停板限制，故此时新股抑价幅度应该从涨停板被打开当日的收盘价与发行价进行比较。科创板股票上市首日没有涨停板限制，其新股抑价具有更好的代表性：以2019年7月22日科创板市场首批上市的25只股票为例，平均抑价幅度（涨幅）惊人地达到140%，如表3-4所示。

表3-4　科创板市场首批25只股票上市当日涨幅　（%）

名称	涨幅	名称	涨幅	名称	涨幅	名称	涨幅	名称	涨幅
N安集	400.15	N航天	175.94	N光峰	121.94	N嘉元	100.5	N福光	92.98
N超导	266.60	N睿创	151.00	N南微	110.70	N杭可	99.13	N方邦	87.64
N心脉	242.42	N交控	134.24	N沃尔德	109.90	N天宜	96.76	N容百	86.06
N澜起	202.10	N华兴	128.77	N通号	109.74	N铂力特	94.94	N天准	85.88
N中微	179.32	N虹软	126.97	N乐鑫	106.25	N瀚川	94.61	N新光	84.22

新股抑价不是中国特例，而是一种世界性现象（见图3-1）[⊖]。中国内地新股抑价的特殊性仅在于，抑价幅度远超境外平均水平。新股抑价的原因众说纷纭，学术界称之为“新股抑价之谜”。

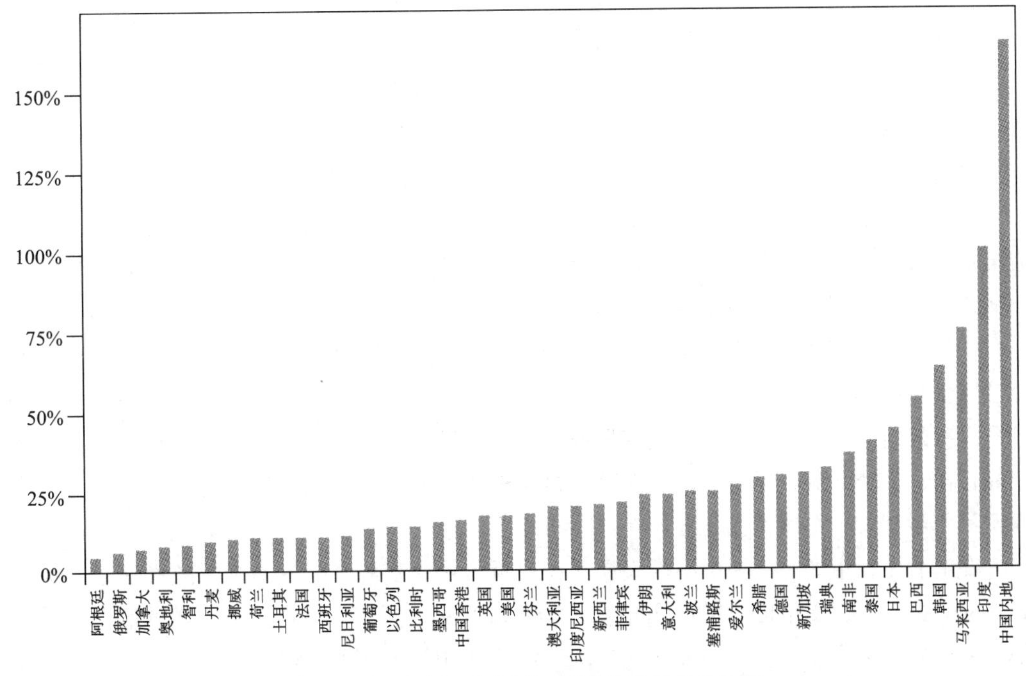

图3-1　主要国家（地区）新股发行抑价的比较

⊖ Provided by Professor J. Ritter of the University of Florida, 2008. This is an updated version of the information contained in T. Loughran, J. Ritter, and K. Rydqvist, “Initial Public Offerings,” Pacific-Basin Finance Journal 2 (1994), pp. 165-199. Copyright 1994 with permission from Elsevier Science.

（3）确定网下配售比例[⊖]、网上中签率和中签号。新股抑价使投资者申购新股的数量通常远远大于发行人拟发行的数量，发行人和主承销商必须对所有网下申购按比例配售股票，对网上申购确定其中签率。具体计算公式为：

网下发行配售比例 = 网下发行数量/网下有效申购数量

网上发行中签率 = 网上发行数量/网上有效申购数量

通常网下配售比例和网上中签率都很低，如网上中签率一般是万分之几，如图 3-2 所示。在中签率的基础上，摇号确定具体中签号。

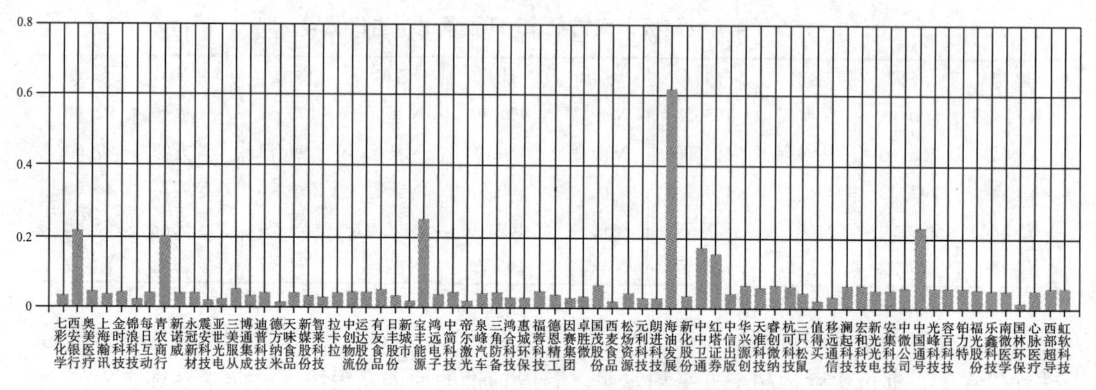

图 3-2 2019 年部分新股网上发行中签率（%）

2. 中国股票发行双轨制及演变趋势

世界各国股票发行制度分为注册制和核准制两种类型。注册制是指发行人申请发行股票时，必须将各种资料完全准确地向证券监管机构申报，证券监管机构对申报文件的全面性、准确性、真实性和及时性做形式审查，发行公司股票的良莠由投资市场判断。

核准制指证券监管机构除进行注册制所要求的形式审查外，还对发行人财力、素质、发展前景、投资伦理、股票发行数量和发行价格等进行实质审查，判断发行人是否符合发行条件，进而是否核准发行申请。

中国目前股票发行采取注册制和核准制双轨运行。科创板市场新股发行采取注册制，其注重信息披露的真实性和全面性，强调中介机构的责任。具体来说，申请在科创板市场股票首次发行上市时，发行人及其控股股东、实际控制人、董事、监事和高级管理人员依法履行信息披露义务，保荐人、证券服务机构依法对发行人的信息披露进行核查把关，上海交易所承担发行上市审核职责。

在上海主板市场、深圳中小板市场和创业板市场，新股发行目前采取核准制，其流程是：证券发行人提出申请，保荐机构（主承销商）向中国证监会推荐，中国证监会进行合规性初审后，提交发行审核委员会审核，最后经中国证监会核准发行。

理论上分析，企业发行股票上市，很容易得到公司原有股东的响应和支持，因为企业上市之前股东财富价值一般以净资产值计算，上市之后则以市场价值计算，股东财富将获得巨大增值。在中国科创板市场新股发行采取注册制，上海主板市场、深圳中小板市场和

⊖ 当新股向战略投资者配售时，先确定战略配售比例，然后确定网下配售和网上中签的比例。

创业板市场将由核准制向注册制演变，以及大量企业将发行股票作为融资首选的背景下，企业上市愿望将日趋强烈，最终由于股票市场供给增加可能导致股票市场总体价格水平下跌到一种新的均衡：企业上市融资成本等于融资收益，或者公司原股东发行股票后每股收益和净资产收益率不降低。

假设某未上市公司的总股本是4 000万股，税后利润为4 000万元，每股净资产值为5元，每股税后利润为1元，净资产收益率为20%。公司现有一个投资项目需资金40 000万元，项目完成后每年新增税后利润2 400万元，净资产收益率为6%。如果公司以净资产值5元为发行价格，向公司原股东增发8 000万股获得资金40 000万元，则增发后：

$$\text{每股收益}=\frac{\text{全部税后利润}}{\text{全部股份}}=\frac{4\ 000+2\ 400}{4\ 000+8\ 000}\approx 0.53(\text{元})$$

$$\text{净资产收益率}=\frac{\text{全部税后利润}}{\text{全部净资产}}=\frac{4\ 000+2\ 400}{4\ 000\times 5+40\ 000}\approx 10.67\%$$

相对于原有每股收益1元，净资产收益率20%，原股东很可能拒绝该项投资。

现考虑用公开发行股票引入新股东来完成这项投资。假设对新股东发行股票数量为X万股，公司原股东要求发行股份后公司每股税后利润不低于1元，则有：

$$\frac{\text{全部税后利润}}{\text{全部股份}}=\frac{4\ 000+2\ 400}{4\ 000+X}\geqslant 1\Rightarrow X\leqslant 2\ 400\text{万股}$$

因此，公司发行新股只要不超过2 400万股，原股东发行股票后每股税后利润就不会低于1元。按照需要投入资金40 000万元计算，2 400万股的发行价格是每股16.67元。按中国新股通常以20倍市盈率发行即发行价格定为20元，则仅需发行2 000万股。发行股份后公司每股收益和净资产收益率为：

$$\text{每股收益}=\frac{\text{全部税后利润}}{\text{全部股份}}=\frac{4\ 000+2\ 400}{4\ 000+2\ 000}\approx 1.07(\text{元})$$

$$\text{公司净资产收益率}=\frac{\text{总税后利润}}{\text{总净投资}}=\frac{4\ 000+2\ 400}{4\ 000\times 5+40\ 000}\approx 10.67\%$$

但这时原股东和新股东的净资产收益率差异极大：

$$\text{原股东净资产收益率}=\frac{\text{归属原股东的税后利润}}{\text{原股东净投资}}=\frac{6\ 400\times(2\div 3)}{20\ 000}\approx 21.33\%$$

$$\text{新股东净资产收益率}=\frac{\text{归属新股东的税后利润}}{\text{新股东净投资}}=\frac{6\ 400\times(1\div 3)}{40\ 000}\approx 5.33\%$$

上述分析表明，公开发行新股后新股东的投资收益率远远低于原股东，新股东对原股东提供了高额补贴，这必然导致未上市公司股东有高价发行股票盲目扩张或过度投资的倾向。实证研究也表明，中国上市公司坐拥巨额募集资金而无所作为的现象非常突出[㊀]，国外首次公开发行股票上市公司的业绩显著低于未公开上市公司的业绩[㊁]，间接证明了上述推断。

㊀ 曲盛磊，马广奇．基于DEA模型的创业板上市公司超募资金使用效率分析［J］．浙江金融，2015.

㊁ 博迪，凯恩，马库斯．投资学（原书第9版）［M］．汪昌云，张永冀，译．北京：机械工业出版社，2012：43.

新闻摘录

因“活熊取胆”备受社会争议 归真堂冲新三板也遭拒

2012 年，归真堂 IPO 历经社会对其高度关注。公众普遍认为，“活熊取胆”这种残忍方式为社会所不能接受，更何况登陆资本市场。2013 年 4 月，证监会宣布中止归真堂 IPO 审查。归真堂创始人邱淑花曾在媒体面前哭诉：“早知这样就不搞上市。”

2015 年 12 月 14 日，全国中小企业股份转让系统（新三板）公告了归真堂提交的相关上市文件。新三板曾先后两次发问询函：子公司黑熊来源是否合法，饲养黑熊是否依法履行相关程序，取胆行为是否合法合规、是否依法履行相关程序等。归真堂回复格外细致，亮出了“驯养繁殖许可证”“福建省野生动物经营加工许可证”“动物防疫条件合格证”“排污许可证”“租赁房产使用权及土地承包经营权”等五大证书。

尽管如此，新三板市场依然终止了归真堂的挂牌申请。在“人工熊胆”已经研制成功的前提下，归真堂坚持使用“活熊取胆”的方式制药，是其几度徘徊资本市场大门而不入的最直接障碍。

资料来源：2016 年 5 月 18 日《北京晨报》。作者有删改。

3.2.2 流通市场

流通市场（circulation market）又称为**次级市场**（secondary market），是投资人相互买卖已发行证券的市场。证券流通既可以在证券交易所进行，又可以在证券交易所外即场外进行。场外交易由证券公司作为交易对手，与客户直接进行证券买卖。现代场外交易都进行了电脑联网，也称自动报价系统，其与证券交易所市场的界限越来越模糊。流通市场的最新发展是机构投资人之间避开证券公司，相互利用电子计算机网络进行大宗交易。

1. 认识盘面变化

正式进入流通市场之前，必须看懂图 3-3 显示的股票盘面变化。

（1）分时走势。用图 3-3 左上方的曲线①表示，代表某个时点股票的即时成交价格。

（2）分时均价。用图 3-3 左上方的曲线②表示，代表某段时间股票成交价格的平均价。

（3）分时成交量。用图 3-3 左下方很细的柱状表示，代表某个时点股票的成交数量。

（4）开盘价、最高价、最低价、收盘价。开盘价指交易所每日开市后股票的第一笔交易价格。最高价、最低价是当日股票的最高成交价格和最低成交价格。收盘价是交易所每日收市前股票的最后一笔交易价格。

（5）委比。在图 3-3 的右上方，通常用红色字体的百分数（数值为正数时）或者绿色字体的百分数（数值为负数时）表示。委比是衡量交易日中某一时点买卖盘相对强度的指标，其计算公式为：

$$委比 = \frac{委买手数 - 委卖手数}{委买手数 + 委卖手数} \times 100\%$$

委买手数是委托买入五档之手数相加之总和。委卖手数是委托卖出五档之手数相加之总和。

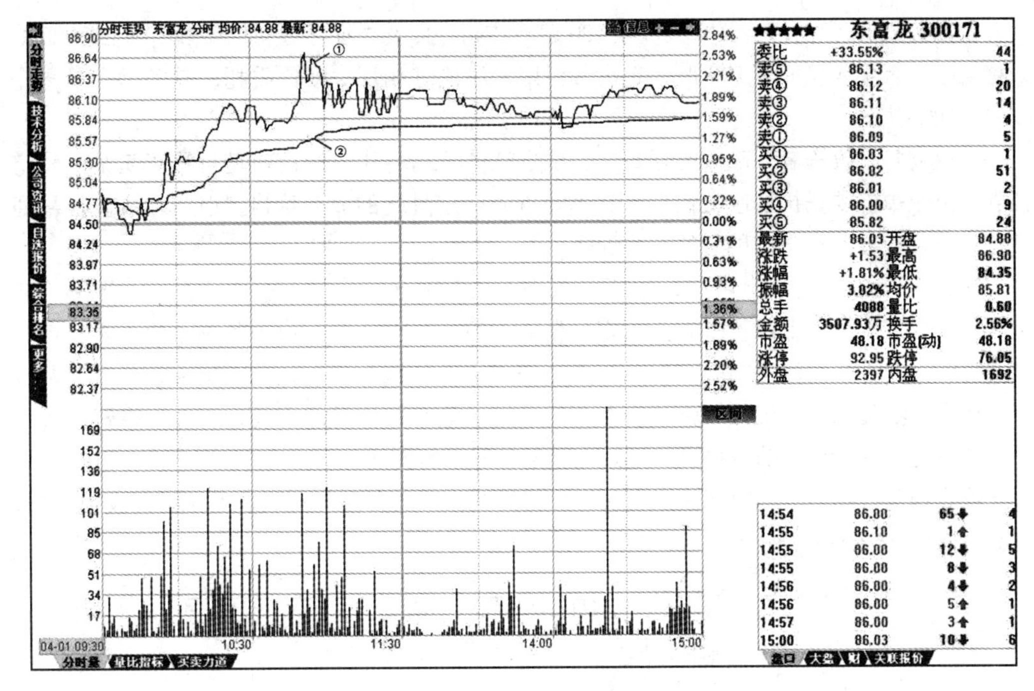

图3-3 股票交易盘面图

(6) 量比。在图3-3的右中部，通常用红色（数值大于1时）或绿色（数值小于1时）的小数表示。量比是开市后每分钟平均成交量与过去5天每分钟平均成交量之比，表明个股交易的活跃程度。其公式为：

$$量比=\frac{当日累计成交量}{当日累计开市时间（分）}\div 过去5日平均每分钟成交量$$

(7) 换手率。在图的右中部。“换手率”也称“周转率”，指交易日当天截至当前时点股票转手买卖的频率，是反映股票流通性强弱的指标之一，其公式为：

$$换手率=\frac{当前时点成交股份数}{流通股股份总数}$$

(8) 市盈率。在图3-3的右中部，其高低通常表明股价是被高估还是被低估。

(9) 外盘和内盘。在图3-3的右中下部，通常用红色和绿色的整数表示。在任意确定时点，图3-3中显示的最低卖价（卖①）>最高买价（买①），如果买卖双方都不让步，则无法达成交易。随着时间推移，买卖双方总有一方要妥协，即买方高价买入，或者卖方低价卖出。交易日当天截至当前时点卖方主动以低价卖出，盘面显示以买方报价成交的所有交易计入内盘（绿色字体），交易日当天截至当前时点买方主动以高价买入，盘面显示以卖方报价成交的所有交易计入外盘（红色字体）。外盘数量大于内盘，表示买方力量较强，反之则卖方力量较强。

2. 买卖股票

中国内地投资者买卖股票有交易所和大宗交易两个平台。

(1) 交易所平台。绝大多数投资人使用交易所平台交易，其程序是：

1) 委托。委托包括限价委托（limit orders）、市价委托和停止损失委托。限价委托有买进最高限价、卖出最低限价，即投资者要求证券公司按限定或更有利的价格买卖证券，如投资者以每股10元的价格买入某股票100股，该指令即要求证券公司以每股10元或更低的价格为投资者买入该股票100股，卖出最低限价则刚好相反。限价委托的缺陷是交易指令不一定能够执行。

市价委托指投资者为确保委托成功，要求证券公司尽快以当前市场价格买卖某一特定证券。由于市价委托执行速度快，虽然不能事先确定最终的成交价格，但实际成交价格通常应该非常接近于提交订单时的市场价格。

停止损失委托指投资者为保住已经取得的账面收益或避免遭受更大损失，在证券价格上升到其指定价格以上或下跌到其指定价格以下时，要求证券公司为其按市价买卖一定数量有价证券的委托。停止损失委托分为停止损失买入委托与停止损失卖出委托，前者是投资者要求证券商以高于现行市价的价格买进一定数量某种证券的委托，后者是投资者要求证券商以低于现行市价的价格卖出一定数量某种证券的委托。

停止损失委托的一种重要形式是爬行止损委托，即根据上升的股价不断提高止损委托，其具体操作如图3-4所示：

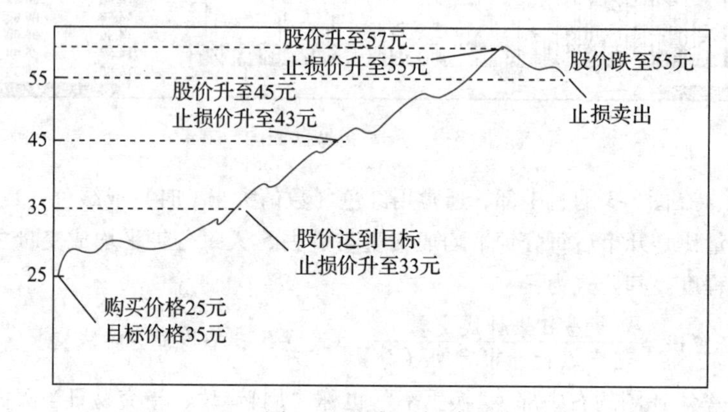

图3-4 爬行止损单

投资人的委托价格必须限定在当天股票价格的涨停板（limit up or stop up）和跌停板（limit down or stop down）之间，涨停板和跌停板指当日股票交易价格较上日所能上涨和下跌的最大幅度，科创板市场规定的涨跌幅度为±20%，其他市场规定的涨跌幅度是±10%。在涨跌停板制度下，当卖方（买方）看到股价接近跌停板（涨停板）时，害怕跌停（涨停）后无法卖出（买入）而立刻卖出（买入），买方（卖方）希望价格能继续下跌（上升）而延后买入（卖出），致使股价加速跌停（涨停）。上述涨跌停价格对市场价格存在磁吸力的现象，称为磁吸效应。涨跌停板的磁吸效应降低了股票的流动性，致使中国股市设立涨跌停板制度限制市场过度投机的初衷并未达到。[⊖]

2）竞价成交。证券公司通过计算机联网系统将投资者买卖指令传给交易所，交易所主机根据价格优先、时间优先的原则撮合成交。价格优先是指价格最高的买方报价与价格最低的卖方报价，优先于其他一切报价而成交；时间优先是指同价位申报依照申报时序决定优先顺序，先申报者优先于后申报者。

证券成交后，买卖双方须向证券公司支付佣金，卖方还需由证券公司代扣印花税。佣

⊖ 屈文洲．交易制度对中国市场效率的影响——基于涨跌幅限制的实证研究［J］．厦门大学学报，2007.

金和印花税构成了投资人的主要交易成本。

3）证券交割。证券交割是指一笔证券交易成交后，买方支付价款并收取证券、卖方交付证券并收取价款的过程。中国目前实行 T+1 交收制度，当天买入股票者到第二天才能卖出，当天卖出股票者可以在当天随后交易时间购买股票。

中国股市曾采取 T+0 交收制度，即当天可以随时买卖股票，资金可以多次循环使用，后为抑制市场过度投机而取消。未来是否以及何时恢复 T+0 交易仍然存在较大变数。

（2）大宗交易平台。大宗交易（block trading）又称为大宗买卖，是指达到规定的最低限额的证券单笔买卖申报，买卖双方经过协议达成一致并经交易所确定成交的证券交易。

大宗交易有三大特点：①单笔证券成交数量或成交金额远大于普通交易，如沪深交易所规定，大宗交易 A 股单笔买卖申报数量在 50 万股（含）以上，或交易金额在人民币 300 万元（含）以上；②大宗交易的成交价格，由买方和卖方在当日交易所最高和最低成交价格之间协商确定；③大宗交易既可以在交易所交易时间进行，即在交易日上午 9：30～11：30、下午 1：00～3：00 交易，也可在交易所非交易时间进行。

上市公司限售股解禁后的交易大多在大宗交易市场进行。大宗交易买卖双方协商确定的交易价格对公司未来股价可能有一定影响，交易所会将大宗交易价格、成交数量等信息及时向市场发布。

3. 暂停交易或熔断

当投资市场暴涨或暴跌时，交易所为稳定市场会暂停所有股票交易，中国投资市场称其为熔断。2016 年 1 月 4 日～2016 年 1 月 7 日，中国股市借鉴国外经验采取熔断机制：当沪深 300 指数触发 5% 熔断阈值时，三家交易所暂停交易 15 分钟；如果尾盘阶段触发 5% 或全天任何时候触发 7% 则暂停交易至收市。由于磁吸效应，熔断加速市场股票大面积跌停，这使监管部门在 2016 年 1 月 8 日起不得不暂停实施指数熔断，熔断成为中国证券史上最短命的交易机制。

中国股市实施熔断失败的原因在于，在个股价格已经有涨跌停板的限制下，熔断已无必要，因为这只会加剧市场流动性问题。而且，推出熔断机制的发达国家对熔断机制也有取消或进行实质修改的动向。[⊖]

3.2.3　发行市场和流通市场的互动关系

发行市场是投资市场的源头，流通市场是投资市场的主体，流通市场制约发行市场：①流通市场越发达，股票变现能力越强，股票发行就越容易；②流通市场平均价格的高低影响甚至决定发行市场价格的高低，即流通市场平均价格越高，新股票发行价格也越高，反之则相反；③流通市场持续低迷，可能导致新股票发行失败，有时甚至不得不暂停新股票发行。

反观发行市场，大量连续新股发行也会对流通市场造成较大冲击，因为投资人预期新股发行后再融资增加，以及随后的限售股解禁，都需要流通市场大量资金承接，致使资金被挤出流通市场。如在 2019 年 7 月上中旬科创板开板之前，拟在科创板上市的公司股票批

⊖ 亚历山大，夏普，贝利．投资学基础（第 3 版）［M］．赵锡军，等译．北京：人民大学出版社，2015.

量发行，就对沪深主板市场、中小板市场和创业板市场造成了极大的压力。

假设投资市场资金总量不变，则发行市场和流通市场的存量资金存在此消彼长的关系，如图 3-5 所示。

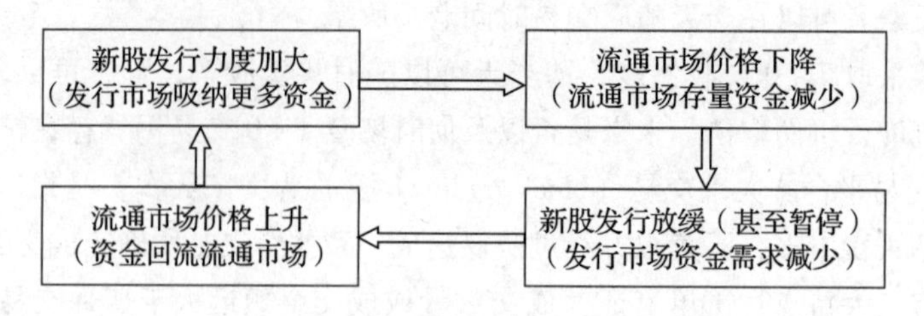

图 3-5 发行市场和流通市场的关系

3.3 多层次股票市场

中外股票市场分为多个层次。中国内地股票市场主要分为主板市场，中小板市场，创业板市场，以及代办股份转让系统和科创板市场等四个层次。不同层次的股票市场，要求发行人须具备的条件不同，适宜不同类型的公司上市，投资人风险承受能力不同。

3.3.1 主板市场

主板市场（main board market）是一国证券市场的核心。中国内地主板市场包括 1990 年底设立的上海市场和深圳市场。截至 2019 年 7 月 26 日，主板市场共有 1 932 家上市公司。

主板市场集中了从事传统经济业务的大型企业，如金融、房地产、钢铁、机械制造、煤炭采掘等传统行业的大型企业。主板市场短期波动幅度相对较小，适宜于机构投资者等大资金，以及中高风险厌恶程度的投资者投资。

3.3.2 中小板市场

中小板市场（small and medium-sized enterprise stock market）于 2004 年在深圳交易所设立，专为中小型企业上市及交易服务。

中小板市场发展非常迅速，截至 2019 年 7 月 26 日共有 931 家企业上市交易。中小板市场有许多企业属于前景看好的新兴产业，中低风险厌恶型投资者对中小板市场青睐有加。

3.3.3 创业板市场

创业板市场（second board market）于 2009 年 10 月设于深圳交易所，是未达到主板市场要求但具备高成长性的中小企业公开发行股票并上市交易的市场。

截至 2019 年 7 月 26 日，创业板市场共有 765 家企业上市。在创业板市场上市的公司大多是中国经济最具活力的民营企业，以成长性和创新能力见长，中低风险厌恶型投资者可在创业板市场找到较好的投资机会。

3.3.4 代办股份转让系统和科创板市场

代办股份转让系统和科创板对标美国纳斯达克市场，是中国目前投资市场中风险最高者。

1. 代办股份转让系统

代办股份转让系统（俗称新三板）诞生于2001年。在2006年之前，代办股份转让系统主要为STAQ系统[一]、NET系统[二]历史遗留的数家公司法人股，以及从沪深市场退市的上市公司股份转让提供服务。2006年以后，大量科技型中小企业进入代办股份转让系统。截至2019年7月26日，代办股份转让系统挂牌企业共有12 458家，已经成为全国性中小微非上市股份有限公司股权交易平台。

代办股份转让系统相对于其他市场具有两个重大风险：①没有盈利记录的初创企业可以登录代办股份转让系统，公司破产风险急剧增加；②代办股份转让系统主要采取做市商[三]或协议转让[四]的交易方式，市场参与者少，产品定价公平性差，市场流动性风险极大。

代办股份转让系统投资风险极大，只有专业投资者才被允许进入。但系统中优秀企业可以转板登陆中小板、创业板和科创板，又为投资人提供了巨大的盈利机会。

2. 科创板市场

2019年7月22日，主要为新一代信息技术、生物医药、高端装备制造、新材料、节能环保等高科技行业创新型企业提供股权融资的科创板市场正式开板。科创板市场被监管部门寄予厚望：一方面，在当今国家间竞争主要是科技竞争的背景下，拓展科技创新型企业股权融资渠道的需求日益强烈，科创板市场正是在监管部门的大力呵护下才应运而生。另一方面，中国股市近30年的发展虽然成绩斐然，但一些阻碍股市健康发展的积弊经久难除，监管部门希望通过科创板创新股市运行机制，由股市增量创新推动股市存量改革，从而最终为革除中国沪深主板市场、中小板市场和创业板市场的各种积弊提供经验和借鉴。

相比沪深主板市场、深圳中小板市场和创业板市场，科创板市场最显著的特征是其对上市公司的盈利要求较低，甚至没有盈利的科技型初创企业也可以上市，投资风险很大。有鉴于此，科创板市场要求投资人必须有2年以上投资经验，且投资资金或持有的证券市值须在50万元以上。但科创板市场交易机制较其他市场更加灵活，科技型初创企业借助科创板市场提升其发展壮大的概率，投资人可能获得更高的投资收益。

3.4 融资和融券

除使用自有资金和股票外，投资人还可用融资和融券方式获取更大利润。**融资**（margin buying）也称买空，指当预测未来行情看涨时，借入资金买入更多股票，期待股价

[一] STAQ系统，全称为全国证券交易自动报价系统，是一个基于计算机网络进行有价证券交易的综合性场外交易系统。STAQ系统于1990年12月5日正式开始运行，于1999年9月9日关闭。

[二] NET系统是由中国证券交易系统有限公司（简称中证交）设计，利用覆盖全国100多个城市的卫星数据通信网络连接起来的计算机网络系统，为证券市场提供证券的集中交易及报价、清算、交割、登记、托管、咨询等服务。NET系统于1993年4月28日正式运行，于1999年9月9日关闭。

[三] 做市商是指在证券市场上，由具备一定实力和信誉的独立证券经营法人（一般是证券公司）作为特许交易商，不断向公众投资者报出某些特定证券的买卖价格（即双向报价），并在该价位上接受公众投资者的买卖要求，用自有资金和证券与投资者进行证券交易，以此维持市场的流动性。

[四] 协议转让是指交易双方在交易中心主持下通过洽谈、协商达成交易。

上涨盈利更大。**融券**（short selling）也称卖空，指当预测未来行情看跌时，借股票卖出，期待以后用更低价格买回股票归还以盈利。在一些国家还有裸卖空（naked short selling），投资者还未借得证券就可先行卖出。

3.4.1 融资

股票融资有场内融资（正规融资）和场外融资（非正规融资）两种模式，两者参与主体不同，风险大小及风险控制机制存在较大差异。

1. 场内融资

场内融资是指投资人在证券公司开立信用证券账户和信用资金账户，存入金额较高的现金或有价证券等作为**保证金**（margin），向证券公司借款买入证券的行为。

融资时须注意：①当保证金是股票、债券等证券时，需要将其折算为现金。通常上证180指数成分股折算率最高不超过70%，其他股票折算率最高不超过65%，交易所交易型开放式指数基金折算率最高不超过90%，国债折算率最高不超过95%，其他上市证券投资基金和债券折算率最高不超过80%；②除科创板市场股票均可以融资买入外，其他市场可融资买入的证券通常是大市值优质公司，且交易所定期调整可以融资买入的标的证券。

融资时证券公司向投资者发放了一笔贷款，投资者所购证券充当贷款的抵押物，由证券公司以其自身名义注册持有证券（即街名，street name）的方式保管。证券公司对投资人的贷款来自银行放款，股票交易由此与银行信用直接相连。如果证券价格不涨反跌，则投资者将遭受较大损失，且当投资者买入的证券市值低于证券公司发放的贷款本利和时，投资者的亏损可能转嫁给证券公司，间接危及银行贷款的安全。为控制投资风险，证券交易所和证券公司对投资者保证金及其变化规定了融资保证金比例和维持担保比例。

为了解融资保证金比例和维持担保比例的具体含义，我们画出融资流程图3-6。

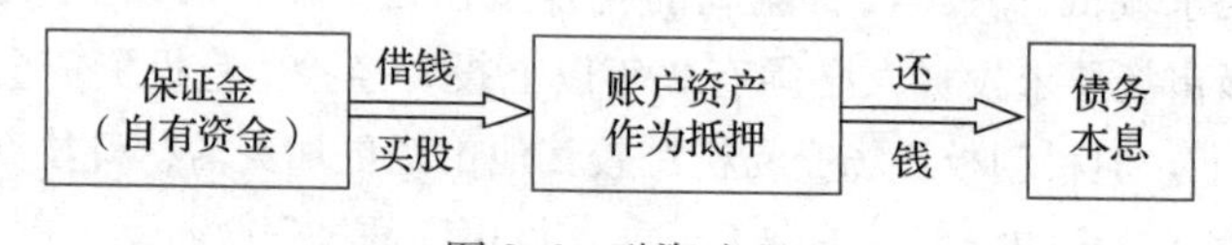

图3-6 融资流程

当投资者融资买入股票时，证券公司必须根据投资者账户保证金数额大小决定贷款金额，这就是融资保证金比例问题。具体来说，融资保证金比例是指投资者账户中存入的保证金与可以融入（借入）资金最高限额的比例，计算公式为：

$$\text{融资保证金比例} = \frac{\text{保证金}}{\text{融入资金最高限额}} \times 100\% \tag{3-1}$$

证券交易所和证券公司会根据市场情况相应调整融资保证金比例，市场交易火爆时提高比例，市场交易清淡时降低比例。通常情况下，融资保证金比例不得低于100%。

投资者融资后账户中资产价值（股票价值）与贷款本息的比例，被称为实际保证金比例，即：

$$\text{实际保证金比例} = \frac{\text{账户总资产价值}}{\text{贷款本金} + \text{利息及费用}} \times 100\% \tag{3-2}$$

实际保证金比例随着账户中股票价格的涨跌而变动。以融资保证金比例100%计算，初始实际保证金比例为200%。当买入证券价格上升时，实际保证金比例会大于200%。投资人可以将大于200%的保证金（显示在股票价值增值上）再次作为担保品，继续等额向证券公司融资。当买入证券价格下跌时，实际保证金比例会低于200%。在证券价格持续下跌时，实际保证金比例持续下降，可能触及证券公司设置的维持担保比例（maintenance margin），维持担保比例通常设定在实际保证金比例为130%时，即：

$$130\% = \frac{\text{账户总资产价值}}{\text{贷款本金} + \text{利息及费用}} \tag{3-3}$$

当实际保证金比例下降到维持担保比例时，证券公司将签发追加保证金通知（margin call）[⊖]，要求投资者在账户中存入现金或证券，或者出售部分证券以收入偿还部分贷款。如果投资者置之不理，证券公司就会强制平仓：出售投资人所买入的证券，收回贷款本金、利息及有关费用。

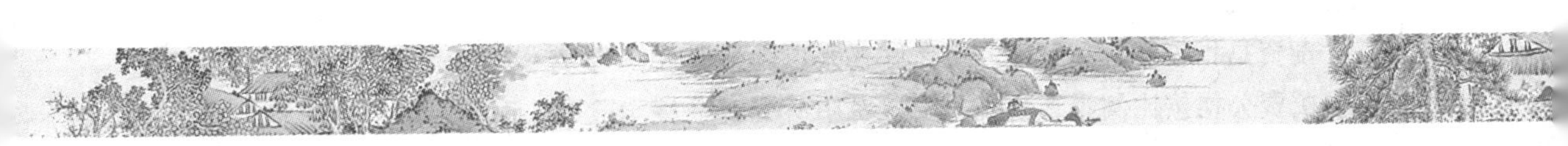

例3-1

假定融资保证金比例是100%，维持担保比例是130%。你的保证金为50 000元，融资50 000元，购买价格为10元/股的某股票10 000股。如果不考虑融资利息、交易佣金及分派股息等因素，问：①当股价上涨到12元或下跌到8元时，你的实际保证金比例分别是多少？②当股票价格为多少时，你会收到追加保证金通知？③如果股票上涨到12元，将浮动盈利即股票增值2万元作为保证金，继续融资19 200元购买1 600股股票，然后股价下跌到8元，你的实际保证金比例是多少？④在③的情形下，当股票价格为多少时，你会收到追加保证金的通知？

解答：①当股价上涨到12元时，你的实际保证金比例为：

$$\text{实际保证金比例} = \frac{\text{账户总资产价值}}{\text{全部债务}} = \frac{12 \times 10\,000}{50\,000} = 240\%$$

这时实际保证金为70 000元，超出原来50 000元的20 000元盈利并不显示为账户现金增加了20 000元，而是体现在持有的10 000股股票增值上。

当股价下跌到8元时，你的实际保证金比例为：

$$\text{实际保证金比例} = \frac{\text{账户总资产价值}}{\text{全部债务}} = \frac{8 \times 10\,000}{50\,000} = 160\%$$

②设股价为P时收到追加保证金通知。此时账户中的股票价值为$10\,000 \times P$，充当借款（50 000元）的担保品。根据式（3-3）可得：

$$130\% = \frac{10\,000 \times P}{50\,000}$$

解得股价$P = 6.5$元时，你将收到追加保证金通知。

③股价上涨到12元时，你用股票盈利20 000元作为保证金继续向证券公司融资19 200元，购买证券数量为1 600股（$= 19\,200 \div 12$）。然后当股价从12元下跌到8元时，你的实

⊖ 中国许多证券公司会在客户维持担保比例低于150%时，提醒客户追加保证金。当客户维持保证金低于130%时，要求客户追加保证金至少到150%。

际保证金比例为：

$$\text{实际保证金比例}=\frac{\text{账户总资产价值}}{\text{全部债务}}=\frac{8\times 11\ 600}{50\ 000+19\ 200}\approx 134.10\%$$

④设股价为 P 时收到追加保证金通知。此时账户中股票价值为 $11\ 600\times P$，充当借款（69 200 元）的担保品。根据式（3-3）可得：

$$130\%=\frac{11\ 600\times P}{69\ 200}$$

解得 $P\approx 7.76$ 元时，你将收到追加保证金通知。

2. 场外融资

场外融资指投资者向证券公司以外的机构借入资金购买股票的行为，包括配资、伞形信托等形式。

配资是指投资者和配资公司签订《账户委托协议》等文本，投资者缴纳一定额度保证金，配资公司按比例为其垫资，投资者用所配资金买卖股票，而股票账户由配资公司提供并掌控。

伞形信托是指证券公司、信托公司、银行等金融机构共同合作，结合各自优势，为证券市场投资者提供投融资服务的结构化证券投资产品。伞形信托的运作模式可用图 3-7 表示，其中的优先委托人通常是银行客户，劣后委托人通常是证券公司客户。

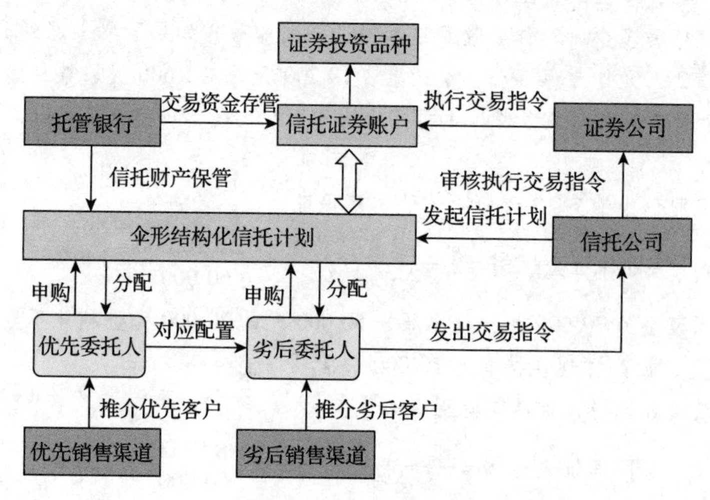

图 3-7　伞形信托运行图

场外融资的杠杆率一般远高于场内融资的 1∶1，且融资购买对象几乎没有限制，市场风险极大，故监管部门一直对其严加限制。

3. 融资的助涨助跌功能

融资在牛市助涨，在熊市助跌，其运行机制可以用图 3-8 和图 3-9 解释。中国股市在 2014 年底到 2015 年中的牛市行情，被认为是典型的“杠杆牛市”。此后市场暴跌则诠释了融资的熊市助跌，因为暴跌的起因是监管部门查处银行资金以配资形式进入证券市场，导致配资资金疯狂逃离股票市场。

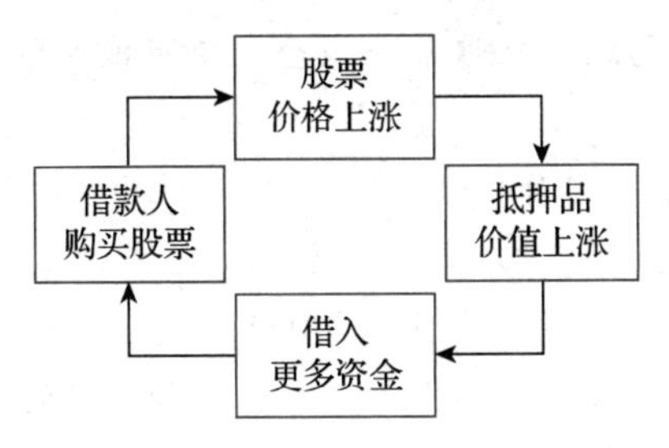

图3-8　牛市中融资助涨循环过程

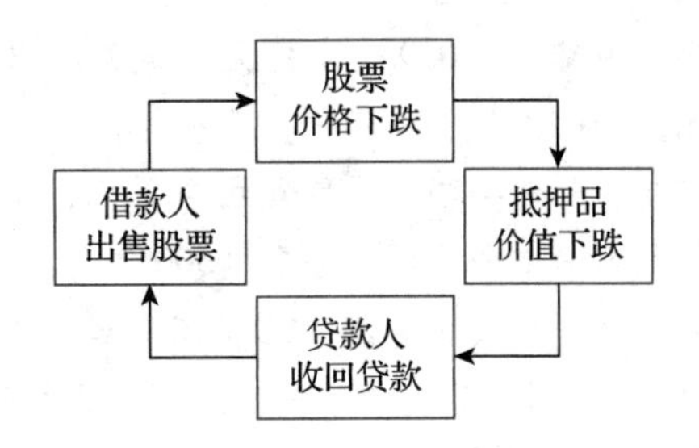

图3-9　熊市中融资助跌循环过程

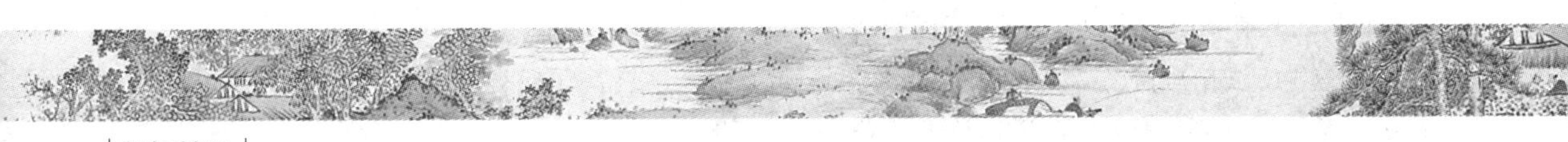

新闻摘录

配资公司真相大揭秘

1. 配资公司业务细节

（1）配资公司以自有资金1亿元向银行融资3亿，开立一个总值4亿元的股票母账户（见图3-10）。

图3-10　利用银行资金生成的配资母账户

（2）将母账户拆分为若干个（假设10个）二级子账户，收到每个客户本金1 000万元共计1亿元，从母账户向10个子账户各划入4 000万元（见图3-11）。

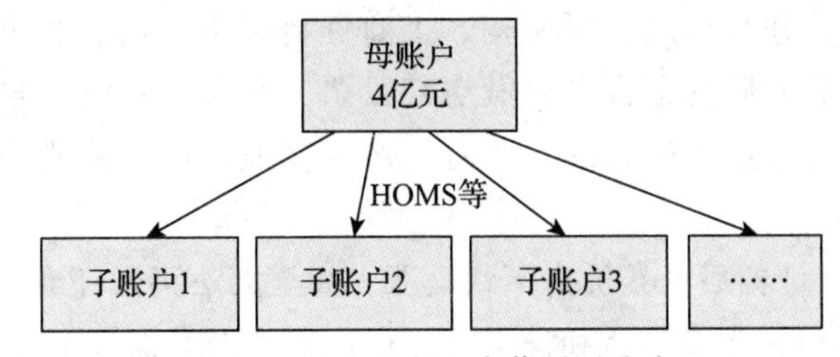

图3-11　母账户生成若干子账户

配资公司用客户的1亿元再去开第二个4亿元的母账户，招揽客户后又腾出1亿元，继续开第三个母账户……最后假设开设了10个母账户，融入30亿元。

2. 利差收入

配资公司的收入主要来自利差：从银行融资的利率在8%左右，而给客户配资的利率普遍是18%，开设10个母账户的利润为3亿元，年化收益率为300%。

3. 主要风险点

（1）过度杠杆的风险。银行用理财资金对接配资公司，设置了较严的预警线。1∶3的杠杆，预警线是0.95，4亿元母账户亏2 000多万元就要求追加保证金，使市值回到3.8亿元。

配资公司给客户的预警线会更低，比如0.875，即4 000万元市值降到3 500万元下，也就是客户本金亏掉一半多（500万元以上）时，才会被通知追加保证金。

假设一种极端情景：10个配资客户各亏300万元，母账户共亏3 000万元，银行通知追加保证金1 000万元，使市值回到3.8亿元。这笔保证金要配资公司自己追加。若配资公司10个母账户都要求追加1 000万元保证金，那么悲剧就可能降临。

（2）资金风险。配资公司不受任何部门监管，配资客户将本金提交至配资公司指定的账户，没有银行托管方，资金安全得不到任何保障。

（3）法律风险。二级子账户匿名，逃避了监管，违反了我国证券账户实名制的规定。

资料来源：2015年7月18日中国财经信息网。作者有删改。

3.4.2 融券

投资界对融券交易有赞成和反对两种观点。赞成者认为：①融券使投资者在股票下跌时也能够获利，活跃了市场交易；②融券使价值高估股票的价格下跌，利于市场回归理性。反对者则认为：①融券者的盈利建立在更多做多投资者亏损的基础上，有违社会道德；②融券者为使股价下跌可能散布不利于市场及公司的虚假信息，可能触发恶意做空的法律诉讼；③融券在市场不稳定时会加剧市场下跌，可能对国家经济发展造成负面影响。

融券在美国等发达国家投资市场已经非常成熟，其运行有两大特点：

（1）融券者机构化、专业化，其实力不容小觑，如以做空在美国上市的中国概念股闻名的机构就有浑水公司（Muddy Waters Research）、香橼公司（Citron Research）等。

（2）融券形成了完整的产业链，融券者采取多种手段主动促使股票下跌。如“浑水”公司创始人卡尔森·布洛克（Carson Block）曾经公开披露和承认：融券者往往有对冲基金的支持与配合，并与当地调研机构、工商资料协查公司和私家侦探合作；融券者一般在公布针对某企业的质疑报告之前做空其股票，发布的看空报告有质疑企业财务数据不可信的，有说其信息披露失真的，还有的亲赴实地，用照片或视频揭露公司运营状况跟报表不符。⊖

融券的风险是卖出证券后证券价格不跌反涨，甚至无法买回证券归还证券公司被“轧空”。为应对融券风险，证券交易所和证券公司也规定了融券保证金比例和维持担保比例。了解融券保证金比例和维持担保比例的具体含义，也可从图3-12融券流程开始。

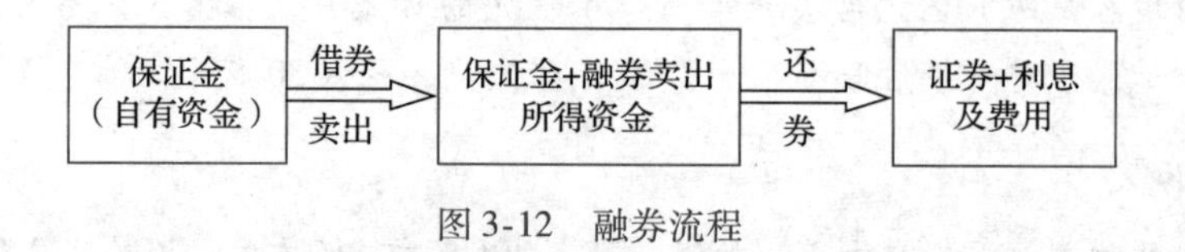

图3-12　融券流程

在图3-12所示的第一个环节，即当投资者向证券公司融券卖出时，证券公司也须决

⊖ 冯禹丁. 追杀中国造假股——中国概念股为何血溅美国资本市场［J］. 南方周末，2011（05）：15-21.

定，应借多少钱的证券（证券数量×证券市价）给投资者卖出，这同样取决于投资者账户保证金数量。具体来说，融券保证金比例指的是投资者融券卖出时账户中保证金与可融券交易的最高金额的比例，通常规定不得低于50%，其计算公式为：

$$融券保证金比例 = \frac{保证金}{融券卖出证券数量 \times 卖出价格} \times 100\% \tag{3-4}$$

在图3-12所示的第二个环节，即投资者融券卖出后，其账户中资产价值（保证金+卖空证券所得资金）与融券债务的比例，被称为实际保证金比例：

$$实际保证金比例 = \frac{保证金 + 卖空证券所得资金}{买回融券证券数量 \times 市价 + 利息及费用} \times 100\% \tag{3-5}$$

融券的实际保证金比例也会随股票的价格涨跌而变动。假设融券保证金比例为50%，当卖空的股票如期下跌时，融券的实际保证金比例会在初始实际保证金比例150%的基础上上升。当卖空的股票未能如预期下跌而是上涨时，实际保证金比例就会下降。当实际保证金比例持续下降时，便可能触及证券公司设置的维持担保比例（maintenance margin），维持担保比例通常设定在实际保证金比例为130%时，即：

$$130\% = \frac{保证金 + 卖空证券所得资金}{买回融券证券数量 \times 市价 + 利息及费用} \times 100\% \tag{3-6}$$

当实际保证金比例下降到130%时，就称账户保证金不足，证券公司将签发追加保证金通知，要求投资者在约定时间在账户中存入现金或证券，或者买入部分证券归还。如果投资者不予理会追加保证金通知，证券公司就会强制平仓，即用账户中现金买回投资者卖出的证券，将这些证券收回，并收取相应的利息和费用。

融券时须注意：①融券标的限定于可以融资的证券，即一只证券同时成为融资融券标的；②融券交易经常因无券可融而难以实施，融券交易额远低于融资交易额，如截至2019年7月11日上海市场融资融券总额约为5 543亿元，其中融资交易额约为5 467亿元，占比约为98.63%，融券交易额约为76亿元，占比仅为1.37%；③融券卖出所得资金通常不得用于购买其他风险证券；④融券期间证券若有股利分配，则融券者必须支付相应股利给证券出借者。

例3-2

假定融券保证金比例为60%，维持担保比例为130%，账户中保证金为60 000元，你卖空当前价格为100元/股的某股票1 000股。如果不考虑融券利息、佣金及股利分派，问：①当股价上涨到120元或下跌到80元时，你的实际保证金比例分别是多少？②当股票价格为多少时，你将收到追加保证金通知？

解答：融券时账户中保证金加卖空股票所得资金共计160 000元。

①当股价上涨到120元时，实际保证金比例为：

$$\frac{账户资产总值}{融券债务} = \frac{160\ 000}{1\ 000 \times 120} \approx 133.33\%$$

当股价下降到80元时，实际保证金比例为：

$$\frac{账户资产总值}{融券债务}=\frac{160\ 000}{1\ 000\times 80}=200\%$$

②设当股价为 P 时，收到追加保证金通知，即：

$$130\%=\frac{160\ 000}{1\ 000\times P}$$

解得 $P\approx 123.08$ 元，即股价上涨到 123.08 元时，你将收到追加保证金的通知。

3.4.3 融资与融券的比较

融资和融券操作不同，其保证金风险控制机制看似差异较大。但实际上，融资和融券的风险控制原理完全相同。对比融资和融券初始保证金比例公式：

$$融资保证金比例=\frac{保证金}{融入资金最高限额}\times 100\%$$

$$融券保证金比例=\frac{保证金}{融券卖出证券数量\times 卖出价格}\times 100\%$$

可以发现：①从会计学角度分析，两者都是投资人股东权益或保证金除以投资人债务，可简记为权益/负债；②两者的区别仅在于，融资时债务是资金大小，融券时债务是股票数量。

对比融资和融券实际保证金比例公式：

$$融资实际保证金比例=\frac{账户总资产价值}{贷款本金+利息及费用}\times 100\%$$

$$融券实际保证金比例=\frac{保证金+卖空证券所得资金}{买回融券证券数量\times 市价+利息及费用}\times 100\%$$

可以发现：①从会计学角度分析，两者都是投资人总资产除以投资人债务，可简记为资产/负债；②区别仅在于，如果忽略利息和费用，则融资债务是确定数额的资金，融券债务是确定数量的股票。由于股价时刻波动，融券债务金额无法确定，尤其是股价理论上可无限上涨，融券者债务金额可无限放大，因而融券风险远高于融资。

3.5 股票除权

在中国内地投资市场，由于有股价涨跌幅的限制，科创板市场股票相邻两天价格涨跌不会超过 20%，其他市场股票价格涨跌不会超过 10%。但有时一些股票第二天的价格大大低于第一天，如 2010 年 9 月 15 日上市公司英威腾的收盘价格为 99.97 元，但第二天收盘价格为 50.39 元，图形上留下没有交易的巨大缺口（见图 3-13）。这并不是股票价格真的大幅下跌，而是因股票除权导致的价格变化。

3.5.1 除权的含义及除权价格的计算

除权（ex-rights）是对股东某些权利的解除。除权价格是上市公司派发股息[⊖]、发行新股等行为导致每股市场投资成本相应发生变化，对新的每股投资成本重新计算的结果。

⊖ 投资实务中，发放股息产生的除权问题通常被称为除息，本书将其一并包含在除权中。

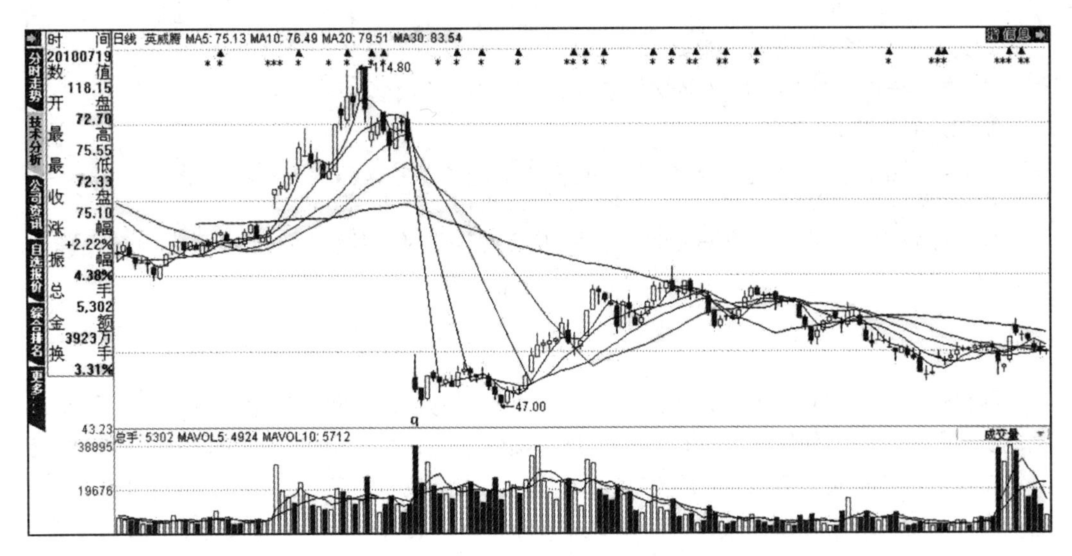

图 3-13　除权导致股价变化的情形

除权涉及的发行新股包括配股、送股和资本公积金转增股本等情形。资本公积金转增股本是指上市公司将其资本公积金，即非经营过程中产生的资本增值，包括发行新股时发行价格高于每股面值 1 元所产生的股本溢价、接受捐赠的资产价值、法定资产评估增值等，转为注册资本（股本）的行为。虽然送股和资本公积金转增股本在公司会计科目上处理不同，且送股要对投资人征收个人所得税，资本公积金转增股本不对投资人征收个人所得税，但送股和资本公积金转增股本在股票除权时作用相同，故将其统称为送转股。

除权涉及股权登记日和股票除权日两个重要日期。在权益分派期间，上市公司会在媒体上公告，此后某天（一般是几天后）为股权登记日（date of record），股权登记日当天收市后持有公司股票的投资者享有公司分派的各种权益。如英威腾于 2010 年 9 月 9 日发布公告：公司 2010 年半年度利润分派的登记日为 2010 年 9 月 15 日，每 10 股派现金人民币 3.00 元（含税），以资本公积金向全体股东每 10 股转增 9 股。

股权登记日后第一天被称为股票除权日（cut-off date）。除权日买入公司股票的投资者不能享有公司此前宣称的权益分派，除权日股票的投资价值比股权登记日大大降低，除权日股票价格通常大大低于股权登记日股票价格。

股票除权后股价降低看似降低了投资者的持股价值，但与此同时股票数量增加又可能增加投资者的持股价值。实际上，这一增一减使投资者的持股总价值既不会增加，也不会减少。

假设投资者在股权登记日持有上市公司 n 股股票，股票除权包括派发股息、配售新股和派发红股及转增股票等，则除权前投资者的持股价值（或成本）为：

$$n \times (\text{每股买入价} - \text{每股股息}) + n \times \text{每股配股比例} \times \text{配股价格}$$

除权后投资者的持股价值为：

$$n \times (1 + \text{每股送转股比例} + \text{每股配股比例}) \times \text{除权价格}$$

根据除权前后持股价值不变，即除权前持股价值等于除权后持股价值，可得：

$$n\times(\text{每股买入价}-\text{每股股息})+n\times\text{每股配股比例}\times\text{配股价格}$$
$$=n\times(1+\text{每股送转股比例}+\text{每股配股比例})\times\text{除权价格}$$

整理上式可得：

$$\text{除权价格}=\frac{\text{每股买入价}-\text{每股股息}+\text{每股配股比例}\times\text{配股价格}}{1+\text{每股送转股比例}+\text{每股配股比例}} \tag{3-7}$$

实际投资中，交易所不会显示每个投资人买入股票对应的除权价格，只是假设投资人以登记日收盘价格为持有成本显示相应的除权价格，即：

$$\text{除权价格}=\frac{\text{登记日收盘价}-\text{每股股息}+\text{每股配股比例}\times\text{配股价格}}{1+\text{每股送转股比例}+\text{每股配股比例}} \tag{3-8}$$

除权价格是除权日理论均衡价格：如果市价大幅高于除权价，则登记日买入股票者会立刻卖出获利，这会使股价下跌；如果市价大幅低于除权价，则原拟在登记日买入的投资者可用更低的价格买入股票，这会使股价上升。如果除权日后股票价格高于除权价格并逐渐上升，就称该股票在走“填权”行情；如果除权日后股票价格低于除权价格并逐渐下降，则称该股票在走“贴权”行情。牛市中股票“填权”可能性较大，熊市中股票“贴权”概率会更高。

利用除权价格公式，还可将股票现价即除权价格换算成相对历史起点未除权的真实价格。这被称为对股票价格进行复权，所得价格被称为（后）复权价格。复权价格相当于式（3-8）中的登记日收盘价格，即：

$$\begin{aligned}\text{复权价格}=&\text{除权价格}\times(1+\text{每股送转比例}+\text{每股配股比例})\\&+\text{每股股息}-\text{每股配股比例}\times\text{配股价格}\end{aligned} \tag{3-9}$$

投资实践中还有前复权价格，即保持现价不变，将历史价格换算成相当于现价的价格。

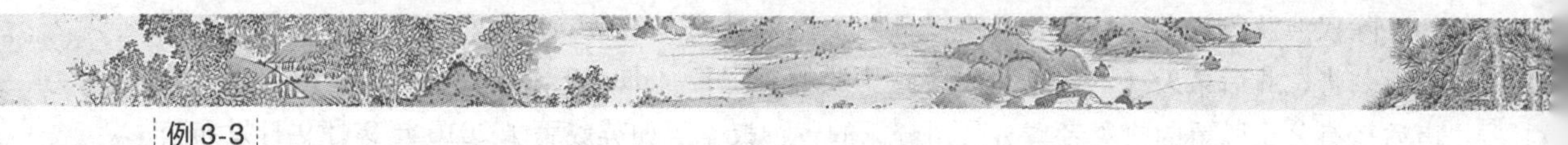

例3-3

在2017年2月17日中国证监会发布《关于修改<上市公司非公开发行股票实施细则>的决定》（简称《决定》）之前，上市公司定向增发价格通常大幅低于发行日公司股票的市场价格。假定某上市公司有股本10 000万股，股票现价为14元，投资一个项目需要资金20 000万元。在《决定》之前，公司向持股数量为3 000万股的前5大股东以每股7元的价格定向增发2 857万股。在《决定》之后，公司有三种融资方案：①向前5大股东定向增发1 587万股，增发价格为12.6元；②以12.6元/股的价格公开发行新股1 587万股，其中一半向原有股东配售；③以12.6元/股的价格向原有股东配股1 587万股。

请分析《决定》前后，5大股东和中小股东四种不同融资方式下投资成本的变化，并说明中国证监会发布《决定》的原因。

解答：①《决定》之前向前5大股东以每股7元的价格定向增发，发行后5大股东的每股成本或除权价格为：

$$\frac{\text{成本（万元）}}{\text{股数（万股）}}=\frac{14\times3\ 000+7\times2\ 857}{3\ 000+2\ 857}\approx10.59\text{（元）}$$

因此，定向增发后前5大股东的每股成本由14元大幅下降为10.59元，而中小投资人每股成本仍然是14元。

与此同时，股票价格可能下跌为：

$$\frac{\text{全体股东成本（万元）}}{\text{包括增发后的总股数（万股）}}=\frac{14\times10\ 000+7\times2\ 857}{10\ 000+2\ 857}\approx12.44\text{（元）}$$

在股价由14元下跌为12.44元的过程中，参与低价定向增发的前5大股东每股盈利为1.85元（=12.44－10.59），而中小股东每股亏损为1.56元（=12.44－14）。

②《决定》之后向前5大股东定向增发1 587万股，增发价格为12.6元，发行后5大股东每股成本或除权价格为：

$$\frac{\text{成本（万元）}}{\text{股数（万股）}}=\frac{14\times3\ 000+12.6\times1\ 587}{3\ 000+1\ 587}\approx13.52\text{（元）}$$

这较以前14元成本只有小幅下降，此时中小投资人的成本仍然是14元。

与此同时，股票价格可能下跌为：

$$\frac{\text{全体股东成本（万元）}}{\text{包括增发后的总股数（万股）}}=\frac{14\times10\ 000+12.6\times1\ 587}{10\ 000+1\ 587}\approx13.81\text{（元）}$$

在股价由14元下跌为13.81元的过程中，参与定向增发的前5大股东每股盈利为0.29（=13.81－13.52）元，而中小股东每股亏损为0.19（=13.81－14）元。

③《决定》之后向市场以12.6元价格公开增发1 587万股，其中一半即793.5万股向原股东配售，则按前5大股东占总股份的比重为30%，其配售股票数量为793.5×30%＝238.05万股，发行后5大股东每股成本或除权价格为：

$$\frac{\text{成本（万元）}}{\text{股数（万股）}}=\frac{14\times3\ 000+12.6\times238.05}{3\ 000+238.05}\approx13.90\text{（元）}$$

这较以前14元成本只有微幅下降，此时中小投资人配售后成本也下降为13.90元。

这时股票价格同样下降到13.81元，公司原股东每股亏损0.09（=13.81－13.90）元，参与公开增发的新股东每股盈利1.21（=13.81－12.6）元。

④《决定》之后以12.6元的价格向原有股东配售1 587万股，则依据前5大股东占有总股份的比重为30%，其配售股票数量为1 587×30%＝476.1万股，配股后5大股东每股成本或除权价格为：

$$\frac{\text{成本（万元）}}{\text{股数（万股）}}=\frac{14\times3\ 000+12.6\times476.1}{3\ 000+476.1}\approx13.81\text{（元）}$$

这较以前14元成本只有小幅下降，此时中小投资人配股后的成本也下降为13.81元。同时股票价格也会下降到13.81元，所有股东都没有盈亏。

⑤以7元/股的低价定向增发极大地降低了参与定增股东的成本，对上市公司原有中小股东明显不公平，这应该是《决定》出台的重要原因。案例还显示，中小投资人参加配股成本能够降到最低，如果不考虑其他外在原因，配股最有利于原有股东，尤其是中小股东。

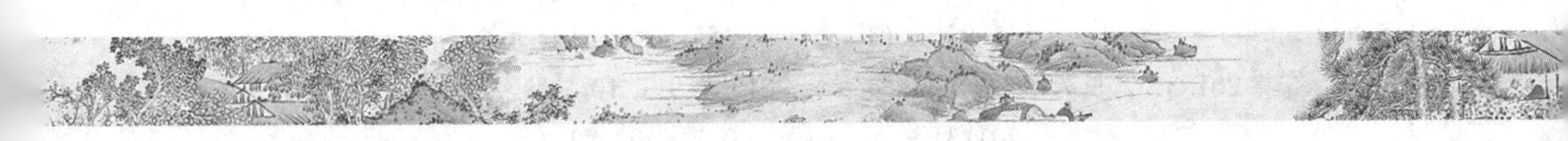

例3-4

2019年7月12日先导智能股份有限公司股票收盘价格为33.05元。公司股利分配历史如表3-5所示：

表3-5　先导智能利润分配情况一览表

分配时间	分配方案
2015年9月10日	每10股派现金2元，送转股10股
2016年3月29日	每10股派现金5.5元，送转股20股
2017年4月19日	每10股派现金1.30元
2018年5月24日	每10股派现金2.292 785元，送转9.968 63股
2019年6月5日	每10股派现金2.80元

问：（1）先导智能2015年9月9日登记日股票收盘价为139.81，第二天的除权价格是多少？（2）投资人小张在2015年6月9日以140元/每股的价格买入100股，然后一直持有，小张目前的每股投资成本是多少？（3）目前33.05元的价格的复权价格是多少？

解答：（1）根据式（3-8）可以求得先导智能2015年9月10日的除权价格为：

$$\frac{139.81-0.2}{1+1}\approx 69.81\ （元）$$

（2）根据式（3-7），计算小张的投资成本要经过5次除权：

①2015年9月10日除权后的每股投资成本为：

$$\frac{140-0.2}{1+1}=69.9\ （元）$$

②2016年3月29日除权后的每股投资成本为：

$$\frac{69.9-0.55}{1+2}\approx 23.12\ （元）$$

③2017年4月19日除权后的每股投资成本为：$23.12-0.13=22.99$（元）

④2018年5月24日除权后的每股投资成本为：

$$\frac{22.99-0.23}{1+0.997}\approx 11.40\ （元）$$

⑤2019年6月5日除权后的每股投资成本为：$11.4-0.28=11.12$（元）

故小张投资先导智能的每股成本经过5次除权后已经从140元下降到11.12元。

（3）根据式（3-9），股价要经历5次复权：

①将33.05元视为除权价格，其对应2019年6月5日除权的复权价格为：

$$33.05+0.28=33.33\ （元）$$

②将33.33元视为除权价格，其对应2018年5月24日除权的复权价格为：

$$33.33\times(1+0.997)+0.23\approx 66.79\ （元）$$

③将66.79元视为除权价格，其对应2017年4月19日除权的复权价格为：

$$66.79+0.13=66.92\ （元）$$

④将66.92元视为除权价格，其对应2016年3月29日除权的复权价格为：

$$66.92\times(1+2)+0.55=201.31\ （元）$$

⑤将201.31元视为除权价格，其对应2015年9月10日除权的复权价格为：

$$201.31\times(1+1)+0.2=402.82\ （元）$$

故经过5次复权后，目前33.05元的价格相当于第一次除权之前的402.82元。

多次除权后计算复权价格非常烦琐，各种炒股软件上都有除权价格和复权价格的转换方法[一]，不需专门计算。但弄清楚计算方法，对我们理解除权和复权的含义很有必要。

即问即答：你今后投资时愿意对拟购买股票进行复权处理吗？为什么？

3.5.2　股票高送转除权面面观

一些投资专家认为，上市公司向投资者分派股息、派送红股、转增股本等，相当于把一个人左口袋的钱转移到右口袋，或将一张大饼分割为更多小饼，除权后投资者每股投资成本虽然会下降，但股票价格也会相应下跌，投资者并不能因此受益。

但另外一些投资专家却认为，需要全面看待股票高送转及除权。学术界也认为，股票除权起因于股票高送转，并对上市公司高送转提出了三种理论解释：

（1）信号传递理论。该理论认为，高送转向外部投资人发出信号，表明公司管理层对公司未来高速发展有信心。实际上，国内外有不少著名企业，在其高速发展过程中都曾大比例高送转股或拆股。拆股和送转股的关系是：1股拆分为 N 股，相当于1股送转 $N-1$ 股。美国微软公司共有6次1股拆分为2股、3次1股拆分为3股，美国苹果公司共有3次1股拆分为2股、1次1股拆分为7股，中国腾讯控股公司也有1次1股拆分为5股等。

（2）流动性理论（又称最优价格理论）。该理论认为，股价过高会限制中小投资者的交易行为，高送转后股票除权可以增加股票的流动性。股神巴菲特掌管的伯克希尔哈撒韦公司，其A股长期不拆股，股价不断上涨，但为满足中小投资者需求，仍在1996年发行了B股，经拆分后目前1股B股的价值相当于1/1 500的A股价值。

（3）迎合理论。该理论认为，上市公司管理层会迎合投资者对股利政策的非理性偏好进行决策，以实现其利益最大化。

在中国投资实践中，以往多年支撑上市公司高送转股票的主要理论是流动性理论和迎合理论[二]，且形成了除权有助于提高股票价值的市场效应（简称除权效应），其基本逻辑是：①股票除权大大降低原有股票的价格，股票价格看起来很低、很便宜；②低价股票比高价股票的上涨空间更大，因而比高价股更有吸引力；③有能力购买低价股票的投资者比有能力购买高价股票的投资者多；④随着市场需求不断增加，除权后股票价格将不断上涨。

除权效应经常被投资机构和上市公司滥用，操纵股价短期暴涨，配合大股东限售股解禁后减持套现，损害中小投资人利益。如曾经的私募一哥后被判刑5年半、罚款110亿的徐翔，“联合13家上市公司董事长或实控人，合谋控制上市公司择机发布高送转方案”[三]。沪深交易所因此对上市公司股票高送转行为不断加强监管，并于2018年11月23日发布《上市公司高比例送转股份信息披露指引》（以下简称《指引》）。该《指引》规定：

（1）送转股的比例应与公司净利润增长、净资产增长以及业绩稳定性挂钩。

（2）高送转方案披露时间与董监高人员限售股解禁、重要股东减持股份等严格挂钩，

[一] 方法是：①进入个股日K线图；②点击鼠标右键找到“复权处理”，点击“复权处理”栏目下的“后复权”，然后按“↓”使图形变得最小，即得当前股价对应的“复权价格”；③再点击鼠标右键，找到“复权处理”栏目下的“不复权”，即可将“复权价格”还原为“除权价格”。

[二] 李心丹，等．中国股票市场“高送转”现象研究［J］．管理世界，2014（11）：133-145.

[三] 徐翔犯操纵证券市场罪　一审被判五年半　罚110亿［EB/OL］．（2017-01-23）．http://money.163.com/17/0123/11/CBF9HS070025814s.html.

杜绝利用高送转拉抬股价、对冲限售股解禁压力等损害中小投资者的违规行为。

（3）高送转的具体标准是：主板10送转5以上，中小板10送转8以上，创业板10送转10以上。

在投资分析时，具体某家上市公司股票高送转究竟基于哪种理论假设，应该从公司经营业绩是否持续增长和股价高低等方面进行研判：

（1）对于近些年经营业绩持续高增长的公司，其高送转基本可判定为，向投资市场表明公司管理层对公司未来发展充满信心，适用于信号传递理论。

（2）对于近些年经营业绩缓慢增长且股价偏高的公司，其高送转可以认为是降低公司股价、增强市场流动性的需要，适用于流动性理论。

（3）对于近些年经营业绩几乎不增长甚至下滑的公司，其高送转很可能是迎合投资市场中小投资人偏好低价股的心理，适用于迎合理论。

3.6 股票停牌、复牌与退市

股票停牌、复牌和退市，往往伴随有上市公司重大信息的发布，对投资决策有着极为重要的影响。

3.6.1 股票停牌、复牌

股票停牌是指上市公司因披露或突发可能影响投资者决策的信息或事件，主动或被动停止股票交易，以便投资者消化信息或等待事态明朗，在股票恢复交易即复牌时采取相应对策。

中国股市是全球停牌最频繁的市场，停牌时间少则1个小时，多则数月，甚至长达数年。停牌原因主要有：签订重大合同，披露兼并收购、资产重组事项，公告业绩与上年度同期相比出现较大偏差，对媒体不实报道进行澄清，股票价格连续大涨或连续大跌等。在2015年股灾期间，为规避股价连续大跌，甚至出现上千家公司以各种理由停牌的“千股停牌”奇观。

过多和过长时间停牌不利于股票的连续交易，影响投资市场正常运行。监管部门不断修订规则限制上市公司随意停牌和长时间停牌，目前已将上市公司最长停牌时间限定为不得超过25天。

3.6.2 上市公司退市

退市（delisting）是指上市公司未满足交易所财务、交易要求，或在发行、信息披露等方面存在重大问题，而主动或被动终止上市，由一家上市公司变为非上市公司的情形。发达国家市场上市公司退市极为常见，如英美市场退市率在10%左右[⊖]。上市公司退市提高了上市公司整体质量，保障了市场的生机与活力。

中国股市退市制度始自2001年2月23日中国证监会发布的《亏损公司暂停上市和终止上市实施办法》，此后退市标准增加了交易指标不合格退市和欺诈发行、重大信息披露违

⊖ 2017年7月17日《中国经济周刊》刊登的文章《退市难：A股17年仅60家公司退市 今年修订退市标准可能性不大》。

法退市、重大违法事件退市，形成了退市风险警示[1]、上市公司暂停上市、终止上市等相关机制，以及退市公司股份转让服务、退市公司重新上市等制度性安排。但上市公司退市会严重损害公司大股东、中小股东以及地方政府的利益，许多有退市可能的上市公司通过多种手段如被其他公司“借壳上市[2]”等以规避退市，最终被退市的上市公司极为稀少。

基于中国投资市场以往退市制度未能保证市场的优胜劣汰，影响市场正常运行秩序和理性投资的现状，监管部门在科创板市场制定了非常严格的退市标准。可以预期，主板市场、中小板市场和创业板市场未来的退市要求也会日趋严格和规范，退市可能成为中国证券市场一种常见的市场现象。

3.7　股价指数

股价指数（stock price index）代表的是市场所有股票或者某类股票如地产类股票、文化类股票等一个样本，反映不同时期股票价格总水平的相对变动。股价指数通常用“点”表示。

3.7.1　股价指数计算方法

股价指数最常见的计算方法有简单平均股价指数、综合平均股价指数和加权平均股价指数。

1. 简单平均股价指数

这种方法先计算各样本股票各自的相对股价指数，再加总求算术平均。设基期第 i 种股票的价格为 P_{i0}，报告期第 i 种股票的价格为 P_{i1}，则简单平均股价指数计算公式为：

$$\text{股价指数}=\frac{\sum_{i=1}^{n}(P_{i1}/P_{i0})}{n}\times 100(\text{或}1\,000) \tag{3-10}$$

假设股价指数由三种股票构建，三种股票交易情况如表3-6所示。

表3-6　三种股票交易情况

股　票	股票价格（元）		发行量（股）	
	基期	报告期	基期	报告期
A	3	6	500	1 000
B	6	10	900	1 500
C	12	16	700	800

则报告期股价指数等于：

$$\text{股价指数}=\frac{(6/3+10/6+16/12)}{3}\times 100\approx 166.7\ (\text{点})$$

股价指数为166.7点，说明报告期股价比基期股价上升了66.7点。

---

[1] 上海和深圳交易所为警示存在终止上市风险的上市公司，在公司股票简称前冠以“＊ST”字样。

[2] 借壳上市又称反向收购，是非上市公司通过收购获得上市公司的控股权，然后再进行资产重组和业务重组，利用反向收购方式注入自己的相关业务和资产，最终实现自身成为上市公司的目的。

2. 综合平均股价指数

该指数将股票报告期和基期价格分别加总再相除，其计算公式为：

$$\text{股价指数} = \frac{\sum_{i=1}^{n} P_{i1}}{\sum_{i=1}^{n} P_{i0}} \times 100(\text{或 } 1\,000) \tag{3-11}$$

上面三种股票报告期的股价指数为：

$$\text{股价指数} = \frac{6+10+16}{3+6+12} \times 100 \approx 152.4 \text{（点）}$$

综合平均股价指数表明，报告期股价比基期股价上升了52.4点。

3. 加权平均股价指数

加权平均股价指数的权重可以是基期发行量，也可以是报告期的发行量。若以基期发行量Q_{i0}为权重，则计算公式为：

$$\text{股价指数} = \frac{\sum_{i=1}^{n} P_{i1} \times Q_{i0}}{\sum_{i=1}^{n} P_{i0} \times Q_{i0}} \times 100(\text{或 } 1\,000) \tag{3-12}$$

上面三种股票报告期股价指数为：

$$\text{股价指数} = \frac{6 \times 500 + 10 \times 900 + 16 \times 700}{3 \times 500 + 6 \times 900 + 12 \times 700} \times 100 \approx 151.6 \text{（点）}$$

若以报告期发行量Q_{i1}为权重，则计算公式为：

$$\text{股价指数} = \frac{\sum_{i=1}^{n} P_{i1} \times Q_{i1}}{\sum_{i=1}^{n} P_{i0} \times Q_{i1}} \times 100(\text{或 } 1\,000) \tag{3-13}$$

上面三种股票报告期股价指数为：

$$\text{股价指数} = \frac{6 \times 1\,000 + 10 \times 1\,500 + 16 \times 800}{3 \times 1\,000 + 6 \times 1\,500 + 12 \times 800} \times 100 \approx 156.5(\text{点})$$

3.7.2 几个重要的境外股价指数

中国投资人在日常交易中会关注世界股票市场指数变化，从这些股价指数变化中体察世界经济形势变化。具有全球或区域性影响的主要股价指数有：

（1）MSCI全球指数。这是摩根士丹利资本国际公司所编制的证券指数。MSCI指数中股票大都是大型股票，指数类型包括产业、国家、地区等，范围涵盖全球，是欧美基金经理对全球股票市场投资的重要参考指数。

（2）道琼斯30种工业股票指数。该指数以美国30家著名大工商业企业，如通用电气、微软、辉瑞制药等股票为编制对象。

（3）NASDAQ指数。该指数是反映纳斯达克证券市场行情变化的股票价格平均指数。

（4）标准普尔指数。该指数包括500家上市公司，其中400种工业股票，20种运输业股票，40种公用事业股票和40种金融业股票，比道琼斯30种工业股票指数更能反映美国股票市场的基本走势。

（5）日经225指数。该指数反映日本东京证券交易所225种代表性股票的价格变动，是考察日本股票市场股价长期演变及最新变动最常用和最可靠的指标。

（6）伦敦金融时报100指数。该指数简称富时100指数，由伦敦证券交易所最大的100家公司股票构成。该指数是英国经济的晴雨表，也是欧洲最重要的股票指数之一。

（7）巴黎CAC指数。由巴黎证券交易所以其前40大上市公司的股价来编制，反映法国证券市场的价格波动。

（8）德国法兰克福指数。该指数又叫DAX（达克斯）指数，包括德国股票市场市值最大、交易额最大的30家公司，反映德国证券市场的价格波动。

（9）新加坡海峡时报指数。该指数简称海峡指数，是新加坡主要的上市证券指数，包括45只在新加坡证交所挂牌上市的最活跃及重要的个股。

3.7.3 中国投资市场几个重要的股价指数

中证指数有限公司网站上有中国投资市场各类指数及其构建方法介绍。在这些指数中，普通投资人较关注的股价指数有香港恒生指数、上证综合指数、深圳交易所综合指数、沪深300指数、中小板指数、创业板指数、上证50指数、中证500指数等。

香港恒生指数由33种有代表性的上市公司组成，反映香港证券市场的价格波动。

上证综合指数的全称是上海证券交易所股价指数，其以1990年12月19日为基期100点，以全部上市股票为样本，以股票发行量为权数进行计算。

深圳证券交易所综合指数以1991年4月3日为基期100点，计算方法与上证指数相同，其样本为所有在深圳证券交易所挂牌上市的股票，权数为股票的总股本。

中小板指数以2006年1月24日为基期，基期指数为1 000点，指数样本由100家有代表性的中小型企业构成。

创业板指数以2010年5月31日为基期，基期指数为1 000点，指数样本由100家有代表性的创业板市场股票构成。

沪深300指数以2004年12月31日为基期，基期指数为1 000点，指数首批样本股包括121家深市和179家沪市大盘蓝筹股票。

上证50指数以上海证券市场规模大、流动性好的最具代表性的50只股票组成样本股，以综合反映上海证券市场最具市场影响力的一批优质大盘企业的整体状况。

中证500指数的样本股票是扣除沪深300指数样本股及最近一年日均总市值排名前300名的股票，剩余股票按照最近一年（新股为上市以来）的日均成交金额由高到低排名，剔除排名后20%的股票，然后将剩余股票按照日均总市值由高到低进行排名，选取排名前500名的股票。中证500指数综合反映沪深股市小市值公司的整体状况。

在分析股价指数时，须注意三个问题：

（1）股价指数中的成分股会定期被调整，发展潜力下降、交易不够活跃的上市公司会被剔除，发展前景好、交易活跃的上市公司会被纳入，因而以成分股为代表构成的股价指数的涨幅高于市场平均水平。

（2）股价指数受权重较大公司的股价波动的影响大。这些权重较大的股票被称为**权重股**（barometer stock）或**指标股**，主要指公司股本很大的大盘股和超级大盘股，如中国石油、工商银行等股票。如果市场资金集中拉抬或打压指标股，就会出现市场指数上涨或下跌时，绝大多数股票反向下跌或上涨的异常现象。这种情形被称为**二八现象**（20/80 situation）。

（3）股价指数通常会低估投资者持有股票所获得的总收益，因为股价指数没有考虑股票的现金分红，只衡量了价格变动。

3.8 投资市场监管的理想与现实

世界主要投资市场监管部门都确立了公开、公正和公平的三大监管原则：①公开原则的核心是信息公开，使投资市场充分透明；②公平原则是指所有市场参与者具有平等的法律地位；③公正原则要求监管部门以公开、公正原则为基础，对所有被监管对象予以公正的待遇。在三大监管原则基础上，1983 年成立的国际证监会组织规定了证券监管的三大目标：①保护投资者利益；②保证市场公平、有效和透明；③减少系统性风险。

中国投资市场监管体系由市场自律组织和政府监管部门两部分组成。市场自律组织包括证券交易所和证券业协会，其通过章程、规则引导和制约成员的行为。政府监管部门是中国证券监督管理委员会，其依靠专门法规对证券市场进行监管，监管权威远超自律组织。

中国与发达国家股市监管部门都将查处内幕交易、对市场价格进行操纵等作为监管的重要内容，但与发达国家政府监管更注重流通市场规范运行不同，中国政府将监管重心置于证券发行市场建设方面，这使中国股市监管具有以下鲜明特色。

（1）服务于国家经济发展战略需要，以不断扩大融资功能为核心，推动上市公司数量持续高增长。截至 2019 年 5 月，中国股票市场虽然只有短短的 29 年发展历史，但中国股市上市公司数量已经超过全球一些有数百年发展历史的股票市场，参见表 3-7。

表 3-7 全球主要股票市场上市公司数量增减比较

交易所名称	截至 2010 年 1 月（家）	截至 2019 年 5 月（家）	增减数量（家）	交易所创立时间
纳斯达克交易所	2 843	3 071	228	1971 年
美国纽交所	2 328	2 338	10	1817 年
日本证券交易所	3 600	3 666	66	1878 年
伦敦证交所	3 066	2 445	-621	1773 年
多伦多交易所	3 726	3 407	-319	1852 年
马德里证交所	3 452	2 949	-503	1831 年
德国证交所	775	518	-257	1585 年
韩国证交所	1 794	2 217	423	1956 年
印度国家证交所	1 457	1 942	485	1992 年
中国沪深交易所	1 754	3 639	1 885	1990 年

资料来源：作者根据世界交易所联合会网站数据整理所得。

（2）试图主导或引导市场走向，存在监管过度倾向。中国股市监管部门总是试图告诉市场“应该做什么”和“不应该做什么”，而不是由市场自由选择。如证监会前主席郭树清曾经在专门会议上指出：“蓝筹股具有罕见的投资价值”[⊖]。对于中国这类“新兴 + 转轨”

⊖ 2012 年 4 月 28 日《每日经济新闻》刊登的文章《周密筹划步步为营 郭树清“力挺”蓝筹预言成真》。

的投资市场，加强监管虽有必要，但监管过度会使监管成本增加，且可能导致投资人“认为监管消除了所有的风险，不再小心谨慎”㊀。

（3）在发行人、投资人和中介机构之间寻求利益平衡，对投资市场运行采取逆市场调控策略。逆市场调控策略是指：当市场涨幅过大时推出导致股价下跌、对空头有利的利空政策，以给市场降温；当市场跌幅过大时推出可能引起股价上涨、对多头有利的利好（利多）政策，以提升市场信心。

监管部门调控市场涨跌的手段包括加快或放缓新股发行数量和节奏、限制或鼓励资金进入市场、上调或下调股票交易印花税等。在所有调控股市涨跌的手段中，印花税调整有着极其重要的作用，因为印花税调整宣示了监管部门对股市运行的态度，直接增加或降低了投资人的投资成本，迫使投资人相应调整投资策略。

逆市场调控策略很容易被认为是市场大涨之后导致市场随后大跌的重要原因，招致一些投资者批评。而在市场持续下跌之后，许多投资者又希望证监会出台利好政策，提升市场信心。因此，在市场牛熊循环中，投资者对证监会总是批评和期待不断交替，中国证监会主席如坐“火山口”，并成为中国政府更换最频繁的高级官员。

关键概念

投资市场	个人投资者	机构投资者
证券公司	发行市场	初级市场
首次公开发行	注册制	核准制
流通市场	次级市场	磁吸效应
熔断	主板市场	中小板市场
创业板市场	代办股份转让系统	融资（买空）
保证金	融资保证金比例	实际保证金比例
维持担保比例	融券（卖空）	除权
停牌	复牌	退市
股价指数	权重股	指标股
二八现象	逆市调控策略	

本章小结

1. 公司发行股票可以获得无须偿还的资本金，提升公司形象，吸引和留住关键人才等。公司发行股票后须持续披露公司经营相关信息；投资市场可能会干扰公司长期发展；发行股票使公司股权分散，增加了被敌意收购的可能性；公司每年须缴纳一笔不菲的资本市场维护费用。
2. 机构投资者相对普通投资者有资金、信息、人才等优势。机构投资者的投资动向，可以作为普通投资者的重要参考，但不能迷信机构投资者。
3. 证券公司是经营证券业务的专门机构。证券公司的主要业务有代理买卖证券、证券承销、自营投资、受托客户资产管

㊀ 雷德黑德．个人投资方法［M］．董波，译．北京：中国人民大学出版社，2004：61.

理、股权投资等。

4. 证券发行市场和证券流通市场密切相关、相互影响。
5. 中国股票市场包括主板市场、中小板市场、创业板市场、代办股份转让系统和科创板市场四个层次。主板适合大资金投资者和中高风险厌恶型投资者，中小板和创业板适合中低风险厌恶型投资者，代办股份转让系统和科创板市场尤其是代办股份转让系统对投资人有极高的要求。
6. 融资融券使投资者突破了自有资金的限制，有可能获得更大的收益。但若判断错误，所遭受的损失要大大高于仅用自有资金买卖股票遭受的损失。
7. 股票高送转有三种理论解释：信号传递理论、流动性理论和迎合理论。
8. 股票除权能大幅度降低股票价格，增加投资者对该股票的需求，从而可能导致股价上升。但股票除权并不能给投资者带来实际收益。
9. 上市公司有重大消息披露时其股票须暂停交易。
10. 退市指的是上市公司未满足交易所有关财务以及其他上市标准，主动或被动终止上市的情形。
11. 股价指数反映市场整体运行情况。权重股对股价指数有很大影响，市场主力资金可以通过拉抬或打压权重股来影响甚至操控股价指数。
12. 证监会对投资市场的逆向调控：当市场涨幅过大时出台限制市场上涨的利空政策以给市场降温，当市场跌幅过大时出台有利于市场上涨的利好政策以给市场升温。

视频材料

1. CCTV2 纪录片《华尔街第一集：资本无眠》，https://v.youku.com/v_show/id_XNjM4NTM4MTky.html? refer = seo_operation.liuxiao.liux_00003307_3000_z2iuq2_19042900。
2. 纪录片《财富与梦想：中国股市 1990—2010》（第一集：伟大的选择），https://v.qq.com/x/page/7glMGTJid0Y.html。
3. 优酷视频：高送转为何玩不转，https://v.youku.com/v_show/id_XMzI2NzEyOTEwNA==.html? fromvsogou = 1&ctid = 16be3949de72c4ed&refer = pgy_operation.wulin.tl_00003189_1000_mymaia_19060400。

问题和应用

1. 如何理解公司发行股票的利弊？
2. 谈谈你对追随机构投资策略的理解。
3. 谈谈投资市场参与各方的利益博弈。
4. 简述发行市场和流通市场的关系。
5. 简述融资融券的基本流程。
6. 如果融资保证金比例是100%，维持担保比例是130%，你账户中有保证金100万元。问：①你向证券公司融入资金的最大限额是多少？②当你融资以每股100元购买20 000股科大讯飞股票后，科大讯飞股价下跌到多少时你将收到追加保证金通知？
7. 假设融券保证金比例是60%，维持担保比例是130%，账户中有保证金120万元。问：①你最多可向证券公司借入多少钱的股票卖出？②你以每股100元卖空20 000股科大讯飞股票，股价多少时你会接到追加保证金通知？
8. 谈谈你对高比例送转股票和除权的看法。
9. 某股票刚刚公布的去年利润分配方案是

每10股转增10股、派发现金5元。股权登记日5月20日股票的收盘价是60元，问：①该股票5月21日的除权价格是多少？②6月15日该股票收盘价格为35元，对应35元的复权价格是多少？

10. 谈谈你对股市监管一般理论及中国股市监管特殊性的理解。

延伸阅读材料

1. 2016年2月2日网络文章：《大数据告诉你A股七大真相：投资回报竟不如活期存款》。
2. 2014年5月9日《每日经济新闻》刊登的文章《华为和老干妈不上市 为何赢得掌声》。
3. 2019年7月3日《凤凰财经网》：光大："回家的冲动"——解析中概股回归的原因和影响。
4. 徐龙炳，等．投资者隐蔽交易行为研究进展[J]．经济学动态，2010(4)：109-114.
5. 刘广．IPO抑价理论演化与文献综述[J]．技术经济与管理研究，2013(3)：84-88.
6. 章卫东，等．上市公司增发新股类型与过度投资关系——来自中国A股上市公司的经验证据[J]．经济评论，2017(1)：68-79.
7. 2015年11月6日网易财经刊载的文章《盘点历史上9次IPO暂停 历次重启后A股怎么走?》
8. 缪因知．裸卖空、卖空型操纵与股指期货做空监管研究[J]．财经法学，2015(6)：25-42.
9. 斯隆．空头无罪[M]．王茜，潘小燕，译．北京：机械工业出版社，2011.
10. 李心丹，等．中国股票市场"高送转"现象研究[J]．管理世界，2014(11)：133-145.
11. 贺显南．中国股市政策市研究述评[J]．国际经贸探索，2009(4)：52-58.

第4章
CHAPTER 4

投资收益与投资风险

§本章提要

投入资金未变化时已实现收益率可按持有期收益率公式计算，投入资金变化时已实现收益率有时间加权和资金加权两种计算方法。年化收益率可比较不同期限投资收益率，可用历史推演法和概率法预估未来投资收益率高低。投资风险分为系统风险和非系统风险。投资收益和投资风险必须相互匹配。必要收益率是投资风险产品要求的最低收益率。

§重点难点

- 掌握持有期收益率、时间加权收益率和资金加权收益率基本公式及其计算
- 理解年化收益率的内涵，能推导各种年化收益率公式，并能进行相应计算
- 掌握预期收益率公式，能计算股票的预期收益率
- 了解各种系统风险和非系统风险
- 掌握方差、标准差、变异系数等指标，并能运用于现实投资市场
- 理解风险溢价的含义，以及投资收益和投资风险的匹配关系和非对称关系

§引导案例

他为什么早早就识破了麦道夫的骗局

涉案金额至少为500亿美元的“麦道夫欺诈案”，是美国有史以来最大的庞氏骗局[⊖]。据媒体披露，麦道夫金融骗局败露的起因是：2008年12月一位客户要赎回70亿美元的投资，令其资金周转出现问题。几乎就在麦道夫庞氏骗局被揭穿的同

⊖ 1919年，一个名叫查尔斯·庞齐的美国人设计了一项投资计划，宣称所有投资在45天内都可获得50%的回报，而且最初的一批“投资者”确实在规定时间内拿到了庞齐所承诺的回报。1920年8月，庞齐破产了。实际上，庞齐是将后来投资者的钱作为快速盈利付给最初的投资者，当投资者和资金难以为继时，破产成为必然。后来，“庞氏骗局”成为专有名词，指用后来“投资者”的钱，给前面“投资者”作为回报。

时，一位叫哈里·马克伯罗斯的证券分析员，成了美国民众眼中的英雄，因为他在1999年就识破了麦道夫的骗术，并在随后的9年锲而不舍地向美国证券监管部门举报。

哈里·马克伯罗斯识破麦道夫骗局，是从怀疑麦道夫超级稳定的投资收益率开始的。哈里·马克伯罗斯分析麦道夫多年的投资收益率后发现，无论是经济繁荣期还是低迷期，无论证券市场是牛市还是熊市，麦道夫公司总能有至少10%的年均收益率。这根本不符合投资学的基本原理。哈里·马克伯罗斯在2009年接受美国哥伦比亚广播公司的独家专访时说："2000年时，我对他的怀疑还只是从理论模型中得来的。到了2005年，我的怀疑已经有数十项确凿证据支持，几乎可以百分之百地肯定，他是个骗子。"

§案例思考

为什么哈里·马克伯罗斯能从长期超级稳定的投资收益率中识破麦道夫骗局？投资收益和投资风险究竟应该是何种配比关系？

投资收益和投资风险在投资学研究中的地位，犹如供给和需求在经济学研究中的地位。本章将从总体上对投资收益和投资风险及其关系展开研究，帮助你了解投资收益和投资风险，尤其是投资风险来自何方，掌握投资收益和投资风险的定量分析方法，如过往投资收益如何计算和分析，未来投资收益和投资风险如何预测，投资收益和投资风险存在何种匹配关系等。

4.1　投资收益

投资收益（return）是投资所获得的报酬，包括收入和资本增值两部分。收入是发行人向证券持有人支付的现金，如股息、利息等。资本增值（capital appreciation）是证券价格发生有利于投资人变动所带来的收益，其中股价上涨给做多者带来资本增值，股价下跌则给做空者带来资本增值。如果证券价格发生不利于投资人的变动，我们称投资人遭受资本损失，或称投资人获得负资本增值。对于股票投资人而言，资本增值是其最重要的收益形式，即使在股息分派相对丰厚的美国市场，资本增值收益占全部投资收益的比重也超过了60%[⊖]。

投资收益可从不同的角度分析：从事后角度分析为**已实现收益**（realized return）；从预期角度分析为**预期收益**（expected return）；从风险补偿角度分析则为**必要收益**（required return）。

衡量投资收益的高低通常用收益相对本金的比例，即收益率表示，表明一元钱投资带来了多少收益。投资收益率也有已实现收益率、预期收益率和必要收益率三种形式。本节主要分析已实现收益率和预期收益率，必要收益率留待本章最后一节分析。

4.1.1　已实现收益率

已实现收益率指过去一段时间投资所获得的实际收益率。已实现收益率的计算有两种

⊖ www. simplestockinvesting. com/SP500-historical-real-total-returns. htm.

情况：①投资期间投入资金没有变动；②投资期间投入资金有增减变动。

1. 期间资金未变动的投资收益率

这种已实现收益率通常用**持有期收益率**（holding-period returns，HPR）来计算。持有期收益率是投资人在过去某一特定期间所获得的收益率，其基本公式是：

$$HPR = \frac{D_1 + P_1 - P_0}{P_0} \tag{4-1}$$

式中 D_1——证券持有期收入，包括股利或利息收入等；

P_0——证券的期初价格或买入价格；

P_1——证券的期末价格或卖出价格。

持有期收益率假设股利在期末支付，未考虑股利支付提前时到期末的再投资收益。如果持有期没有支付股息即 D_1 为零，则收益率直接等于股价涨跌幅度。

若以 P_0 表示期初资本值，$D_1 + P_1$ 表示期末资本值，则式（4-1）可写成：

$$HPR = \frac{\text{期末资本值} - \text{期初资本值}}{\text{期初资本值}} = \frac{\text{盈利(或亏损)}}{\text{期初资本值}} \tag{4-2}$$

式（4-2）在融资融券情况下可以写为：

$$HPR = \frac{\text{融资（融券）总盈利（或亏损）}}{\text{初始保证金（自有资金）}}$$

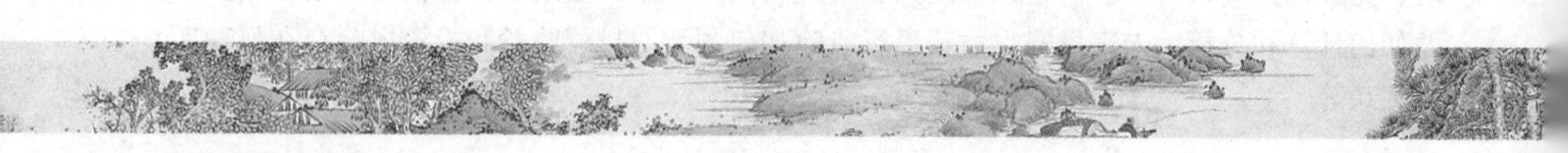

例 4-1

假设买卖某股的价格分别是 4 元和 5 元，持有期收益率是 25%。现有两种方案：降低买价 10%，或提高卖价 10%。问：是低买还是高卖的收益率更高？

解答：低买 10% 和高卖 10% 的收益率分别为：

$$HPR_{\text{低买}} = \frac{5 - 4 \times (1 - 10\%)}{4(1 - 10\%)} \approx 38.89\%$$

$$HPR_{\text{高卖}} = \frac{5 \times (1 + 10\%) - 4}{4} = 37.5\%$$

低买收益率更高，因为低买既能降低成本，又能提高收益，而高卖仅能提高收益。

例 4-2

假设融资保证金比例是 100%，维持担保比例是 130%。你以保证金 50 000 元融资买入股价 10 元的某股票 10 000 股。问：①收到追加保证金通知时，你的收益率是多少？②非融资时收益率是多少？③融资和非融资收益率之间有何关系？

解答：①收到追加保证金通知时股价下跌到 6.50 元，收益率为：

$$HPR = \frac{\text{融资亏损}}{\text{初始保证金}} = \frac{(6.5 - 10) \times 10\,000}{50\,000} = -70\%$$

②非融资时自有资金50 000元只能购买5 000股股票，收益率等于股价跌幅：

$$HPR=\frac{亏损}{期初资本值}=\frac{(6.5-10)\times 5\ 000}{10\times 5\ 000}=\frac{6.5-10}{10}=-35\%$$

③融资收益率(-70%)=非融资收益率$(-35\%)\times\left(1+\frac{1}{100\%}\right)$

融券时投资人还可能计算心理收益率：如卖出价格为10元的某只股票后，该股票上涨到14元，投资人会认为没有赚到的40%相当于亏损了40%；卖出价格为10元的某只股票后，股价下跌为6元，投资人也会认为赚到了40%的利润。

例4-3

假设融券保证金比例为60%，维持担保比例为130%。你的保证金是60 000元，卖空股价为100元的某股票1 000股。问：①收到追加保证金通知时，你的收益率是多少？②非融券时收益率是多少？③融券和非融券收益率之间有何关系？

解答：①收到追加保证金通知时股价上涨到123.08元，收益率为：

$$HPR=\frac{融券亏损}{初始保证金}=\frac{(100-123.08)\times 1\ 000}{60\ 000}\approx -38.47\%$$

②非融券时设想你最初60 000元是在股价为100元时卖出600股所得，当股价上升到123.08元时，你买回600股股票的心理收益率等于股价涨幅的负数，即：

$$HPR=\frac{亏损}{期初资本值}=\frac{(100-123.08)\times 600}{100\times 600}=\frac{100-123.08}{100}=-23.08\%$$

③融券收益率(-38.47%)=非融券收益率$(-23.08\%)\times\left(\frac{1}{60\%}\right)$

可将例4-2、例4-3中融资融券和非融资融券收益率之间的关系总结为：

$$融资收益率=非融资收益率\times\left(1+\frac{1}{融资保证金比例}\right) \tag{4-3}$$

$$融券收益率=非融券收益率\times\left(\frac{1}{融券保证金比例}\right) \tag{4-4}$$

式（4-3）和式（4-4）中的乘数$\left(1+\frac{1}{融资保证金比例}\right)$和$\left(\frac{1}{融券保证金比例}\right)$，被称作杠杆倍数，表明融资、融券盈亏较非融资、非融券盈亏理论上的最大放大倍数。融资融券的杠杆倍数$1+\frac{1}{融资保证金比例}$、$\frac{1}{融券保证金比例}$，可由融资融券时实际使用的资金量推导出来。这使融资融券收益率的计算，可以简化为非融资融券收益率与相应杠杆倍数的乘积，而非融资融券收益率可由股价涨跌直接算出。

2. 期间资金变动时投资收益率

当投资组合在持有期中既有资金投入又有资金取出时，投资组合业绩度量比较复杂。这时计算已实现收益率有时间加权收益率和资金加权收益率两种方法。

（1）时间加权收益率。将投资期以投入资金增减变动分成 n 个阶段，每个阶段投入资金保持不变，先计算每个阶段持有期收益率 $R_i(i=1,2,\cdots,n)$，赋予所有时间段不论投资金额多少都有相同权重，然后用几何平均法计算投资期间已实现收益率，即：

$$已实现收益率 = \prod_{i=1}^{n}(1+R_i)-1=(1+R_1)(1+R_2)\cdots(1+R_n)-1 \tag{4-5}$$

（2）资金加权收益率。计算资金加权收益率必须考虑不同时点资金价值的不同，通常将货币的现在价值称为现值，货币的未来价值称为终值。一笔资金的现在价值用 PV 表示，相对于现在 T 期（年）后的终值用 FV_T 表示，若每期（年）折现率或市场利率为 r，则该笔资金现值 PV 和 FV_T 的关系为：

$$PV = FV_T(1+r)^{-T} \tag{4-6}$$

在计算已实现收益率时，考虑的时点分别是现在和过去。我们借用现值和终值的概念，将过去最初投资的时点称为现在，此后的投资时点均称为未来，则未来的资金价值均可以按照式（4-6）转换为现值。此时，资金加权收益率就是，投资期间所有资金流入的现值之和等于所有资金流出的现值之和所对应的折现率。该收益率被称为内部收益率，之所以称为“内部”，是因为其只依赖于投资项目本身的现金流，不需要其他外部数据。内部收益率的具体公式为：

$$\sum PV(现金流入) = \sum PV(现金流出) \tag{4-7}$$

利用式（4-7）求解收益率，采用的是不断试错的方法，直到最终得到现金流入现值等于现金流出现值的利率或收益率。

例 4-4

投资人在每月初投资 1 000 元，按照基金净资产值购买某基金，基金净值变化如表 4-1 所示。问：投资人全年收益率是多少？

表 4-1　基金净值变动

月份	净值（元）	月份	净值（元）	月份	净值（元）
1 月初	1	6 月初	0.75	11 月初	0.9
2 月初	0.95	7 月初	0.7	12 月初	0.95
3 月初	0.9	8 月初	0.75	12 月末	1
4 月初	0.85	9 月初	0.8		
5 月初	0.8	10 月初	0.85		

解答：①计算时间加权收益率。将 1 年分成 12 个月，每月投资收益率为：

$$每月收益率 = \frac{当月末（或下月初）净资产值 - 当月初净资产值}{当月初净资产值}$$

计算每月收益率如表 4-2 所示：

表 4-2　基金每月收益率

月份	收益率（%）	月份	收益率（%）	月份	收益率（%）
1 月	-5	5 月	-6.25	9 月	6.25
2 月	-5.26	6 月	-6.67	10 月	5.88
3 月	-5.56	7 月	7.14	11 月	5.56
4 月	-5.88	8 月	6.67	12 月	5.26

则用时间加权收益率计算的已实现收益率为：

$$\prod_{i=1}^{12}(1+R_i)-1=(1-5\%)\times(1-5.26\%)\times(1-5.56\%)\times(1-5.88\%)\times$$
$$(1-6.25\%)\times(1-6.67\%)\times(1+7.14\%)\times(1+6.67\%)\times$$
$$(1+6.25\%)\times(1+5.88\%)\times(1+5.56\%)\times(1+5.26\%)-1\approx 0$$

计算结果0%不符合实际，因为投资人每月月初投资 1 000 元可购买基金份额如表 4-3 所示，在年末基金净资产值为 1 元时投资人 14 272 份基金价值 14 272 元。投资人总投入资金为 1 000×12＝12 000 元，且 12 000 元分 12 次投入，其成本小于年初一次投入 12 000 元，故投资人实际收益率应该大于（14 272－12 000）/12 000≈18.93%。

表 4-3　投资人每月初投入 1 000 元购买基金份额

基金净值（元）	购买数（股）	累计购买（股）	基金净值（元）	购买数（股）	累计购买（股）
1.00	1 000	1 000	0.70	1 428	8 350
0.95	1 052	2 052	0.75	1 333	9 683
0.90	1 111	3 163	0.80	1 250	10 933
0.85	1 176	4 339	0.85	1 176	12 109
0.80	1 250	5 589	0.90	1 111	13 220
0.75	1 333	6 922	0.95	1 052	14 272

②计算资金加权收益率。设每月收益率为 r，则根据式（4-7）有：

$$\frac{14\ 272}{(1+r)^{12}}=1\ 000+\frac{1\ 000}{(1+r)}+\frac{1\ 000}{(1+r)^2}+\cdots+\frac{1\ 000}{(1+r)^{11}}$$

$$-1\ 000-\frac{1\ 000}{(1+r)}-\frac{1\ 000}{(1+r)^2}-\cdots-\frac{1\ 000}{(1+r)^{11}}+\frac{14\ 272}{(1+r)^{12}}=0$$

利用 Excel 计算月内部收益率的方法是：①设资金流入为正，资金流出为负，将按时间先后发生的全部现金流（－1 000，－1 000，…，－1 000，14 272）复制到 A1～A13；②插入财务函数 IRR（内部收益率），输入数据 A1：A13，可得 r 约为 2.64%，换算成年收益率约为 36.71%，即投资人全年收益率约为 36.71%。

③本例中用时间加权计算收益率出现错误的原因是，时间加权收益率对投资资金增减变动不敏感，而本例中资金增减变动非常频繁。在国际投资市场，评估基金业绩通常用时间加权法，因为基金资金变动主要由投资人申购赎回行为决定，是基金经理无法控制的变量，因此用时间加权法评估基金经理的业绩更加合理。但是对于个人投资者而言，用资金加权法计算收益率显然更加合理。

即问即答：例 4-4 对实际投资有何启示？进行基金定投后，基金价格持续下跌，如基金价格从原来的 1 元下跌到 0.60 元，此时投资人亏损是否比市场同期下跌幅度更大？

4.1.2 年化收益率

例4-4将月收益率转化为年收益率，这种年收益率被称为**年化收益率**（annualized rate of return）。年化收益率将不同持有期的投资收益率换算成以年为单位的收益率，便于对不同持有期的收益率进行比较。

设年化收益率为$R_{年}$，n年收益率为R，由复利本利和=本金×（1+利率）^{计息周期}得：

$$(1+R_{年})^n = 1+R$$

由此推出：

$$R_{年} = \sqrt[n]{(1+R)} - 1 \tag{4-8}$$

如果前期n年每年投资收益率分别为R_1，R_2，$\cdots R_n$，则式（4-8）可以改写为：

$$R_{年} = \sqrt[n]{(1+R_1)(1+R_2)\cdots(1+R_n)} - 1 \tag{4-9}$$

n年收益率R如果用公式（4-2）表示，则公式（4-8）还可改写为：

$$R_{年} = \sqrt[n]{期末资本值/期初资本值} - 1 \tag{4-10}$$

当持有m天获得的收益率为R_m时，年化收益率的计算公式是：

$$(1+R_m)^{250/m} = 1+R_{年}$$

由此推出：

$$R_{年} = (1+R_m)^{250/m} - 1 \tag{4-11}$$

式（4-12）中250是一年中交易日总数。对于短于一年的收益率所计算的年化收益率，其并不代表实际年收益率，只是为了分析方便。

即问即答： 持有A资产3个月获得的收益率是5%，持有B资产2年获得的收益率是44%。在其他条件相同时，哪项资产的盈利更好？

4.1.3 预期收益率

预期收益率$E(R)$是投资者事前所期望的未来持有一段时间后的收益率，是对未来各种可能收益率的加权平均，其方法通常有历史推演和概率估算两种。

1. 历史推演法

历史推演法用历史收益率数据推算未来收益率，具体方法有算术平均法、几何平均法和算术与几何加权平均法。

（1）算术平均法。假设过去n年收益率R_i未来重复出现的概率（经验概率）相等，则n年收益率算术平均数$\overline{R}$可用来估计资产的预期收益率，即：

$$E(R) \approx \overline{R} = \frac{\sum_{i=1}^{n} R_i}{n} \tag{4-12}$$

算术平均法是预测未来股票收益率最常用的方法。但算术平均法的缺陷是其易受极端大或极端小的观测值影响，产生严重向上或向下偏离，且由于股票涨幅理论上大于股票跌幅，算术平均法有夸大涨幅的可能。

理论上看，用算术平均法预测未来收益率需要有两个条件：一是历史数据样本足够大，至少要有30个以上年度收益率数据；二是每年收益率不能波动太大，市场运行相对平稳。显然，目前中国市场不具备上述条件，所以必须谨慎使用算数平均法预测所得结论。

（2）几何平均法。假设前期 n 年每年投资收益率分别为 R_1，R_2，$\cdots R_n$，则 n 年平均复合收益率就是几何平均收益率，也是预期收益率，即：

$$E(R)=\bar{R}=\sqrt[n]{(1+R_1)(1+R_2)\cdots(1+R_n)}-1 \tag{4-13}$$

几何平均法通常被认为是，计算过去多期收益率平均值的有效方法，但不是预测未来收益率的有效方法。几何平均法计算结果通常低于算术平均法，只有各年收益率都相等时几何平均法才和算术平均法计算结果相同。

（3）算术与几何加权平均法。将以往收益率的算术平均值和几何平均值加权平均，所得公式称为布卢姆公式（Blume's formula）。布卢姆公式预测未来第 t（$t\leqslant n$）年的收益率为：

$$R(t)=\frac{t-1}{n-1}\times 几何平均收益率+\frac{n-t}{n-1}\times 算术平均收益率 \tag{4-14}$$

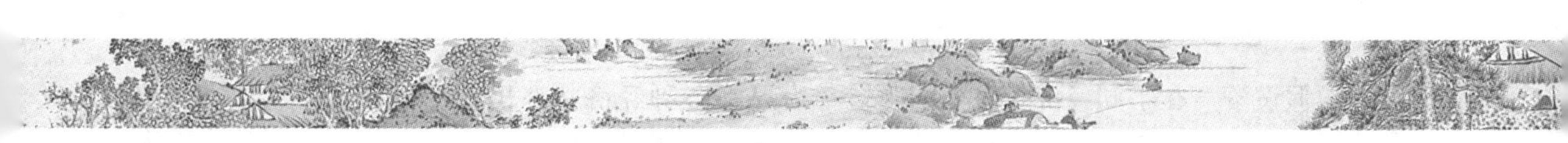

例4-5

某投资人在2018年5月拟投资宝钢股份，请帮助其预测2018年投资宝钢股份的预期收益率。

解答：①利用算术平均法计算。搜集宝钢股份2001～2017年的年度收益率如表4-4所示[⊖]：

表4-4　宝钢股份2001～2017年年度收益率　（%）

	2001年	2002年	2003年	2004年	2005年	2006年	2007年	2008年	2009年
宝钢股份	-26.94	8.59	73.26	-11.01	-9.95	99.33	93.61	-65.93	80.76
	2010年	2011年	2012年	2013年	2014年	2015年	2016年	2017年	
宝钢股份	-26.36	-14.45	3.24	-8.78	43.82	-12.63	9.55	26.32	

将上述年收益率数据代入式（4-12），2018年投资宝钢股份的预期收益率为：

$$E(R)\approx\bar{R}=\frac{\sum_{i=1}^{17}R_i}{17}\approx 15.44\%$$

也可用季度数据和月度数据进行计算，然后将相应数据年化。如本例相应年份的季度和月度平均值分别为2.92%和0.91%，年化预期收益率分别为12.2%和11.48%。

用年度数据、季度数据和月度数据计算所得预期年收益率不同：数据频率越高，同时间段月度数据多于季度，季度数据多于年度，以此计算预期年收益率越低，即高频数据计算所得收益率低于低频数据。

⊖ 方法是：①进入中投证券超强版；②输入宝钢股份股票代码（600019）或者字母BGGF；③点击鼠标右键找到分析周期中的年线；④点击鼠标右键复权处理的后复权；⑤点击页面上方“数据管理”中的“数据导出”，以Excel形式导出文件；⑥在Excel上方编辑栏计算2001年收益率＝（2001年收盘价－2000年收盘价）/2000年收盘价；⑦将鼠标落在2001年收益率右下角（黑色＋）下拉，可得其他年份收益率数据。

②利用几何平均法计算。以表 4-4 的数据为基础，预期 2018 年投资宝钢股份的收益率为：

$$E(R)=\overline{R}=\sqrt[17]{(1+R_1)(1+R_2)\cdots(1+R_{17})}-1\approx 6.02\%$$

③利用布卢姆公式计算。根据布卢姆公式，可预测 2018～2034 年收益率如表 4-5 所示。

表 4-5 宝钢股份 2018～2034 年收益率预测 (%)

	2018 年	2019 年	2020 年	2021 年	2022 年	2023 年	2024 年	2025 年	2026 年
宝钢股份	15.44	14.85	14.26	13.67	13.09	12.50	11.91	11.32	10.73
	2027 年	2028 年	2029 年	2030 年	2031 年	2032 年	2033 年	2034 年	
宝钢股份	10.14	9.55	8.96	8.38	7.79	7.20	6.61	6.02	

表 4-5 显示，宝钢股份短期预期收益率更接近算术平均收益率，长期预期收益率更接近几何平均收益率。

2. 概率估算法

假设资产在不同经济状态下的收益率为 R_i，各种经济状态出现的概率为 P_i，则可以各种经济状况出现的概率为权数来估算资产的预期收益率，即：

$$E(R)=\sum_{i=1}^{n}P_iR_i \tag{4-15}$$

例 4-6

请利用概率估算法预测 2018 年投资宝钢股份的预期收益率。

解答：(1) 在 2018 年 5 月 18 日利用证券之星网站[一] 收集并整理[二]证券公司分析师对宝钢股份投资收益率预测情况如表 4-6 所示，将这些预测视为宝钢股份未来收益率分布。

表 4-6 机构预测宝钢股份预期收益率

研究机构	报告日	评级	报告日收盘价（元）	目标价（元）	预期涨幅（%）	调整预期涨幅（%）
光大证券	2018-05-17	买入	8.86	11.22	26.64	29.86
中信建投	2018-05-16	增持	8.98	12.00	33.63	38.89
海通证券	2018-04-19	增持	8.74	10.89	24.60	26.01
国泰君安	2018-04-11	增持	8.88	13.08	47.30	51.39
群益证券	2018-01-29	增持	10.01	12.00	19.88	38.89
天风证券	2018-01-26	买入	9.71	13.40	38.00	55.09
德意志银行	2018-01-26	买入	9.71	9.30	-4.22	7.64
招商证券	2018-01-25	买入	9.74	11.00	12.94	27.31

[一] 方法是：①进入“证券之星”主页；②点击主页面上方的“研报”；③点击“研报指标速递”；④在查询框中键入需查询上市公司的股票代码。

[二] 整理的标准是：只取最近六个月的预测；当一家证券公司多次做出预测时，只取时间最近的预测。

(2) 由于各种预测报告日宝钢股份收盘价格不同，不能将各种预期涨幅直接代入式（4-15），需用2017年12月29日宝钢股份收盘价格8.64元替换原有报告日收盘价，即按照（目标价－8.64）/8.64计算调整后预期涨幅（见表4-6最后一列）。

(3) 由于无法判断哪家证券公司分析师预测更准确，故对8家证券公司分析师的预测赋予同样权重1/8，即主观概率给定为1/8，可求得2018年投资宝钢股份的预期收益率为：

$$E(R)=\sum_{i=1}^{8}P_iR_i=\frac{1}{8}\times 29.86\%+\frac{1}{8}\times 38.89\%+\frac{1}{8}\times 26.01\%+\frac{1}{8}\times 51.39\%$$

$$+\frac{1}{8}\times 38.89\%+\frac{1}{8}\times 55.09\%+\frac{1}{8}\times 7.64\%+\frac{1}{8}\times 27.31\%\approx 34.39\%$$

证券公司分析师预测2018年宝钢股份的预期收益率是34.39%，比历史数据预测的15.44%高很多，其原因有二：①中外分析师预测股票收益率时，会因为对未来每股收益相对乐观估计，如中国分析师预测每股盈利比实际值高33%[㊀]，导致预测结论出现系统性偏差；②股票最近年份收益率高低，“在帮助分析师预测方面起着巨大作用”[㊁]。宝钢股份2017年涨幅（收益率）高达36.06%，显然对2018年的高收益率预测有着正向影响。

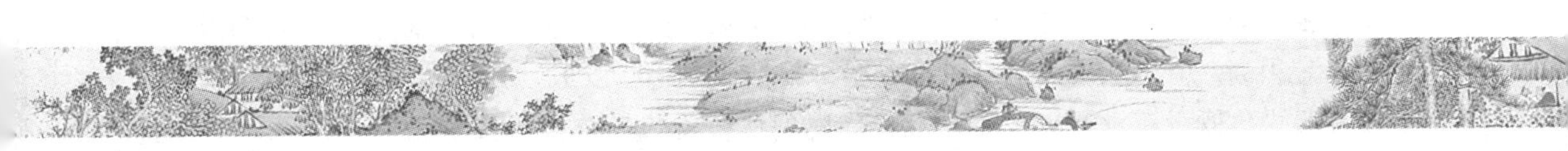

背景材料

股票评级分类并无统一标准

中国投资界对股票投资评级并无统一规范。如申银万国的分类为“买入”“增持”“中性”与“减持”。“买入”的定义为：报告日后6个月内，股票相对强于市场表现20%以上，“增持”则是相对强于市场表现5%～20%。而海通证券的“买入”是指未来6个月内相对大盘涨幅在15%以上，“增持”是指未来6个月内相对大盘涨幅介于5%～15%。因此，同样给予一只股票“买入”评级，申银万国的分析师比海通证券更为乐观。

国信证券的分类为“推荐”“谨慎推荐”“中性”和“回避”。“推荐”与申银万国的“买入”相类似，指优于市场指数20%以上。“谨慎推荐”则是指优于市场指数10%～20%，与申银万国的“增持”稍有差别。

招商证券的“推荐”是“预计未来6个月内，股价涨幅为10%～20%”，“强烈推荐”是“预计未来6个月内股价涨幅为20%以上”。招商证券考虑的是股价的绝对涨幅，而非其他研究机构所指的相对涨幅。

光大证券的“最优”“优势”大致与海通证券的“买入”“增持”相对应。

资料来源：2007年2月27日中国财经信息网。作者有删改。

㊀ 2016年6月30日华尔街见闻刊载的文章《自2009年以来A股分析师还没有被这样打脸过》。

㊁ 达摩达兰．投资原理——成功的策略和成功的投资者［M］．胡英坤，吴迅捷，译．大连：东北财经大学出版社，2009：240．

4.2 投资风险

预期收益率通常不等于未来实际投资收益率。如我们曾经在《投资学原理及应用》第2版和第3版预测2012年和2016年投资宝钢股份的收益率分别为12.51%[㊀] 和15.10%[㊁]，但实际收益率分别为3.24%和9.55%。前面预测2018年投资宝钢股份的收益率为15.44%，与2018年实际收益率-14.07%更是差异巨大。

投资收益率的不确定性通常被称为**投资风险**（risk）。严格来说，尽管理论上不确定性和风险不一样，但大多数投资人认为这两个概念可以相互替代，本书对此也不加区分。

投资风险即价格波动对投资人存在有利或不利双重影响，但为何投资人都厌恶风险呢？其原因是：

（1）风险总是使投资人后悔，股价从高位下跌后投资人后悔未能及早卖出，股价从低位上涨后投资人又后悔未能提前买入；价格波动频率越高、波动幅度越大，投资人后悔频率也越高、程度也越大，甚至为此焦虑。

（2）即使买入后价格上涨会使投资人喜悦，但买入后价格下跌导致投资人感受的痛苦更加强烈。如你在某交易日以10元/股的价格买入某股票，第二个交易日上涨到11元/股，你一定很高兴。第三个交易日，该股票价格回落到10元/股，你一定很痛苦很后悔。三个交易日中你既没有亏损也没有盈利，你感到痛苦就代表这三天投资带给你的总效应为负，即股价上涨1元所带来的满足感（正效用），小于股价下跌1元所带来的痛苦（负效用）。实际上，理论上认为，边际效应递减使损失同等数额金钱令投资者感到的痛苦，会超过赚取同等数额金钱体会的愉悦，预期损失负效用的绝对值大约是预期盈利效用的两倍。

4.2.1 系统风险和非系统风险

假定你仅仅持有中国石油一只股票，你的投资风险首先来自中国石油公司内部。另外，中国石油2007年上市时正逢股市由牛转熊，是造成中国石油“跌跌不休”的外在原因。现假设你的投资中加入了贵州茅台股票，由于后者股价不受中石油股价下跌影响，因而降低了你的投资风险。但加入贵州茅台甚至加入更多股票，也只降低了这些公司内部的风险，你仍要面对股票市场下跌的风险。有鉴于此，学术界将风险分成两类：系统风险和非系统风险。

1. 系统风险

系统风险（systematic risk）又称**市场风险**（market risk）、**不可分散风险**（nondiversifiable risk），是对市场上所有证券收益率都产生影响的风险，其起因有国内外经济、政治、军事的重大变化，以及重大自然灾害等，具体可以分解为利率风险、汇率风险、购买力风险、政策风险、政治风险等。

- 利率风险（interest rate risk）是指市场利率的变动使投资收益率波动。在其他条件不变时，利率上升证券价格下跌，利率下降证券价格上升。利率影响证券价格的传

㊀ 见《投资学原理及应用》第2版，P69.

㊁ 见《投资学原理及应用》第3版，P66.

导途径有：①改变资金在银行储蓄和证券市场的流向；②影响上市公司融资成本。

- 汇率风险（exchange rate risk）是指由于汇率的变化使投资收益率波动。如果市场存在本币升值预期，则投资市场会在国际投机资金（“热钱”）不断涌入时上升。反之，投资市场可能因国际投机资金的撤离而下跌。
- 购买力风险（purchasing power risk）又称通货膨胀风险，是指由于通货膨胀、货币贬值使投资者所获得的真实收益率低于预期水平的可能性。通货膨胀下名义收益率与真实收益率和通货膨胀率三者之间的关系为：

$$\text{真实收益率} = \frac{\text{名义收益率} - \text{通货膨胀率}}{1 + \text{通货膨胀率}} \tag{4-16}$$

当通货膨胀率较低时，三者关系可以简化为：

$$\text{真实收益率} = \text{名义收益率} - \text{通货膨胀率} \tag{4-17}$$

- 政策风险（policy risk）是指有关管理部门对投资市场的政策变化而使投资收益率波动。政策风险对中国投资市场影响极大，故而中国证券市场经常被称为“政策市”。2015年管理层查处场外配资引发市场持续暴跌，使得中国股市政策风险为全球所关注。
- 政治风险（political risk）是指政府制定的政治、经济、外交、军事等方面的政策发生变化，或国际上发生的一些极其罕见、出乎人们意料的重大突发事件，这种重大突发事件通常被称为“黑天鹅事件”所导致的投资收益率波动。如2016年6月24日英国公投意外脱欧，就是“黑天鹅事件”，因为公投之前世界媒体和舆论普遍认为，英国公投结果大概率是英国继续留在欧盟，这直接导致全球投资市场大幅下跌。

2. 非系统风险

非系统风险（non-systematic risk）又称**独特风险**（unique risk）、**公司特有风险**（firm-specific risk）或**可分散风险**（diversifiable risk），是只对单个证券或单个行业证券收益率产生影响的风险。非系统风险中既有发生概率很小的突发的“黑天鹅事件”，也有过于常见以至于人们习以为常的风险，这种风险通常被称为“灰犀牛事件”。非系统风险具体包括经营风险、财务风险、道德风险、股权质押风险、商誉减值风险等。

- 经营风险（operating risk）是公司经营上的突发事件使投资收益波动。经营风险包括企业生产所需的原材料大幅度涨价，在国外市场遭遇反倾销，对环境造成重大污染，产品质量遭遇消费者投诉等。
- 财务风险（financial risk）指企业因债务负担过重而产生的风险。在公司盈利能力较强，即公司资产收益率大于债务融资成本时，债务越多股东收益越大。但在公司盈利能力较弱时，债务越多股东收益越小。因公司盈利能力变化而导致股东收益的不确定性，就称为财务风险。
- 道德风险（moral risk）是指上市公司管理层为谋求私利而损害股东利益的各种行为所产生的风险。道德风险包括公司财务造假、隐瞒重要信息、严重误导投资者以及信息披露随意变化等。如2015年9月德国大众汽车尾气造假事件，公司赔偿数百亿美元，股价大幅下跌，就属于严重道德风险。又如2018年7月中国上市公司长生生物爆出疫苗造假惊天大案，导致该公司以及相关公司股票大幅下跌。

- 股权质押风险（equity pledge risk）是指上市公司主要股东所质押的股票因股价下跌而被动减持导致股价大幅下跌的风险。中国上市公司主要股东股权质押极为常见，根据 Wind 数据，截至 2018 年 7 月 A 股共有 3 338 家企业进行了股权质押，约占 A 股上市公司总数的 94.5%，质押股票的市值规模约 5 万亿元，约占 A 股总市值的 10%。当公司股价持续下跌达到平仓线时，贷款人卖出股票收回贷款将导致公司股价进一步下跌，造成投资人亏损。
- 商誉减值风险是指上市公司高价收购其他企业，导致其资产中存在大量商誉，一旦被并购企业未来发展不如预期，商誉要做减值处理，致使上市公司当期利润大幅减少，甚至出现巨额亏损，公司股价因此大幅下跌。实际上，因并购导致的商誉减值已经成为近些年中国股市的新“雷区”[⊖]。

3. 系统风险和非系统风险的关系

系统风险和非系统风险名义上泾渭分明，但现实中有些非系统风险不断累计后可能向系统风险转化。如中国证券市场上大规模查处操纵股票的机构、上市公司信誉不断出现问题等，都曾导致整个市场持续下跌。

另外，有些风险融合了系统和非系统双重风险，如 2011 年 3 月日本核泄漏引发了投资者对世界经济发展前景的担忧，导致各国投资市场一度大幅下跌，这是系统性风险在发生作用。核泄漏更深远的影响是世界各国对发展核电的战略重新进行评估，致使与核电发展有关的上市公司遭到投资者的抛售，这是非系统性风险作用日渐强化的表现。

即问即答：2018 年 3 月开始的美国对中国的贸易战旷日持久。美国不断对中国输美产品征收高额关税，中国不得不奋起反击，其中一个重大举措就是停止购买美国大豆等农产品。受贸易战影响，中国股票市场持续下跌，但在市场总体下跌的过程中，一些农业类上市公司不时却有相对较好的表现。你能分析中美贸易战所包含的风险因素吗？

4.2.2 投资风险的衡量

衡量投资风险大小通常有方差（标准差）和变异系数两种方法。

1. 方差及标准差的含义和计算

方差（variance）是未来各种收益率与其均值（预期收益率）偏离平方的平均值，通常用 $\mathrm{Var}(R)$ 或 σ^2 来表示。**标准差**（standard deviation）是方差正的平方根，通常用 σ 表示。方差和标准差越小，则投资风险越低；反之则风险越大。

用标准差衡量投资风险的优点是投资收益的不确定性被概括为单一数字，非常简洁。标准差的最大缺陷是其将高于期望值的收益和低于期望值的收益视为具有同样风险，采取同样方法处理。

方差和标准差的计算也有概率法和历史样本法两种方法。方差和标准差概率估算计算公式为：

⊖ 2018 年 6 月 28 日搜狐财经刊载的文章《商誉减值引爆 A 股》。

$$\mathrm{Var}(R) = \sum_{i=1}^{n} P_i[R_i - E(R)]^2 \tag{4-18}$$

$$\sigma = \sqrt{\mathrm{Var}(R)} = \sqrt{\sum_{i=1}^{n} P_i[R_i - E(R)]^2} \tag{4-19}$$

方差和标准差用历史样本估算的计算公式[⊖]是：

$$\mathrm{Var}(R) = \frac{\sum_{i=1}^{n}[R_i - E(R)]^2}{n-1} \tag{4-20}$$

$$\sigma = \sqrt{\frac{\sum_{i=1}^{n}[R_i - E(R)]^2}{n-1}} \tag{4-21}$$

另外须注意：计算标准差可以使用月度收益率、季度收益率、年收益率，所得到的是月收益率标准差、季收益率标准差和年收益率标准差，由月收益率或季收益率标准差可以推导年化收益率标准差，其近似计算公式是：

$$\text{年化标准差} = \sqrt{\text{一年等于月(季)的倍数}} \times \text{月(季)标准差} \tag{4-22}$$

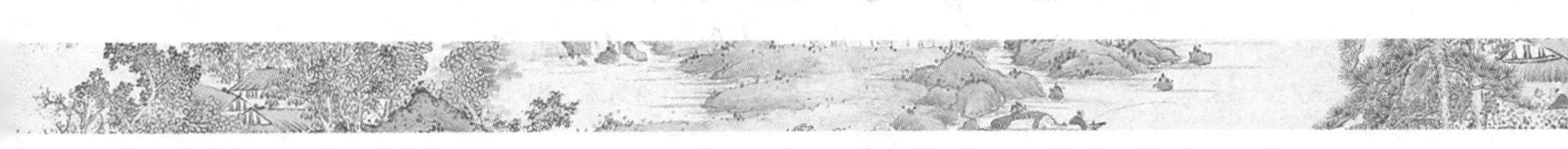

例4-7

请根据年、季和月数据，预测2018年投资宝钢股份的风险大小。

解答：①用年收益率数据。根据例4-5中数据及计算得到的预期收益率15.44%，按照公式（4-21）计算标准差，其计算过程可用表4-7展示。

表4-7 宝钢股份年收益率标准差计算

年份	$R_i-E(R)$	$[R_i-E(R)]^2$	年份	$R_i-E(R)$	$[R_i-E(R)]^2$	年份	$R_i-E(R)$	$[R_i-E(R)]^2$
2001	-42.38%	17.96%	2007	78.17%	61.11%	2013	-24.22%	5.87%
2002	-6.85%	0.47%	2008	-81.37%	66.21%	2014	28.38%	8.05%
2003	57.82%	33.43%	2009	65.32%	42.67%	2015	-28.07%	7.88%
2004	-26.45%	7.00%	2010	-41.80%	17.47%	2016	-5.89%	0.35%
2005	-25.39%	6.45%	2011	-29.89%	8.93%	2017	10.88%	1.18%
2006	83.89%	70.38%	2012	-12.20%	1.49%	2018		
合计		135.68%	合计		197.88%	合计		23.33%
收益率对均值偏离平方的总和			135.68% +197.88% +23.33% =356.89%					
宝钢股份方差和标准差			方差=356.89%/（17-1）≈22.31% 标准差=$\sqrt{22.31\%}$≈47.23%					

上面计算非常烦琐，可以利用Excel简便计算。将宝钢股份各年收益率数据复制到Excel的A1~A17，插入统计函数STDEV（标准差），在函数参数number1中输入A1：A17即可求得宝钢股份2018年收益率变动标准差约为47.23%。

②用季收益率数据。对应2001~2017年68个季数据，计算季收益率的标准差约为

⊖ 式（4-20）和式（4-21）中分母是$n-1$而不是n，是基于统计抽样理论。

18.42%，据此推算年收益率的标准差约为 18.42% $\times\sqrt{4}$ =36.84%。

③用月收益率数据。对应 2001～2017 年 204 个月数据，计算月收益率的标准差约为 9.08%，据此推算年收益率的标准差约为 9.08% $\times\sqrt{12}$ =31.45%。

④和年预期收益率一样，高频数据计算所得年收益率标准差低于低频数据。

2. 方差和标准差的实际应用

通常假定，股票等投资产品的未来收益率符合如图 4-1 所示的正态分布。

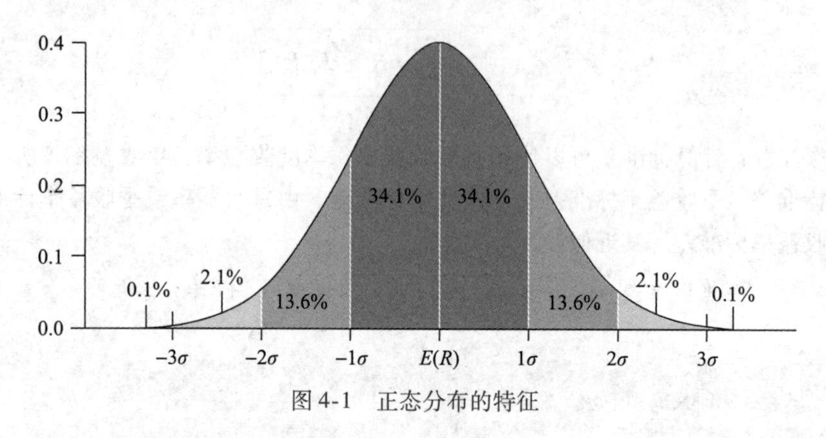

图 4-1　正态分布的特征

投资人通常用样本均值和标准差来估算总体收益率分布情况。将样本标准差 σ 除以样本数平方根$\sqrt{n}$，得到标准误$\frac{\sigma}{\sqrt{n}}$，可以推得总体收益率分布：

①收益率在一个标准误范围内，即$[E(R)-\sigma/\sqrt{n},E(R)+\sigma/\sqrt{n}]$的概率约为 68%；

②收益率在两个标准误范围内，即$[E(R)-2\sigma/\sqrt{n},E(R)+2\sigma/\sqrt{n}]$的概率约为 95%；

③收益率在三个标准误范围内，即$[E(R)-3\sigma/\sqrt{n},E(R)+3\sigma/\sqrt{n}]$的概率约为 99.75%。

根据收益率总体分布，可以计算一项投资遭受极端损失的概率，这被称为在险价值(value at risk，VAR)。在险价值描述了风险对投资人收益负面影响的本质，具体表示为：

①收益率低于$E(R)-\sigma/\sqrt{n}$的概率约为 16%，说明大约在 6 年时间会有 1 年的收益率低于$E(R)-\sigma/\sqrt{n}$；

②收益率低于$E(R)-2\sigma/\sqrt{n}$的概率约 2.5%，说明大约在 40 年时间会有 1 年的收益率低于$E(R)-2\sigma/\sqrt{n}$；

③收益率低于$E(R)-3\sigma/\sqrt{n}$的概率约 0.125%，说明大约在 800 年时间会有 1 年的收益率低于$E(R)-3\sigma/\sqrt{n}$。

例 4-8

利用宝钢股份年度收益率历史样本估算所得预期收益率和收益率标准差，计算并分析：

①2018年投资宝钢股份收益率可能的波动区间；②三个在险价值；③股票收益率正态分布假设的可靠性。

解答：①由例4-5和例4-7可知，$E(R)=15.44\%$，$\sigma=47.23\%$，计算标准误为 $47.23\%/\sqrt{17}\approx11.45\%$。由此可得：

- 收益率在一个标准误范围内，即［3.99%，26.89%］的概率约为68%；
- 收益率在两个标准误范围内，即［-7.46%，38.34%］的概率约为95%；
- 收益率在三个标准误范围内，即［-18.91%，49.79%］的概率约为99.75%。

②三个在险价值分别为：未来收益率小于3.99%的概率约为16%，未来收益率小于-7.46%的概率约为2.5%，未来收益率小于-18.91%的概率约为0.125%。

③表4-4显示，17年中有3年的收益率低于-18.91%，概率高达17.65%（3/17），因而宝钢股份收益率呈现正态分布的假设不符合实际。

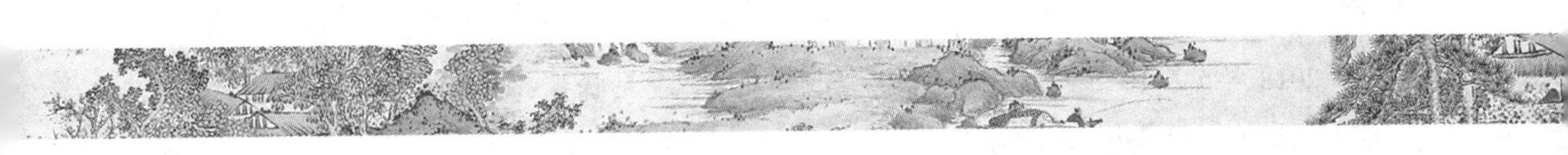

学术名片

偏态分布

偏态分布与“正态分布”相对应，其频数分布高峰位于一侧，尾部向另一侧延伸。中位数是反映偏态分布集中趋势的常用指标。

偏态分布分为正偏态分布和负偏态分布。正偏态分布的平均数 $\overline{X}$ 大于中位数 M_e，即所有观测值中间位置的值，中位数又大于众数 M_o，即所有观测值中发生频率最高的值。正偏态分布曲线最高点偏向 x 轴左边，左半部分曲线更陡峭，右半部分曲线比较平缓，并且无限延伸直到接近 x 轴。

负偏态分布的平均数小于中位数，中位数又小于众数。负偏态分布曲线最高点偏向 x 轴右边，右半部分曲线更陡峭，左半部分曲线比较平缓，并且无限延伸直到接近 x 轴。

参见图4-2和图4-3。

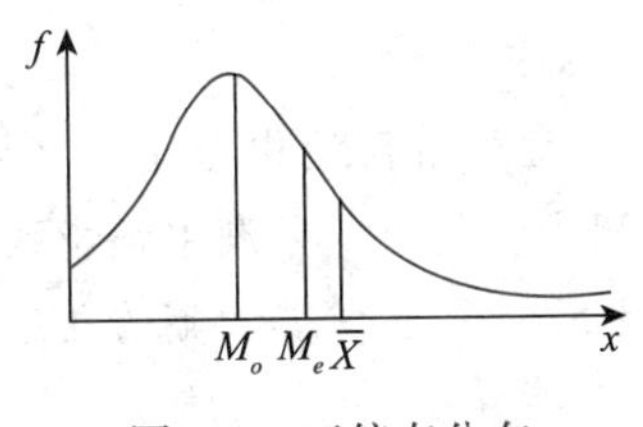

图4-2　正偏态分布

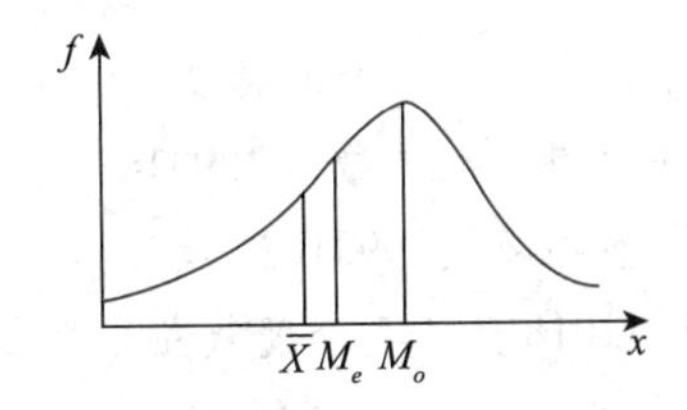

图4-3　负偏态分布

3. 变异系数

标准差衡量投资风险仅仅着眼于自身变化，缺少适当参照点或基准，影响其解释力。如有两个样本：四家小公司在2018年的销售收入分别为5 000万元、7 500万元、6 500万元和9 000万元，四家大公司为80 000万元、82 500万元、81 500万元和84 000万元。可计算小公司和大公司两个样本销售收入均值分别为7 500万元和82 000万元，两者标准差均为1 683.25 万元。仅看标准差，两个样本风险一样大，但结合销售收入均值来看，显然小公司风险要大很多。

因此，比较不同投资产品风险时，标准差需要结合收益率来分析，以反映相对风险的大小，这就是**变异系数**（coefficient of variation，CV）。变异系数是收益率的标准差与预期收益率的比值，表明每单位预期收益率所承担的风险，即：

$$\text{变异系数} = \frac{\text{标准差}}{\text{预期收益率}} \tag{4-23}$$

当投资风险和投资收益的替代关系是线性关系时，变异系数越小投资绩效越高，据此可对不同投资产品的优劣进行比较。

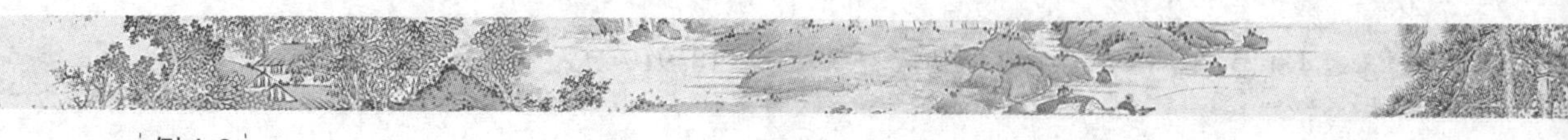

例 4-9

2018 年 5 月 18 日，用变异系数检验两组投资风格的优劣：①成长股和价值股；②大盘股、中盘股和小盘股。

解答：①成长股用国证成长指数（399370）代表，价值股用国证价值指数（399371）代表。收集国证成长指数和国证价值指数 2010 年 3 月 ~2018 年 3 月季度收益率数据共计 32 个，计算其预期收益率和收益率标准差如表 4-8 所示。

表 4-8　国证成长指数、国证价值指数预期收益率和标准差　（%）

	预期收益率	收益率的标准差
国证成长指数	1.18	12.42
国证价值指数	2.19	13.70

由此得到各指数收益率的变异系数分别为：

$$CV_{\text{成长}} = \frac{\sigma}{E(R)} = \frac{12.42\%}{1.18\%} \approx 10.53$$

$$CV_{\text{价值}} = \frac{\sigma}{E(R)} = \frac{13.70\%}{2.19\%} \approx 6.26$$

由于 $CV_{\text{价值}} < CV_{\text{成长}}$，故价值股投资的绩效优于成长股。

②大盘股用巨潮大盘指数（399314）代表，中盘股用巨潮中盘指数（399315）代表，小盘股用巨潮小盘指数（399316）代表。收集巨潮大盘指数、巨潮中盘指数和巨潮小盘指数 2005 年 3 月 ~2018 年 3 月季度收益率数据共计 52 个，计算其预期收益率和收益率的标准差如表 4-9 所示。

表 4-9　巨潮大盘指数、巨潮中盘指数和巨潮小盘指数预期收益率和标准差　（%）

	预期收益率	收益率的标准差
巨潮大盘指数	4.52	18.44
巨潮中盘指数	5.22	20.16
巨潮小盘指数	5.92	21.14

由此得到各指数收益率的变异系数分别为：

$$CV_{大盘}=\frac{\sigma}{E(R)}=\frac{18.44\%}{4.52\%}\approx 4.08$$

$$CV_{中盘}=\frac{\sigma}{E(R)}=\frac{20.16\%}{5.22\%}\approx 3.86$$

$$CV_{小盘}=\frac{\sigma}{E(R)}=\frac{21.14\%}{5.92\%}\approx 3.57$$

由于 $CV_{小盘}<CV_{中盘}<CV_{大盘}$，故小盘股投资绩效最高，中盘股次之，大盘股最差。

4.3 投资收益与投资风险的关系

投资收益反映未来各种收益的集中趋势，投资风险反映未来各种收益的分散趋势，两者关系可以概括为：投资收益和投资风险相互匹配，投资收益和投资风险非对称。

1. 投资风险和投资收益相互匹配

投资风险和投资收益相互匹配是指高收益与高风险相匹配，低收益与低风险相匹配。这种关系可以从实际投资中感知，如例4-9对证券预期收益率和收益率标准差的分析，以及美国投资市场的风险和收益关系（见表4-10）。

表4-10 美国1926~2009年投资产品收益和风险比较 （%）

投资产品	收益率	标准差
长期国库券	5.69	8.45
大公司股票	11.63	20.56
小公司股票	17.43	37.18

资料来源：转引自博迪，等. 投资学［M］. 汪昌云，张永冀，等译. 北京：机械工业出版社，2013：96.

可以将投资收益和投资风险的相互匹配关系总结为两大定理：

定理一：证券风险越大，则其预期收益率越高。

定理二：投资风险证券时，必要收益率是投资人要求的最低收益率。

定理一和定理二可用不等式分别表示为：

$$高风险证券预期收益率>低风险证券预期收益率>无风险收益率 \tag{4-24}$$

$$风险证券预期收益率\geqslant风险证券必要收益率>无风险收益率 \tag{4-25}$$

定理一证明：先假设市场上高风险证券为 S_A，低风险证券为 S_B，如果 $E(R_A)=E(R_B)$，则理性投资人会卖出证券 S_A、买入证券 S_B，证券 S_A 价格下跌、证券 S_B 价格上升，最终证券 S_A 收益率上升，证券 S_B 收益率下降，即有 $E(R_A)>E(R_B)$。

再设 $E(R_B)=$ 无风险证券收益率 R_f，则理性投资人会卖出低风险证券 S_B、买入无风险证券，致使低风险证券 S_B 价格下跌，收益率上升到无风险收益率之上，即有 $E(R_B)>R_f$。

综上即得：$E(R_A)>E(R_B)>R_f$，即式（4-24）成立。

定理二的证明须以必要收益率为基础。所谓必要收益率，是投资风险证券要求的最低收益率，其功能是对投资人承担风险给予相应补偿。因此，必要收益率必须大于无风险收益率，否则投资人不会投资风险证券。同样，预期收益率是投资人期望获得的收益率，不得低于必要收益率，否则投资人也不会投资。由此定理二成立。

我们将投资风险证券的必要收益率大于无风险收益率的部分，称为**风险溢价**（premium

for risk)。风险溢价理论上必须大于零，或投资之前投资人预期大于零，具体大小与投资产品的风险成正比。

从投资实践来看，国外股票投资风险溢价总体上显著大于零（见图4-4）。对于中国投资市场，我们以沪深300收益率代表市场收益，上海同业拆借利率代表无风险利率，也得到风险溢价总体大于零的结论（见表4-11）。

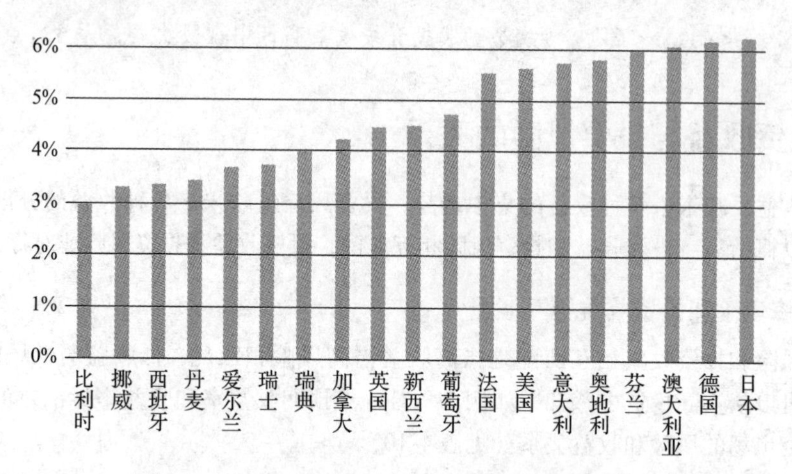

图4-4 1900~2017年主要国家股市平均风险溢价

表4-11 中国股市风险溢价 （%）

年份	沪深300收益率	无风险利率	风险溢价	年份	沪深300收益率	无风险利率	风险溢价
2006	121.02	4.39	116.63	2013	-7.65	4.40	-12.05
2007	161.55	3.00	158.55	2014	51.66	4.97	46.69
2008	-65.95	4.59	-70.54	2015	5.58	4.74	0.84
2009	96.71	2.33	94.38	2016	-11.28	3.35	-14.63
2010	-12.51	2.25	-14.76	2017	21.78	3.38	18.4
2011	-25.01	3.64	-28.65	2018	-25.31	3.52	-28.83
2012	7.55	5.23	2.32				
2006~2018年		平均风险溢价20.64%，风险溢价标准差65.73%					

如果考虑到中国股票市场发展时间短，股票风险溢价数据可靠性较差，可借鉴其他较成熟投资市场数据，先计算中国股市的相对标准差，然后推算中国股权风险溢价：

$$\text{中国股市相对标准差} = \frac{\text{中国股市收益率标准差}}{\text{某成熟市场收益率标准差}} \tag{4-26}$$

$$\text{中国股权风险溢价} = \text{中国股市相对标准差} \times \text{成熟市场股权风险溢价} \tag{4-27}$$

以风险溢价为基础，可得投资风险证券的必要收益率和无风险收益率的基本关系为：

$$\text{有风险证券的必要收益率} = \text{无风险收益率} + \text{风险溢价} \tag{4-28}$$

2. 投资风险和投资收益的非对称关系

投资风险和投资收益的非对称关系由股票涨跌幅度不对称产生，具体表现为：

（1）如果不融资，且将风险限定为股票下跌，则投资风险最大为-100%，即股票价格下跌为零，投资人损失全部本金；股票涨幅可以远远大于股票跌幅，理论上甚至可以无限大。

（2）股票一旦下跌尤其是大幅下跌，则股票涨回到原来价格，所需涨幅远远大于跌幅。

如假设某股票目前股价为10元，其下跌到8元、6元、4元和2元，然后涨回到10元，则相应跌幅（风险）和涨幅（收益）如表4-12所示。

表4-12　股票下跌和上涨幅度比较

股价下跌	下跌幅度（%）	股价上涨	上涨幅度（%）
10元下跌到8元	-20	8元上涨到10元	25
10元下跌到6元	-40	6元上涨到10元	66.67
10元下跌到4元	-60	4元上涨到10元	150
10元下跌到2元	-80	2元上涨到10元	400

因此，股票一旦下跌尤其是大幅度下跌后，投资人收回本金的难度会很大，投资人盈利也就更加困难。故而在投资实践中，保住本金、避免亏损格外重要，以至于投资大师巴菲特不断告诫投资人必须注意投资三大准则：

第一，尽量避免风险，保住本金；

第二，注意规避风险，保住本金；

第三，坚决牢记第一条、第二条。

关键概念

投资收益　持有期收益率　时间加权收益率

资金加权收益率　年化收益率　预期收益率

投资风险　系统风险　非系统风险

方差　标准差　变异系数

风险溢价　必要收益率

本章小结

1. 当投资期间资金未发生变化时，计算已实现收益率用持有期收益率公式。当投资期间资金发生变化时，计算已实现收益率用时间加权收益率和资金加权收益率公式。
2. 年化收益率可比较不同持有期投资收益率的高低。
3. 预期收益率可以用过去若干年收益率的平均值来推算，也可以先估算未来各种可能的收益率情况及各种情况出现的概率，然后用加权平均的方式来估算。
4. 投资风险可以分解为系统风险和非系统风险两大部分。系统风险涉及整个投资市场，投资人无法用简单的办法来加以回避，非系统风险可以通过分散投资来降低或抵消。投资风险的大小可以用方差（标准差）和变异系数来衡量。
5. 投资收益和投资风险的一般关系是高收益与高风险相匹配，低收益与低风险相匹配。投资有风险证券必须获得风险溢价，风险越大要求的风险溢价越高。
6. 投资风险和投资收益存在非对称关系。

视频材料

1. CCTV2商道：《世纪骗局：末日神话》，https://v.youku.com/v_show/id_XNTAz-

ODE4NDI4. html? fromvsogou = 1&ctid = 16be3949de72c4ed&refer = pgy _ operation. wulin. tl_00003189_1000_mymaia_19060400。

2. 视频:《蓝色梦想 - 第八篇 - 证券投资风险》, https://v. youku. com/v _ show/id _ XMzU4MDUwNTIw. html? refer = seo _ operation. liuxiao. liux _ 00003307 _ 3000 _ z2iuq2_19042900。

问题和应用

1. 评价投资收益率主要有哪几种方法?这些方法的区别与联系是什么?
2. 假定融资保证金比例是100%,维持担保比例是130%,账户中有资金50 000元。某股票市价为10元/股,你购买10 000股。问:①当股票价格上涨到12元时,你的收益率是多少?比不融资时高出多少?②当股价下跌到8元时,你的收益率是多少?比不融资时要低多少?
3. 假定融券保证金比例为50%,维持担保比例为130%,账户中有资金10万元。某股票当前价格为100元/股,你卖空该股票2 000股。问:①如果股票下跌到80元,你的收益率是多少?不融券时收益率是多少?②如果股价上涨到120元,你的收益率是多少?不融券时收益率是多少?
4. 简述证券投资风险的来源。
5. 评价证券投资风险大小的主要方法有哪些?
6. 假定某项投资未来收益率分布如表4-13所示,试计算该项投资的预期收益率和投资风险。

表4-13 某项投资的预期情况

经济状况	概率	收益率
1	0.15	0.20
2	0.15	-0.20
3	0.70	0.10

7. 简述投资收益与投资风险的关系。

延伸阅读材料

1. 2009年1月8日《中国证券报》刊登的文章《揭破"庞氏骗局"玄机》。
2. 2013年3月16日《证券日报》刊登的文章《理财产品年化收益率"忽悠"客户》。
3. 2011年3月25日《中国艺术报》刊登的文章《艺术品是否适合股票化、金融化?》。
4. 孙永祥,等. 我国股权众筹发展的思考与建议——从中美比较的角度[J]. 浙江社会科学,2014(8):146-151.

第5章
CHAPTER 5

投资组合

§本章提要

投资组合的预期收益率是以资金比例为权数的各证券预期收益率的加权平均。投资组合的方差等于组合内所有证券两两之间协方差的加权平均，权数是两个证券资金比例的乘积。可行集是投资产品所有可能的投资组合。有效集是可行集中效率最高的投资组合。最优投资组合是投资者效用最高的投资组合。

§重点难点

- 掌握证券组合预期收益率的计算
- 理解协方差和相关系数的含义，能用实际数据进行相应的计算
- 掌握两种和三种证券组合风险的计算
- 理解多种证券组合降低投资风险的原理
- 能画出两种证券组合的可行集和有效集
- 理解资本分配线所体现的高收益高风险相匹配的思想
- 了解三种及以上证券组合的可行集和有效集
- 了解投资者效用无差异曲线，能作图解释投资者最优投资组合
- 了解分离定理及其在实际投资中的应用

§引导案例

国外理财经：省心赚钱的投资组合

20世纪70年代末投资报道《哈里·布朗特别报告》的编辑布朗向客户建议的一篮子投资组合由股票、长期国债、黄金和短期国债组成，每种各占1/4。他在1987年出版的书中写道：在过去的17年中，一直追溯到20世纪70年代，这种投资组合创造了12%的年化回报率。

源于布朗方法的永久投资组合基金，2010年的目标配置是：25%的金银，35%的美国国债，15%的进取性成长型股票，15%的房地产和自然资源类股，10%的瑞

士法郎资产。截至2010年4月30日的15年来，这只基金年化回报率为8.2%，回报相当惊人。

资料来源：2010年5月25日《国际金融报》。作者有删改。

§案例思考

布朗投资组合以及以布朗思想为基础的投资组合，在20世纪70年代至21世纪前10年投资效果良好。你认为布朗及类似布朗的投资组合策略会历久弥新吗？为什么？

分散投资降低风险是四大投资准则之一。如果将投资风险设定为非系统风险，你自然会问：分散投资降低非系统风险的理论基础是什么？如何提高分散投资降低非系统风险的效果？如果将风险设定为系统风险，你也很可能会问：系统风险是否也可以以及如何通过分散投资来降低或管理？从理论上看，你所关注的都是投资学理论必须研究和解决的问题。从投资实践来看，这些问题无疑具有重要价值，因为投资人对分散投资降低风险的投资准则不仅应知其然，更应知其所以然，从而高效率地将分散投资贯穿于整个投资活动之中。

对分散投资进行系统研究的理论被称为投资组合理论。**投资组合理论**（portfolio theory）由美国经济学家哈里·马科维茨（Harry Markowitz）于20世纪50年代初期率先提出，其研究了分散投资降低风险的理论基础：当面对投资市场多种证券时，投资者如何依据这些证券的预期收益率、风险（方差或标准差）、证券之间收益率的协方差或相关系数，以及自身风险厌恶程度，选择其最优投资组合。

5.1 投资组合的基本含义

投资组合（portfolio）也称组合投资、分散投资，是指投资人将全部资金投放或配置在两种及两种以上投资产品上。投资组合是一个动态过程，出售现有证券并购入新证券，或增加资金扩大投资组合规模，或出售证券缩减投资组合规模，都会改变原有投资组合。

“不要把鸡蛋放在一个篮子”，是大多数投资人对投资组合理论最朴素的认识。而且，绝大多数投资人实际上也是以投资组合方式进行投资。如2019年1月17日广发银行与西南财经大学发布的《2018中国城市家庭财富健康报告》显示：中美两国家庭投资组合就包括住房、证券、保险、银行储蓄等金融资产，以及工商业和其他资产，如图5-1所示。

图5-1 中美家庭总资产配置对比

从理论上看，构建投资组合首先要决定如何将资金分配到每一种资产上，如投资在无风险资产和风险资产上的资金比例，在股票、债券、黄金、房地产等不同类别风险资产中决定购买哪些类别风险资产及相应投资比例等。这种决策被称为资产配置（asset allocation）。

对许多个人投资者而言，资产配置就是指在股票中投资多少，在债券中投资多少。最简单的资产配置原则是：60%的资金投入股票，40%的资金投入债券。另外一个以投资人生命周期为基础的规则是：股票投资的比例等于100减去投资人年龄的差除以100，如一个23岁的年轻人投资股票的资金比例应该为77%。

在资产配置的基础上，你还要决定在每个资产类别中购买什么样的证券及其资金比例。如你决定将70%的资金购买股票之后，你要决定购买哪些股票以及相应的投资比例。这个过程被称为证券选择（security selection）。

理论上认为，资产配置关注整个市场资产类别，是宏观投资活动，证券选择专注于具体、个别证券选择，是微观投资活动。但是，资产配置和证券选择在实际投资中有时并非泾渭分明，如决定投资金融类股票、科技类股票的资金比重时，相对投资股票、债券等资产的角度来看，这是证券选择问题，相对具体购买哪只金融公司和科技公司股票的角度来看，这又是资产配置问题。

投资人进行资产配置和证券选择时分别有主动投资和被动投资两种策略，资产配置和证券选择相结合形成四种不同的投资策略，如表5-1所示。

表5-1 资产配置和证券选择的组合策略

资产配置策略	证券选择 主动策略	证券选择 被动策略
资产配置主动策略	主动策略+主动策略	主动策略+被动策略
资产配置被动策略	被动策略+主动策略	被动策略+被动策略

采用“主动+主动”投资策略时，投资人基于对不同类别资产的收益和风险分析，主动改变所持有的不同类别资产的资金比例，将资金集中投放在预期收益率良好的资产类别上。另外，投资人还试图在每类资产中选择预期收益率高的证券。如投资人根据股票市场牛熊市转换规律，以及持续多年股票熊市的市场背景，在2019年初决定逐渐将投资房产的资金套现，在未来适当加大股票的投资力度，并且以成长性良好的小公司股票为投资重点。

采用“主动+被动”投资策略时，投资人基于对不同类别资产的收益和风险分析，主动改变所持有的资产类别的资金比例，但不改变每类资产中的特定证券及其资金比例。如投资人可能在某种债券基金和小公司股票基金中适时调整投资比例，以适应不同的市场环境。

采用“被动+主动”投资策略时，投资人不改变所持有的不同类别资产的资金比例，但会在每类资产中选择预期收益率高的证券。如执着于股票的投资人会选择此策略，将资金全部投放在股票上，只专注于买卖各种公司股票。

采用“被动+被动”投资策略时，投资人既不改变所持有的不同类别资产的资金比例，也不试图在每类资产中选择预期收益率高的证券。“被动+被动”的典型代表是投资人将其全部资金投放在某只指数基金上。

本章对投资组合的分析虽然主要以证券选择形式展开，但其也适合资产配置，因为资产配置和证券选择的基本原理相同。

5.2 投资组合的收益

一个投资组合由两种以上证券组成，每种证券占有一定的比例，可以视为一只变化更复杂的证券，仍然可用预期收益率来衡量其收益。

5.2.1 两种证券组合的收益

假设两种证券S_A、S_B的收益率分别为R_A、R_B，投资者将资金分成W_A、W_B的比例构建投资组合，则投资组合P的收益率R_P可以表示为：

$$R_P = W_A R_A + W_B R_B$$

由概率论相关知识可知，投资组合的预期收益率$E(R_P)$可以表示为：

$$E(R_P) = W_A E(R_A) + W_B E(R_B) \tag{5-1}$$

式（5-1）表明，两种证券组合的预期收益率是两种证券预期收益率的加权平均，权数是投资在两种证券上的资金比例W_A和W_B（$W_A + W_B = 1$）。W_A、W_B可正可负，负数表示卖空证券，然后用卖空所得资金加上自有资金购买另外一只证券。

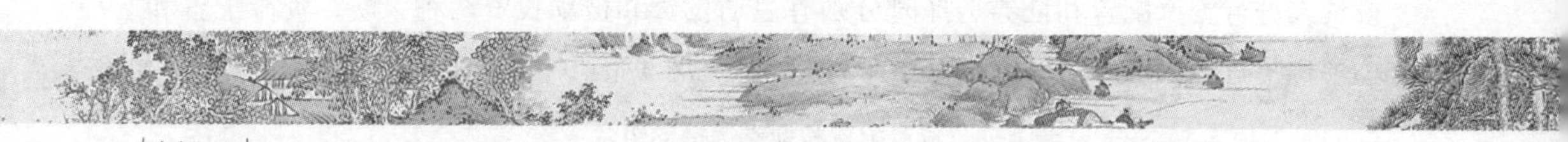

例5-1

2018年5月，你投资预期收益率分别为27.28%和15.44%的平安银行和宝钢股份两种股票。问：①如将自有资金100 000元等比例投资于两种股票，则预期收益率是多少？②如先卖空宝钢股份股票160 000元，然后将全部资金260 000元投资平安银行，则预期收益率又是多少？③卖空对投资组合收益率有何影响？

解答：①根据式（5-1），你的预期收益率为：

$$E(R_P) = 50\% \times 27.28\% + 50\% \times 15.44\% = 21.36\%$$

②这时投资在平安银行和宝钢股份上的资金比例W_A、W_B分别为：

$$W_A = 260\ 000 \div 100\ 000 = 260\%$$

$$W_B = -160\ 000 \div 100\ 000 = -160\%$$

根据式（5-1），你的预期收益率为：

$$E(R_P) = 260\% \times 27.28\% + (-160\%) \times 15.44\% \approx 46.22\%$$

③比较①和②的结果：不卖空时投资组合的收益率介于两只证券收益率之间；卖空收益率较低的证券后，投资组合收益率大幅提高，远远高于两只证券收益率较高者。

5.2.2 多种证券组合的收益

设$n(n \geqslant 3)$种证券S_1，S_2，…，S_n的收益率分别为R_1，R_2，…，R_n，将资金分成W_1，W_2，…，W_n的比例配置在n种证券上，则投资组合P的收益率R_P和预期收益率$E(R_P)$分别为：

$$R_P = \sum_{i=1}^{n} W_i R_i = W_1 R_1 + W_2 R_2 + \cdots + W_n R_n \tag{5-2}$$

$$E(R_P) = \sum_{i=1}^{n} W_i E(R_i) = W_1 E(R_1) + W_2 E(R_2) + \cdots + W_n E(R_n) \tag{5-3}$$

上式中 $W_1 + W_2 + \cdots + W_n = 1$，$W_i$ 可正可负，负数代表卖空相应证券。

5.3　投资组合的风险

投资组合的风险不仅与组合中各个投资产品风险（方差或标准差）密切相关，而且组合中投资产品之间收益率变动的相互关系对组合风险有着更加重要的影响。

5.3.1　协方差和相关系数

协方差和相关系数反映投资产品之间收益率变动的相互关系，是分析投资组合风险所需要的重要参数。

1. 协方差计算公式、特征及计算

证券 S_A 和 S_B 的协方差（covariance）记为 $\mathrm{Cov}(R_A, R_B)$ 或 σ_{AB}，表示证券 S_A 和证券 S_B 未来各种可能收益率 R_{Ai} 和 R_{Bi}，同时偏离各自预期收益率 $E(R_A)$ 和 $E(R_B)$ 的平均值，表示两只证券收益率同步变化即一起向上或向下变动的程度，其计算公式是：

$$\mathrm{Cov}(R_A, R_B) = \sum_{i=1}^{n} P_i [R_{Ai} - E(R_A)][R_{Bi} - E(R_B)] \tag{5-4}$$

投资人必须理解协方差为正、负和零三种情况，以及协方差的基本特征：

（1）协方差为负数，说明 $[R_{Ai} - E(R_A)] > 0$ 与 $[R_{Bi} - E(R_B)] < 0$，或 $[R_{Ai} - E(R_A)] < 0$ 与 $[R_{Bi} - E(R_B)] > 0$，经常同时发生，即当证券 S_A 的收益率高于（低于）其预期收益率时，证券 S_B 的收益率倾向于低于（高于）其预期收益率，证券 S_A 和证券 S_B 的收益率相对各自预期收益率（均值），存在反向变动关系。

（2）协方差为正数，说明 $[R_{Ai} - E(R_A)] > 0$ 与 $[R_{Bi} - E(R_B)] > 0$，或 $[R_{Ai} - E(R_A)] < 0$ 与 $[R_{Bi} - E(R_B)] < 0$，经常同时发生，即当证券 S_A 的收益率高于（低于）其预期收益率时，证券 S_B 的收益率倾向于高于（低于）其预期收益率，证券 S_A 和证券 S_B 的收益率相对各自预期收益率（均值），存在同向变动关系。

（3）协方差为零，说明证券 S_A 和证券 S_B 收益率变动不相关，即证券 S_A 收益率变动与证券 S_B 收益率变动没有明显关系。

（4）协方差是方差的扩展，或方差是协方差的特例。证明方差是协方差的特例，只需要将式（5-4）中证券 S_B 替换为证券 S_A 即可完成。

（5）证券 S_A 和证券 S_B 的协方差，等于证券 S_B 和证券 S_A 的协方差。这只需要将式（5-4）中的证券 S_A 和证券 S_B 互换即可证明。

（6）协方差代表系统风险。协方差表示两种证券收益率受系统风险影响的数学证明，留待第6章进行。我们这里仅从投资直觉分析，因为非系统风险（不考虑行业风险）不会对两种证券收益率同时产生影响，故对两种证券收益率都产生影响的只能是系统风险。

（7）协方差因系统风险产生，其并不代表两种证券收益率存在因果关系。如证券 A 和证券 B 的收益率有很高的正协方差，仅表示在系统风险影响下证券 A 和证券 B 经常同时出现收益率很高或很低的情形，并非证券 A 的收益率很高（很低）导致证券 B 的收益率很高（很低）。

实际投资时经常用历史样本计算协方差，其具体公式为：

$$\mathrm{Cov}(R_A,R_B)=\frac{\sum_{i=1}^{n}[R_{Ai}-E(R_A)][R_{Bi}-E(R_B)]}{n-1} \tag{5-5}$$

式中：R_{Ai}和R_{Bi}代表过往各年证券实际收益率。

例5-2

2018年5月用2001~2017年的年度数据、季度数据和月度数据，计算宝钢股份和平安银行、平安银行和浦发银行的协方差，并分析两个协方差差异的原因。

解答：(1) 计算宝钢股份和平安银行的协方差。

1) 用年度收益率。收集2001~2017年度收益率数据如表5-2所示。

表5-2 宝钢股份、平安银行2001~2017年度收益率 (%)

	2001年	2002年	2003年	2004年	2005年	2006年	2007年	2008年	2009年
宝钢股份	-26.94	8.59	73.26	-11.01	-9.95	99.33	93.61	-65.93	80.76
平安银行	-17.17	-14.70	-19.59	-25.56	-8.04	161.98	207.76	-69.69	169.67
	2010年	2011年	2012年	2013年	2014年	2015年	2016年	2017年	
宝钢股份	-26.36	-14.45	3.24	-8.78	43.82	-12.63	9.55	26.32	
平安银行	-36.21	-1.32	3.55	24.27	57.66	-8.11	-7.60	46.88	

计算宝钢股份和平安银行收益率均值分别为15.44%和27.28%。按照公式(5-5)，计算宝钢股份和平安银行协方差的过程可总结为表5-3：

表5-3 宝钢股份和平安银行收益率变动协方差计算 (%)

年份	$R_{宝钢}-E(R_{宝钢})$	$R_{平安}-E(R_{平安})$	偏差乘积	年份	$R_{宝钢}-E(R_{宝钢})$	$R_{平安}-E(R_{平安})$	偏差乘积
2001	-42.38	-44.45	18.84	2010	-41.80	-63.49	26.54
2002	-6.85	-41.98	2.88	2011	-29.89	-28.60	8.55
2003	57.82	-46.87	-27.10	2012	-12.20	-23.73	2.89
2004	-26.45	-52.84	13.98	2013	-24.22	-3.01	0.73
2005	-25.39	-35.32	8.97	2014	28.38	30.38	8.62
2006	83.89	134.70	113.00	2015	-28.07	-35.39	9.93
2007	78.17	180.48	141.08	2016	-5.89	-34.88	2.05
2008	-81.37	-96.97	78.91	2017	10.88	19.60	2.13
2009	65.32	142.39	93.01				
合计			443.55				61.45
协方差=(443.55%+61.45%)/(17-1)≈31.56%							

上面的计算非常烦琐，可以利用Excel简便计算。将宝钢股份和平安银行17个年度数据复制到Excel的A1~A17和B1~B17，插入统计函数COVAR(协方差)，在参数栏目array1和array2中分别输入A1:A17和B1:B17，求得宝钢股份和平安银行收益率变动的协方差约为29.71%。须注意：Excel中COVAR默认式(5-5)中的除数是n而不是$n-1$，须

将计算结果乘以 $n/n-1$ 即17/16，这样得到的结果就是31.57%。这与直接按照公式计算稍有误差，是小数后面数字四舍五入所致。

2）用季度收益率样本（68个）计算的协方差约为0.74%。

3）用月度收益率样本（204个）计算的协方差约为0.67%。

4）比较①②③的计算结果，数据频率越高，计算所得协方差越小。

（2）计算平安银行和浦发银行的协方差：①用年度收益率得到协方差约为45.76%；②用季度收益率得到协方差约为4.37%；③用月度收益率得到协方差约为0.92%。④比较①②③的计算结果，数据频率越高，计算所得协方差越小。

（3）平安银行和浦发银行收益率变动的协方差高于平安银行和宝钢股份，这与平安银行和浦发银行同属银行业，两者收益率相关性更大的情形相符。

2. 相关系数及其计算

协方差的变动范围为（$-\infty$，$+\infty$），两只证券协方差大小的含义很难解释，故应用时要将其标准化，即采取相关系数形式。所谓**相关系数**（correlation coefficient），是协方差经标准化之后衡量两种证券收益率变动相关性及相关程度的指标。

相关系数Corr（R_A，R_B）简记为 ρ_{AB}，其计算公式如下：

$$\rho_{AB} = \mathrm{Cov}(R_A, R_B)/\sigma_A\sigma_B \tag{5-6}$$

相关系数的取值范围是［-1，1］，其表示两个变量之间的线性关系。两个变量的相关系数等于零，变量之间仍有可能存在很强的非线性关系，如变量 A 和 B 的关系为 $B=A^2$。学术界对两只证券收益率变动相关系数的理论解释如下：

（1）当相关系数为-1时，称两只证券收益率变动完全负相关，即两只证券收益率存在完全反向线性（直线）关系。

（2）当 $-1<$ 相关系数 $\leqslant -0.7$ 时，称两只证券收益率变动高度负相关，即两只证券收益率存在很强的反向线性关系。

（3）当 $-0.7<$ 相关系数 $\leqslant -0.3$ 时，称两只证券收益率变动中度负相关，即两只证券收益率存在较强的反向线性关系。

（4）当 $-0.3<$ 相关系数 <0 时，称两只证券收益率变动低度负相关，即两只证券收益率存在较弱的反向线性关系。

（5）当相关系数等于0时，称两只证券收益率变动不相关，即两只证券收益率变动没有任何线性关系。

（6）当 $0<$ 相关系数 <0.3 时，称两只证券收益率变动低度正相关，即两只证券收益率存在较弱的正向线性关系。

（7）当 $0.3\leqslant$ 相关系数 <0.7 时，称两只证券收益率变动中度正相关，即两只证券收益率存在较强的正向线性关系。

（8）当 $0.7\leqslant$ 相关系数 <1 时，称两只证券收益率变动高度正相关，即两只证券收益率存在很强的正向线性关系。

（9）当相关系数为1时，称两只证券收益率变动完全正相关，即两只证券收益率存在完全正向线性关系。

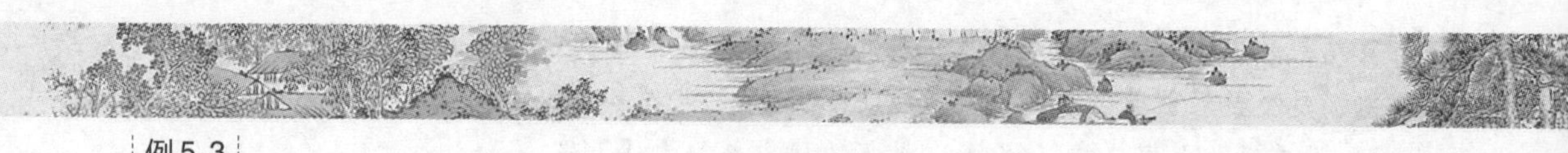

例5-3

利用2018年5月收集的2001~2017年数据、季数据和月数据，计算宝钢股份和平安银行、平安银行和浦发银行的相关系数，并分析两个相关系数的差异及其产生差异的原因。

解答：(1) 计算宝钢股份和平安银行的相关系数。①用年收益率。将表5-3中宝钢股份和平安银行17个年收益率复制到Excel的A1~A17和B1~B17，插入统计函数CORREL（相关系数），在参数栏目array1中输入A1：A17，在array2中输入B1：B17，求得宝钢股份和平安银行收益率变动相关系数约为0.85。

②用季收益率得到相关系数约为0.75。

③用月收益率得到相关系数约为0.61。

④比较①②③三种计算结果，数据频率越高，计算所得相关系数越小。

(2) 计算平安银行和浦发银行的相关系数。①用年数据得到相关系数约为0.94；②用季数据得到相关系数约为0.88；③用月数据得到相关系数约为0.74；④数据频率越高，计算所得相关系数越小。

(3) 平安银行和浦发银行收益率变动的相关系数高于平安银行和宝钢股份，这与平安银行和浦发银行同属银行业，两者收益率相关性更大的情形相符。

(4) 上面计算的各种相关系数均为正数，是现实投资中的普遍情况，表示两只证券收益率都受系统风险的同向影响。

5.3.2 两种证券组合的风险

以协方差和相关系数为基础，根据方差的定义，即未来各种可能收益率对均值（期望值）偏离平方的期望值（均值），可以推导两种证券组合的风险（方差）：

$$\begin{aligned}\sigma_P^2 &= E\{[R_P - E(R_P)]\}^2\\ &= E[W_A R_A + W_B R_B - W_A E(R_A) - W_B E(R_B)]^2\\ &= E\{[W_A R_A - W_A E(R_A)] + [W_B R_B - W_B E(R_B)]\}^2\\ &= W_A^2 E[R_A - E(R_A)]^2 + W_B^2 E[R_B - E(R_B)]^2 + 2W_A W_B E\{[R_A - E(R_A)][R_B - E(R_B)]\}\\ &= W_A^2\sigma_A^2 + W_B^2\sigma_B^2 + 2W_A W_B \sigma_{AB}\end{aligned}$$

故有，

$$\sigma_P^2 = W_A^2\sigma_A^2 + W_B^2\sigma_B^2 + 2W_A W_B \sigma_{AB} \tag{5-7}$$

$$\sigma_P = \sqrt{W_A^2\sigma_A^2 + W_B^2\sigma_B^2 + 2W_A W_B \sigma_{AB}} \tag{5-8}$$

或，

$$\sigma_P^2 = W_A^2\sigma_A^2 + W_B^2\sigma_B^2 + 2W_A W_B \rho_{AB}\sigma_A\sigma_B \tag{5-9}$$

$$\sigma_P = \sqrt{W_A^2\sigma_A^2 + W_B^2\sigma_B^2 + 2W_A W_B \rho_{AB}\sigma_A\sigma_B} \tag{5-10}$$

两种证券组合风险公式显示：证券组合的风险不仅受两个证券本身风险（方差）大小影响，而且还受两种证券收益率变动的相关系数（协方差）影响；在其他条件相同时，相关系数（协方差）越小，证券组合投资风险越小。

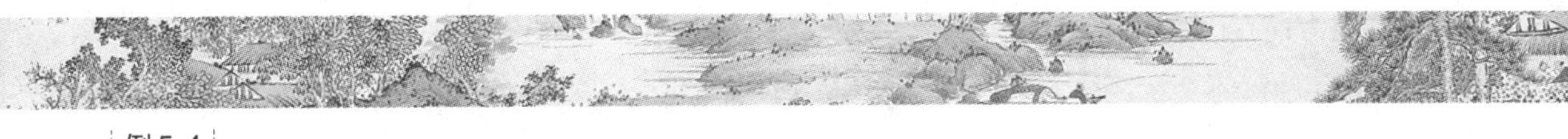

例 5-4

假设股票 A 和股票 B 的标准差分别为 10% 和 20%。当其相关系数分别为 -1、-0.5、0、0.5 和 1 时，分析资金等比例配置在两只股票所构建的投资组合的风险变化。

解答：当 $\rho_{AB}=-1$ 时，

$$\sigma_P=\sqrt{W_A^2\sigma_A^2+W_B^2\sigma_B^2+2W_AW_B\rho_{AB}\sigma_A\sigma_B}=|W_A\sigma_A-W_B\sigma_B|$$
$$=|0.5\times0.1-0.5\times0.2|=5\%$$

当 $\rho_{AB}=-0.5$ 时，

$$\sigma_P=\sqrt{W_A^2\sigma_A^2+W_B^2\sigma_B^2+2W_AW_B\rho_{AB}\sigma_A\sigma_B}$$
$$=\sqrt{0.5^2\times0.1^2+0.5^2\times0.2^2-2\times0.5\times0.5\times0.5\times0.1\times0.2}=8.66\%$$

当 $\rho_{AB}=0$ 时，

$$\sigma_P=\sqrt{W_A^2\sigma_A^2+W_B^2\sigma_B^2}=\sqrt{0.5^2\times0.1^2+0.5^2\times0.2^2}=11.2\%$$

当 $\rho_{AB}=0.5$ 时，

$$\sigma_P=\sqrt{W_A^2\sigma_A^2+W_B^2\sigma_B^2+2W_AW_B\rho_{AB}\sigma_A\sigma_B}$$
$$=\sqrt{0.5^2\times0.1^2+0.5^2\times0.2^2+2\times0.5\times0.5\times0.5\times0.1\times0.2}=13.2\%$$

当 $\rho_{AB}=1$ 时，$\sigma_P=W_A\sigma_A+W_B\sigma_B=0.5\times0.1+0.5\times0.2=15\%$

计算表明：当相关系数为 -0.5 和 -1 时，组合风险比两只证券的风险都要小，这充分体现了投资组合降低风险的功能。

相关系数对投资组合风险的具体影响可总结为表 5-4。

表 5-4　投资产品间相关系数变化对组合风险的影响

投资产品间相关系数	解释	对投资组合风险的影响
相关系数 =1	完全正相关	不能降低投资组合风险
0 < 相关系数 < 1	部分正相关	可小幅降低投资组合风险
相关系数 =0	完全不相关	可较大幅度降低投资组合风险
-1 < 相关系数 < 0	部分负相关	可大幅度降低投资组合风险
相关系数 = -1	完全负相关	可完全消除投资组合风险

即问即答：以广汽集团股票为基础，拟在贵州茅台、宝钢股份和东风汽车三只股票中选择一只构建组合。选择哪只股票构建组合的风险最小？哪只风险最大？

5.3.3　多种证券组合的风险

多种证券构建组合更能体现分散投资降低风险的重要意义。

1. 多种证券组合风险的基本公式

n（$n\geqslant3$）种证券 S_1，S_2，…，S_n 按照 W_1，W_2，…，W_n 的资金比例构建组合，组合的

方差为：

$$\sigma_P^2 = \sum_{i=1}^{n}\sum_{j=1}^{n} W_i W_j \sigma_{ij} \tag{5-11}$$

式中，$\sum_{i=1}^{n}\sum_{j=1}^{n}$ 被称为双重求和，指所有 i、j 组合的 n^2 项可能，即：当 $i=1$ 时，$j=1$，2… n；$i=2$ 时，$j=1$，2…n；当 $i=n$ 时，$j=1$，2…n。如此处理后，可得式（5-11）的展开项是：

$$\begin{aligned}\sum_{i=1}^{n}\sum_{j=1}^{n} W_i W_j \sigma_{ij} = & W_1W_1\sigma_{11} + W_1W_2\sigma_{12} + \cdots + W_1W_n\sigma_{1n} \\ & + W_2W_1\sigma_{21} + W_2W_2\sigma_{22} + \cdots + W_2W_n\sigma_{2n} \\ & \vdots \\ & + W_nW_1\sigma_{n1} + W_nW_2\sigma_{n2} + \cdots + W_nW_n\sigma_{nn}\end{aligned}$$

注意上面的展开项：①在全部 n^2 项中，对应 $i=j$ 的方差共有 n 项；②对应 $i\neq j$ 的协方差共有 n^2-n 项，其中 $W_iW_j\sigma_{ij}$ 和 $W_jW_i\sigma_{ji}$ 相等，可以合并；③当 n 逐渐增加时，协方差对组合方差的影响越来越大。

上面所有协方差前系数（权数）之和为：

$$\begin{aligned}& W_1W_1 + W_1W_2 + \cdots + W_1W_n + W_2W_1 + W_2W_2 + \cdots + W_2W_n + \cdots + W_nW_1 + W_nW_2 + \cdots + W_nW_n \\ & = W_1(W_1 + W_2 + \cdots + W_n) + W_2(W_1 + W_2 + \cdots + W_n) + \cdots W_n(W_1 + W_2 + \cdots + W_n) \\ & = (W_1 + W_2 + \cdots + W_n)^2 = 1\end{aligned}$$

式（5-11）看似非常复杂，但用文字表述却非常简洁：**n 种证券构建组合的方差是所有证券两两之间协方差的加权平均，权数是两只证券投资比例的乘积。**

2. 投资组合对风险的降低

随着投资组合所包含的证券数量不断增加，组合风险降低呈现如图 5-2 所示的效果：

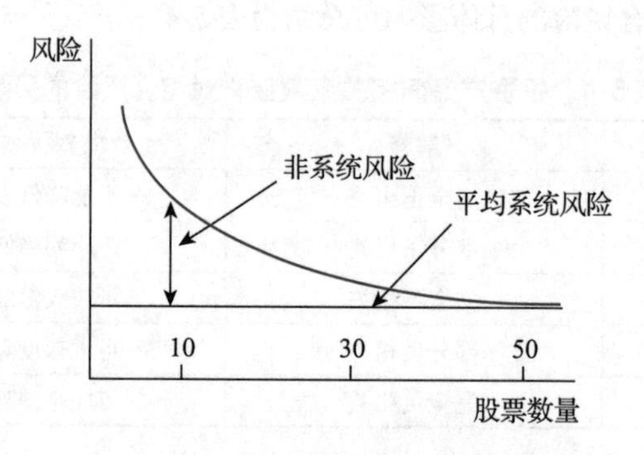

图 5-2　投资组合降低风险的效果

（1）只有 10 只股票时，分散投资对组合风险的降低具有非常显著的效果。

（2）当组合内的股票数量增至 30～50 只时，组合降低风险的效果就不太明显了。

（3）组合中股票数量超过 50 只时，组合风险与市场平均系统风险非常接近。

投资组合能够降低风险有两个原因：

（1）在一个充分分散化的投资组合中，每一项投资占比很小，任何影响该项投资本身价值变化的特有因素对整个投资组合价值的影响都很小。

（2）任意时点上，组合中每种投资的价值受特定非系统风险影响的结果可能是正面的，也可能是负面的，这些影响相互抵消后组合的非系统风险大大降低，甚至接近于零。

3. 投资组合降低风险的数学证明

n 种证券 S_i 等资金比例（比例为 $1/n$）构建投资组合，则该投资组合的方差为：

$$\sigma_P^2 = \sum_{i=1}^{n}\sum_{j=1}^{n} W_i W_j \sigma_{ij} = \sum_{i=1}^{n}\sum_{j=1}^{n} \frac{1}{n} \times \frac{1}{n} \times \sigma_{ij} = \frac{1}{n} \times \frac{\sum_{i=1}^{n}\sigma_i^2}{n} + \frac{\sum_{i=1}^{n}\sum_{j=1}^{n}\sigma_{ij}}{n^2} \quad (i \neq j)$$

上式第一项中 $\frac{\sum_{i=1}^{n}\sigma_i^2}{n}$ 表示 n 个证券方差的平均值，故当 n 趋近无穷大时，$\frac{1}{n} \times \frac{\sum_{i=1}^{n}\sigma_i^2}{n}$ 趋近于零。

第二项双重求和共有 $n^2 - n$ 个协方差。设协方差的平均值为 $\overline{\sigma}$，即：

$$\overline{\sigma} = \frac{\sum_{i=1}^{n}\sum_{j=1}^{n}\sigma_{ij}}{n^2 - n}$$

由此可得，

$$\frac{1}{n^2} \times \sum_{i=1}^{n}\sum_{j=1}^{n}\sigma_{ij} = \frac{(n^2 - n)}{n^2}\overline{\sigma} = \left(1 - \frac{1}{n}\right)\overline{\sigma}$$

当 n 趋近无穷大时，第二项接近协方差平均值 $\overline{\sigma}$，即组合风险降低为平均系统风险。

5.3.4　资产配置和全球投资降低投资风险

理论上认为，不同类型投资产品构建组合（资产配置）、不同地区证券构建组合（全球投资）可有效降低投资风险。我们用实际数据对此加以分析。

例5-5

在2018年5月，投资人有三种选择：①全部资金投资于股票基金——深300ETF；②将资金平均投资于深300ETF和嘉实中期国债ETF；③将资金三等分投资于深300ETF、嘉实中期国债ETF和黄金基金——博时黄金。请帮助投资人选择最优策略。

解答：（1）利用2015年1月~2018年4月的月收益率，计算得表5-5所示参数。

表5-5　三种证券的基本情况

证券	月收益率均值（%）	月收益率标准差（%）	相关系数		
			深300ETF	嘉实中期国债ETF	博时黄金
深300ETF	0.74	8.04		−0.23	−0.16
嘉实中期国债ETF	0.31	4.7			−0.27
博时黄金	0.38	3.83			

（2）计算三种策略的月预期收益率和标准差如表5-6所示。

表 5-6 三种策略的收益和风险 （%）

策略	月预期收益率	月收益率标准差
深 300ETF	0.74	8.04
资金平分策略	0.53	4.34
资金三等分策略	0.48	2.81

（3）计算三种策略的变异系数。其分别为：

$$CV_{深300}=\frac{\sigma}{E(R)}=\frac{8.04\%}{0.74\%}\approx 10.86$$

$$CV_{两等分}=\frac{\sigma}{E(R)}=\frac{4.34\%}{0.53\%}\approx 8.19$$

$$CV_{三等分}=\frac{\sigma}{E(R)}=\frac{2.81\%}{0.48\%}\approx 5.85$$

故三种策略中最优者是将资金三等分投资在三种不同类型证券上，这显示了资产配置在投资组合中的有效性。

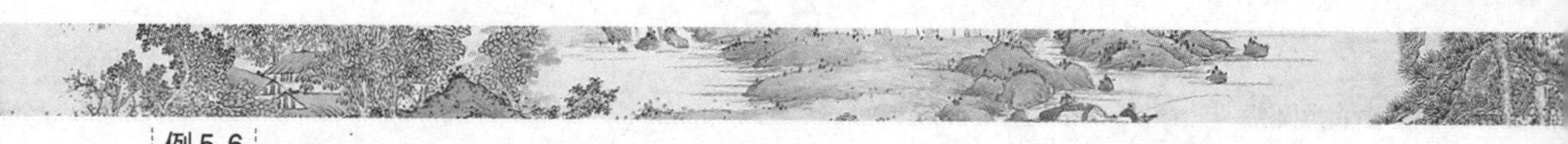

例 5-6

在 2018 年 5 月，市场上有三种基金：追踪上海综合指数的上海基金、追踪香港恒生指数的香港基金、追踪道琼斯工业指数的美国基金。投资人有三种选择：①全部资金买入上海基金；②将资金平分买入上海基金和香港基金；③将资金三等分买入上海基金、香港基金和美国基金。问：哪种投资策略最优？

解答：（1）利用上海综合指数、香港恒生指数和道琼斯工业指数 2014 年 1 月～2018 年 4 月的月收益率数据，计算得到表 5-7 所示的参数。

表 5-7 三只基金的基本情况

基金	收益率均值（%）	收益率标准差（%）	相关系数		
			上海基金	香港基金	美国基金
上海基金	0.98	7.12		0.61	0.45
香港基金	0.65	4.86			0.58
美国基金	0.77	3.09			

（2）计算三种策略的月预期收益率和标准差，如表 5-8 所示。

表 5-8 三种策略的收益和风险 （%）

策略	月预期收益率	月收益率标准差
上海基金	0.98	7.12
资金平分策略	0.82	5.39
资金三等分策略	0.80	4.26

（3）计算三种策略的变异系数。其分别为：

$$CV_{上海}=\frac{\sigma}{E(R)}=\frac{7.12\%}{0.98\%}\approx 7.27$$

$$CV_{两等分}=\frac{\sigma}{E(R)}=\frac{5.39\%}{0.82\%}\approx 6.57$$

$$CV_{三等分}=\frac{\sigma}{E(R)}=\frac{4.26\%}{0.8\%}\approx 5.33$$

故三种策略中最优者是将资金三等分投资在三种不同区域证券上，这显示出全球投资在投资组合中的有效性。

5.3.5 反对充分分散化投资

虽然充分分散的投资组合可有效降低投资风险，但实际投资中有一种认为集中投资优于充分分散化投资的观点，支持该观点的依据是：

（1）相对较小的分散化投资可取得较好的降低风险的效果，充分分散化投资的边际收益即边际投资风险的降低有可能低于边际成本。

（2）投资人愿意持有更多低估的资产，不愿意持有定价过高的资产。

（3）多样化投资组合是胆小投资人的专利，因为它直接暴露了投资人对未来的无知[⊖]。

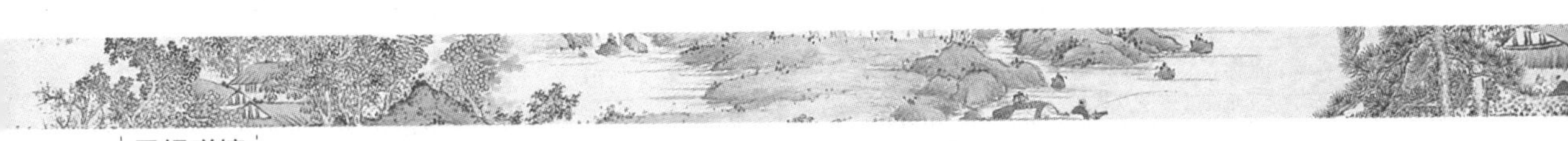

思想碰撞

集中投资比分散投资有优势

集中投资是指投资者将有限智力、精力和资本集中投入到少数低价优质资产上，能带来更高回报。集中投资最权威的倡导者费雪曾说过："投资人被过分灌输了分散投资的重要性，买进太少自己比较了解的公司股票，买进太多自己根本不了解的公司股票。这可能比分散投资做得不够充分还要危险。"

集中投资的特点是见好就留，通过不断筛选留下少数几个特别优异的资产。而分散投资是"见好就收"：在所买股票中，投资者往往优先卖出那些已经见好的（比如30%涨幅），留下不好的，直到所有股票都不见好为止。分散投资是劣存优汰，而集中投资是优存劣汰，其境界高于分散投资。

集中投资的极端是"孤注一掷"，将全部资金投到一个自己并不理解的投资对象；分散投资的极端是"撒胡椒面"，将有限资金撒到无数投资对象上。"撒胡椒面"和"孤注一掷"都很容易。如果分散投资不撒胡椒面，集中投资不孤注一掷，集中与分散就不再是两难的选择。

资料来源：《上海金融报》。作者有删改。

5.4 投资组合的可行集和有效集

当构建投资组合的证券选定后，各证券投资比例是唯一可用来决定投资组合的控制变量，改变投资比例便得到不同投资组合。针对无数种投资组合进行分析，我们需要引入反映投资组合总体状况的两个重要概念——可行集和有效集。

5.4.1 投资组合的可行集

可行集（feasible set）又称**机会集合**（opportunity set），指由某些给定证券所构建的全部投资组合的集合。由于任何一个投资组合的特征值——预期收益率和标准差，可以在以

⊖ 见机械工业出版社2012年7月版《投资组合管理动态过程》推荐序。

标准差为横坐标、预期收益率为纵坐标的坐标系中用一个点来表示，因而投资组合的可行集，就是所有组合的预期收益率和标准差构成的点的集合。

1. 两种证券组合的可行集

两种证券组合的可行集通常是什么形状？我们先从一些具体例子来获得感性认识。

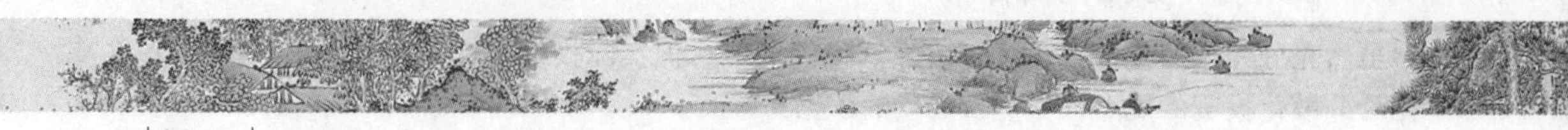

例 5-7

证券 S_A、S_B 的收益和风险以及两者收益率的相关系数如表 5-9 所示。

表 5-9　两种证券的收益、风险及相关系数

证券	预期收益率（%）	收益率的标准差（%）	相关系数
证券 S_A	10	10	
证券 S_B	20	20	-0.5

问：（1）在证券 S_A 上投资比例为 -50%、-25%、0、25%、50%、75%、100%、125% 和 150% 时，所构造的投资组合的预期收益率和标准差是多少？（2）在预期收益率与标准差的坐标系中描绘出上述各个投资组合，并用一条光滑曲线将其连接起来，这条曲线的形状是什么？

解答：（1）当 $W_A = -50\% = -0.5, W_B = 1-(-0.5) = 1.5$ 时，

$$E(R_P) = W_A E(R_A) + W_B E(R_B) = -0.5 \times 10\% + 1.5 \times 20\% = 25\%$$

$$\begin{aligned}\sigma_P &= \sqrt{W_A^2\sigma_A^2 + W_B^2\sigma_B^2 + 2W_A W_B \rho_{AB}\sigma_A\sigma_B} \\ &= \sqrt{(-0.5 \times 10\%)^2 + (1.5 \times 20\%)^2 + 2 \times (-0.5) \times 1.5 \times (-0.5) \times 10\% \times 20\%} \\ &= 32.79\%\end{aligned}$$

同理，可以计算投资比例 W_A 改变时投资组合预期收益率和标准差如表 5-10 所示。

表 5-10　证券 S_A、证券 S_B 构造的投资组合　（%）

W_A	W_B	$E(R_P)$	σ_P
-50	150	25.00	32.79
-25	125	22.50	26.34
0	100	20.00	20.00
25	75	17.50	13.92
50	50	15.00	8.66
75	25	12.50	6.61
100	0	10.00	10.00
125	-25	7.50	15.61
150	-50	5.00	21.79

（2）将上述组合画在坐标系中[⊖]，可得到如图 5-3 所示的一支双曲线（右支）。

⊖ 步骤是：①将表 5-10 中 9 个组合标准差复制到 Excel 的 A1 ~ A9，9 个组合预期收益率复制到 B1 ~ B9；②选定 A 栏目和 B 栏目的全部数据后，点击 Excel 上方的“插入”，进入“图表”选项；③从图表选项上进入“XY 散点图”下面的第二个选项，即可完成作图。

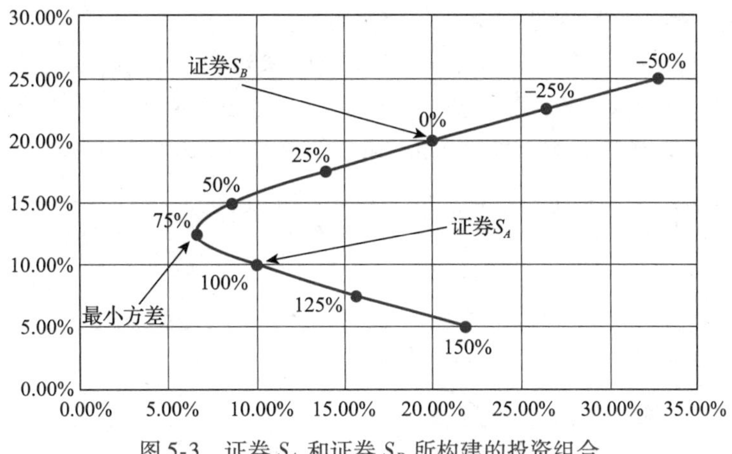

图5-3 证券S_A和证券S_B所构建的投资组合

沿图5-3中曲线从上往下，投资于证券S_A的资金比例（标出了百分比）不断增加，投资于证券S_B的资金比率相应不断减少。注意图中三个特殊组合：全部资金投资在证券S_B上（投资S_A的资金比例为0%），将75%和25%的资金分别投资在证券S_A和证券S_B上的最小方差（标准差）投资组合，全部资金投资在证券S_A上（投资S_A的资金比例为100%）。分析曲线上9个投资组合，可得如下规律：

①当卖空证券S_A、买入更多证券S_B时，即投资S_A的资金比例分别为－50%、－25%，组合预期收益率和标准差所对应的点在全部买入证券S_B的右上方；

②当投资组合由各占一定比例的证券S_A和证券S_B组成，即投资证券S_A的资金比例分别为25%、50%和75%时，组合预期收益率和标准差所对应的点在证券S_B和证券S_A连线之间；

③当卖空证券S_B、买入更多证券S_A时，即投资S_A的资金比例分别为125%、150%，组合预期收益率和标准差所对应的点在全部买入证券S_A的右下方。

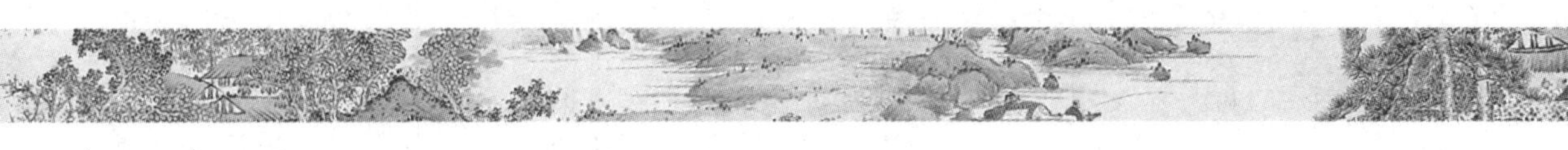

例5-8

A、B两种证券的收益和风险如表5-11所示。假设两项资产收益率相关系数等于+1、0和－1，请描绘出它们所构造的投资组合的可行集。

表5-11 证券S_A、证券S_B的收益与风险 （%）

证券	预期收益率	收益率的标准差
证券S_A	15	18
证券S_B	30	30

解答：①当$\rho_{AB}=1$时，

$$E(R_P)=W_AE(R_A)+W_BE(R_B)=W_A\times15\%+(1-W_A)\times30\%$$

$$\sigma_P^2=W_A^2\sigma_A^2+W_B^2\sigma_B^2+2W_AW_B\rho_{AB}\sigma_A\sigma_B=W_A^2\sigma_A^2+W_B^2\sigma_B^2+2W_AW_B\sigma_A\sigma_B$$

$$\sigma_P=W_A\sigma_A+W_B\sigma_B=W_A\times18\%+(1-W_A)\times30\%$$

整理 $E(R_P)$ 和 σ_P 的公式，消去 W_A，可以得到：

$$E(R_P) = -7.5\% + 1.25\sigma_P$$

因此，相关系数为 1 时两只证券投资组合的可行集为图 5-4 所示的一条直线。该可行集没有最小方差组合，证券 S_A 左下方的点表示卖空证券 S_B、买入更多证券 S_A。

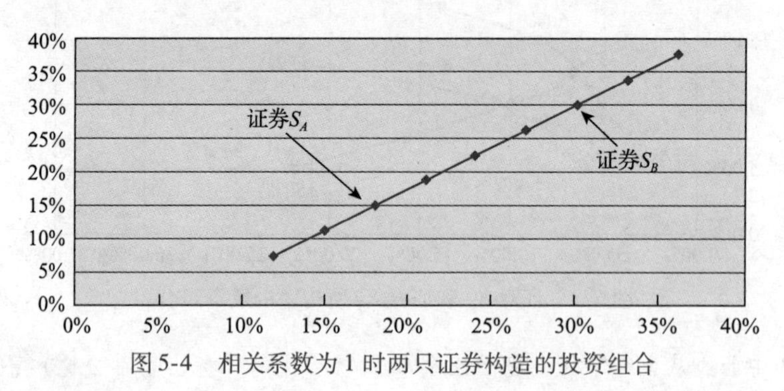

图 5-4 相关系数为 1 时两只证券构造的投资组合

②当 $\rho_{AB}=0$ 时，

$$E(R_P) = W_A E(R_A) + W_B E(R_B) = W_A \times 15\% + (1 - W_A) \times 30\%$$

$$\sigma_P^2 = W_A^2\sigma_A^2 + W_B^2\sigma_B^2 + 2W_A W_B \rho_{AB}\sigma_A\sigma_B = W_A^2\sigma_A^2 + W_B^2\sigma_B^2$$

$$\sigma_P = \sqrt{W_A^2\sigma_A^2 + W_B^2\sigma_B^2} = \sqrt{W_A^2 \times (18\%)^2 + (1 - W_A)^2 \times (30\%)^2}$$

计算投资比例 W_A 改变时投资组合预期收益率和标准差如表 5-12 所示。

表 5-12 证券 S_A、证券 S_B 构造的投资组合 (%)

W_A	W_B	$E(R_P)$	σ_P
-50	150	37.5	45.89
-25	125	33.75	37.77
0	100	30.00	30.00
25	75	26.25	22.95
50	50	22.5	17.49
75	25	18.75	15.44
100	0	15.00	18.00
125	-25	11.25	23.72
150	-50	7.5	30.87

将上述组合画在坐标系中，可以得到如图 5-5 所示的一支双曲线（右支）。

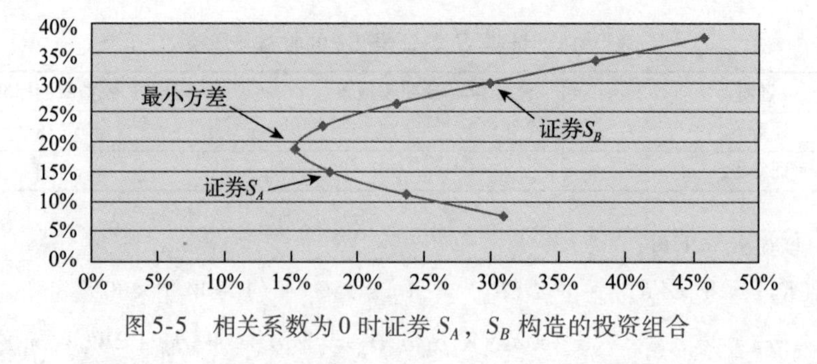

图 5-5 相关系数为 0 时证券 S_A，S_B 构造的投资组合

③当 $\rho_{AB} = -1$ 时，

$$E(R_P) = W_A E(R_A) + W_B E(R_B) = W_A \times 15\% + (1 - W_A) \times 30\%$$

$$\sigma_P^2 = W_A^2\sigma_A^2 + W_B^2\sigma_B^2 + 2W_A W_B \rho_{AB}\sigma_A\sigma_B = W_A^2\sigma_A^2 + W_B^2\sigma_B^2 - 2W_A W_B\sigma_A\sigma_B$$

$$\sigma_P = |W_A\sigma_A - W_B\sigma_B| = |W_A \times 18\% - (1 - W_A) \times 30\%|$$

$$= |0.48W_A - 0.3|$$

$$= \begin{cases} 0.48W_A - 0.3 & W_A \geqslant 0.625 \\ 0.3 - 0.48W_A & W_A < 0.625 \end{cases}$$

整理 $E(R_P)$ 和 σ_P 的公式，消去 W_A，可以得到：

$$E(R_P) = \begin{cases} 20.625\% - 0.3125\sigma_P & W_A \geqslant 0.625 \\ 20.625\% + 0.3125\sigma_P & W_A < 0.625 \end{cases}$$

因此，相关系数为 -1 时两只证券投资组合的可行集为图5-6所示的折线。折点是最小标准差投资组合，其风险为0，预期收益率为20.625%。

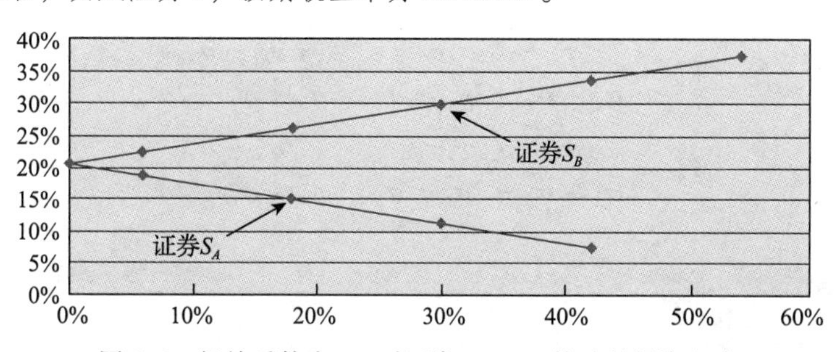

图5-6 相关系数为 -1 时证券 S_A，S_B 构造的投资组合

可将两只证券组合（不存在卖空）可行集的一般情形（见图5-7）总结如下：

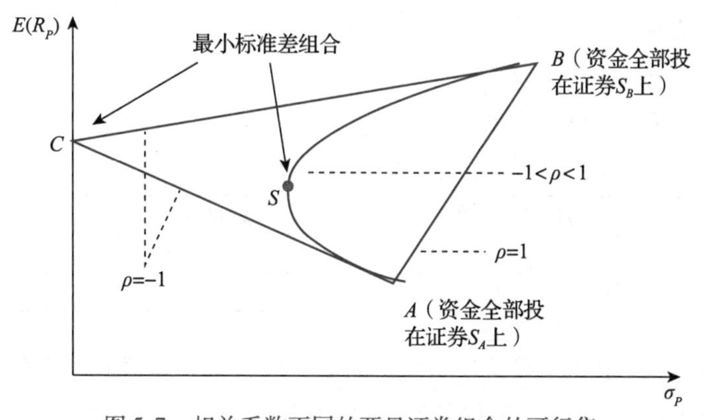

图5-7 相关系数不同的两只证券组合的可行集

（1）两只证券 S_A、S_B构成组合的可行集是一条通过 A 点和 B 点的曲线。

（2）随着相关系数不断变小，可行集曲线的弯曲程度越来越大；当相关系数达到最小值 -1 时，可行集曲线变成了一条折线。由于两个证券收益率相关系数通常大于零，故须从资产配置角度理解证券间相关系数越来越小甚至完全负相关的情形。

（3）当相关系数逐渐变大时，可行集曲线的弯曲程度越来越小，直至相关系数等于 $+1$ 时，曲线变成了直线。

（4）如果投资人原持有风险和收益较低的证券 S_A，则增加风险和收益更高的证券 S_B，只要两只证券的相关系数不等于1，就可以构造风险低于证券 S_A、收益高于 S_A 的一系列投资组合，从而改善投资绩效。

（5）只要两个证券收益率相关系数不等于1，其组合的可行集中就存在最小方差（minimum-variance portfolio）投资组合。最小方差投资组合可用数学求解得到。

设定目标函数——组合风险取最小值：

$$\underset{W_A}{\mathrm{Min}}\sigma_P^2 = W_A^2\sigma_A^2 + (1 - W_A)^2\sigma_B^2 + 2W_A(1 - W_A)\sigma_{AB}$$

对组合风险求一阶导数得：

$$\frac{\mathrm{d}\sigma_P^2}{\mathrm{d}W_A} = 2W_A\sigma_A^2 - 2 \times (1 - W_A)\sigma_B^2 + 2 \times (1 - 2W_A)\sigma_{AB}$$

很容易证明目标函数即组合风险的二阶导数大于零，故组合风险在一阶导数为零时取值为最小值。令组合风险的一阶导数等于零，可以解出最小方差所对应证券 S_A 和 S_B 的资金比例为：

$$W_A^* = \frac{\sigma_B^2 - \rho_{AB}\sigma_A\sigma_B}{\sigma_A^2 + \sigma_B^2 - 2\rho_{AB}\sigma_A\sigma_B} = \frac{\sigma_B^2 - \sigma_{AB}}{\sigma_A^2 + \sigma_B^2 - 2\sigma_{AB}} \tag{5-12}$$

$$W_B^* = \frac{\sigma_A^2 - \rho_{AB}\sigma_A\sigma_B}{\sigma_A^2 + \sigma_B^2 - 2\rho_{AB}\sigma_A\sigma_B} = \frac{\sigma_A^2 - \sigma_{AB}}{\sigma_A^2 + \sigma_B^2 - 2\sigma_{AB}} \tag{5-13}$$

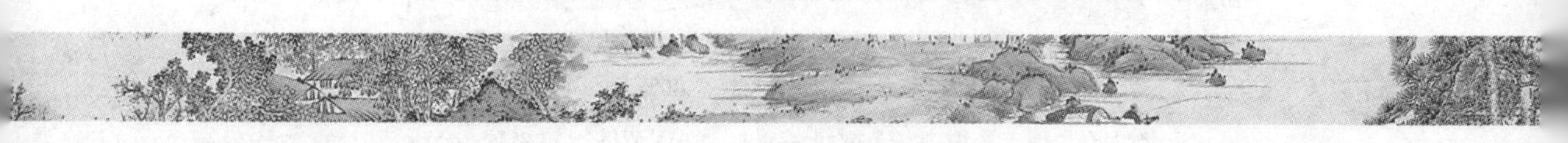

例5-9

2018年5月，投资人拟以股票基金——深300ETF和债券基金——嘉实中期国债ETF构建组合。问：①各投资产品的资金比例是多少时，所构建的组合是最小方差组合？②最小方差组合的年预期收益率和标准差是多少？

解答：根据例5-5可以得到如表5-13所示的参数。

表5-13　两只证券的基本情况

证券	月收益率均值（%）	月收益率标准差（%）	两者相关系数
深300ETF	0.74	8.04	-0.23
嘉实中期国债ETF	0.31	4.7	

①根据式（5-12）可得，最小方差组合投资在深300ETF的资金比例为：

$$W_A = \frac{\sigma_B^2 - \sigma_{AB}}{\sigma_A^2 + \sigma_B^2 - 2\sigma_{AB}} = \frac{(4.7\%)^2 - (-0.23) \times 8.04\% \times 4.7\%}{(8.04\%)^2 + (4.7\%)^2 - 2 \times (-0.23) \times 8.04\% \times 4.7\%} \approx 29.52\%$$

相应地，最小方差组合投资在嘉实中期国债ETF的资金比例约为70.48%。

②最小方差组合的月预期收益率和收益率标准差分别为：

$$E(R_P) = W_AE(R_A) + W_BE(R_B) = 29.52\% \times 0.74\% + 70.48\% \times 0.31\% \approx 0.44\%$$

$$\begin{aligned}\sigma_P &= \sqrt{W_A^2\sigma_A^2 + W_B^2\sigma_B^2 + 2W_AW_B\rho_{AB}\sigma_A\sigma_B} \\ &= \sqrt{(0.2952 \times 0.0804)^2 + (0.7048 \times 0.047)^2 + 2 \times 0.2952 \times 0.7048 \times (-0.23) \times 0.0804 \times 0.047} \\ &\approx 3.61\%\end{aligned}$$

将月预期收益率和月收益率标准差年化，得到最小方差组合年预期收益率约为5.41%，年收益率标准差约为12.51%。

即问即答：有一种观点认为两个完全负相关证券构建组合的预期收益率通常很低，这种观点对吗？

2. 多种证券组合的可行集

三种及三种以上证券组合涉及的各投资产品资金比例变量有三个及三个以上，其可行集比两种证券组合的可行集复杂很多。

例5-10

2018年5月，你拟投资宝钢股份、平安银行、青岛啤酒三只股票，试画出该投资组合的可行集。

解答：根据宝钢股份、平安银行、青岛啤酒2001～2017年的年度收益率，可计算三只股票各种参数如表5-14所示。

表5-14　三只证券的基本情况

证券	年收益率均值（%）	年收益率标准差（%）	相关系数		
			宝钢股份	平安银行	青岛啤酒
宝钢股份	15.44	47.23		0.85	0.04
平安银行	27.28	83.64			0.10
青岛啤酒	11.02	24.06			

将上面参数代入组合预期收益率和方差，得到如下方程：

$$E(R_P) = W_1E(R_1) + W_2E(R_2) + W_3E(R_3) = 0.154W_1 + 0.273W_2 + 0.110\,2W_3$$

$$\begin{aligned}\sigma_P^2 &= W_1^2\sigma_1^2 + W_2^2\sigma_2^2 + W_3^2\sigma_3^2 + 2W_1W_2\sigma_{12} + 2W_1W_3\sigma_{13} + 2W_2W_3\sigma_{23} \\ &= 0.253\,8W_1^2 + 0.699\,6W_2^2 + 0.057\,9W_3^2 + 0.716\,3W_1W_2 + 0.009\,7W_1W_3 + 0.040\,2W_2W_3\end{aligned}$$

当改变投资在各个证券上的资金比例时，会得到无限多种投资组合。借助Matlab软件[⊖]，我们画出如图5-8所示的可行集。

一般地，三个及三个以上证券组合的可行集为图5-9所示的一个平面区域。

5.4.2　投资组合的有效集

投资者通常在可行集中选择有效率的投资组合，这就是投资组合的有效集。**有效集**（efficient set）又称**有效边界**（efficient frontier），是投资组合可行集中满足以下两个条件的子集：①收益率一定时风险最低的投资组合；②风险一定时收益率最高的投资组合。

⊖ Matlab的使用方法，参见邓留保等人编著的《Matlab与金融模型分析》，合肥工业大学出版社，2007年。

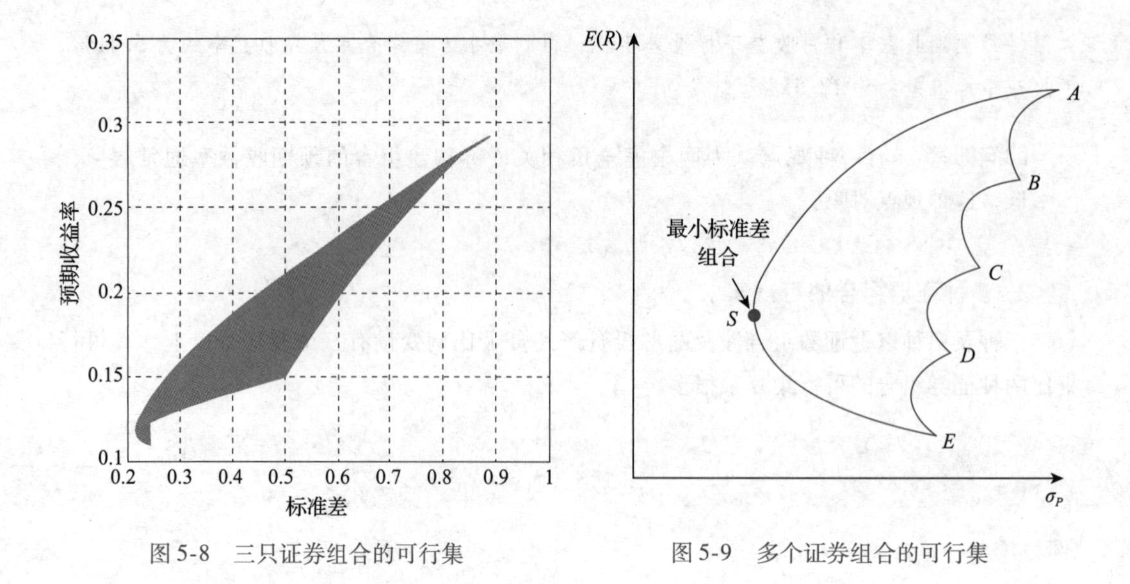

图5-8 三只证券组合的可行集　　图5-9 多个证券组合的可行集

1. 全部由风险证券构建组合的有效集

在可行集图5-10中设定收益率 $E(R_1)$（收益一定），经过该点画平行于横坐标的虚线，该虚线穿过可行集，风险最小的投资组合是可行集边界上的 E 点。同样，可以得到其他收益率所对应的最小风险投资组合，这些投资组合都在可行集的边界上。

在可行集图5-10中设定风险 σ_1（风险一定），经过该点画平行于纵坐标的虚线穿过可行集，收益率最大的投资组合是可行集边界上的 F 点。同样，可以得到其他风险所对应的最大收益率投资组合，这些投资组合都在可行集边界的上半部分。

因此，多个风险证券组合的有效集在投资组合可行集的上半部分边界上（分界点是最小标准差组合 S），图中用粗曲线表示。

同样，很容易得出两种风险证券组合的有效集（见图5-11）：

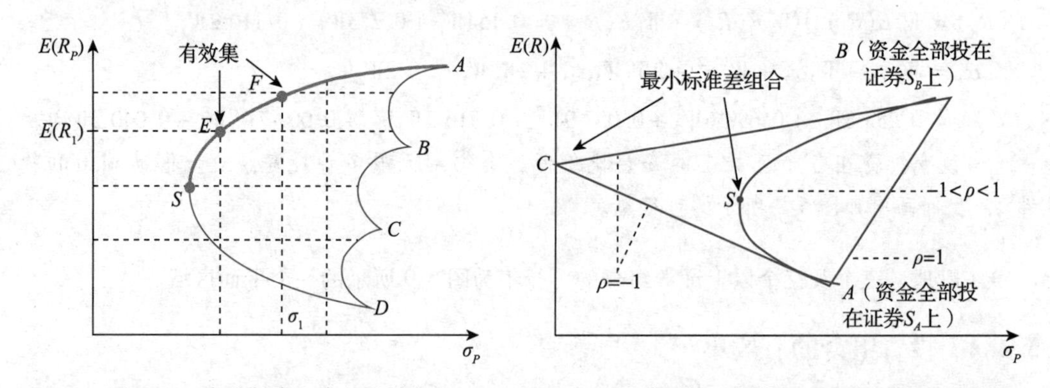

图5-10 多种证券组合的有效集　　图5-11 相关系数不同的两只证券组合的有效集

（1）当两种证券收益率相关系数在 $-1\sim+1$ 时，两种证券组合的有效集是其可行集的上半部分，即从最小方差组合沿着曲线向右上方延伸。

（2）当两种证券收益率变动完全正相关时，有效集就是全部可行集直线。

（3）当两种证券收益率变动完全负相关时，有效集是可行集折线上面一条直线。

2. 无风险证券和一种风险证券组合的有效集

设无风险证券 S_F 的收益率是常数 R_f，对应图5-12中的 F 点，风险证券 S_A 的预期收益率为 $E(R_A)$，投资风险为 σ_A，对应图5-12中的 A 点。以这两种证券构建一个投资组合，假设其中无风险证券的权重为 W，风险证券的权重为 $1-W$，则投资组合的预期收益率和方差分别为：

$$E(R_P)=WR_f+(1-W)E(R_A)$$

$$\sigma_P^2=W^2\sigma_F^2+2W(1-W)\sigma_{FA}+(1-W)^2\sigma_A^2$$

因为无风险证券 S_F 的风险 σ_F 为零，且 $\sigma_{FA}=\rho_{FA}\times\sigma_F\times\sigma_A=0$，故：

$$\sigma_P=(1-W)\sigma_A \tag{5-14}$$

式（5-14）表明，无风险证券和风险证券所构建的组合，其风险大小取决于风险证券的风险大小，以及投资在风险证券上的资金比例。

将式（5-14）中的 W 代入 $E(R_P)$ 中，经整理得到：

$$E(R_P)=R_f+\frac{E(R_A)-R_f}{\sigma_A}\sigma_P \tag{5-15}$$

式（5-15）表明：

（1）由无风险证券与风险证券所构成的投资组合的可行集同时也是有效集，为经过 F 点和 A 点的斜率为 $[E(R_A)-R_f]/\sigma_A$、截距为 R_f 的一条直线[⊖]（见图5-12）。该直线被称为**资本分配线**（capital allocation line，CAL），其表明风险资产和无风险资产之间的各种可行的风险－收益组合的情形。

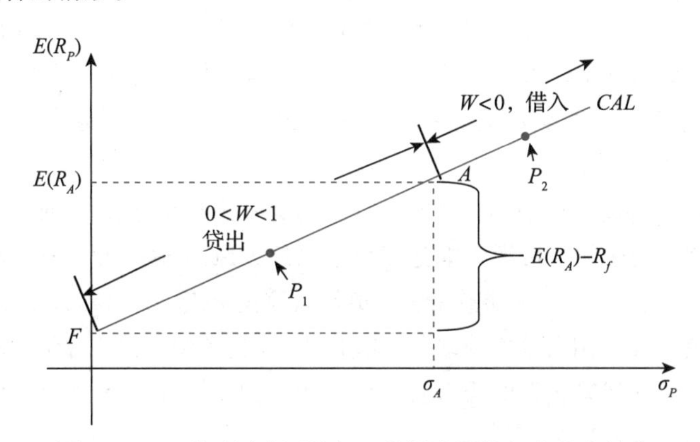

图5-12 一种无风险证券与一种风险证券组合的有效集

（2）投资组合预期收益率包含两部分，一部分是无风险收益率，另一部分是风险溢价，其与组合风险 σ_P 大小成正比。这从理论上证明了高收益与高风险相匹配。

（3）位于无风险资产和风险资产之间的投资组合（如 P_1），在无风险资产上的投资比例 W 介于0～1，表示以无风险利率贷出资金。位于风险资产之外的投资组合（如 P_2），在无风险资产上的投资比例 W 小于0，表示以无风险利率借入资金或卖空无风险资产。

3. 无风险证券和多种风险证券组合的有效集

无风险证券和多种风险证券构建组合较为复杂，其可分解如下：

⊖ 实际上应该是一条射线，因为 $\sigma_P\geqslant 0$。

（1）按照风险资产的数量，给定一组资金比例，依此比例以多种风险证券为基础构建组合 T；

（2）用无风险证券和风险证券组合 T 构建新的组合，新组合实际上就是，无风险证券和多种风险证券构建的组合；

（3）由于多种风险证券组合 T 可视为一只风险证券，故用无风险证券和风险证券组合 T 构建新的组合，就与无风险证券和一种风险证券构建组合相同。

（4）调整投资在每种风险资产上的资金比例，得到不同的多种风险证券组合 T，不断重复上述过程。

上述思想可用图 5-13 表示。

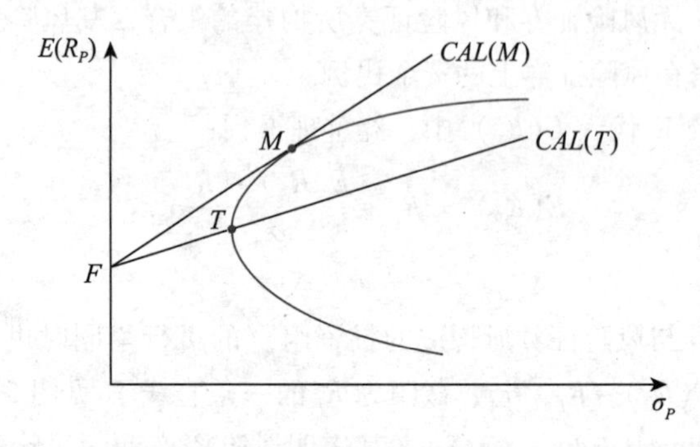

图 5-13　一种无风险证券和多种风险证券组合的有效集

设 T 为风险证券有效集上某一风险证券组合，将无风险证券 S_F 与风险证券组合 T 进行再组合，所形成的组合为 P，组合 P 的可行集（也是有效集）仍为一条直线（见图 5-13 中的 $CAL(T)$）。这条直线（资本分配线）也是始于无风险证券 F，所取的 T 点位置不同，直线 $CAL(T)$ 的斜率就不同。

当 T 在有效集上移动，移动到直线 $CAL(T)$ 与有效集相切于 M 点时，得到斜率最大的直线 $CAL(M)$，该直线被称为最优资本分配线，也是无风险证券和多种风险证券组合的有效集，相应的投资组合 M 被称为切点组合、最优风险投资组合（optimal risky portfolio）。

最优风险投资组合可用数学方法求解。我们以一种无风险投资品和两种风险投资品为例进行分析。由于最优风险投资组合单位风险获得的风险溢价最大，即最优资本分配线的斜率最大，故设定目标函数为：

$$\text{Max}S_P = \text{Max}\left[\frac{E(R_P) - R_f}{\sigma_P}\right]$$

约束条件为最优风险投资组合必须在可行集上，即：

$$E(R_p) = W_A E(R_A) + (1 - W_A)E(R_B)$$

$$\sigma_P^2 = W_A^2\sigma_A^2 + (1 - W_A)^2\sigma_B^2 + 2W_A(1 - W_A)\sigma_{AB}$$

可以证明目标函数 S_P 的二阶导数小于零，故目标函数 S_P 在一阶导数为零时取值为最大值。我们令一阶导数为零，可以解出最优风险投资组合的资产配置比例：

$$W_A^* = \frac{[E(R_A) - R_f]\sigma_B^2 - [E(R_B) - R_f]\sigma_{AB}}{[E(R_A) - R_f]\sigma_B^2 + [E(R_B) - R_f]\sigma_A^2 - [E(R_A) + E(R_B) - 2R_f]\sigma_{AB}} \quad (5\text{-}16)$$

$$W_B^* = 1 - W_A^*$$

式（5-16）比较复杂，可以记忆为：在使用两个风险资产构造最优风险投资组合时，在其中一种资产的投资比例等于该资产的风险溢价乘以另外一种资产的方差，减去另外一种资产的风险溢价乘以两者之间的协方差，然后除以该资产的风险溢价乘以另外一种资产的方差，加上另外一种资产的风险溢价乘以该资产的方差，减去两者风险溢价之和乘以协方差之后的差值。

5.5　最优投资组合

有效集是投资者可以选择的资产组合。每个投资者都会根据其风险厌恶程度，在有效集上选择其效用最大的投资组合。我们称该组合为最优投资组合。

5.5.1　效用及效用无差异曲线

效用是投资者投资时获得的满足感。效用函数 U 与投资产品的风险和收益相关，具体关系可用公式表示为：

$$U = E(R) - 0.5A\sigma^2 \tag{5-17}$$

式中 A 是风险厌恶系数。$A<0$ 的投资人为风险偏好者，$A=0$ 的投资人为风险中性者，$A>0$ 为风险厌恶者。风险厌恶者的风险厌恶系数一般在2.0~4.0。

风险厌恶系数衡量投资者风险厌恶程度高低，其影响因素为：①投资者主观上对风险的态度；②投资者客观上承担风险的能力。投资人的主观态度和客观承受能力，都可用问卷调查的形式测定。

可将风险厌恶型投资人效用大小相同的所有投资组合的集合描绘成一条向上倾斜的曲线（见图5-14），这条曲线被称为投资人效用无差异曲线（utility indifference curve）。在效用无差异曲线上，收益增加的速度快于风险增加的速度，曲线的斜率越来越大，即曲线越来越陡峭。每个投资人有无数条效用无差异曲线，各条无差异曲线不会相交，且随着无差异曲线向上平移，效用呈递增趋势。

投资者风险厌恶程度不同，其效用无差异曲线形态不同：风险厌恶程度越高者，其效用无差异曲线越陡峭；风险厌恶程度越低者，其效用无差异曲线越平缓（见图5-15）。

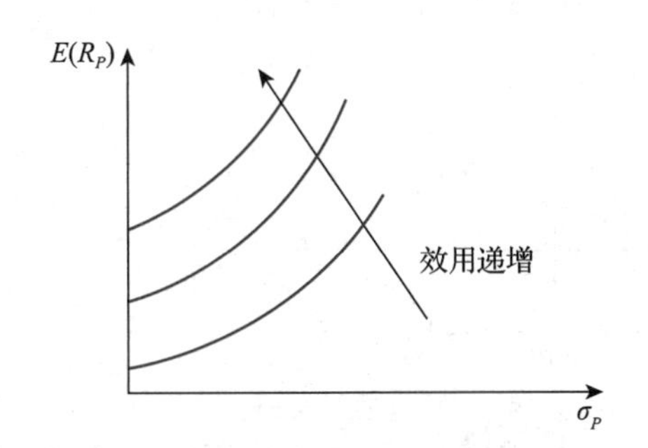

图5-14　投资者效用无差异曲线

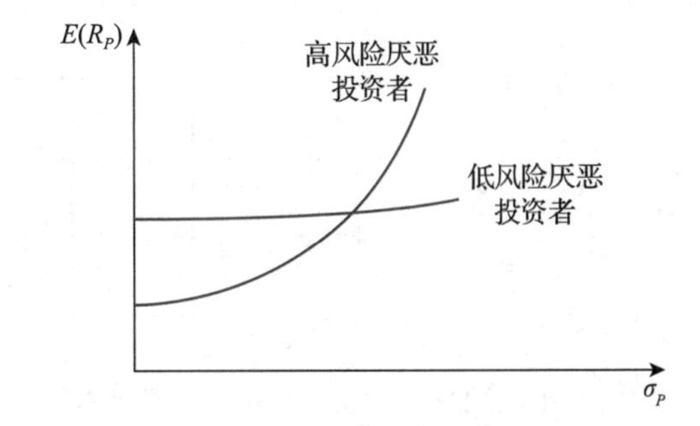

图5-15　不同风险厌恶程度投资者的效用无差异曲线

将式（5-17）改写为如下形式：

$$E(R) = U + 0.5A\sigma^2 \tag{5-18}$$

式（5-18）具有重要的理论价值：将 U 和 A 视为常数，则风险厌恶型投资人的预期收益率就是投资风险的二次函数，是开口向上的抛物线的右边部分。

例 5-11

某投资人的风险厌恶系数 $A=3$，其效用值为 0.07 的无差异曲线上有 9 个投资组合 $P_1 \sim P_9$，这些投资组合的预期收益率分别为 8%、12%、16%、20%、24%、28%、32%、36% 和 40%。问：①9 个投资组合的标准差分别是多少？②9 个投资组合的变异系数分别是多少？效用无差异和变异系数呈现何种关系？③包括 9 个投资组合的效用无差异曲线是什么形状？

解答：①根据式（5-18），可以计算组合 P_1 的标准差为：

$$\sigma_{P_1} = \sqrt{\frac{E(R) - U}{0.5A}} = \sqrt{\frac{0.08 - 0.07}{0.5 \times 3}} \approx 8.16\%$$

同样，可以计算投资组合 P2 ~ P9 的标准差分别为 18.26%、24.49%、29.44%、33.67%、37.42%、40.82%、43.97%、46.90%。

②根据变异系数公式 $CV = \frac{\sigma}{E(R)}$，计算投资组合 $P_1 \sim P_9$ 的变异系数如表 5-15 所示：

表 5-15　效用无差异曲线上各投资组合的变异系数

投资组合	预期收益率（%）	标准差（%）	变异系数	投资组合	预期收益率（%）	标准差（%）	变异系数
P_1	8	8.16	1.02	P_6	28	37.42	1.34
P_2	12	18.26	1.52	P_7	32	40.82	1.28
P_3	16	24.49	1.53	P_8	36	43.97	1.22
P_4	20	29.44	1.47	P_9	40	46.90	1.17
P_5	24	33.67	1.40				

从表 5-15 可以看出，效用无差异曲线上投资组合的变异系数不相同：随着预期收益率和标准差的上升，变异系数先上升后下降，用变异系数判断投资组合绩效高低有一定缺陷。实际上，用变异系数判断投资绩效高低，是假定投资人效用无差异曲线是向上倾斜的直线。

③以风险为横坐标，收益为纵坐标，用 9 个投资组合构建的投资人效用无差异曲线如图 5-16 所示。

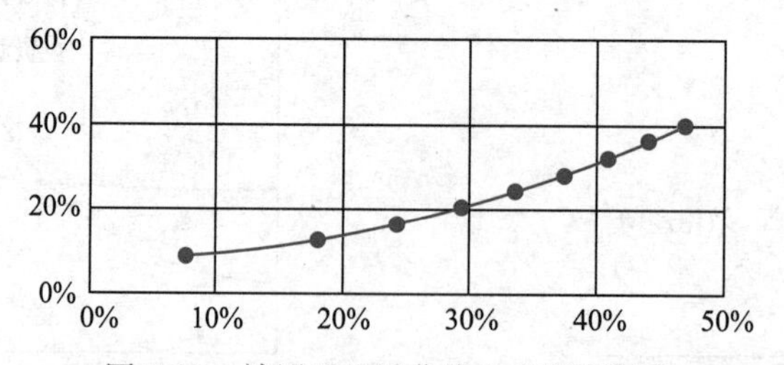

图 5-16　效用无差异曲线上的投资组合

5.5.2　投资者最优投资组合的构建

在投资组合有效集已确定的情况下，投资者的最优投资组合，是其效用最大化的投资组合，即效用无差异曲线与有效集的切点组合。当所有证券都为风险证券时，高风险厌恶者和低风险厌恶者的切点组合即最优投资组合为图5-17中的E点和F点。

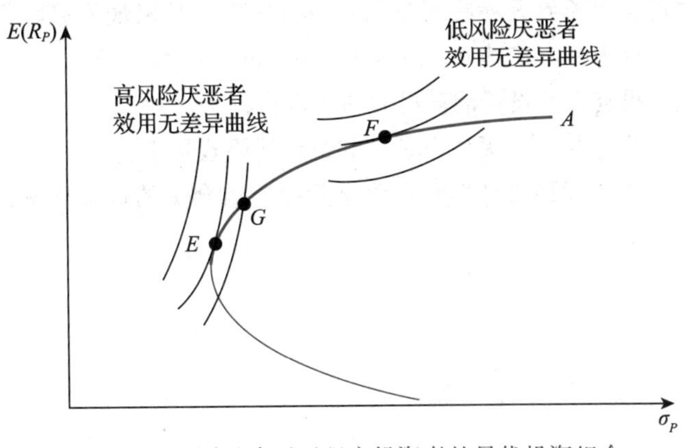

图5-17 不同风险厌恶程度投资者的最优投资组合

（所有证券为风险证券）

在一种无风险证券和多种风险证券进行组合时，投资者的最优选择，即切点组合E点和N点如图5-18所示。高风险厌恶者选择E点进行投资，其投资组合一部分是无风险资产，另一部分是最优风险投资组合M。配置无风险资产，相当于将资金借出：如果将国债当成无风险资产，这相当于将资金借给财政部使用；如果将一年期银行存款当成无风险资产，这相当于将资金借给银行使用。

低风险厌恶者选择N点进行投资，投资在无风险资产上的比例为负，即卖空无风险资产，或以无风险利率借入资金，以超出自己资本的全部资产购买更多最优风险投资组合M。

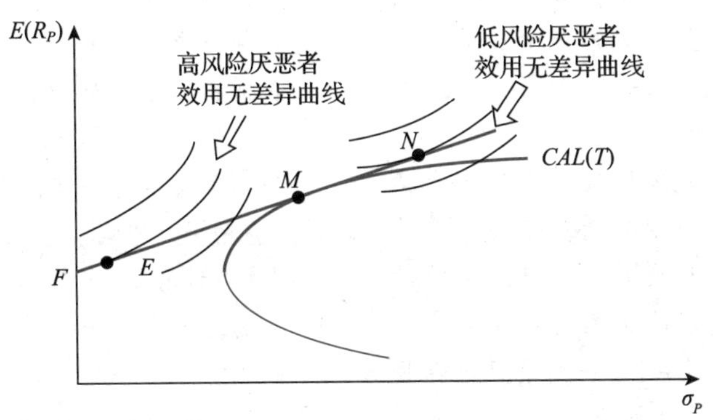

图5-18 不同风险厌恶程度投资者的最优投资组合

（一种无风险证券和多种风险证券组合）

相对于高风险厌恶者、低风险厌恶者分别选E点和N点进行投资，如果投资者选择M点进行投资，即将全部资金投资在最优风险投资组合上，则称之为中等风险厌恶者。

必须注意，最优投资组合和最优风险投资组合是两个不同的概念：最优风险投资组合的最优标准是资产组合单位风险获得的风险溢价最大，不涉及投资者主观判断，故对任何投资者而言，最优风险投资组合都相同；最优投资组合是投资者效用最大的投资组合，其与投资者主观效用密切相关，不同投资者的最优投资组合不相同。

5.5.3 最优投资组合的运用：分离定理

无论投资者风险厌恶程度如何不同，都须接受市场直接给定的最优风险投资组合，其最优投资组合都会以一定比例的最优风险投资组合和无风险证券构建。我们将最优风险投资组合和投资人主观效用函数无关或相分离，所有投资人都以最优风险投资组合为核心构建投资组合的情形，称为**分离定理**（separation theorem）。

根据分离定理，投资人的投资活动可分两步进行：

（1）锁定两种投资产品——无风险证券和最优风险投资组合。

（2）适时调整配置在无风险证券和最优风险投资组合上的资金比例，构建适合自身风险厌恶程度的最优投资组合。

关键概念

投资组合理论	投资组合	协方差
相关系数	可行集	有效集（有效边界）
资本分配线	效用无差异曲线	切点组合
最优风险投资组合	最优投资组合	分离定理

本章小结

1. 投资组合的预期收益率是各证券预期收益率的加权平均，权数是投资于各证券的资金比例。
2. 协方差是衡量两只证券收益率变动相关性的指标。协方差为正且越大，表示两只证券收益率的正相关性越大；协方差为负且绝对值越大，表示两只证券收益率的负相关性越大。
3. 相关系数是协方差经标准化之后衡量两种证券收益率变动相关性及相关程度的指标。相关系数越大越接近1，说明两只证券收益率变动的正相关性越强；相关系数越小越接近-1，说明两只证券收益率变动的负相关性越强。
4. 投资组合的风险不但包含单个证券的风险，还包含证券间相互影响所带来的风险。随着投资组合中证券数量的增加，投资组合的风险明显降低。一个充分分散的投资组合几乎可以消除所有非系统风险，其风险大小最后几乎由系统风险所决定。
5. 两种证券组合的可行集可以是直线，或者折线，抑或双曲线，具体形状取决于两只证券的相关系数。三种及三种以上证券组合的可行集是一个二维实体区域。
6. 两种证券组合的有效集可以是直线，或者折线的上半部分，抑或是双曲线的上半部分。三种及三种以上证券构造的组合的有效集是其可行集边界的上半部分。
7. 无风险资产和风险资产组合的可行集和有效集是通过无风险资产和风险资产的一条直线。
8. 效用无差异曲线由投资者效用相等的一系列投资组合构成。效用无差异曲线和投资组合有效集的切点组合是投资者的最优投资组合。
9. 分离定理表明，投资人将资金以合适的比例配置在无风险证券和最优风险投资组合上，可构建适合自身风险厌恶程度的最优投资组合。

视频材料

1. CCTV2《教你做基金投资组合-理财教室》，https://video.tudou.com/v/XMjA0MTQz-MjI2OA==.html?__fr=oldtd。
2. CCTV2《学习巴菲特系列之九：集中投资》，https://video.tudou.com/v/XMTky-OTE5MTQ4MA==.html?__fr=oldtd。

问题和应用

1. 简述构建投资组合的步骤。
2. 为什么说协方差反映系统风险大小？协方差反映的证券间相互关系不是因果关系？
3. 某投资人将资金的30%投资于一项预期收益为15%、标准差为20%的风险资产，将70%的资金投资于收益为3%的国库券，其投资组合预期收益率和标准差是多少？
4. 某投资人投资100 000元于3%收益率的国债和一个风险资产组合P，P由风险资产X和Y组成，X、Y在P中的比重分别是0.6和0.4，X、Y的预期收益分别是0.14和0.1。如果要组成预期收益率为11%的投资组合，该投资人投资于国债和资产组合P的比例应是多少？
5. 以宝钢股份、武钢股份和贵州茅台2000～2019年的月度、季度和年度收益率为基础，计算两组协方差和相关系数：①宝钢股份和武钢股份；②宝钢股份和贵州茅台。
6. 投资组合降低风险的原理是什么？
7. 两种证券构建组合的可行集有哪些形状？
8. 股票A和股票B的概率分布如表5-16所示：

表5-16　股票A和股票B的收益率情况

状态	概率	股票A的收益率（%）	股票B的收益率（%）
1	0.2	-5	-10
2	0.2	15	-5
3	0.2	-10	15
4	0.2	20	30
5	0.2	30	20

问：①股票A和股票B收益率的协方差是多少？②两种证券组合的最小方差资产组合为G，股票A和股票B在资产组合G中的权重分别是多少？
9. 两个收益率变动完全负相关的证券A、证券B，如果它们的预期收益率分别为10%和20%，标准差分别为10%和20%，则其最小方差投资组合的预期收益率是多少？
10. 以第5题为基础，画出两个可行集：①宝钢股份和武钢股份；②宝钢股份和贵州茅台。
11. 什么是投资组合的有效集？如何在可行集中找到有效集？
12. 风险厌恶型投资人的效用函数是什么？其效用无差异曲线的基本形状是什么？

PK话题

分散投资vs集中投资

延伸阅读材料

1. 普林格．积极资产配置：投资者理财指南［M］．张晔明，译．北京：中国青年出版社，2008.
2. 阿佩尔．机会投资［M］．孔庆成，译．北京：机械工业出版社，2007.
3. 2016年6月16日《华尔街见闻》刊载的文章《人民币持续贬值 跟土豪学习如何做全球资产配置》。
4. 姚益龙，等．沪深股市股票投资组合与风险分散的实证研究［J］．经济学动态，2008（12）：28-30.
5. 张启銮，等．金融危机前后全球主要股指间的影响机制比较［J］．当代经济管理，2011（10）：92－97.
6. 王晟，等．中国居民风险厌恶系数测定及影响因素分析［J］．金融研究，2011（8）：192－206.
7. 2018年9月10日《华尔街见闻》《高盛详细剖析A股“国家队”：总资产市值1.5万亿元人民币》。

第6章
CHAPTER 6

风险定价理论

§本章提要

市场组合是复制现实投资世界的微缩模型。以市场组合为基础构建组合是一种有效的投资策略。资本资产定价模型将资产的预期收益率描述为其贝塔值的线性函数。单指数模型表明证券超额收益率与指数超额收益率密切相关。多因素模型表明证券收益率主要受多种系统风险因素影响。套利定价理论将资产的预期收益率表示为其多种系统风险的线性函数。

§重点难点

- 了解资本资产定价模型的前提假设
- 理解市场组合和资本市场线的含义，能用资本市场线判断投资项目的有效性
- 理解贝塔系数的含义，能用实际数据计算贝塔值
- 掌握资本资产定价公式，能用它判断个股定价的合理性
- 了解单指数模型和多因素模型
- 了解套利和套利组合
- 掌握套利定价公式及相应的计算

§引导案例

被动投资发力　美国公募基金面临“灭绝”危险

瑞信分析师 Craig Siegenthaler 在上周一份报告中表示，美国市场当前 ETF 所占份额是15%，预计未来十年内将升至40%～60%。

ETF 历来被视为被动投资的典型，对冲基金则是主动管理的代表。截至去年二季度末，全球 ETF 管理资产规模首度超越对冲基金。

ETF 比对冲基金管理费更低，价格更透明，过去几年获得了可观的回报，迅速崛起。而历来标榜专业能力和主动型策略进行投资的对冲基金，一方面要收取高昂的管理费，另一方面却屡屡落后大盘指数，受到不少投资者质疑。

从2015年初到2016年4月，已经有2 500亿美元从主动投资型共同基金流入被动型投资的ETF，这让主动投资型公募基金直接感受到生存压力。

资料来源：2016年6月6日《华尔街见闻》。作者有删改。

§案例思考

主动投资型基金同时面对非系统风险[㊀]和系统风险，比仅需承担系统风险的ETF风险更大，理应获得更高的收益率。ETF获得可观回报、不断发展壮大的事实是否违背了高收益与高风险必须相互匹配的投资准则？

以相关性较低的资产构建投资组合，可以消除非系统风险的影响，剩下的只是系统风险。据此你可能猜想：既然投资人可以构建充分分散的投资组合消除非系统风险，那么，证券投资收益率最终是否主要甚至仅仅与其系统风险有关？或者进一步，证券投资收益率与其系统风险之间是否存在稳定的函数关系？你的想法合乎逻辑。实际上，学术界对证券投资收益率和其系统风险的相互关系展开了大量研究，相应的研究成果被统称为风险定价理论，包括资本资产定价模型、单指数模型、多因素模型和套利定价模型，其差别主要是投资是否仅仅考虑系统风险，以及所限定的系统风险因素不同。

6.1 资本资产定价模型

资本资产定价模型以投资组合理论为基础，克服了投资组合烦琐计算[㊁]的不便，为资产定价的合理性提供了一种便捷的判断标准，有助于投资者选择优质的投资资产。

6.1.1 资本资产定价模型的前提假设

资本资产定价模型建立在如下比较严格的假设之上：

(1) 所有投资者都用预期收益率和收益率的标准差来衡量资产的收益和风险。

(2) 投资者都厌恶风险，即其他条件相同时，他们将选择标准差较小的投资组合。

(3) 投资者永不满足，即其他条件相同时，他们将选择预期收益率较高的投资组合。

(4) 每个投资者都是价格的接受者，其交易行为不会对证券价格产生实质性影响。

(5) 每种资产都可以无限细分。

(6) 投资者可用相同的无风险利率借出或借入资金。

(7) 证券交易费用及税收均忽略不计。

(8) 所有投资者的投资期限都相同。

(9) 市场信息是免费的，所有投资者都可以同时获得各种信息。

(10) 所有投资者基于可以获得的相似信息源，对各种资产的预期收益率、标准差和协方差等具有相同预期。

㊀ 虽然主动投资型基金持有较分散化的投资组合，但由于基金经理都有其投资偏好，投资会相对集中在某些行业或者某些板块，使得这些基金的非系统风险不可能被完全消除。这种情况在中国投资市场尤为明显。

㊁ n项资产构造组合时，需要计算n个预期收益率，n个收益率的标准差或方差，$n(n-1)/2$个协方差或相关系数，总共需要$n(n+3)/2$个独立信息。

上述假设使投资市场成为一个充分竞争的市场，不同投资者都具有相同的投资态度（厌恶风险）和投资行为，便于研究证券收益和风险之间的均衡关系。上述假设条件显然难以完全符合现实，如证券交易的税费会明显影响投资人的交易活动，不同投资人很难同步免费获得各种信息，等等。但研究投资市场必须有相应的假设，因为完全反映真实投资市场复杂性的模型无解。

6.1.2 对最优风险投资组合的剖析

分离定理告诉我们，每个投资人在投资时都要用一部分资金购买最优风险投资组合。那么，最优风险投资组合究竟是一个什么样的投资组合？

先假设一种极端情形：市场只有股票、债券两种风险产品，其市场价值分别为400万元和600万元，市场价值之比为4：6，全部投资人张一、张二和张三投入风险资产的资金分别为200万元、300万元和500万元，且全部以最优风险投资组合的形式购买风险产品。那么，张一、张二和张三购买的全部最优风险投资组合如何才能与现实中全部风险投资产品一一对应呢？

我们设张一、张二和张三投到股票中的资金分别X_1、X_2和X_3，投到债券中的资金分别为Y_1、Y_2和Y_3。由于三个投资人都购买最优投资组合，差别只是资金数量不同，因而根据张二和张三的资金量分别为张一的1.5倍和2.5倍，可以得到：

$$X_2 = 1.5X_1 \qquad X_3 = 2.5X_1 \qquad Y_2 = 1.5Y_1 \qquad Y_3 = 2.5Y_1$$

根据张一、张二和张三投入股票和债券的总资金必须等于股票的市场总价值和债券的市场总价值，则有：

$$\begin{cases} X_1 + X_2 + X_3 = X_1 + 1.5X_1 + 2.5X_1 = 5X_1 = 400 \Rightarrow X_1 = 80 \\ Y_1 + Y_2 + Y_3 = Y_1 + 1.5Y_1 + 2.5Y_1 = 5Y_1 = 600 \Rightarrow Y_1 = 120 \end{cases}$$

这样得到：$X_2 = 1.5X_1 = 1.5 \times 80 = 120$，$X_3 = 2.5X_1 = 2.5 \times 80 = 200$，$Y_2 = 1.5Y_1 = 1.5 \times 120 = 180$，$Y_3 = 2.5Y_1 = 2.5 \times 120 = 300$。因此，张一、张二和张三购买的全部最优风险投资组合与现实中全部风险投资产品一一对应的结果是：张一、张二和张三购买的股票和债券价值分别为80万元与120万元、120万元与180万元、200万元与300万元。

分析张一、张二和张三的最优风险投资组合发现：每个投资人都购买了全部风险投资产品股票和债券，且购买股票和债券的资金比例均为40%和60%，与每种风险资产市值占全部风险资产总市值的比例一致。

上面的结论可以推而广之，由此勾勒出最优风险投资组合的两大要点：

（1）最优风险投资组合包括投资市场上全部风险资产。

（2）每种风险资产在最优风险投资组合中所占的比重，与该种风险资产的市值占全部风险资产总市值的比重相等。

实际上，最优风险投资组合复制了现实投资市场，故称之为**市场组合**（market portfolio），通常用M表示。构成市场组合的风险资产理论上应该包括房地产、黄金、玉石、书画、股票、债券、保险等各种风险投资品，但实际投资时投资人的投资组合不可能穷尽所有风险资产，故而不可能依照市场组合进行操作。基于投资学最重要的研究对象是股票，可假定全部风险资产就是股票，但按照每只股票的市值比重购买全部股票仍然很困难。可行的方法是，以代表性良好的股价指数如沪深300指数等作为股票市场的替代品。

6.1.3　资本市场线

我们假设市场组合的期望收益率为 $E(R_M)$，风险为 σ_M，在图6-1中为 M 点，无风险证券收益率 R_f（常数）为图6-1中的 F 点，则无风险证券和市场组合构建组合的有效集是通过 F 点和 M 点的直线，该直线被称为**资本市场线**（capital market line，CML）。

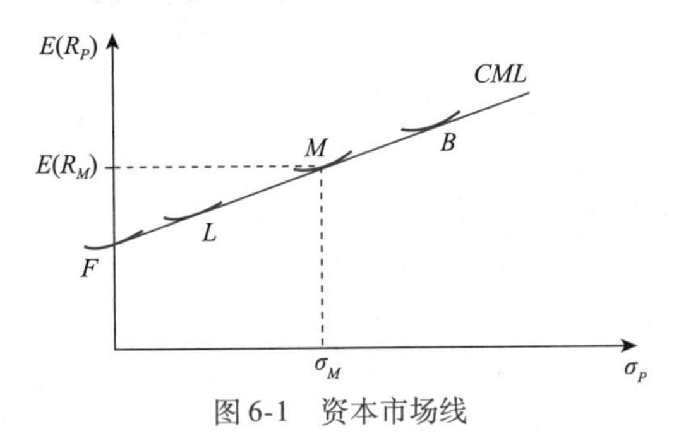

图6-1　资本市场线

资本市场线的具体公式为：

$$E(R_P) = R_f + \frac{E(R_M) - R_f}{\sigma_M} \times \sigma_P \tag{6-1}$$

式（6-1）中斜率 $\frac{E(R_M) - R_f}{\sigma_M}$ 被称为风险的市场价格，其反映了每单位市场风险所要求的风险溢价；$\frac{[E(R_M) - R_f]}{\sigma_M} \times \sigma_P$ 表示投资组合要求的风险溢价。

资本市场线代表市场供给等于市场需求即市场均衡时，投资者在资本市场上所获得的所有有效证券组合的点集：投资人都应该在资本市场线上投资，都须购买一定数量的市场组合 M。实际上，不同风险厌恶程度投资人会选择在资本市场线上的四个位置（见图6-1）进行投资：

（1）投资人在 F 点投资。这种投资人极度厌恶风险，其效用无差异曲线与资本市场线相切于 F 点，全部资金都投资在无风险资产上。

（2）投资人在 L 点投资。此时投资人属高风险厌恶程度，其资金一部分投资于无风险资产，剩余部分投资于市场组合。投资点 L 越接近 F 点，无风险资产比重越高；投资点 L 越接近 M 点，市场组合比重越高。

（3）投资人在 M 点投资。此时投资人属中等风险厌恶程度，其资金全部投资于市场组合。投资人可以获得市场平均收益率，并为此承担较高的投资风险。

（4）投资人在 B 点投资。此时投资人属低风险厌恶程度，其不仅将自有资金全部投资于市场组合，而且以无风险利率借入资金投资于市场组合，期待承担高风险以获得高收益。投资人借入资金比例越大，投资点 B 就离 M 点越远，反之投资点 B 离 M 点越近。

根据资本市场线，可以判断一项投资组合是否可行、是否优化：

（1）如果投资组合的预期收益率和标准差对应的点在资本市场线的上方，即该投资组合的效率优于资本市场线上相应的有效投资组合，则这种投资组合不具有可行性。

（2）如果投资组合的预期收益率和标准差对应的点在资本市场线下方，则该投资组合可行但非有效。

（3）如果投资组合的预期收益率和标准差对应的点落在资本市场线上，则该投资组合可行且有效。

例 6-1

在 2018 年 5 月 18 日，一年期国债收益率为 3.07%，投资人以沪深 300 指数代表市场，拟将 100 万元资金买入追踪该指数的华泰柏瑞沪深 300 交易型开放式指数证券投资基金（300ETF）。问：①投资人对每单位额外风险要求的收益率是多少？②投资人要分别获得 8%、13% 和 18% 的预期收益率，应如何构建投资组合？③投资人要将风险控制在 10% 时，可以获得的最高收益率是多少？应如何构建投资组合？

解答：先计算市场组合（300ETF）的预期收益率和风险。收集 2012 年 9 月～2018 年 3 月 300ETF 的季度收益率，计算其均值为 3.07%，标准差为 13.17%，年化收益率均值为 12.86%，标准差为 26.34%，由此得到市场组合预期收益率和标准差分别为 12.86% 和 26.34%。

①根据资本市场线方程，斜率为 $\dfrac{E(R_M)-R_f}{\sigma_M}=\dfrac{12.86\%-3.07\%}{26.34\%}\approx 0.37$，即收益率标准差每增加一个百分点，投资者要求增加的预期收益率为 0.37 个百分点。

②投资人要分别获得 8%、13% 和 18% 的预期收益率，则其投资 300ETF 的资金比例 W_1、W_2、W_3 分别需要满足方程：

$$\begin{cases}8\% = (1-W_1)\times 3.07\% + W_1\times 12.86\% \\ 13\% = (1-W_2)\times 3.07\% + W_2\times 12.86\% \\ 18\% = (1-W_3)\times 3.07\% + W_3\times 12.86\%\end{cases} \Rightarrow \begin{cases}W_1\approx 0.50 \\ W_2\approx 1.01 \\ W_3\approx 1.53\end{cases}$$

因此，投资人要获得 8% 的预期收益率，应将其资金平均投资在一年期国债和 300ETF 上；投资人要获得 13% 的预期收益率，应以国债收益率为利率借入 1 万元资金，加上自有资金 100 万元，共计 101 万元资金全部投资在 300ETF 上；投资人要获得 18% 的预期收益率，应以国债收益率为利率借入 53 万元资金，加上自有资金 100 万元，共计 153 万元资金全部投资在 300ETF 上。

③根据资本市场线方程有：

$$E(R_P) = 3.07\% + \frac{12.86\% - 3.07\%}{26.34\%}\times 10\% \approx 6.79\%$$

即当投资风险控制在 10% 时，相应的投资组合的最高收益率为 6.79%。

设投资 300ETF 的资金比例为 W，则有：

$$6.79\% = 3.07\% \times (1-W) + 12.86\% \times W$$

解得 $W\approx 0.38$，即投资人应将 38 万元投资在 300ETF 上，62 万元投资在一年期国债上。

例 6-2

无风险资产、市场组合 M 和 X、Y、Z 三项资产的特征值如表 6-1 所示：

表6-1　各资产特征值

资产	预期收益率（%）	收益率的标准差（%）
无风险资产	3	0
市场组合 M	9	12
资产组合 X	12	18
资产组合 Y	11	14
资产组合 Z	18	32

问：三项资产组合中哪些不可行？哪些可行但无效？哪些有效？

解答：（1）计算资本市场线方程：

$$E(R_P) = R_f + \frac{E(R_M) - R_f}{\sigma_M} \times \sigma_P = 3\% + \frac{9\% - 3\%}{12\%} \times \sigma_P = 3\% + 0.5\sigma_P$$

（2）计算三项风险资产组合相对应的有效组合的预期收益率：

$$E(R_{X有}) = 3\% + 0.5\sigma_P = 3\% + 0.5 \times 18\% = 12\%$$

$$E(R_{Y有}) = 3\% + 0.5\sigma_P = 3\% + 0.5 \times 14\% = 10\%$$

$$E(R_{Z有}) = 3\% + 0.5\sigma_P = 3\% + 0.5 \times 32\% = 19\%$$

（3）判断组合有效性。由于 $E(R_{X有}) = E(R_X)$，$E(R_{Y有}) < E(R_Y)$，$E(R_{Z有}) > E(R_Z)$，故：资产组合 X 正好落在资本市场线上，是可行且有效的投资组合；资产组合 Y 处于资本市场线上方，是不可行的组合；资产组合 Z 处于资本市场线下方，是可行但无效的投资组合。

6.1.4　表示系统风险的贝塔系数 β

任意一只证券 S_i 和市场组合 M 的协方差 σ_{iM} 代表系统风险，将 σ_{iM} 与市场风险 σ_M^2 相比，所得的比值称为证券的贝塔系数（beta coefficient），用 β 表示，即：

$$\beta = \frac{\sigma_{iM}}{\sigma_M^2} \tag{6-2}$$

由于协方差 $\sigma_{iM} = \sigma_i \times \sigma_M \times \rho_{iM}$，故 β 又可以表示为：

$$\beta = \frac{\sigma_i}{\sigma_M} \times \rho_{iM} \tag{6-3}$$

由式（6-3）可以看出，β 取决于：①个股收益率波动大小；②市场收益率波动大小；③个股收益率和市场收益率的相关系数。因此，β 是个股收益率对市场收益率波动的反应，是测量个股系统风险相对大小的一种指标。

理解贝塔系数需注意：

（1）β 是证券未来收益率变动相对市场未来收益率变动的敏感度，表示市场未来收益率每变动1个百分点，证券未来收益率变动 β 个百分点。

（2）证券 β 大于1，说明该证券的风险（收益率波动）比市场风险（收益率波动）大；β 大于1的证券适合“牛市”投资，投资这类证券将获得高于市场平均水平的收益率。投资实务中，通常称贝塔值大于1的股票股性好、弹性大。

（3）证券 β 小于1，说明该证券的风险（收益率波动）比市场风险（收益率波动）小；β 小于1的证券适合“熊市”投资，投资这类证券的收益率相对好于市场平均水平。

（4）证券 β 小于零，说明该证券收益率与市场收益率变动相反。这种情况极为罕见。

（5）无风险证券的 $\beta = 0$，市场组合的 $\beta = 1$。

（6）组合的贝塔值是各个证券贝塔值的加权平均，权数是投资在各个证券的资金比例。

例 6-3

证券公司股票通常被认为是“牛市宠儿”和“熊市弃儿”。请以证券行业指数收益率为对象，对此现象进行分析。

解答：（1）在2019年4月收集证券行业指数（880472）和沪深300年收益率如表6-2所示：

表 6-2 证券行业和沪深 300 在 2006 ~2018 年的收益率 （%）

	2006 年	2007 年	2008 年	2009 年	2010 年	2011 年	2012 年
证券行业	331.60	241.68	-62.21	91.79	-40.46	-31.35	37.53
沪深 300	121.02	161.55	-65.95	96.71	-12.51	-25.01	7.55
	2013 年	2014 年	2015 年	2016 年	2017 年	2018 年	
证券行业	-2.38	158.66	-21.59	-17.45	-10.11	-23.82	
沪深 300	-7.65	51.66	5.58	-11.28	21.78	-25.31	

（2）计算贝塔值。将证券行业和沪深300年收益率数据复制到Excel的A1 ~ A13和B1 ~ B13，插入统计函数SLOPE[⊖]，在参数对话框“known_ y's”中输入“A1: A13”，在对话框“known_ x's”中输入“B1: B13”，可得到证券行业的β约为1.68。

（3）证券行业的贝塔值高达1.68，其波动远远大于市场绩优股票代表——沪深300指数，故证券公司股票在牛市的涨幅会远远高于市场平均水平，在熊市的跌幅也会远远高于市场平均下跌幅度，这就是证券公司股票被称为“牛市宠儿”和“熊市弃儿”的原因。

例 6-4

在2018年5月18日，用四种方法计算宝钢股份的贝塔值：①宝钢股份和上证指数2001 ~2017年的年度收益率；②宝钢股份和上证指数2001 ~2017年的月度收益率；③宝钢股份和沪深300指数2005年5月 ~2017年12月的月度收益率；④宝钢股份和沪深300指数2013年1月 ~2017年12月的月度收益率。

解答：①可搜集如表6-3所示的宝钢股份和上证指数年度收益率数据。

表 6-3 宝钢股份、上证指数 2001 ~2017 年收益率情况 （%）

	2001 年	2002 年	2003 年	2004 年	2005 年	2006 年	2007 年	2008 年	2009 年
宝钢	-26.94	8.46	73.34	-11.01	-9.87	99.29	93.60	-65.93	80.81
上证	-20.62	-17.52	10.27	-15.4	-8.33	130.43	96.66	-65.39	79.98
	2010 年	2011 年	2012 年	2013 年	2014 年	2015 年	2016 年	2017 年	
宝钢	-26.39	-14.48	3.28	-8.78	43.82	-12.63	9.55	26.32	
上证	-14.31	-21.68	3.17	-6.75	52.87	9.41	-12.31	6.56	

⊖ SLOPE是两组数据的线性回归拟合线方程的斜率，这里就是贝塔值。

利用统计函数 SLOPE，可得宝钢股份β约为0.86。

②利用宝钢股份和上证指数2001年1月~2017年12月的月收益率数据，计算β约为0.87。

③利用宝钢股份和沪深300指数2005年5月~2017年12月的月收益率数据，计算β约为0.84。

④利用宝钢股份和沪深300指数2013年1月~2017年12月的月收益率数据，计算β约为0.63。

例6-4用四种不同的方法计算所得β都不相同，体现了β的两个重要特点：

（1）β不稳定。①β会因样本数据频率不同，即数据是每周、每月还是每季等而变化；②β会随样本时间跨度，即数据是过去5年、10年等不同而变化；③β还会因计算时点前后不同而变化，这被称为β的时变性。

（2）β与市场指数的选择密切相关，根据不同市场指数推导的证券β差别较大。

有鉴于此，投资实务中通常用过去5年的周收益率或月收益率数据计算贝塔值。并且，投资界假设β长期会趋近于1，计算预期贝塔值（$\beta_{预期}$）时要对用历史数据计算所得贝塔值（$\beta_{历史}$）进行调整，其公式为：

$$\beta_{预期} = 2/3 \times \beta_{历史} + 1/3 \times 1.0 \tag{6-4}$$

与单只股票贝塔值不稳定不同，分散化投资组合的贝塔值相当稳定，因为不同个股贝塔值变化趋于平均值1。

6.1.5 资本资产定价模型和证券市场线

如果投资者都持有充分分散化的投资组合，则在市场均衡时，从每项风险资产所获得的每单位系统风险的风险溢价应该相等，即：

$$\frac{E(R_1) - R_f}{\beta_1} = \frac{E(R_2) - R_f}{\beta_2} = \cdots = \frac{E(R_n) - R_f}{\beta_n} = \frac{E(R_M) - R_f}{\beta_M} = E(R_M) - R_f \tag{6-5}$$

为了证明式（6-5）成立，我们先不妨假设式（6-5）不成立，例如：

$$\frac{E(R_1) - R_f}{\beta_1} > \frac{E(R_2) - R_f}{\beta_2}$$

此时，理性投资人会买入证券S_1，卖出证券S_2，致使证券S_1的价格上升，证券S_2的价格下降，从而证券S_1的收益率下降，证券S_2的收益率上升，结果导致：

$$\frac{E(R_1) - R_f}{\beta_1}\downarrow, \quad \frac{E(R_2) - R_f}{\beta_2}\uparrow$$

这个过程会持续到$\frac{E(R_1) - R_f}{\beta_1} = \frac{E(R_2) - R_f}{\beta_2}$时才会结束。这种推导适合所有投资品，因此式（6-5）成立。

根据式（6-5）可以推导**资本资产定价模型**（capital asset pricing model，CAPM）：

$$E(R_i) = R_f + [E(R_M) - R_f]\beta_i \tag{6-6}$$

资本资产定价模型认为，当市场均衡时，某种资产或资产组合的预期收益率由无风险收益率R_f和风险溢价$[E(R_M) - R_f]\beta_i$两部分组成。

根据持有期收益率公式：

$$预期收益率=\frac{E(股息+期末价格)-均衡期初价格}{均衡期初价格}$$

可以推得：

$$均衡期初价格=\frac{E(股息+期末价格)}{1+预期收益率} \tag{6-7}$$

式（6-7）使资产价格与预期收益率联系起来，这就是市场均衡时的预期收益率公式被称为资本资产定价模型的原因。式（6-7）还揭示了一个重要规律：资产价格的高低与预期收益率成反向变化。

资本资产定价模型确定了某项资产在市场均衡时应该获得的收益率，或正常收益率、必要收益率、合理收益率。投资实践中，投资人可能利用其他方法如历史推演法、概率估算法等方法，预测实际投资的预期收益率。投资人容易混淆应该获得的预期收益率和实际投资的预期收益率，因为两者都用 $E(R_i)$ 表示。实际上，均衡与否是实际投资的预期收益率与应该获得的预期收益率存在差异的根本原因。我们将实际投资的预期收益率与市场均衡时预期收益率的差，称为资产的阿尔法（alpha），记作 α，即：

$$\alpha = E(R_{实际}) - E(R_{均衡}) \tag{6-8}$$

根据 α 的变化，可研判资产定价的合理性：

（1）当 $\alpha>0$ 时，实际投资的预期收益率比市场均衡时的预期收益率要高，表明资产价格被低估，因为只有价格偏低（低估）时才能获得更高的收益率。

（2）当 $\alpha<0$ 时，实际投资的预期收益率比市场均衡时的预期收益率要低，表明资产价格被高估，因为价格偏高（高估）时获得的收益率才低。

（3）当 $\alpha=0$ 时，实际投资的预期收益率等于市场均衡时的预期收益率，表明资产价格定价合理。

资本资产定价模型 CAPM 的图形形式——证券市场线（security market line，SML），其为通过无风险产品和市场组合的一条直线（见图 6-2）。利用证券市场线，我们可以更直观地判断资产定价的合理性。如合理定价（$\alpha=0$）的证券 A、证券 B 会落在证券市场线上，被低估（$\alpha>0$）的证券 D 会落在证券市场线上方，被高估（$\alpha<0$）的证券 G 会落在证券市场线下方。在证券市场线上方或下方的资产处于非均衡状态，都有向均衡状态回归的倾向。

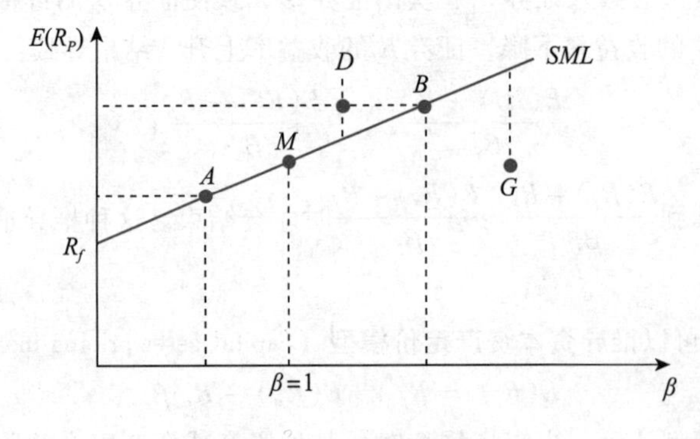

图 6-2　证券市场线

例6-5

在2018年5月18日某投资人拟投资宝钢股份，请分析：（1）该投资人预期可以获得多高的收益率？（2）投资人决策是否合理？

解答：（1）利用CAPM模型预测收益率。

①计算市场预期收益率。设市场指数为沪深300指数，以该指数2013年1月~2018年4月月度收益率为样本，样本均值为1.43%，以年化收益率18.58%作为市场预期收益率。

②计算贝塔值。以宝钢股份2013年1月~2018年4月月度收益率为样本，计算宝钢股份历史贝塔系数为0.64，预期贝塔系数为0.76。

③获取无风险收益。无风险收益以中国债券信息网2018年5月18日的一年期国债券收益率3.07%为代表。

④计算预期收益率。利用CAPM模型可得：

$$E(R_i) = R_f + [E(R_M) - R_f]\beta_i = 3.07\% + (18.58\% - 3.07\%) \times 0.76 \approx 14.86\%$$

（2）决策合理性判断。计算宝钢股份2013年1月~2018年4月月收益率平均值为1.37%，年化收益率为17.74%，将该年化收益率视为实际投资的预期收益率，则有：

$$\alpha = E(R_{实际}) - E(R_{均衡}) = 17.74\% - 14.86\% = 2.88\%$$

由于$\alpha>0$，故投资人决策总体上合理。

（3）利用$\alpha=E(R_{实际})-E(R_{均衡})$判断投资合理性，还需要结合实际情况相机决策。在本例中，是否投资宝钢股份，必须考虑投资决策时宝钢股份的股价高低。宝钢股份在2017年末即2017年12月29日的收盘价格是8.64元，在2018年5月17日的收盘价格是8.71元，相对于年初的涨幅为0.81%，远远小于投资人预期17.74%的年涨幅，也小于市场均衡时14.86%的年涨幅，故此时做出投资宝钢股份的决策是合理的。

6.1.6 资本市场线和证券市场线的差异

普通投资人很容易混淆资本市场线和证券市场线，因为资本市场线CML和证券市场线SML都是描述资产或资产组合的预期收益率与风险的函数，都是通过无风险资产和市场组合的一条直线，但实际上资本市场线和证券市场线有如下本质差异：

（1）度量风险的方法不同。资本市场线用标准差度量总风险；而证券市场线用β度量证券对市场组合M的风险贡献，代表的是系统风险。

（2）实际应用价值不同。资本市场线以资产配置为基础，其代表所有有效的投资组合，投资者的最优选择是持有一定数量的市场组合。证券市场线针对证券选择问题，表示风险证券与其相应系统风险的均衡定价关系，投资者据此可判断证券定价的合理性。

6.1.7 对资本资产定价模型的批评

理论界认为，资本资产定价模型有三大缺陷：

（1）市场组合包括全球风险资产，其不可测量，更不能被检测和应用。

（2）个人投资者的借款利率R_b通常高于无风险利率R_f，这会使资本市场线发生如

图 6-3 所示的改变，即新的资本市场线不再为一条直线，而是 $R_f - A - B - C$，这意味着投资者将不会持有完全相同的风险资产投资组合。

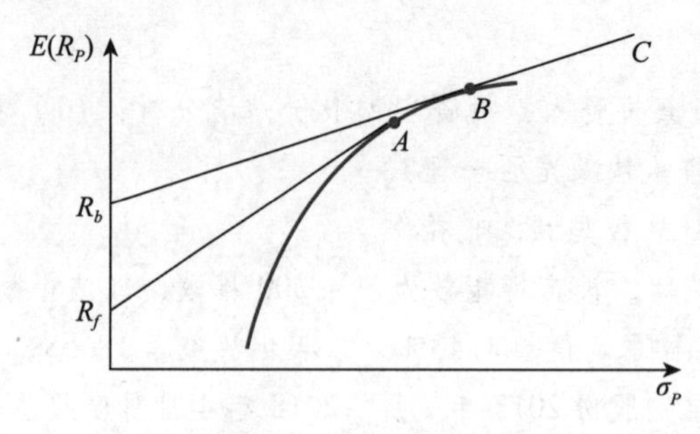

图 6-3 资本市场线

（3）用不同样本和不同市场指数计算所得的贝塔值不同，致使贝塔值既不稳定，又有一定主观选择性，且历史贝塔值不能很好代替预期贝塔值。

6.2 单指数模型与多因素模型

资本资产定价模型仅适用于证券产品的均衡定价。当证券产品处于非均衡状态时，分析证券投资收益率使用的是单指数模型和多因素模型。单指数模型将系统风险设定为某个股价指数，研究股票收益率受该股价指数和非系统风险因素的影响。多因素模型进一步将系统风险分解为多个风险因素，研究股票收益率受多个系统风险因素和非系统风险因素的影响。

6.2.1 单指数模型

单指数模型的理论基础是单因素模型，是因对单因素模型系统风险因素的量化需要而产生。

1. 单因素模型

我们已经知道，股票实际收益率在绝大多数情况下都不会等于预期收益率，而是围绕预期收益率上下波动，造成这种波动的因素就是投资风险，包括系统风险和非系统风险。因此，很容易得到公式：

股票实际收益率 = 预期收益率 + 系统风险影响 + 非系统风险影响 (6-9)

将式（6-9）中的系统风险用未预期的宏观经济变动代替，非系统风险用收益率随机误差或公司层面的偶发因素代替，就得到具有一定实用价值的**单因素模型**（single-factor model）：

$$R_i = E(R_i) + \beta_i m + \varepsilon_i \tag{6-10}$$

式中 R_i——证券 i 的实际（随机）收益率；

$E(R_i)$——证券 i 的预期收益率；

m——未预期的宏观经济变动，$E(m)=0$，标准差为 σ_m；

β_i——公司股价对未预期宏观经济变动的敏感度；

ε_i——随机误差或非系统风险，$E(\varepsilon_i)=0$，且 $\mathrm{Cov}(m,\varepsilon_i)=0$。

利用单因素模型可对CAPM预测结果进行检验，分析预测投资收益率产生偏差的具体原因。

由式（6-10），还可以计算任意两个证券的协方差：

$$\begin{aligned}\mathrm{Cov}(R_i,R_j) &= E\{[R_i - E(R_i)][R_j - E(R_j)]\} = E[(\beta_i m + \varepsilon_i)(\beta_j m + \varepsilon_j)] \\ &= E\{[\beta_i m - \beta_i E(m) + \varepsilon_i - E(\varepsilon_i)][\beta_j m - \beta_j E(m) + \varepsilon_j - E(\varepsilon_j)]\} \\ &= E\{\beta_i\beta_j[m - E(m)]^2\} + E\{\beta_i[m - E(m)][\varepsilon_j - E(\varepsilon_j)]\} \\ &\quad + E\{\beta_j[m - E(m)][\varepsilon_i - E(\varepsilon_i)]\} + E\{[\varepsilon_i - E(\varepsilon_i)][\varepsilon_j - E(\varepsilon_j)]\} \\ &= \beta_i\beta_j\sigma_m^2 + \beta_i\mathrm{Cov}(m,\varepsilon_j) + \beta_j\mathrm{Cov}(m,\varepsilon_j) + \mathrm{Cov}(\varepsilon_i,\varepsilon_j)\end{aligned}$$

即：

$$\mathrm{Cov}(R_i,R_j) = \beta_i\beta_j\sigma_m^2 + \beta_i\mathrm{Cov}(m,\varepsilon_j) + \beta_j\mathrm{Cov}(m,\varepsilon_i) + \mathrm{Cov}(\varepsilon_i,\varepsilon_j) \tag{6-11}$$

由于 m 和 ε_i 不相关，ε_i 和 ε_j 不相关，故由式（6-11）可得：

$$\mathrm{Cov}(R_i,R_j) = \beta_i\beta_j\sigma_m^2 \tag{6-12}$$

式（6-12）说明，两个证券的协方差只和系统风险因素 m 有关，即协方差所体现的证券收益率的相关性，源于两个证券对系统风险因素 m 的共同反应。

将式（6-11）中的 R_j 用 R_i 置换，可得证券的总风险为：

$$\sigma_i^2 = \beta_i^2\sigma_m^2 + \sigma_{\varepsilon_i}^2 \tag{6-13}$$

式（6-13）说明，证券投资总风险分为系统风险 $\beta_i^2\sigma_m^2$ 和非系统风险 $\sigma_{\varepsilon_i}^2$ 两部分。分析系统风险占个股总风险的比重，即：

$$\frac{\beta_i^2\sigma_m^2}{\sigma_i^2} = \left(\frac{\beta\sigma_m}{\sigma_i}\right)^2 = \rho_{im}^2$$

此即为相关系数的平方，称之为决定系数，通常记为 R^2，意指个股投资风险中可由未预期宏观经济变化即市场风险解释的部分。

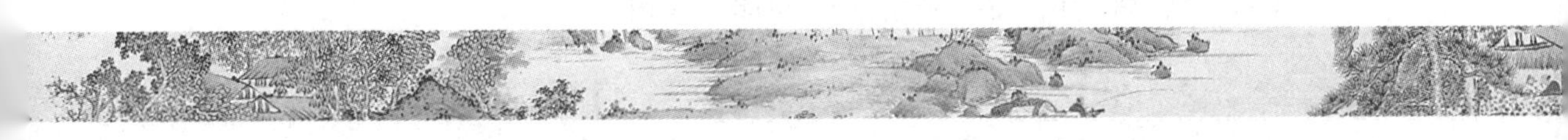

例6-6

本章例6-5预测2018年投资宝钢股份的预期收益率为14.86%，而宝钢股份2018年的实际收益率为-14.07%。试分析：造成预测偏差的未预期宏观经济因素和随机误差（非系统风险）的具体影响。

解答：(1) 分析未预期宏观经济因素的影响，可从预期、实际、偏差、影响逐步展开。

①预期。例6-5以沪深300指数2013年1月~2018年4月月收益率的年化收益率18.58%作为2018年市场预期收益率，代表预期宏观经济因素。

②实际。沪深300指数2018年实际收益率为-25.31%。

③偏差。实际收益率和预期收益率的偏差 = 实际 - 预期 = -25.31 - 18.58% = -43.89%。

④影响。偏差的影响是：偏差 × 股票对风险因素的敏感度 = -43.89% × 0.76 ≈ -33.36%。这说明，未预期宏观经济变化对宝钢股份收益率的影响为-33.69%。

(2) 分析随机误差的影响。由式（6-10）可得：

$$-14.07\% = 14.86\% + (-33.36\%) + \text{随机误差}$$

由此可得：随机误差对股票收益率的影响是4.43%。

2. 单指数模型

单因素模型无法用于投资预测，因为宏观经济的未预期变化事前无法知晓。进行预测时须将单因素模型中未预期的宏观经济变动用某种股价指数代替，建立股票收益率与股价指数收益率的函数关系，这样就得到了**单指数模型**（single-index model）。单指数模型的回归方程为：

$$R_i(t) - R_f = \alpha_i + \beta_i[R_M(t) - R_f] + \varepsilon_i(t) \tag{6-14}$$

式中 $R_i(t)$——i 股票在 t 时间区间的收益率；

R_f——无风险利率；

α_i——当市场指数超额收益率为零时该证券的期望超额收益率；

β_i——股票收益率对指数变动的敏感度；

$R_M(t)$——指数在 t 时间区间的收益率；

$\varepsilon_i(t)$——公司因素在 t 时间区间对股票收益率的影响。

对式（6-14）中的收益率取均值，得到单指数模型的超额预期收益率与贝塔值的关系：

$$E(R_i - R_f) = \alpha_i + \beta_i E(R_M - R_f) \tag{6-15}$$

当市场均衡时，期望超额收益率 α_i 为零，这时式（6-15）实际上就是CAPM模型。

利用单指数模型，可以计算证券的风险（方差）和任意两只证券收益率之间的协方差：

$$\sigma_i^2 = \beta_i^2\sigma_M^2 + \sigma_{\varepsilon_i}^2 \tag{6-16}$$

$$\text{Cov}(R_i, R_j) = \beta_i\beta_j\sigma_M^2 \tag{6-17}$$

3. 单指数模型的应用

我们以东风汽车为例，说明单指数模型的具体运用。[⊖]

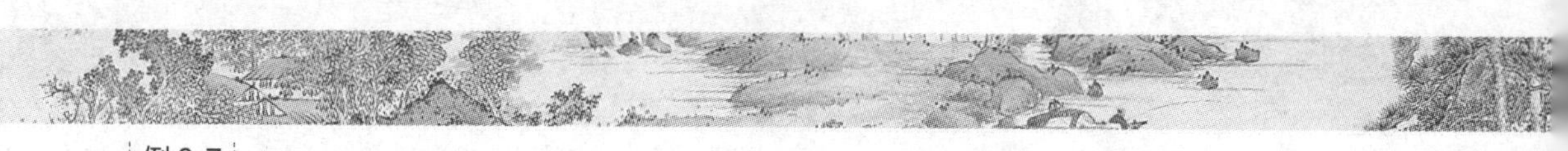

例6-7

在2018年5月，以2013年5月到2018年4月共60个月度收益率数据为基础，估算东风汽车超额收益率对沪深300指数超额收益率的回归模型，并分析东风汽车股票的风险结构。

解答：①以2013年5月~2018年4月上海银行拆借年平均利率为年无风险利率，将其除以12作为月度无风险收益率。

②收集东风汽车和沪深300指数2013年5月~2018年4月的月度收益率。

③按照时间先后，将上述数据列出，如表6-4所示。

⊖ 限于篇幅限制和学习要求，本书对估计值检验不做要求，感兴趣的同学请参考有关统计学教材。

表6-4 无风险产品、东风汽车、沪深300指数2013年5月~2018年4月收益率 (%)

序号	无风险利率	东风汽车	沪深300	序号	无风险利率	东风汽车	沪深300
1	0.37	9.44	6.50	31	0.33	-5.51	0.91
2	0.37	-12.81	-15.57	32	0.33	0.19	4.62
3	0.37	-1.08	-0.35	33	0.26	-30.14	-21.04
4	0.37	5.84	5.51	34	0.26	5.03	-2.33
5	0.37	1.68	4.11	35	0.26	0	11.84
6	0.37	-0.92	-1.47	36	0.26	1.96	-1.91
7	0.37	0.00	2.75	37	0.26	-0.40	0.41
8	0.37	-1.76	-4.47	38	0.26	35.07	-0.49
9	0.42	-1.23	-5.48	39	0.26	-10.69	1.59
10	0.42	5.26	-1.07	40	0.26	3.15	3.87
11	0.42	-0.91	-1.50	41	0.26	-5.34	-2.24
12	0.42	-1.01	0.58	42	0.26	0.34	2.55
13	0.42	0.46	-0.10	43	0.26	-2.40	6.05
14	0.42	-0.46	0.40	44	0.26	-6.20	-6.44
15	0.42	6.39	8.55	45	0.34	-0.37	2.35
16	0.42	25.00	-0.51	46	0.34	3.90	1.91
17	0.42	26.69	4.82	47	0.34	-3.39	0.09
18	0.42	-0.88	2.34	48	0.34	-7.07	-0.47
19	0.42	-1.78	11.98	49	0.34	-9.27	1.54
20	0.42	5.59	25.81	50	0.34	3.39	4.98
21	0.33	-1.28	-2.81	51	0.34	2.63	1.94
22	0.33	4.61	4.03	52	0.34	-1.41	2.25
23	0.33	11.30	13.39	53	0.34	14.29	0.38
24	0.33	9.92	17.25	54	0.34	-8.04	4.44
25	0.33	21.26	1.91	55	0.34	-6.42	-0.02
26	0.33	27.80	-7.60	56	0.34	0.97	0.62
27	0.33	-25.09	-14.67	57	0.36	-3.96	6.08
28	0.33	40.50	-11.79	58	0.36	-5.96	-5.90
29	0.33	-35.11	-4.86	59	0.36	-3.91	-3.11
30	0.33	11.92	10.34	60	0.36	-9.67	-3.63

④用东风汽车和沪深300指数月收益率减去相应月无风险收益率，得到东风汽车和沪深300指数月超额收益率（表中简称超收），并按时间先后列出如表6-5所示：

⑤将东风汽车超额收益率和沪深300超额收益率的60个月度数据复制到Excel的A1~A60和B1~B60，插入统计函数LINEST，在“已知Y值集合”对话框中输入“A1：A60”，在“已知X值集合”对话框中输入“B1：B60”，可得α_i的估计值约为0.68%，β_i的估计值约为0.49，于是有：

$$E(R_{东风汽车} - R_f) = 0.68\% + 0.49E(R_{沪深300} - R_f)$$

上式表明，东风汽车月超额收益率为0.68%，年化收益率约为8.48%，不能由市场指数的超额收益率解释。这说明单指数模型解释股价变动的能力较为有限。

表6-5　东风汽车、沪深300指数2013年5月~2018年4月超额收益率　（%）

序号	东风超收	指数超收	序号	东风超收	指数超收	序号	东风超收	指数超收
1	9.07	6.13	21	-1.61	-3.14	41	-5.60	-2.50
2	-13.18	-15.94	22	4.28	3.70	42	0.08	2.29
3	-1.45	-0.72	23	10.97	13.06	43	-2.66	5.79
4	5.47	5.14	24	9.59	16.92	44	-6.46	-6.70
5	1.31	3.74	25	20.93	1.58	45	-0.71	2.01
6	-1.29	-1.84	26	27.47	-7.93	46	3.56	1.57
7	-0.37	2.38	27	-25.42	-15.00	47	-3.73	-0.25
8	-2.13	-4.84	28	40.17	-12.12	48	-7.41	-0.81
9	-1.65	-5.90	29	-35.44	-5.19	49	-9.61	1.20
10	4.84	-1.49	30	11.59	10.01	50	3.05	4.64
11	-1.33	-1.92	31	-5.84	0.58	51	2.29	1.60
12	-1.43	0.16	32	-0.14	4.29	52	-1.75	1.91
13	0.04	-0.52	33	-30.40	-21.30	53	13.95	0.04
14	-0.88	-0.02	34	4.77	-2.59	54	-8.38	4.10
15	5.97	8.13	35	-0.26	11.58	55	-6.76	-0.36
16	24.58	-0.93	36	1.70	-2.17	56	0.63	0.28
17	26.27	4.40	37	-0.66	0.15	57	-4.32	5.72
18	-1.30	1.92	38	34.81	-0.75	58	-6.32	-6.26
19	-2.20	11.56	39	-10.95	1.33	59	-4.27	-3.47
20	5.17	25.39	40	2.89	3.61	60	-10.03	-3.99

⑥根据表6-4计算得：$\sigma_{东风汽车} \approx 12.89\%$，$\sigma_{沪深300} \approx 7.34\%$

东风汽车投资风险中的系统风险和非系统风险分别为：

$$\beta_i^2 \sigma_M^2 = 0.49^2 \times 0.073\,4^2 \approx 0.13\%$$

$$\sigma_{\varepsilon_i}^2 = \sigma_i^2 - \beta_i^2 \sigma_M^2 = 0.128\,9^2 - 0.001\,3 \approx 1.53\%$$

东风汽车系统风险和非系统风险占全部投资风险的比例分别为：

$$\frac{系统风险}{全部风险} = \frac{\beta_i^2 \sigma_M^2}{\sigma^2} = \frac{0.001\,3}{0.128\,9^2} \approx 7.8\%$$

$$\frac{非系统风险}{全部风险} = \frac{\sigma_{\varepsilon_i}^2}{\sigma^2} = \frac{0.015\,3}{0.128\,9^2} \approx 92.08\%$$

因此，投资东风汽车的风险来自系统风险的影响仅仅为7.8%，92.08%的风险来源于公司特有风险。

6.2.2　多因素模型

单因素模型中非预期的宏观经济变动，可以从通货膨胀、国内生产总值和利率等多角度分析，实际应用时通常将单因素模型转化为多因素模型。

多因素模型（multifactor models）将股票实际收益率 R_i 的变动解释为3个部分：股票预期收益率，各种风险因素非预期变化导致股票的收益率变动，以及一个误差项。具体公式为：

$$R_i = E(R_i) + \beta_{i1}F_1 + \beta_{i2}F_2 + \cdots + \beta_{im}F_m + \varepsilon_i \quad (6\text{-}18)$$

式中　R_i——任意时间 t 内证券 i 的实际（随机）收益率；

$E(R_i)$——证券 i 的预期收益率；

F_k——影响证券 i 收益率的第 k 个风险因素的非预期变化（$k=1,2,\cdots,m$），且 $E(F_k)=0$；

β_{ik}——待估系数，是证券 i 的收益率对风险因素 F_k 的敏感度（$k=1,2,\cdots,m$）；

ε_i——随机误差或非系统风险，$\mathrm{Cov}(F,\varepsilon_i)=0$，且 $E(\varepsilon_i)=0$。

假设 n 种证券 $S_i(i=1,2,\cdots,n)$ 的收益率 R_i 均服从多因素模型，则这些证券构建的组合 $P=(W_1,W_2,\cdots,W_n)$，也服从多因素模型：

$$\begin{aligned} R_P &= \sum_{i=1}^{n} W_iR_i = \sum_{i=1}^{n} W_i[E(R_i) + \beta_{i1}F_1 + \beta_{i2}F_2 + \cdots + \beta_{im}F_m + \varepsilon_i] \\ &= \sum_{i=1}^{n} W_iE(R_i) + (\sum_{i=1}^{n} W_i\beta_{i1})F_1 + (\sum_{i=1}^{n} W_i\beta_{i2})F_2 + \cdots + (\sum_{i=1}^{n} W_i\beta_{im})F_m + \sum_{i=1}^{n} W_i\varepsilon_i \\ &= E(R_P) + \beta_{P1}F_1 + \beta_{P2}F_2 + \cdots + \beta_{Pm}F_m + \varepsilon_P \end{aligned}$$

式中　$E(R_P) = \sum_{i=1}^{n} W_iE(R_i)$——各种证券预期收益率的加权平均；

$\beta_{Pk} = \sum_{i=1}^{n} W_i\beta_{ik}$——各种证券对第 k 种风险因素敏感度的加权平均（$k=1,2,\cdots,m$）；

$\varepsilon_P = \sum_{i=1}^{n} W_i\varepsilon_i$——各种证券随机误差的加权平均。

多因素模型虽然理论上较为完善，但其未能明确指出影响证券收益率的具体风险因素是什么，且风险因素非预期变化无法在事前观测，故实际应用时往往需要将多因素模型中非预期的风险因素变化用可以直接观察的因素代替。

尤金・法玛和肯尼斯・弗伦奇在20世纪90年代提出了三因子模型（FFM），将影响股票收益率的多种宏观因素非预期变动，用股权风险溢价、小盘股风险溢价和价值股风险溢价三个可以直接观察的因素代替，因其简单实用受到学术界和实务界的高度重视。FFM的回归模型为：

$$R_{it} = \alpha_i + \beta_{iM}R_{Mt} + \beta_{iSMB}SMB_t + \beta_{iHML}HML_t + \varepsilon_{it} \quad (6\text{-}19)$$

式中　R_{it}——股票超过无风险收益率的超额收益率；

α_i——截距项；

R_{Mt}——股价指数收益率与国债收益率之差，代表股权风险溢价；

SMB_t——小盘股与大盘股收益率之差，表示小盘股风险溢价；

HML_t——价值型股票与成长型股票收益率之差，表示价值型股票的风险溢价；

β_{iM}——股票收益率对股权风险溢价的敏感度。

β_{iSMB}——股票收益率对小盘股风险溢价的敏感度。

β_{iHML}——股票收益率对价值型股票风险溢价的敏感度。

ε_{it}——随机误差。

6.3　套利定价理论

套利定价理论以多因素模型为基础，假设市场不存在无风险套利机会，推导资产的合理定价，为投资人研究投资市场提供了新的视角。

6.3.1 套利与套利组合

套利（arbitrage）是利用投资产品定价错误，卖出价值被高估的证券，同时买进价值被低估的证券来获取无风险利润的行为。在高度竞争的投资市场，投资者的套利行为会迅速促使相同证券在不同投资市场，或同类证券在同一投资市场的价格水平趋于一致，套利机会转瞬即逝。

投资者构建**套利组合**（arbitrage portfolio）进行套利。套利组合须满足三个条件：

（1）零投资，即只需要调整在不同资产间的投资比例。

（2）零风险，即组合对所有风险因素的敏感度为零。[⊖]

（3）正收益，即套利的结果是提升投资组合收益率，赚取正的回报。

例6-8

四只股票符合两个宏观经济因素的双因素模型，并具有如表6-6所示的预期收益率和敏感度。问：上述四只股票是否存在套利空间？应如何套利？

表6-6 四只股票收益率及其对两个宏观经济因素的敏感度

证券品种	预期收益率（%）	对宏观经济因素1的敏感度	对宏观经济因素2的敏感度
股票1	40	4.0	3.0
股票2	20	2.0	1.5
股票3	15	1.0	2.0
股票4	30	3.0	2.0

解答：构建套利组合（W_1, W_2, W_3, W_4），其满足零投资、零风险和正收益三个条件。

由零投资可得：

$$W_1 + W_2 + W_3 + W_4 = 0 \tag{1}$$

由零风险即 $\beta_{P1} = \sum_{i=1}^{4} W_i\beta_{i1} = 0$ 和 $\beta_{P2} = \sum_{i=1}^{4} W_i\beta_{i2} = 0$，可得：

$$4W_1 + 2W_2 + 1W_3 + 3W_4 = 0 \tag{2}$$

$$3W_1 + 1.5W_2 + 2W_3 + 2W_4 = 0 \tag{3}$$

由（2）-（1）得到：

$$3W_1 + W_2 + 2W_4 = 0 \tag{4}$$

由（2）×2-（3）得到：

$$5W_1 + 2.5W_2 + 4W_4 = 0 \tag{5}$$

（4）×2-（5）得到：$W_1 - 0.5W_2 = 0$

令 $W_1 = 1$，则 $W_2 = 2$，$W_3 = -0.5$，$W_4 = -2.5$。如果按照这样的投资比例投资，则构造的投资组合的收益率为：

⊖ 本章主要阐述无风险套利模型，承担较低风险、赚取较高回报的风险套利，不在讨论之中。

$$W_1E(R_1)+W_2E(R_2)+W_3E(R_3)+W_4E(R_4)$$
$$=1\times 40\%+2\times 20\%+(-0.5)\times 15\%+(-2.5)\times 30\%$$
$$=-2.5\%<0$$

很明显，如果对上述投资比例取相反数，即 $W_1=-1$，$W_2=-2$，$W_3=0.5$，$W_4=2.5$，则构造的投资组合的收益率为2.5%，实现了套利的三个条件。因此，上述四个投资产品间存在套利机会，并且可以按照 $W_1=-1$，$W_2=-2$，$W_3=0.5$，$W_4=2.5$ 的比例或其任意正数倍构造套利组合。

6.3.2 套利定价模型

设 n 个投资产品符合多因素模型 $R_i=E(R_i)+\beta_{i1}F_1+\beta_{i2}F_2+\cdots+\beta_{im}F_m+\varepsilon_i$，构建套利组合 $P(W_1,W_2,\cdots,W_n)$，则套利组合 P 的预期收益率为：

$$E(R_P)=W_1E(R_1)+W_2E(R_2)+W_3E(R_3)+\cdots+W_nE(R_n)$$

当存在套利机会时，套利者会持续套利，直至套利组合收益 $E(R_P)$ 最大，套利机会消失，市场达到均衡。

求套利组合收益 $E(R_P)$ 的最大值，必须同时满足套利零投资、零风险原则，即不增加资金而只需要调整在不同资产间的投资比例，组合对所有风险因素的敏感度为零，具体公式表达如下：

$$\begin{aligned}
&W_1+W_2+\cdots+W_n=0\\
&\beta_{P1}=\beta_{11}W_1+\beta_{21}W_2+\cdots+\beta_{n1}W_n=0\\
&\beta_{P2}=\beta_{12}W_1+\beta_{22}W_2+\cdots+\beta_{n2}W_n=0\\
&\vdots\\
&\beta_{Pm}=\beta_{1m}W_1+\beta_{2m}W_2+\cdots+\beta_{nm}W_n=0
\end{aligned}$$

由此可以构建与套利组合收益 $E(R_P)$ 完全等价的拉格朗日函数：

$$\begin{aligned}
L=&W_1E(R_1)+W_2E(R_2)+\cdots+W_nE(R_n)-\lambda_0(W_1+W_2+\cdots+W_n)\\
&-\lambda_1(\beta_{11}W_1+\beta_{21}W_2+\cdots+\beta_{n1}W_n)-\lambda_2(\beta_{12}W_1+\beta_{22}W_2+\cdots+\beta_{n2}W_n)\\
&-\cdots-\lambda_m(\beta_{1m}W_1+\beta_{2m}W_2+\cdots+\beta_{nm}W_n)
\end{aligned}$$

拉格朗日函数L取最大值的条件是，其对 W_i 的一阶偏导等于零，即：

$$\begin{aligned}
&\frac{\partial L}{\partial W_1}=E(R_1)-\lambda_0-\lambda_1\beta_{11}-\lambda_2\beta_{12}-\cdots-\lambda_m\beta_{1m}=0\\
&\frac{\partial L}{\partial W_2}=E(R_2)-\lambda_0-\lambda_1\beta_{21}-\lambda_2\beta_{22}-\cdots-\lambda_m\beta_{2m}=0\\
&\vdots\\
&\frac{\partial L}{\partial W_n}=E(R_n)-\lambda_0-\lambda_1\beta_{n1}-\lambda_2\beta_{n2}-\cdots-\lambda_m\beta_{nm}=0
\end{aligned}$$

整理上面所有偏导数等于零的情形，可得到**套利定价理论**（arbitrage pricing theory, APT）模型，即市场均衡时证券的预期收益率为：

$$E(R_i)=\lambda_0+\lambda_1\beta_{i1}+\lambda_2\beta_{i2}+\cdots+\lambda_m\beta_{im} \tag{6-20}$$

上式中 λ_0，λ_1，$\cdots$，λ_m 是常数，其具体含义可进一步推导。

当上面的投资产品是无风险产品时，其预期收益率为 R_f，对各个风险因素的敏感度为零，因此可得 $\lambda_0 = R_f$。

为理解 λ_1 的含义，考虑一个充分多样化的纯因素组合 P_1，该组合对第一种风险因素的敏感度为1，对其他风险因素的敏感度为零，即 $\beta_{P_11}=1$，$\beta_{P_1k}=0(k=2,3,\cdots,m)$，将该组合代入式（6-20）中，则有：

$$E(R_{P_1}) = R_f + \lambda_1 \quad \lambda_1 = E(R_{P_1}) - R_f$$

同样，考虑一系列充分分散化的纯因素组合 $P_k(k=2,3,\cdots,m)$，该组合对第 k 种风险因素的敏感度为1，对其他风险因素的敏感度为零，即 $\beta_{P_kk}=1$，$\beta_{P_kj}=0(j\neq k)$，亦可推得：

$$\lambda_k = E(R_{P_k}) - R_f$$

因此，$\lambda_k(k=1,2,\cdots,m)$ 指风险因素 F_k 的纯因素组合 P_k 的预期收益率与无风险收益率之差，被称为因素风险溢价。相应地，我们把 λ_k 的具体表达形式 $E(R_{P_k})-R_f$ 代入式（6-20），就得到比式（6-20）更形象、更容易理解的套利定价公式：

$$E(R) = R_f + [E(R_{P_1}) - R_f]\beta_1 + [E(R_{P_2}) - R_f]\beta_2 + \cdots + [E(R_{P_m}) - R_f]\beta_m \quad (6\text{-}21)$$

从式（6-21）可以看出，当影响证券收益率的因素只有市场风险时，该公式就是资本资产定价模型，即资本资产定价模型可视为套利定价理论的一个特例。

例 6-9

假设某股票收益率受三种风险因素影响，三种风险因素的风险溢价分别为6%、8%和3%，且该股票收益率与三种风险因素的意外变化之间的关系为：

$$R = 15\% + 1.2F_1 + 0.5F_2 + 0.3F_3 + \varepsilon$$

问：①投资人预期该股票的实际收益率是多少？②如果无风险收益率为3%，那么该股票定价合理吗？③假定三种宏观因素的市场预测值分别是5%、3%和2%，而实际值是4%、6%和0，则该股票修正后的收益率是多少？

解答：①根据式（6-18）可知，实际投资该股票获得的预期收益率为15%。

②根据式（6-21）可知，投资该股票应该获得收益率为：

$$\begin{aligned} E(R) &= R_f + [E(R_{P_1}) - R_f]\beta_1 + [E(R_{P_2}) - R_f]\beta_2 + \cdots + [E(R_{P_m}) - R_f]\beta_m \\ &= 3\% + 6\% \times 1.2 + 8\% \times 0.5 + 3\% \times 0.3 = 15.1\% \end{aligned}$$

实际投资该股票的预期收益率15%，低于应该获得的预期收益率15.1%，故该股票的价格被高估。

③各个因素的预测值与实际值不相等，这些非预期变化对资产收益率的影响为：

$$1.2 \times (4\% - 5\%) + 0.5 \times (6\% - 3\%) + 0.3 \times (0 - 2\%) = -0.3\%$$

故该股票修正后的收益率为15% −0.3% =14.7%。

关键概念

市场组合	资本市场线	贝塔系数
资本资产定价模型	证券市场线	套利
套利组合	套利定价理论	纯因素组合

本章小结

1. 资本资产定价模型设立严格假设条件的目的是将投资者同质化，利于推导相应的结论。
2. 资本市场线理论告诉我们，所有投资者都应该持有或多或少的市场组合，投资者的最优策略是顺应市场。
3. 贝塔系数是对市场风险大小的相对测量指标。
4. 资本资产定价模型显示，市场均衡时风险产品的预期收益率由无风险收益率和风险溢价两部分组成。证券市场线是资本资产定价模型的图表形式。资本资产定价模型和证券市场线的重要应用是，评估证券产品的定价是否合理。
5. 单指数模型认为，证券超额收益率主要受市场超额收益率影响。
6. 多因素模型认为，有多个系统风险因素影响证券收益率。
7. 套利有纠正产品定价错误的作用。套利机会转瞬即逝。套利者通过套利组合进行套利。套利组合不增加投入资金，不增加组合风险，能提高组合预期收益率。
8. 套利定价理论认为，市场均衡时投资产品的预期收益率等于无风险收益率加上 m 种风险因素的风险溢价。

问题和应用

1. 结合现实投资市场，讨论资本资产定价模型10大假设。
2. 为什么说购买市场组合体现了尊重市场、适应市场的投资准则？
3. 假设现实投资只有股票、黄金、房地产、收藏品四种风险资产，其市场价值分别为6万亿美元、3万亿美元、10万亿美元和1万亿美元，某投资人相信市场能够提供最有效的投资。问：该投资人应该如何分配其500万元投资资金？
4. 简述利用资本市场线判断投资项目是否可行和有效的基本准则。
5. 某项目每股股份为875元，预期一年后价格为1 000元。该项目收益率标准差为40%。当前无风险收益率为3%，市场组合预期收益率为17%，收益率的标准差为12%。问：该项目是否值得投资？
6. 贝塔系数为什么能反映个股系统风险？如何利用贝塔系数在不同投资环境下进行投资？
7. 简述利用CAPM模型判断个股定价合理性的基本原则。
8. 某投资人投资60 000元于证券 S_A，其贝塔值为1.2；投资40 000元于证券 S_B，其贝塔值为 -0.2。问：该投资人全部投资的贝塔值是多少？
9. 投资者预期投资证券 S 的收益率是10%。假设该证券的贝塔值为1.1，无风险收益率为3%，市场预期收益率为8%。问：该证券的阿尔法值是多少？
10. 证券 S 的贝塔值为1.5，无风险收益率为3%，市场期望收益率为9%，该证券的预期收益率为11%。根据资本资产定价模型，该证券是被低估还是被高估或者是公平定价？
11. 简述证券市场线和资本市场线的差异。
12. 什么情况下会出现套利机会？如何构建套利组合？
13. 简述单因素模型与CAPM、多因素模型与套利定价理论的联系与区别。

延伸阅读材料

1. 宋庆阳，周孝华．中国股市时变贝塔实证研究［J］．统计与决策，2016(10)：150-153.
2. 王茵田，朱英姿．中国股票市场风险溢价研究［J］．金融研究，2011(7)：152-166.

第7章
CHAPTER 7

有效市场假设、行为金融学与适应性市场假说

§本章提要

股票价格波动具有随机性。有效市场假设认为，股票价格是股票价值的最佳体现。投资人是否认同有效市场，决定其投资策略是主动投资还是被动投资。行为金融学反对有效市场假设，分析投资者在投资市场的各种非理性行为。适应性市场假说认为，投资者在金融市场的首要任务是使自己生存下去。

§重点难点

- 了解股价随机游走假设
- 理解有效市场假设以及有效市场假设争论的实践意义
- 了解行为金融学对理性人的批判
- 掌握行为金融学对投资者非理性行为的分析
- 理解行为金融学对投资实践的指导作用
- 了解适应性市场假说

§引导案例

地上的钞票要不要

一位金融学教授和一个商人正在马路上走，突然看见前面路上有一张百元钞票，商人立刻上前捡起这张钞票。教授对商人说："你不用捡，这张钞票肯定是假钞。"商人问："为什么？"教授回答道："如果是真的，早就被人捡走了。"

§案例思考

路上的钞票是真是假，有三种可能：

（1）钞票是假的，因为行人早就捡起过这张钞票，发现是假的后又丢在路上。

（2）钞票可能是真的，因为行人都认为这张钞票是假的，从未有人捡起过这张钞票。

（3）钞票可能是真的，因为这是刚刚经过这里的一个人遗落在路上的。

请问：教授的观点体现了什么思想？另外两种观点从投资学的角度又可以做何种解释？很多人只能想到一种或两种答案说明了什么问题？

极富想象力的最优风险投资组合，实际上只是对现实投资市场的复制，这让你深刻体会到尊重市场、适应市场投资准则的极端重要性。循着这种思路，你自然会问，对于构成市场整体的单只股票，是否也应认同个股市场价格本身具有合理性？实际上，股票价格具有合理性，是股票内在价值的最佳体现，就是投资学的一种重要观点——有效市场假设的核心思想。当然，你也可能否定这种观点，因为股票价格时时波动，有时甚至因市场供求急剧变化大幅波动，而股票内在价值具有相对稳定性，两者相符逻辑上似难成立。其实，自有效市场假设提出后，反对或者质疑之声就从未停息，并由此产生了一门新学科——行为金融学。而且，在有效市场假设和行为金融学的不断争论中，融合有效市场假设、行为金融学等多种理论的适应性市场假说逐渐引起投资市场的关注。

在本章的学习中，我们既要介绍和分析有效市场假设，又要阐释行为金融学的一些重要观点。将有效市场假设和行为金融学这两种对立观点放在同一章中阐述，有助于你辨析两者的约束条件和适用范围，在投资实践中学习利用两者优势获取更高的投资收益。此外，对适应性市场假说的简要介绍，更有助于你从更广泛的视角认识投资人行为。

7.1　股价波动无规律可循

学习投资学，就是要掌握股价波动规律，获得高额利润。但股市随机游走假设认为，股票等证券的价格波动无规律可循，你会不会感到有些失望？

7.1.1　股价波动呈现随机游走态势

投资界有一则经典笑话：那些殚精竭虑的投资分析专家们精心挑选出来的投资组合，与一群蒙住双眼的猴子在股票报价表上用飞镖胡乱投射所选中的股票，在投资收益率上没有本质差别。

为什么会这样？希望你不要把它简单解读为投资专家的智慧等同于猴子的智慧，因为这样不仅贬低了投资专家的智力水平，而且也是对人类普遍智力水平的贬低。有人提出了另一种解释：股价波动是对各种信息做出反应的结果，由于各种信息随机进入股市，因而股价波动也就具有很强的随机性。这就是著名的**随机游走假设**（random walk hypothesis）。随机游走假设很好地解释了专家选股与猴子选股几乎没有差异的原因，因为股价波动本身没有规律，而不是专家无能。

7.1.2　随机游走是偶然还是必然

你可能会说，股票价格波动无规律只是说明，我们目前还没有发现股票价格变动规律，但只要不懈努力，最终还是会发现这个规律。不妨假设你的观点正确。那么，最有可能发现股票价格运行规律的是何方神圣？很明显，最可能是掌握最新投资理论成果并具备丰富实践经验的金融专家。刚好，世界上还正好有这样一个例证。

美国长期资本管理公司（Long-Term Capital Management，LTCM）成立于 1994 年，其管理者是 80 年代债券套利之父，被誉为“宇宙大师”“金融奇才”的梅里韦瑟，合伙人包括前美国联邦储备委员会副主席莫里斯，以及被誉为“衍生工具之父”的诺贝尔经济学奖得主默顿和斯科尔斯。职业巨星、学者和官员组成的“梦幻组合”，曾为长期资本管理公司创造了业绩“神话”——到1997年底公司盈利高达200%。但在1998年，公司资产从近50亿美元亏到只剩下5亿美元，最终以美林、摩根为首的15家国际性金融机构注资37亿美元购买了长期资本管理公司90%的股权，共同接管了公司，才避免了倒闭的厄运。

试想，最可能发明独门秘籍的长期资本管理公司以失败告终，那么，还有什么人能够更胜一筹，达到成功的顶峰呢?

7.2 有效市场假设

继续马路上百元钞票的故事。虽然金融学教授太过自负，但其观点符合基本投资理念——高收益和高风险总是相互匹配，并且体现了有效市场假设的实质。

7.2.1 有效市场假设的基本含义

如果将钞票掉在地上视为股票价格，需要验证是否假钞视为需要分析和研究才能获得的股票价值，则根据钞票遗落在马路上——钞票无价值即表明这是一张假钞，我们可以做出推断：股票价格的高低能够较真实地反映出股票价值的大小。这就是有效市场假设的基本思想。

有效市场假设（efficient market hypothesis，EMH）是指证券价格迅速地、充分地反映了与该证券价值相关的所有信息，价格是证券内在价值最真实的体现，投资者无法通过某种既定的分析模式或操作方式持续获得超额利润。

有效市场假设建立在一系列逐步放松的行为假设基础之上：

（1）投资者理性。如果投资者完全理性，则相同风险资产的预期收益率应该一样，投资人不可能获得超额收益，即市场有效。

（2）投资者偏离理性的行为存在独立偏差。即使投资者不都是完全理性的，但一些投资人的非理性行为会使证券价格高于证券价值，另一些投资人的非理性行为又使证券价格低于证券价值，相互抵消后证券价格仍然能够体现证券价值，市场仍然有效。

（3）存在无风险套利机会。即使非理性行为不能相互抵消，但只要有一些理性投资者采取套利行为，买入价值相对低估的股票，卖出价值相对高估的股票，则市场还是有效。

理解有效市场假设需要注意三点：

（1）市场有效性并不要求市场价格在每个时点都等于股票内在价值，而是要求市场价格对内在价值的偏离是随机的，在任何时点股票都有相同概率被高估或低估。

（2）该假设认为投资者不能获得超额利润，即投资的实际利润不会远高于预期利润或市场平均利润水平，并不否定投资者可以获得与投资风险相对应的正常利润。

（3）该假设不否定投资者可以在某段时间获得超额利润，而是认定这种超额利润不可能长期存在。

7.2.2 有效市场假设的三个层次

投资市场信息按其获得难易程度从低到高分为，历史信息、公开信息和内幕信息，与之相对应，有效市场分为弱有效市场、半强有效市场和强有效市场三个层次（见图7-1）。

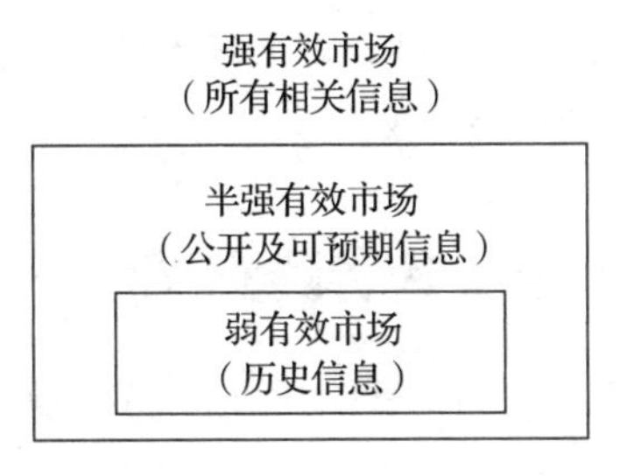

图 7-1 有效市场的三个层次

（1）当证券价格迅速充分地反映了所有历史信息，称这时的市场是**弱有效市场**（weak-form efficient market）。在弱有效市场上，投资者无法从证券价格变化的历史趋势中发现所谓的“证券价格变化规律”，持续获得超额利润，此时技术分析方法无效。

（2）当证券价格迅速充分地反映了所有公开发布以及可以预期的信息，称这时的市场是**半强有效市场**（semi-strong efficient market）。在半强有效市场上，投资者不可能通过分析任何公开发布的信息，以及虽未公开披露但已经被市场预期的信息，持续获得超额利润，此时基本分析方法无效。

（3）当证券价格迅速充分地反映了所有与价格有关的信息，包括历史信息、公开发布的信息，以及没有发布的内幕信息时，称这时的市场是**强有效市场**（strong efficient market）。在强有效市场上，投资者即使利用内幕信息也不能持续获得超额利润。

7.2.3 市场有效性及其悖论

路上的钞票之所以是假的，是因为行人会将路上的钞票捡起来，真的拿走，假的丢下，结果路上剩下的都是假钞。市场之所以有效，也是因为存在类似的传导机制：许多期望获得超额利润的投资者，总是收集和分析不断出现的新信息，并根据其研究买入价值被低估的股票，卖出价值被高估的股票，致使被低估的股票价格迅速上升，被高估的股票价格迅速下跌，最终所有股票既无低估也无高估，股票价格充分反映了与股票内在价值有关的所有信息，投资者只能获得正常利润。

上述信息传导到价格变化上的完整路径，可以用图 7-2 表示。

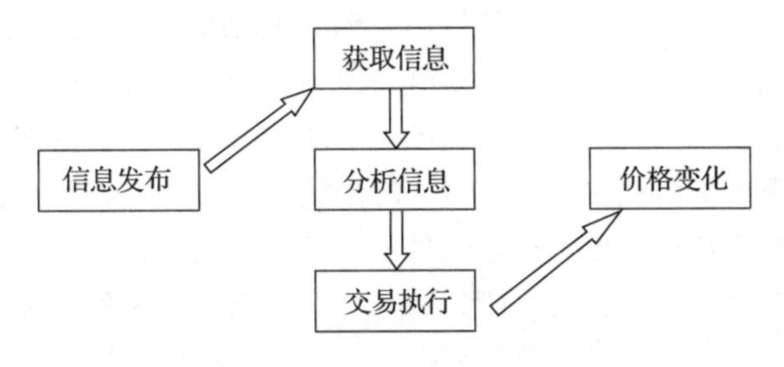

图 7-2 信息的价格传导机制

你可能会想，既然市场有效，不可能持续获得超额利润，则投资人的最优策略就是不必耗费时间和精力去研究投资市场。但就像马路上百元钞票，大家都认为是假钞而不去捡时，一定会在路上留下许多真钞票一样，投资人不花成本搜集和分析信息，证券价格就无法反映证券内在价值，投资市场上也将充斥着被高估和被低估的股票，市场此时实际上无效。这就形成了由有效市场假设出发最终导出市场无效的悖论，理论上称之为格罗斯曼-斯蒂格利茨悖论（Grossman-Stiglitz Paradox）。

7.3 有效市场假设的争论及其实践意义

有效市场假设自提出以来就引起了广泛的争论。这种争论具有重要的实践价值，因为是否认同有效市场假设，将决定投资者采取不同的投资策略。

7.3.1 关于有效市场假设的争论

认同有效市场假设的最主要是投资理论研究人士，也包括少数投资界实务人士。由于内在价值无法观测，有效市场假设无法直接证实，只能利用统计数据间接进行实证。针对弱有效和半强有效的主要实证研究成果有：

（1）前后期股票的收益率不具有关联性。法玛（Fama）等学者的研究显示：股票某日收益率和前几日收益率的相关系数非常接近于零；某段期间收益率与过去相同期间收益率的相关系数也非常小。因此，股价变化相关性很低，无法利用过去价格走势预测未来。

（2）利用交易法则做投资不能持续获得超额利润。股票交易法则（stock exchange skill）是指导投资者买卖股票的技巧。许多研究对投资市场上流行的交易法则进行实证检验得到的结论是：利用这些交易法则进行操作，并不能获得高于市场平均水平的利润。

（3）投资分派股票股利的公司不能获得超额利润。实证研究显示，分派股票股利本身并不会影响股价变动；影响股价变动的因素可能是公司大比例派送红股时，投资者预期公司未来盈利有可能提高的信息。

反对有效市场假设的有投资实务界人士和信奉行为金融理论的理论研究人士，如投资大师巴菲特曾经说过："如果市场总是有效，我会变成一个拿着易拉罐的街头流浪汉。"信奉行为金融的研究人士反对有效市场假设使用最多的证据是：投资市场上存在大量不能用有效市场假设解释的投资现象，学术界称这些投资现象为**市场异象**（market anomaly），主要有周末效应、小公司效应、市盈率效应、对信息反应不足或反应过度等。

（1）**周末效应**（weekend effect）是指周五购买股票的投资收益较其他时间都要差，而根据投资理论，周五购买股票到周一卖出共计三天的投资收益应该好于其他时间（非周五的某一天买入、第二天卖出）的收益率。对周末效应的一种解释是：周五时想到即将有两天假期，投资人情绪往往较好；周一时想到还有漫长一周才放假，投资人情绪低落。而投资人情绪高低往往主导着投资人的短线买卖行为。由于存在周末效应，投资者可将购买股票的日期放在周一，出售股票的日期放在周五，这样往往可以获得更高的投资收益。

（2）**小公司效应**（small firm effect）也称规模效应，是指投资小盘股往往会获得超额收益。一些针对美国和世界很多股票市场的实证研究表明，在考虑了大部分小公司较高的贝塔值之后，小公司也比大公司获得了更高的收益。

（3）**市盈率效应**（P/E effect）是指低市盈率股票或投资组合的长期收益率高于高市盈率股票的长期收益率，且这些超额收益率已经过风险调整。这种模式数十年来在美国以及全世界大部分股票市场反复出现。

（4）反应不足和反应过度。反应不足是指当市场出现利好信息（利空信息）时，股价短期涨幅（跌幅）大大低于股价应有涨幅（跌幅），后期股价逐渐上升（下降）到应有涨幅（跌幅）水平。市场对利好信息反应不足，提供了做多获取超额利润的机会。市场对利空信息反应不足，则提供了做空获取超额利润的机会。

反应过度是指当市场出现利好信息（利空信息）时，股价短期涨幅（跌幅）大大超过股价应有涨幅（跌幅），后期股价逐渐回落（上升）到应有涨幅（跌幅）水平。市场对利好信息反应过度，提供了做空获取超额利润的机会。市场对利空信息反应过度，则提供了做多获取超额利润的机会。

图7-3显示了股价对利好信息的正常反应、反应过度和反应不足三种情形。

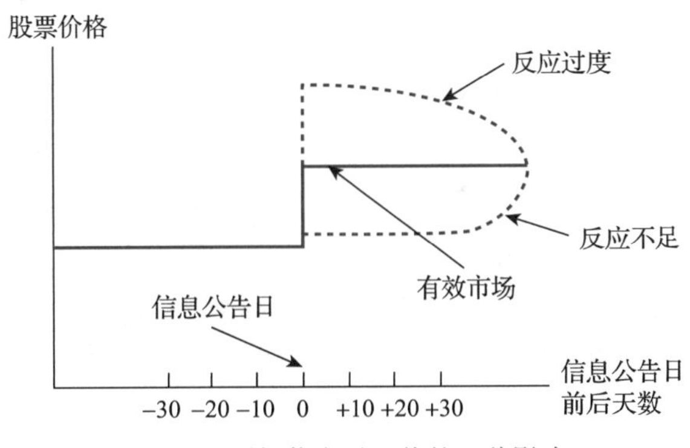

图7-3　利好信息对股价的三种影响

从一般意义上讲，对两个相互矛盾的个人观点很难有确定的方法来判定何者正确。这也适合市场是否有效的争论，因为：

（1）证明市场有效必须证明所有的投资方法都不能获得超额利润，在新的投资方法不断产生的背景下，这项工作将永无休止。

（2）要否定有效市场，只需要找出其不能解释的若干投资现象即可，这在一个时刻变化的投资市场中不是一件困难的事情。

（3）争论涉及不同群体的利益，可能影响争论的公正性。投资实务界许多人士之所以反对有效市场假设，是因为有效市场假设使他们自我标榜的高超投资技巧和持续的高额利润都无法立足，是对他们职业生涯的严峻挑战。而赞同有效市场假设并不断提供新的实证检验作为支持的理论研究者，往往希望借此奠定自己的学术地位。

我们利用中国南车和中国北车合并前后中国南车的股价变动，检验市场有效性问题：

2014年12月30日，中国南车和中国北车宣布将合并为中国中车，以解决两家公司在国外市场长期存在的恶性竞争问题。12月31日群益证券（香港）发布研究报告称，中国南车的目标价格为11元，较此前收盘价格5.8元的涨幅高达89.66%。

受合并利好影响，中国南车股价连续6天一字涨停，第7天（2015年1月12日）收盘价格为10.13元，基本达到11元的目标价。此后两个多月（至2015年3月17日），中国南车股价一直在10～15元区间震荡。3月18日后，在合并即将实施的预期下，中国南车股价持续暴涨，至4月20日最高上冲到39.47元，在高位盘整几日后，中国南车股价持续下跌，到2015年9以后，股价基本又在10～15元区间震荡。

从中国南车股价变动（见图7-4）来看，合并消息发布后价格迅速达到其合理价值11元附近，显示出市场具有较强的有效性。股价在3月18日~4月20日持续暴涨，价格远远高于其合理价值，显示出市场在这段时间对合并利好消息反应过度。这种反应过度在2015年9月后得以修正。因此，中国南车股价变化显示：市场有效和无效经常融合交叉，难以截然分开。

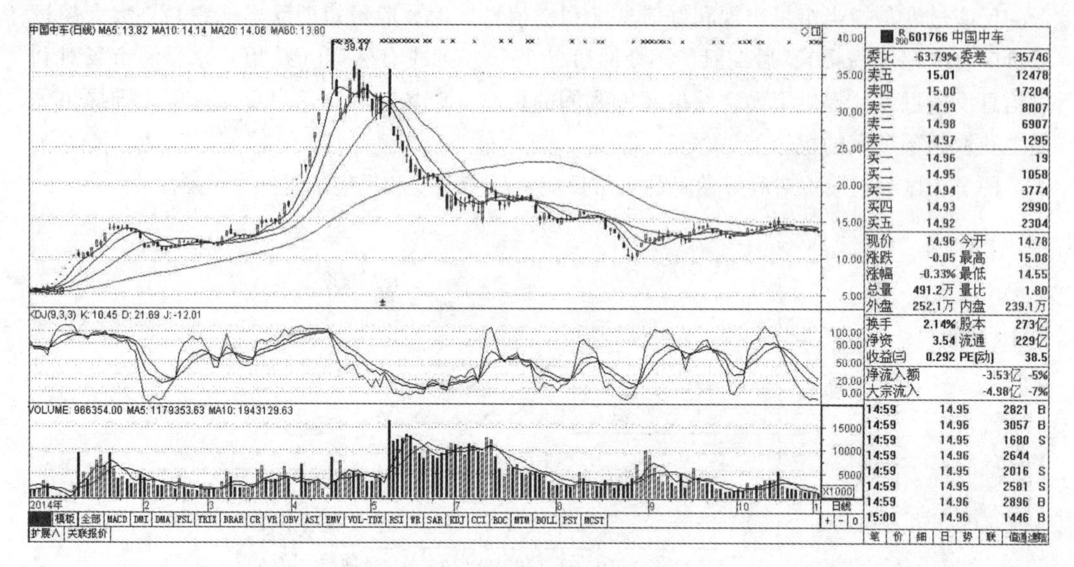

图7-4 中国南车股价变化

7.3.2 对有效市场假设赞成与否将决定你的投资策略

我们首先假定你反对有效市场假设，你的理由可能有以下几点：

（1）中国投资市场按照前中国证监会主席尚福林的话来说，是新兴+转轨的市场，其发展的不规范和投资者的不成熟，市场经常暴涨暴跌，以及内幕交易盛行等，显示市场的有效性较差。

（2）学习投资学就是希望能够掌握更多的投资理论和方法，识别价值被低估和被高估的股票，获取超额收益。

此时，你会运用各种分析方法，判断市场涨跌趋势，不断买进低估股票，卖出高估股票，希望实现普通投资者梦寐以求的打败市场的愿望：在市场上涨时获得的收益率高于市场平均水平，在市场下跌时遭受的亏损低于市场平均水平。你的这种投资策略被称为**积极投资策略**（active investing strategy）。

现在再假定你赞同有效市场假设，因为你认为该假设体现了尊重市场、适应市场投资法则的精髓，而且你还给出了另外一些理由：

（1）对投资收益率不能寄予太高的希望，因为收益率越高需要承担的风险也越大，而你不愿意承担超出自身承受能力的风险。

（2）价格是价值的主要信号，判断股价被高估和被低估非常困难，需要投资天赋，而这又是自己所缺少的。

（3）打败市场即获得超过市场平均收益的超额收益，这绝非易事，因为市场是全体投资者博弈的结果，不能因为想打败市场，而最后被市场打败。

显然，认同有效市场假设时，你能够获得的最大利润就是市场平均利润水平。那么，如何才能够获得与市场平均利润水平一样的利润呢？答案就是，不考虑市场可能的上涨或下跌，保持与市场同步进退，采取低成本的被动投资策略。**被动投资策略**（passive investing strategy），又称**买入并持有策略**（buy-and-hold strategy），是指投资人期望从长期持有中获得至少和市场指数表现相同的回报的投资策略。实施被动投资策略最有效的方法是选择投资指数基金。

7.4　有效市场假设的反对者——行为金融学

行为金融学（behavioral finance）是金融学、心理学、行为学、社会学等学科相交叉的边缘学科，其力图揭示金融市场的非理性行为和决策规律。

行为金融学的矛头直指有效市场假设，认为证券价格不仅由证券内在价值所决定，而且很大程度上受投资者情绪、性格和感觉等主观心理因素影响。

7.4.1　对理性人的批判

有效市场假设的重要基础是，投资者是**理性人**（rational man），在决策时能够对已知信息正确加工处理，以达到其效用最大化目标。但行为金融理论认为，效用最大化目标要求投资者能够分析所有投资机会的效用函数，而投资者的理性有限，不可能在限定时间内完成这项工作。

行为金融学学者认为，投资者理性有限首先在于由反馈过程支配的股市是一种混沌系统。在混沌系统中，初始条件十分微小的变化，经过不断放大，对其未来状态会造成极其巨大的差别。这被非常形象地称为“蝴蝶效应”：“一只南美洲亚马孙河流域热带雨林中的蝴蝶，偶尔扇动几下翅膀，可以在两周以后引起美国得克萨斯州的一场龙卷风”。因此，用线性模型分析股市本质上是错误的，非线性模型也会导致完全不可预测性[㊀]。

为了证明投资人理性有限，行为金融学学者做了大量实验，其中一个实验[㊁]是：

（1）在1～100中随意选取一个整数，将所选数字进行平均，再将该平均值除以2获得标准值。参与游戏的人中谁写的数字最接近这个标准值，就能获得最高奖励。

（2）实验结果是：大多数参与者给出的答案是20～40，平均数是26.8，标准值是13.4。而理论上的正确答案应该是1，也就是说，大多数参与者离完全理性相距甚远。

行为金融学学者还认为，投资人理性有限是因为套利有局限：

（1）不是每个证券都有完美或较好的替代品，套利缺少相应标的。

（2）即使投资产品间定价发生错误，套利者并不具有立即促使价格回归价值的能力。

（3）套利有各种交易成本，影响投资人的套利行为。

更进一步，与投资者理性假设针锋相对，行为金融学提出了“噪声交易理论”，即短线投资者为了追求利润最大化，会忽视与基本面有关的信息，把注意力集中到那些与股票价值无关、但可能影响股票价格使之非理性变动的“噪声”（错误信息）上，这种行为会在

㊀ 特维德．金融心理学［M］．周维群，译．北京：中信出版社，2013：47.

㊁ 饶育蕾，盛虎．行为金融学［M］．北京：机械工业出版社，2010：243-244.

短期内造成价格扭曲，导致套利者因短期亏损而被逐出市场。

股市中的“博傻理论”，一定程度上可以视为“噪声交易理论”的现实案例或解释。博傻理论认为：股票到底值多少钱无关紧要，完全不用考虑股票价格是否被高估，甚至是否被过度高估；是否购买某种股票时最值得投资者考虑的是其他投资者愿意以什么价格从他手中买走股票，这远比考虑这种股票是否值得购买更能让他盈利。博傻理论的通俗解释就是：某个以过高价格买进股票的“傻瓜”投资者能否盈利的关键是，是否有一个更傻的“大傻瓜”，愿意以更高的价格从他手中买走这些股票；如果他能够准确预测到这种“大傻瓜”的存在，那么不管价格多高，他都可以盈利。

7.4.2 行为金融学的若干行为假定

行为金融学认为，投资人行为是理性与非理性或感性的综合，投资人对信息加工处理时会启动大脑分析问题的经验系统和理性系统：

- 经验系统主要依靠情感、直觉和经验对问题做出迅速的判断；
- 理性系统依赖解决问题的规则明确解题步骤，并按照该步骤进行操作，最终获得问题的解；
- 当经验系统和理性系统在决策中作用方向一致时，决策结果既合乎理性又遵从直觉；
- 当经验系统和理性系统在决策中作用方向不一致时，两个系统相互竞争时通常是经验系统占据优势，指导人们进行决策，导致投资人在决策时常常表现出一些非理性心理和行为，包括过度短视、低价股幻觉、过度自信、证实偏差、本土偏好、处置效应、羊群效应等。

1. 过度短视

过度短视指投资人对最近发生的事情和最新的经验给予更多关注，从而在决策时过分看重近期事件的影响。过度短视投资人思维呈线性方式，经常会用短期的历史数据预测不确定的未来：①把近期的股价变动理解为长期趋势，认为近期上涨的股票会继续上涨，近期下跌的股票还会下跌，因而追涨杀跌；②用公司短期业绩变动推导长期业绩变动，认为未来第 N 年税后利润 = 去年税后利润（1 + 短期税后利润年均增长率）^{N}，短期业绩增长的上市公司长期也将保持原有增长趋势，短期业绩下滑的上市公司长期仍将继续下滑。

在短期股价与长期股价关系方面，过度短视忽略了投资市场上存在单只股票的收益率相对于市场总体有回归平均值的倾向，即一只股票可能在一段时间表现得出奇好，投资收益率高于预期，但可能在另一段时间表现得出奇差，投资收益率低于预期，结果是基于短期价格变动做出不正确的长期预期。

在短期业绩和长期业绩方面，过度短视忽视了行业竞争和公司经营战略调整对公司长期业绩的重要影响，现实情况最终是大多数曾经表现优异的公司总会由高速发展阶段进入正常发展阶段，一些以往业绩不佳的公司也会逐渐走上正常发展轨道。

2. 低价股幻觉

低价股幻觉是指投资人基于低价股易涨难跌的认知，偏好投资低价股。过去相当长一段时间，低价股幻觉盛行于中国内地投资市场，表现为市场不时出现对低价股的疯狂投机。

从理论上看，低价股易涨难跌的幻觉是基于股价的绝对变动。如有两只股票，一只价格是2元，另一只价格是100元，投资人很容易认为，2元的股票上涨到4元即获得100%的收益很容易，而100元的股票上涨到200元即获得100%的收益很困难。而在股价下跌时，2元股票下跌的最大空间就是2元，200元股票的下跌空间则高达200元。

但是，细究低价股易涨难跌幻觉，至少有两点值得投资人思考：一是从相对数来看，股价完全可以从任意价格下降50%甚至更多，如2元股票下跌到1元，200元股票下跌到100元，股价缩水50%对于2元股票和200元股票的效果完全没有差别；二是2元股价和200元股价所对应的上市公司，本质上有极大差异，而这种价格高低就反映了这种本质差异，改变这种差异并非很容易。

低价股幻觉在成熟投资市场很难流行，如香港市场就有大量价格只有几分钱的“仙股”，而这些仙股通常无人问津。中国内地市场现在已经出现大量价格在1元钱面值附近的ST类股票，这些股票徘徊在退市边缘，市场交投非常清淡，显示低价股幻觉有退出市场的端倪。

3. 过度自信与归因偏差

研究表明，人们有高估自己能力和对成功过分乐观的“**过度自信**”（overconfidence）倾向。投资者容易忘记失败，也很难从失败中汲取教训，这会进一步强化其自信。

投资者的自信程度可用其交易的频繁程度和投资分散程度来间接衡量：

（1）交易越频繁者，自信程度越高。因为当自信市场会上涨或下跌时，你才会买卖股票；当对市场趋势没有明确判断时，你往往不会买卖。《第一财经日报》等媒体于2010年5月进行的一项调查[1]显示，条件许可时投资者倾向提高交易的频繁程度，会更加自信；

（2）投资分散越低或投资集中越高的投资者，其自信程度越高。这是因为，当投资者非常自信其选股能力时，就不会觉得需要分散化投资来降低风险。

投资实践中，集中投资、频繁交易等过度自信行为通常不能提高投资收益率，反而由于较高的交易成本，很可能使投资人收益率下降。国外研究[2]表明，投资人由电话交易转为更便捷的网上交易之后，其投资收益率每年下降了5%。

而且，过度自信使投资人很难从自身寻找投资失败的原因，从而无法纠正其不当投资行为。最可能的情形是投资者对投资成败的归因出现偏差，将投资成功归因于自己的能力，投资失败归因于不利的外部环境，如中国一些投资者认为自己之所以投资失败，是因为中国投资市场不够成熟、不够规范。

4. 证实偏差

投资者通常分为“多”“空”两大阵营。“多头”会强烈期盼市场上涨，积极寻找支持市场上涨的各种理由，不会关注或者不愿意相信会导致市场下跌的新信息。“空头”同样如此。我们把投资者寻找支持自己立场的证据的倾向称为“**证实偏差**”（confirmation bias）。

证实偏差使投资人不愿意相信与其相对立的观点，不管这种观点是否正确。如在2001

---

[1] 2010年5月31日《第一财经日报》刊登的文章《九成投资者希望A股交易回归T+0》。

[2] Barber B M, Odean T. Online Investers: Do the Slow Die First? [J]. Review of Financial Studies, 2002, 15 (2): 455-487.

年下半年许小年先生预言上证指数要跌到1000点[⊖]，引起四面讨伐，甚至受到人身威胁。孰料一语成谶，经过近四年的振荡下跌，到2005年6月6日，上证综指果然跌至998点。

5. 本土偏好

许多研究表明，投资者尤其是个人投资者在分散化投资时有“本土偏好”（home bias）倾向，即投资者将其大部分资金投资于本国股票，甚至本地股票，而不是按照投资组合理论，投资于与本地股票相关度低、能够明显降低组合风险的外地或者国外股票。

行为金融学认为，本土偏好的原因主要是信息幻觉和熟悉性偏好。信息幻觉是指投资者可能认为他们在了解本国和本地上市公司方面拥有信息优势。熟悉性偏好则指投资者购买本国、本地公司股票是因为它们对这些公司更熟悉。

6. 处置效应

假设你持有多只股票构成的投资组合，一些股票盈利，另外一些股票亏损。如果你现在必须卖出一些股票，你会卖出盈利的股票，还是亏损的股票？稍作考虑后，你很可能卖出盈利的股票。实际上，大多数投资者都会如此。行为金融学将投资者倾向卖出盈利的股票，继续持有亏损的股票，即“出盈保亏”，称为**处置效应**（disposition effect）。

处置效应产生的原因是投资人损失厌恶。我们可以设计以下两种情景来理解损失厌恶。

情景一：假设你在游戏中赢了8 500元，你有两种选择：①带着8 500元离开；②继续下注，有90%的可能赢1 500元，10%的可能输8 500元。你很可能选择带走8 500元——确定无疑的结果，虽然你知道第二种选择的期望值是500元，即：

$$\begin{aligned}\text{期望值} &= \text{赢钱概率} \times \text{赢钱数量} - \text{输钱概率} \times \text{输钱数量} \\ &= 0.9 \times 1\,500 - 0.10 \times 8\,500 = 500(\text{元})\end{aligned}$$

你之所以做出带走8 500元的决策，是因为你厌恶风险，不愿意承担可能输8 500元的风险。

情景二：假设你在游戏中输了8 500元，你有两种选择：①离开，减少可能的继续亏损；②继续下注，有90%的可能再输1 500元，10%的可能赢8 500元。你很可能选择继续下注试图“翻本”，虽然你知道这种选择的期望值是－500元，即：

$$\text{期望值} = 0.10 \times 8\,500 - 0.9 \times 1\,500 = -500\ (\text{元})$$

你之所以继续下注，是因为你厌恶已经输掉8 500元的损失。

损失厌恶使投资人盈利时厌恶风险，亏损时偏好风险，投资人在投资中力求避免后悔：

（1）盈利时面对确定的收益和不确定的未来走势，为了避免价格下跌而带来的后悔，投资者倾向于做出获利了结的行为。

（2）亏损时面对确定的损失和不确定的未来走势，为避免立即兑现亏损而带来的后悔，投资者倾向于继续持有亏损的股票。

但上述投资策略可能并不理性，因为理性的决策应该是卖出上涨可能性较小的股票，保留上涨可能性较大的股票，而不应以是否盈利作为卖出的标准。实际上，与处置效应恰恰相反，投资界的交易法则是“迅速卖出亏损股票，持有盈利股票不断扩大盈利”。

7. 羊群效应

羊群效应（herd effect）又称**羊群行为**（herd behaviors），是指投资者在信息环境不确定

⊖ 许小年先生否定自己提过“千点论”的观点，认为这是某些媒体强加于他的。

的情况下，行为受其他投资者的影响，或者过度依赖舆论，简单地模仿他人的行为。

羊群效应的激发因素是人类与生俱来的恐惧和贪婪。当市场下跌、抛售股票的浪潮汹涌时，普通投资人害怕市场继续下跌，纷纷加入抛出股票的空头大军，导致投资市场暴跌。而当市场上涨、资金不断涌入时，普通投资人贪心不断膨胀，又加入疯狂抢购股票的多头大军，致使投资市场暴涨。

行为金融学认为，羊群效应产生的原因主要有以下几个方面：

（1）投资者信息不完全、不对称，模仿他人的行为可以节省自己搜寻信息的成本。

（2）减轻后悔。选择与他人相同的策略，或听从他人的建议，即使决策失误，投资者也能从心理上把责任推卸给别人，从而降低自己的后悔感。

（3）相信权威。大多数投资者都会崇拜权威，特别是这种权威由投资实践产生时更是如此。如在美国投资市场，紧跟巴菲特进行投资已经深入人心。在中国投资市场，追随明星基金经理王亚伟进行投资也一度成为一种时尚。

7.5　行为金融学的实践意义

虽然行为金融学缺乏一种能够普遍解释各类市场异常现象的理论或模型，但其对投资实践有着重要的指导作用是毋庸置疑的，这种指导作用可以从三个不断递进的层次来认识：

（1）认识投资可能出现的错误行为。无论是过度短视、低价股幻觉、过度自信、证实偏差、本土偏好，还是处置效应、羊群效应，其中都包含非理性成分，都有可能对投资活动造成负面影响。

（2）尽量避免可能出现的错误行为。如投资时不要将股票短期趋势固化，不要高估自己的投资能力，要尽可能学会倾听对方的观点和意见，卖出股票的决策必须建立在股价上涨可能性大小的客观评价基础上，对权威观点要仔细分析和研究等。

投资决策时避免错误行为的有效方法之一是设立T形账户，账户左边是要买入某只证券的各种因素分析，账户右边是要卖出某只证券的各种原因分析，最后究竟要买入还是要卖出某只证券，取决于对各种买入和卖出因素的综合评估。

如在2018年12月11日，我们搜集资料，从国内市场和国际市场横向比较，历史市盈率水平高低纵向比较，以及银行业发展前景分析等角度，构建表7-1所示的中国银行业股票T形账户：

表7-1　银行业股票买卖分析

买入原因	卖出理由
①国内市场市盈率最低板块	①未来中国经济下行
②比国外银行股票市盈率低	②银行可能有大量坏账显现
③银行业股票市盈率最低时期	③金融业进一步开放

分析表明：银行业股票既有充分的理由买入，又潜藏着较大不利因素，买卖仍须慎重。

投资决策时避免错误行为的有效方法之二是采取程序化交易方式。所谓**程序化交易**（programmed trading），是指根据事先制定的入市、离市、资金和仓位管理与风险控制等一系列交易规则，由计算机自动交易，从而在一定程度上避免投资人受贪婪、恐惧等情绪干扰。

程序化交易在一些国家已高度发达，如美国股票交易中一半以上的交易由计算机程序驱动。[1] 程序化交易中最引人注目的是**高频交易**（high frequency trading）。高频交易是指每次交易从开仓到平仓只有很短的时间间隔，一般从十几分钟到几微秒不等，甚至达到纳秒——十亿分之一秒，主要目的是通过市场短暂的价格波动而获利。高频交易的获利来源于大数定律：每笔交易的胜率只比50%多一点，但一天中进行大量交易，最终每天的总体胜率会非常高。高频交易最为市场诟病的是幌骗，即交易者在市场交易中虚假报价再撤单的行为，其本质是操纵市场，导致高频交易越来越受到市场和监管部门的关注[2]。

需要注意的是，虽然程序化交易在国内外投资市场发展势头迅猛，但其无法替代主观投资，且程序化交易和主观投资的收益率差异并不是很大[3]。

（3）利用其他投资者的错误获得更大的利润。这是学习行为金融学的最高境界，也是投资大师巴菲特所说的“利用市场的愚蠢有规律地进行投资”的真谛。如在羊群效应的推动下，市场将在疯狂和绝望之间不断循环，这时采取**逆向投资策略**（contrarian investing strategy），即与市场主流观点相反，在市场疯狂看多时做空，市场疯狂看空时做多，将获得绝佳的投资效果。逆向投资策略还可以用于投资的微观层面，其方法是卖空过去多年收益率很高的强势股票，买入过去多年收益率很差的弱势股票。

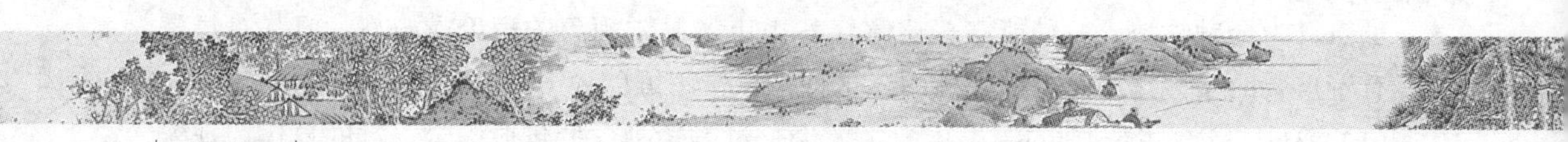

新闻摘录

高频交易　致命的武器

2010年5月6日，道琼斯工业指数几分钟内暴跌800点，约一万亿美元资产瞬间蒸发。《华尔街日报》资深记者斯科特·帕特森在《暗池：高频交易及人工智能大盗颠覆金融世界的对决》[4] 一书中指出，是高频交易导致了市场闪电崩盘。

高频交易员借助强大的计算机系统和复杂的程序运算，可在极短时间自动完成大量订单，从极小的价格波动中获利。但当计算机出现错误，或人为操作失误时，高频交易也会迅速引发羊群效应，给市场带来巨大冲击。

高频交易公司之间的竞争，将“快”诠释得淋漓尽致。21世纪初，人工智能交易的速度还局限于毫秒——千分之一秒，大约是人类平均思考速度的200倍。2010年报价执行速度达到了微秒级——一百万分之一秒。而今，交易速度已经达到了纳秒——十亿分之一秒。

尽管高频交易员都相信自己使市场更具流动性，提升了市场效率。但批评者认为，正是他们的不透明技术导致了诸如闪电崩盘的惨剧。帕特森对市场未来表达了担忧：人工智能程序是交易技术的进步，还是为市场埋下更致命的定时炸弹？或许，人工智能机器人“明星”的设计者斯宾塞·格林伯格的警告，同样可以作为帕特森的立场：在无知的人手中，人工智能可能成为一种致命武器。

资料来源：摘自2015年10月31日《中国证券报》。作者有删改。

---

[1] 博迪，等. 投资学［M］. 汪昌云，张永冀，等译. 北京：机械工业出版社，2017：57.

[2] 市场和监管部门有限制高频交易的趋势。见2015年11月2日《华尔街见闻》《高端玩家的新玩法：不带高频交易者》；2015年10月22日《华尔街见闻》刊载的文章《美国将出史上最严厉措施监管高频交易》。

[3] 周佰成，刘毅男. 量化投资策略［M］. 北京：清华大学出版社，2019：20-27.

[4] 本书中文版机械工业出版社已出版。

7.6 适应性市场假说：有效市场假设和行为金融学争论的终结者

针对有效市场假设和行为金融学的持续争论，学术界提出了适应性市场假说理论。适应性市场假说（adaptive markets hypothesis，AMH）认为，投资市场可以视为一种生态系统，具有相同行为特征的某类投资者就构成一个物种，投资市场是不同物种之间捕食与被捕食的场所，投资者的首要任务不是使自己的效用最大化，而是使自己生存下去。

适应性市场假说试图调和有效市场假设和行为金融学的矛盾，避免“不是/就是”二元论方法的局限，将市场有效视为一个动态过程：如果市场上物种具有多样性，或者种群数量很庞大，则种群之间竞争会使得市场有效；如果市场上只有少量的物种竞争，则市场可能无效。用更通俗的语言表述就是：市场可能此时有效，彼时无效；部分市场有效，部分市场无效。或者用投资大师巴菲特的话说就是：在大多数时间，大多数股票的价格是正确的，但并不是永远正确的。

以适应性市场假说为分析基础，投资人必须交替使用有效市场假设和行为金融学的思想和观点：既需要经常从有效市场的视角来看待市场，又需要洞悉行为金融学投资人有限理性甚至非理性可能导致的市场错误，并利用这些错误所蕴藏的投资机会。

关键概念

随机游走假设	有效市场假设	弱有效市场
半强有效市场	强有效市场	市场异象
周末效应	小公司效应	市盈率效应
积极投资策略	被动投资策略	买入并持有策略
理性人	行为金融学	过度短视
低价股幻觉	过度自信	证实偏差
本土偏好	处置效应	羊群效应（羊群行为）
逆向投资策略	程序化交易	高频交易
适应性市场假说		

本章小结

1. 股价对各种信息做出反应，而信息随机进入市场，所以股价变化呈现随机性特征。
2. 有效市场假设认为，证券价格迅速充分地反映了与该证券相关的所有信息，价格是证券内在价值的最真实体现，投资者无法通过某种既定的分析模式或操作方式持续获得超额利润。有效市场包括弱有效、半强有效和强有效三个层次。
3. 当投资者都不认同有效市场并试图低买高卖时，市场就变得有效；当投资者都认同有效市场并不再为获取超额利润努力时，市场就不再有效。
4. 有效市场假设在许多方面通过了实证检验，但其不能解释大量市场异象，如周末效应、小公司效应、市盈率效应等。
5. 认同有效市场假设者将采取被动投资策略，不认同有效市场假设者将采取主动投资策略。

6. 行为金融学对有效市场假设的理性人基础进行了猛烈的批判。
7. 投资人常犯的错误包括，过度短视，低价股幻觉，过度自信与归因偏差，证实偏差，本土偏好，处置效应，羊群效应等。
8. 学习行为金融学有助于我们认识投资可能出现的错误，尽可能避免犯错，学会利用市场的错误来获取更大的收益。
9. 适应性市场假说认为，投资市场是不同物种之间捕食与被捕食的场所，投资者的首要任务是使自己生存下去。

视频材料

纪录片：《华尔街第九集：拯救危机》，https://v.qq.com/x/page/w0147hh136o.html。

问题和应用

1. 本书第 3 章所推导的除权价格公式，建立在什么样的投资学观点基础之上？
2. 你赞成还是反对有效市场假设？请说明你的理由。
3. 试比较积极投资策略和被动投资策略。未来投资时，你会选择哪种投资策略？
4. 有效市场假设是否适合房地产市场、古玩市场、邮票市场？为什么？
5. 谈谈你对过度短视、低价股幻觉、过度自信与归因偏差、证实偏差、本土偏好、处置效应和羊群效应等投资现象的理解。
6. 谈谈你对适应性市场假说的理解。

PK 话题

1. 市场有效 vs 市场无效
2. 赞成羊群效应 vs 反对羊群效应

延伸阅读材料

1. 麦基尔．漫步华尔街［M］．张伟，译．北京：中国社会科学出版社，2007.
2. 饶育蕾，盛虎．行为金融学［M］．北京：机械工业出版社，2010.
3. 特维德．金融心理学［M］．汪昌云，张永冀，等译．北京：中信出版社，2013.
4. 莫布森．魔鬼投资学［M］．刘寅龙，译．广州：广东经济出版社，2007.
5. 陈奇斌．尤金·法马与有效市场理论［J］．福建论坛（人文社会科学版），2014(1)：38-41.
6. 邹辉文，等．证券市场效率理论及其实证研究评述［J］．中国软科学，2004(9)：38-47.
7. 宋军，等．从有效市场假设到行为金融理论［J］．世界经济，2001(10)：74-80.
8. 丁志国，等．现代金融学噪音交易理论文献综述［J］．江汉论坛，2007(7)：78-80.
9. 方辰君．股票更名异象、投资者关注与投资者行为研究［J］．山西财经大学学报，2016(2)：36-48.
10. 许年行，等．机构投资者羊群行为与股价崩盘风险［J］．管理世界，2013(7)：31-43.
11. 田晓林．适应性市场假说的研究进展［J］．经济学动态，2005(4)：97-101.

第8章
CHAPTER 8

债券投资分析

§本章提要

债券价格等于债券未来现金流现值之和。市场利率波动是债券投资的最主要风险。市场利率波动对债券价格的影响被概括为六大定理。债券到期收益率的高低，是投资人决定是否投资的重要依据。利率期限结构预示了未来利率变动趋势。久期综合衡量了不同期限、不同息票率和不同到期收益率债券对利率变动的敏感性。凸性衡量了债券的弯曲程度。

§重点难点

- 掌握债券合理价格的基本公式及计算，了解全价价格与净价价格
- 熟练应用债券价格六大定理分析债券价格变化趋势
- 理解到期收益率的含义，能用公式计算债券到期收益率
- 了解利率期限结构和收益率曲线
- 理解久期的含义，掌握久期的计算及应用
- 能用公式计算债券的凸性

§引导案例

债王格罗斯：当前债市是迟早会爆炸的超新星

2016年6月9日，10年期德债收益率刷新纪录低点0.031%。当第二个“一生只有一次”的机会到来时，格罗斯称：全球收益率降到500年来最低，超过10万亿美元债券是负利率；债市是一个早晚要爆炸的“超新星”。

2015年4月，10年期德债收益率跌至0.049%，格罗斯说做空德债是一个巨大的投资机会，有10%~15%的收益率。随后，德债暴跌、德债收益率激增。但受欧央行超级宽松政策推动，德债在大幅调整后重新上扬。

此前，格罗斯接受彭博新闻社采访时表示，他不再购入长期债券、高收益类债

券或是股票，而是开始做空信用风险、做多市场波动性。

资料来源：《华尔街见闻》2016年6月10日。作者有删改。

§ **案例思考**

债券负利率是什么原因造成的？债券负利率会导致债市爆炸吗？

债券尤其是国债被投资人视为一种重要的避险工具，被比喻为“笼中鸟”，适合在经济形势欠佳、股市表现不好的情形下投资。本章将在第2章有关债券知识的基础上，以投资债券的现实需要为目标，深入研究债券市场运行机理：债券定价的基础是什么？投资债券预期收益率如何计算？如何分析和应对债券的利率风险？

8.1 债券估价

投资人购买债券后可获得相对稳定的现金流。如果发行人不违约，则投资人在购买债券时就知晓该债券未来的现金流量，并会根据这些未来现金流量估算债券价值。

8.1.1 债券定价基本公式

债券现金流包括两部分：一是至到期日为止所有支付的利息，二是到期时收到的债券面值。将上述所有现金流折算成现值并求和，就是**债券的合理价格** P，即：

$$P = \frac{C_1}{1+r} + \frac{C_2}{(1+r)^2} + \cdots + \frac{C_T + M}{(1+r)^T} = \sum_{t=1}^{T} \frac{C_t}{(1+r)^t} + \frac{M}{(1+r)^T} \tag{8-1}$$

式中 T——距离债券到期日的时间间隔（通常为年）；

C_t——债券第 t 期支付的利息；

r——市场利率、折现率或到期收益率；

M——债券面值。

当每年利息相等（用 C 表示）时，运用等比数列求和公式，式（8-1）可改写为：

$$P = \frac{C}{r}\left[1 - \frac{1}{(1+r)^T}\right] + \frac{M}{(1+r)^T} \tag{8-2}$$

如果债券利息支付频率是半年一次，则式（8-2）可以改写为：

$$P = \frac{C}{r}\left[1 - \frac{1}{(1+r/2)^{2T}}\right] + \frac{M}{(1+r/2)^{2T}} \tag{8-3}$$

利用债券合理价格公式，不仅可以判断目前市场上债券价格的合理性，而且可以为拟发行债券进行定价。发行债券时通常的做法是先决定年限和利率，然后根据发行时债券票面利率和市场利率的关系确定发行价格，具体有折价、平价和溢价三种发行方式：

（1）当债券票面利率低于市场利率时，债券发行价格低于债券面值，这被称为折价发行（discount issue）。

（2）当债券票面利率等于市场利率时，债券发行价格等于债券面值，这被称为平价发行（par issue）。

（3）当债券票面利率高于市场利率时，债券发行价格高于债券面值，这被称为溢价发行（premium issue）。

投资人购买债券后，会用当期收益率衡量债券投资收益率，具体计算公式是：

$$当期收益率 = \frac{债券年利息}{债券市场价格} \tag{8-4}$$

债券当期收益率公式显示：折价债券的当期收益率高于票面利率，平价债券的当期收益率等于票面利率，溢价债券的当期收益率低于票面利率。

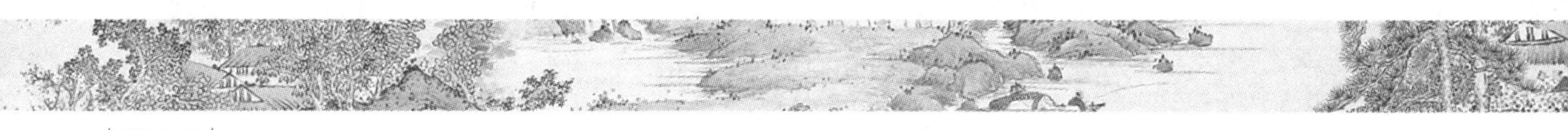

例8-1

假定面值1 000元、期限20年的债券甲、债券乙和债券丙正待发行，其票面利率分别为4%、5%和6%。问：(1) 如果折现率为5%，则三种债券将以何种价格发行？(2) 三种债券的当期收益率是多少？(3) 假设折现率一直保持在5%，三种债券价格随着时间推移会如何变化？(4) 投资三种债券一年后的收益率是多少？

解答：(1) 根据式 (8-2)，债券甲的发行价格（合理价格）为：

$$P_{甲} = \frac{1\,000 \times 4\%}{5\%} \times \left[1 - \frac{1}{(1+5\%)^{20}}\right] + \frac{1\,000}{(1+5\%)^{20}} \approx 875.38(元)$$

利用Excel计算债券价格的程序是：①进入财务函数PV（现值）；②将RATE（折现率）=5%，NPER（利息总期数）=20，PMT（每期支付的利息）=40，FV（债券面值）=1 000，Type（现金流在期末收到）=0等代入，可得债券合理价格约为875.38元。

同样，可以计算债券乙和债券丙的发行价格（合理价格）为：

$$P_{乙} = \frac{1\,000 \times 5\%}{5\%} \times \left[1 - \frac{1}{(1+5\%)^{20}}\right] + \frac{1\,000}{(1+5\%)^{20}} \approx 1\,000.00(元)$$

$$P_{丙} = \frac{1\,000 \times 6\%}{5\%} \times \left[1 - \frac{1}{(1+5\%)^{20}}\right] + \frac{1\,000}{(1+5\%)^{20}} \approx 1\,124.62(元)$$

(2) 三种债券的当期收益率分别为：

$$债券甲的当期收益率 = \frac{债券年利息}{债券市场价格} = \frac{40}{875.38} \approx 4.57\%$$

$$债券乙的当期收益率 = \frac{债券年利息}{债券市场价格} = \frac{50}{1\,000} = 5\%$$

$$债券丙的当期收益率 = \frac{债券年利息}{债券市场价格} = \frac{60}{1\,124.62} \approx 5.34\%$$

(3) 根据式 (8-2)，计算三种债券的价格变化情况如表8-1所示。

表8-1　债券价格随时间的变化

剩余到期年限（年）	债券甲的价格（元）	债券乙的价格（元）	债券丙的价格（元）
20	875.38	1 000.00	1 124.62
19	879.15	1 000.00	1 120.85
15	896.20	1 000.00	1 103.80
10	922.78	1 000.00	1 077.22
5	956.71	1 000.00	1 043.29
0	1 000.00	1 000.00	1 000.00

表 8-1 显示：债券甲即折价债券的价格随着到期日临近不断上涨，债券乙即平价债券价格始终等于面值，债券丙即溢价债券的价格随着到期日临近不断下降；三种债券在到期日的价格都等于债券面值。折价债券和溢价债券的价格都随着时间推移向债券面值回归，这或许是对债券“笼中鸟”最好的诠释。

（4）投资债券甲、债券乙和债券丙一年后的收益率分别为：

$$HPR_{甲} = \frac{879.15 - 875.38 + 40}{875.38} \approx 5\%$$

$$HPR_{乙} = \frac{1\ 000 - 1\ 000 + 50}{1\ 000} = 5\%$$

$$HPR_{丙} = \frac{1\ 120.85 - 1\ 124.62 + 60}{1\ 124.62} \approx 5\%$$

因此，投资三种债券一年的收益率都是5%，等于市场利率。本例说明，在充分竞争的资本市场，每一种债券在风险调整的基础上，都能给投资人提供类似于市场利率的收益率。

8.1.2 永久性公债、零息债券和可赎回债券的合理价格

永久性公债每年支付固定的利息，没有到期期限，其合理价格为：

$$P = \frac{C}{1+r} + \frac{C}{(1+r)^2} + \cdots + \frac{C}{(1+r)^T} + \cdots = \frac{C}{r} \tag{8-5}$$

零息债券的发行价格通常低于债券面值，在债券存续期内没有任何利息回报，发行人以债券面值作为到期日偿还的债券本金。零息债券的合理价格为：

$$P = \frac{0}{1+r} + \frac{0}{(1+r)^2} + \cdots + \frac{M}{(1+r)^T} = \frac{M}{(1+r)^T} \tag{8-6}$$

可赎回债券（callable bond）是指发行人根据约定条件可以赎回的债券，其合理价格为：

$$P = \sum_{t=1}^{nc} \frac{C_t}{(1+r)^t} + \frac{P_{nc}}{(1+r)^{nc}} \tag{8-7}$$

式中 nc——至第一可赎回日期为止的年数；

P_{nc}——债券的赎回价格。

8.1.3 债券交易的全价价格与净价价格

前面分析债券价格时隐含假定，买卖债券时债券刚好发行，或者债券利息刚好支付完毕，债券以后支付的利息和本金偿还全部为买者所有。但实际上，债券交易经常发生在两次利息支付之间，买者未来收到的利息中有一部分属于卖者，这时债券价格计算需要引入两个重要概念——全价价格（全价交易）和净价价格（净价交易）。

全价价格是指将归属于卖者的债券应计利息包含在债券报价中的报价方式。应计利息是指上次利息支付到目前所含的利息金额。净价价格是指债券买卖时以不含有应计利息的价格报价并成交的报价方式。在债券交易中，买卖双方通常按净价报价，但以全价交割，即净价加上应计利息才是实际交割价格。

债券全价和净价的关系可以表示为：

$$全价价格 = 净价价格 + 应计利息 \tag{8-8}$$

$$应计利息 = \frac{债券票面利息 \times 距上次利息支付的天数}{两次付息间隔天数} \tag{8-9}$$

如假设例 8-1 债券甲每年利息支付时间是当年 12 月 31 日，投资人在债券发行半年后即 7 月 2 日买入债券，则：

$$净价价格 = \frac{20}{(1+5\%)^{1/2}} + \sum_{t=1}^{19} \frac{40}{(1+5\%)^{t+0.5}} + \frac{1\ 000}{(1+5\%)^{19.5}} \approx 877.48(元)$$

$应计利息 = \frac{40 \times 182}{365} \approx 19.95(元)$。为和净价价格计算一致，这里取20元。

$全价价格 = 877.48 + 20 = 897.48(元)$

8.2　债券价格变动六大定理

市场利率变动是债券投资最主要的风险。伯顿·G. 马尔基尔（Burton G Malkiel)、霍默（Homer）和利博维茨（Liebowitz）研究了利率变动时不同种类债券价格的变动规律，给投资人提供了分析思路和应对方法。

8.2.1　面对多种债券该如何选择

了解市场利率变动时债券价格的变化规律，可从分析下面两个例题开始。

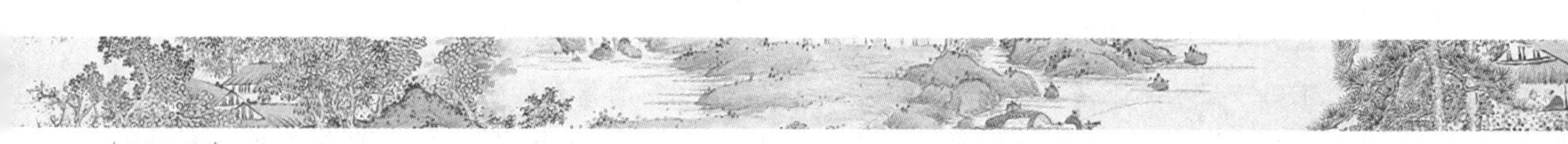

例8-2

有期限为1、5、10、15和20年且面值都是100元的五种债券，息票率都是5%，年付息两次。当前市场利率为5%，未来市场利率可能为4%、5%和6%。请分析：以市场利率5%为基期，未来市场利率升降1%时债券价格的变动规律。

解答：计算未来不同利率下债券的价格，以及以5%为基期利率时利率升降1%的债券价格变动如表8-2所示：

表8-2　不同市场利率下债券价格及其变动幅度

不同期限债券	未来各种可能利率下债券价格（元）			利率升降1%对价格的影响（%）	
	4%	5%	6%	下降1%	上升1%
1年期债券	100.97	100	99.04	0.97	-0.96
5年期债券	104.49	100	95.73	4.49	-4.27
10年期债券	108.18	100	92.56	8.18	-7.44
15年期债券	111.20	100	90.20	11.20	-9.80
20年期债券	113.68	100	88.44	13.68	-11.56

从表8-2可得出如下规律：

（1）市场利率上升时债券价格下降，市场利率下降时债券价格上升。

（2）当市场利率下降（上升）时，期限越长则债券价格涨幅（跌幅）越大。

（3）虽然期限越长债券价格涨幅越大，但相对涨幅随着期限延长逐渐下降，如10年期债券比5年期债券多涨了3.69%（=8.18% -4.49%），15年期债券比10年期债券多涨了3.02%，20年期债券只比15年期债券多涨了2.48%。同样，市场利率上升时，期限越长债券价格跌幅越大，但这种跌幅随着期限延长逐渐下降。

（4）当市场利率下降（上升）1个百分点时，债券价格涨（跌）幅度不对称，涨幅大于跌幅，如1年期债券涨幅是0.97%，跌幅是0.96%，5年期债券涨幅是4.49%，跌幅是4.27%。

例 8-3

设面值100元、息票率为6%和8%的两种5年期债券，年付息一次，未来市场利率可能为6%、7%、8%和9%。以7%和8%为基期，分析利率升降1%时债券价格变动规律。

解答：计算未来不同利率下债券的价格，以及以7%、8%为基期利率时利率下降或上升1%的债券价格变动，如表8-3所示。

表8-3 各种可能利率下的债券价格及其变动幅度

债券息票率（%）	未来各种可能利率下债券价格（元）				7%为基期的影响（%）		8%为基期的影响（%）	
	6%	7%	8%	9%	下降1%	上升1%	下降1%	上升1%
6	100.00	95.90	92.02	88.33	4.28	-4.05	4.22	-4.01
8	108.43	104.10	100.00	96.11	4.16	-3.94	4.10	-3.89

从表8-3可以看出：

①当市场利率下降（上升）1%时，息票率为6%的债券的价格涨幅（跌幅）比息票率为8%的债券的价格涨幅（跌幅）要大。因此，随着利率下降（上升），息票率较低债券的上升（下降）幅度大于息票率较高的债券。

②以7%和8%作为基期进行比较，当市场利率由7%下降（上升）1%时，债券价格涨幅（跌幅），大于市场利率由8%下降（上升）1%时债券价格的涨幅（跌幅）。这说明，债券价格受市场利率变动的影响，与初始市场利率高低有关，低利率时期价格变动大于高利率时期。

8.2.2 利率变动影响债券价格的六大定理

由例8-2和例8-3所得结论，可以得到下面六个著名的债券价格变动定理。除定理二由霍默和利博维茨提出外，其余五个定理都由马尔基尔提出。

定理一：债券价格变动与市场利率变动呈反向变动关系。

定理一说明，市场利率越低，债券价格越高，反之则债券价格越低。可以用图8-1更明确地表达上述关系。

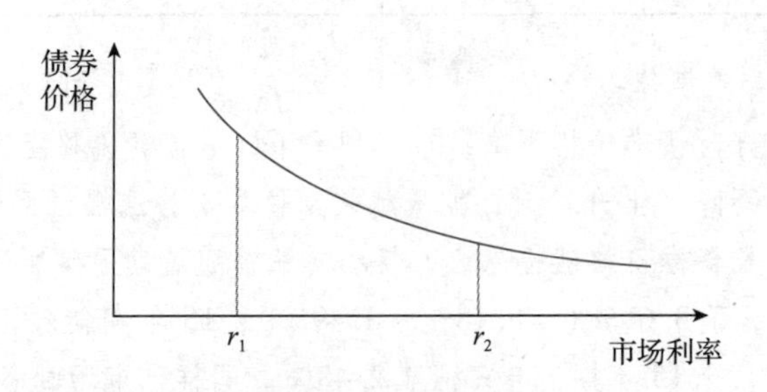

图8-1 债券价格和市场利率的关系

根据定理一，在预期市场利率下降时可买进债券，在预期市场利率上升时应卖出债券。

定理二：债券价格变动大小与初始市场利率高低呈反向变动关系。

定理二说明，在低利率时期，市场利率的变动会对债券价格变动造成更大的影响。这表现在图 8-1 上，在低利率 r_1 附近的债券价格曲线，较高利率 r_2 附近的债券价格曲线，其陡峭程度要高许多。

定理二可以视为对定理一的补充，其用于比较不同时期的利率风险大小，要求投资人在低利率时期更须重视利率变动风险。

定理三：长期债券的价格变动受市场利率变动的影响大于短期债券。

定理三说明，在其他条件相同时，当市场利率上升（或下降）1% 时，到期期限较长债券（也称长债）的价格下降（或上升）幅度大于短期债券（也称短债）。

定理四：债券价格变动受市场利率变动影响的程度随到期期限的延长而递减。

定理四说明，虽然到期期限越长，债券价格对市场利率变动的敏感性越强，但敏感性增加的相对程度却递减。这类似于经济学中边际效用递减规律。

定理四是对定理三的补充，即市场利率下降时并不是买入期限越长的债券越好，因为期限越长增加的收益越小，承担的投资风险越大，所以应该在收益和风险之间进行权衡。

定理五：债息率越低的债券的价格变动受市场利率变动的影响越大。

定理五说明，在其他条件相同时，当市场利率变化 1%，低票面利率债券价格的波动比高票面利率债券价格的波动更大。

定理六：市场利率下降使债券价格上涨的幅度大于市场利率上升使债券价格下降的幅度。

如图 8-1 所示，当市场利率上升时，曲线越来越平缓，即债券价格下降幅度越来越小。而当市场利率下降时，曲线越来越陡峭，即债券价格上升幅度越来越大。

定理六说明，市场利率变动对债券价格涨跌的影响呈非对称性。

在全面理解债券价格六大定理的基础上，当预期市场利率下降时，投资人以定理一为分析起点，依据债券价格六大定理的内在逻辑关系，可做出合理的投资决策（见图 8-2）。

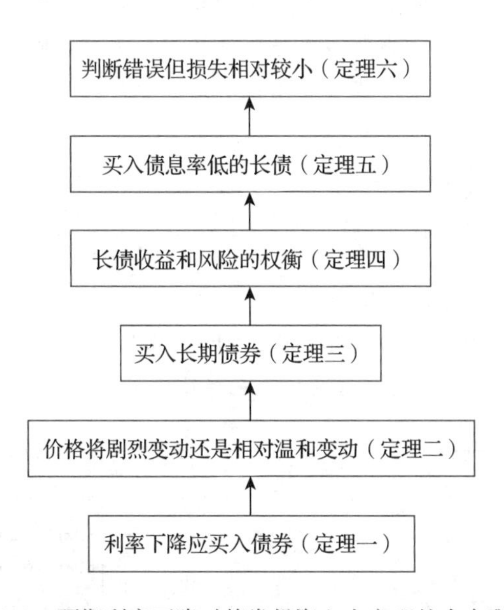

图 8-2　预期利率下降时债券投资六大定理的内在联系

8.3　债券到期收益率与利率期限结构

计算债券合理价格时投资人往往并不知道应该使用什么样的折现率，这影响了债券合理价格的客观性。取而代之，是否投资某债券的判断标准是，以市场价格购买债券所获到期收益率（内部收益率）是否有吸引力。事实上，到期收益率已经成为债券投资人考量是否投资某种债券的最重要的收益率形式，对到期收益率、到期收益率分布等展开研究已成为投资学的重要内容。

8.3.1　债券到期收益率

债券到期收益率的计算，是债券定价的逆过程，即已知债券价格、债券未来现金流，计算债券的投资收益率。具体来说，**债券到期收益率**（yield to maturity，YTM）是投资者购买债券并持有至到期时，未来各期利息收入、到期偿还的债券面值的现值之和等于债券购买价格的折现率，或者债券在未来所产生的现金流入的现值与现在购买债券所产生的现金流出（用负数表示）之和即净现值等于零的折现率。

若每年计息一次，债券市场价格为 P，则到期收益率 r^*（内部收益率）的计算公式为：

$$P = \sum_{t=1}^{T} \frac{C_t}{(1 + r^*)^t} + \frac{M}{(1 + r^*)^T} \tag{8-10}$$

或

$$-P + \sum_{t=1}^{T} \frac{C_t}{(1 + r^*)^t} + \frac{M}{(1 + r^*)^T} = 0 \tag{8-11}$$

例 8-4

假设年付息一次，息票率为 8%，面值为 1 000 元的 4 年期债券，成交价格为 990 元。问：（1）持有到期时该债券的到期收益率是多少？（2）如果期间再投资收益率分别为 6%、8.30% 和 10%，则投资该债券实际年收益率依次是多少？（3）实际年收益率和到期收益率存在何种关系？

解答：（1）根据式（8-10）可得：

$$990 = \sum_{t=1}^{4} \frac{1\,000 \times 8\%}{(1 + r^*)^t} + \frac{1\,000}{(1 + r^*)^4}$$

利用 Excel 计算到期收益率为 8.30%。

（2）债券 4 年的全部现金流为（80，80，80，1 080）。

①当再投资收益率为 6% 时，全部现金流在第四年末的价值可用图 8-3 表示。

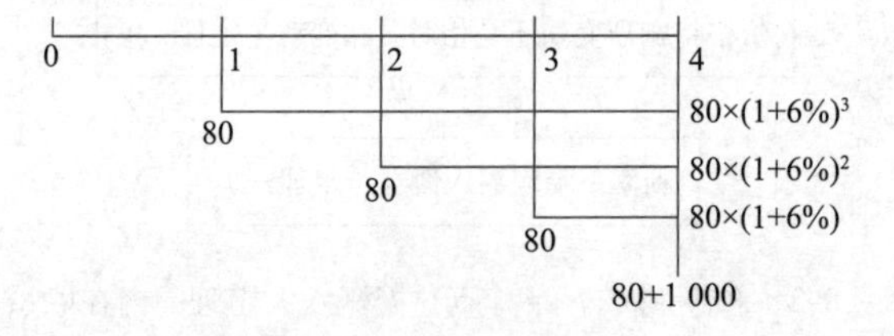

图 8-3　全部现金流在期末的价值

故在第四年末债券总价值为：

$$80 \times (1 + 6\%)^3 + 80 \times (1 + 6\%)^2 + 80 \times (1 + 6\%) + 80 + 1\,000 \approx 1\,349.97(\text{元})$$

实际年收益率为：$\sqrt[4]{1\ 349.97/990}-1\approx 8.06\%$

②当再投资收益率为8.30%时，在第四年末债券总价值为：

$$80\times(1+8.30\%)^3+80\times(1+8.30\%)^2+80\times(1+8.30\%)+80+1\ 000\approx 1\ 362.09(元)$$

实际年收益率为：$\sqrt[4]{1\ 362.09/990}-1\approx 8.30\%$

③当再投资收益率为10%时，在第四年末债券总价值为：

$$80\times(1+10\%)^3+80\times(1+10\%)^2+80\times(1+10\%)+80+1\ 000=1\ 371.28(元)$$

实际年收益率为：$\sqrt[4]{1\ 371.28/990}-1\approx 8.49\%$

(3) 由 (2) 所得计算结果，可以得到债券实际收益率和到期收益率存在如下关系：

①当再投资收益率低于到期收益率时，实际收益率低于到期收益率；

②当再投资收益率等于到期收益率时，实际收益率等于到期收益率；

③当再投资收益率高于到期收益率时，实际收益率高于到期收益率。

例8-4表明，当投资人持有至到期、再投资收益率等于到期收益率时，到期收益率就是实际收益率。实际上，应用到期收益率时通常以三个假设为前提：①投资者持有债券直至到期；②发行人完全按照事先承诺给付现金流，且不能在偿还期到来之前回购债券；③各期利息收入要在债券剩余期限内再投资，且再投资收益率等于到期收益率。

我们可以将到期收益率公式式（8-10）两边同乘以$(1+r^*)^T$得到：

$$P(1+r^*)^T=C_1(1+r^*)^{T-1}+C_2(1+r^*)^{T-2}+\cdots+C_{T-1}(1+r^*)^1+C_T+M$$

$$=\sum_{t=1}^{T}C_t(1+r^*)^{T-t}+M$$

这表明，债券的再投资收益率等于到期收益率的假设隐含在到期收益率公式之中。

在上述假设下，到期收益率成为是否应对一只债券进行投资的重要判定标准。

(1) 如果投资人用自有资金进行投资，当到期收益率（实际收益率）高于其机会成本或必要收益率时，投资该债券可行；否则不可行。

(2) 如果投资人借入资金进行投资，当到期收益率（实际收益率）高于其融资成本或市场利率时，投资该债券可行；否则不可行。

从理论上看，在套利机制作用下，到期收益率非常接近市场利率，故到期收益率、市场利率经常交替使用。但在现实中，由于信息不对称等多种原因，不仅到期收益率和市场利率可能并不一致，而且不同债券到期收益率差异也较大。

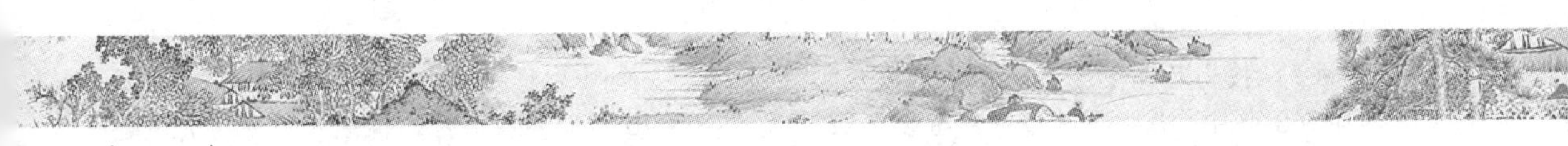

例8-5

2019年4月12日，上海交易所三只公司债券交易情况如表8-4所示。

表8-4　三只公司债券的基本情况

债券名称	债券期限	年票面利率（%）	全价价格（元）	剩余到期时间（年）	债券评级
15福星01	2015.1.19 ~ 2020.1.19	7.50	93.788	大约3/4	AA
15岭南债	2015.6.15 ~ 2020.6.15	6.80	108.262	大约1.17	AA
15荣盛02	2015.7.28 ~ 2019.7.28	5.10	103.461	大约0.29	AA+

请计算三只债券的到期收益率，并分析其差异的可能原因。

解答：福星、岭南和荣盛三只债券的到期收益率 r_1、r_2 和 r_3 为：

$$93.788 = \frac{7.50 + 100}{(1 + r_1)^{3/4}}$$

$$108.262 = \frac{6.80}{(1 + r_2)^{0.17}} + \frac{106.8}{(1 + r_2)^{1.17}}$$

$$103.461 = \frac{105.1}{(1 + r_3)^{0.29}}$$

解得 r_1 约为 19.95%，r_2 约为 4.46%，r_3 约为 5.5%。三只债券的到期收益率差异较大，其中福星债券的收益率高达 19.95%，这说明市场预期该债券可能隐藏很大的风险。

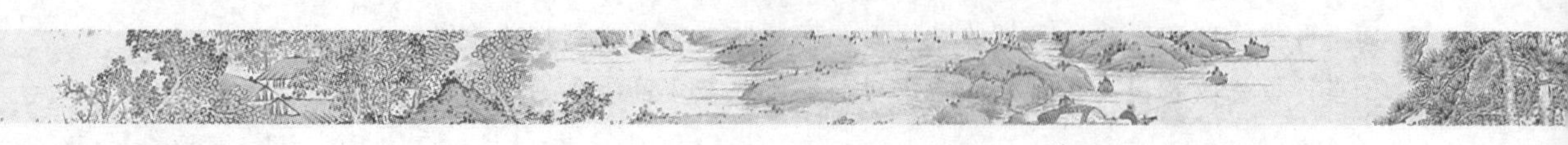

例 8-6

根据 2018 年 5 月 18 日安居客（新房）网站数据，广州市住房均价为每平方米 3.18 万元，按此计算一套 77 平方米的住房总价约为 245 万元。假设：①住房使用年限为 70 年；②70 年后住房残值分别是 150 万元、245 万元和 340 万元；③购买住房后不卖出，不考虑房价涨跌；④相应周边住房租赁价格为 3 200 元/月，房租视为购买住房后可获得的收益。问：（1）付全款购买该套住房是否明智？（2）如果首付 50 万元，余款 195 万元采取年息 5%、月还款 10 400 元的 30 年按揭贷款，这是否明智？（3）若要满足经济可行性，则付全款和按揭两种投资方式下 70 年后房价至少应该是多少？

解答：（1）当付全款 70 年到期房价分别为 150 万元、245 万元和 340 万元时，相当于投资三种 70 年期债券，债券价格为 245 万元，月利息为 0.32 万元，到期时分别还款 150 万元、245 万元和 340 万元。设三种债券月到期收益率分别为 r_1^*、r_2^* 和 r_3^*，则按照式（8-10）有：

$$245 = \sum_{t=1}^{839} \frac{0.32}{(1 + r_1^*)^t} + \frac{150.32}{(1 + r_1^*)^{840}}$$

$$245 = \sum_{t=1}^{839} \frac{0.32}{(1 + r_2^*)^t} + \frac{245.32}{(1 + r_2^*)^{840}}$$

$$245 = \sum_{t=1}^{839} \frac{0.32}{(1 + r_3^*)^t} + \frac{340.32}{(1 + r_3^*)^{840}}$$

解得 $r_1^* \approx 0.10\%$，$r_2^* \approx 0.13\%$，$r_3^* \approx 0.15\%$，换算成年到期收益率分别约为 1.2%、1.57% 和 1.81%，而同期 50 年期国债年收益率为 4.203 1%，显然投资房产不是一项好投资。

（2）按揭时现金流为：①首付款 -50 万元；②一个月后每月还款 -1.04 万元，一共 30 年即 360 个月；③一个月后每月租金 0.32 万元，一共 70 年即 840 个月。将流入和流出的现金流合并可得：一个月后每月还款 -0.72 万元（-1.04 +0.32），共有 360 个月；从第 361 个月开始，每月租金 0.32 万元，一共有 480 个月。当 70 年到期后房价分别为 150 万元、245 万元和 340 万元时，投资房产的月到期收益率为 r_1^*、r_2^* 和 r_3^*，则按照式（8-11）分别有：

$$-50 - \sum_{t=1}^{360} \frac{0.72}{(1 + r_1^*)^t} + \sum_{t=361}^{839} \frac{0.32}{(1 + r_1^*)^t} + \frac{150.32}{(1 + r_1^*)^{840}} = 0$$

$$-50 - \sum_{t=1}^{360} \frac{0.72}{(1 + r_2^*)^t} + \sum_{t=361}^{839} \frac{0.32}{(1 + r_2^*)^t} + \frac{245.32}{(1 + r_2^*)^{840}} = 0$$

$$-50-\sum_{t=1}^{360}\frac{0.72}{(1+r_3^*)^t}+\sum_{t=361}^{839}\frac{0.32}{(1+r_3^*)^t}+\frac{340.32}{(1+r_3^*)^{840}}=0$$

解得 $r_1^* \approx -0.0032\%$，$r_2^* \approx 0.0427\%$，$r_3^* \approx 0.077\%$，换算成年到期收益率分别约为 -3.77%、0.51% 和 0.92%，显然不是一项好投资。

(3) 住房投资经济上可行的投资收益率至少要高于50年期国债收益率4.203 1%，假设年收益率为5%，月收益率约为0.42%，付全款和按揭两种投资方式下70年后房价分别为 M_1 和 M_2，则有：

$$245=\sum_{t=1}^{839}\frac{0.32}{(1+0.42\%)^t}+\frac{M_1+0.32}{(1+0.42\%)^{840}}$$

$$-50-\sum_{t=1}^{360}\frac{0.72}{(1+0.42\%)^t}+\sum_{t=361}^{839}\frac{0.32}{(1+0.42\%)^t}+\frac{M_2+0.32}{(1+0.42\%)^{840}}=0$$

解得 M_1 约为5 782.81万元，M_2 约为5 710.26万元。目前房价为245万元，70年后涨到5 700多万元，这种可能性应该不大，间接说明目前房价过高。

8.3.2 利率期限结构

投资市场上，不同期限债券的到期收益率不同。我们将某个时点期限不同但其他条件相同的各种债券（通常是零息国债）的到期收益率之间的关系，称为**利率期限结构**（term structure of interest rate）。与利率期限结构等价的曲线图形，被称为收益率曲线（yield curve）。

收益率曲线用零息国债来分析的原因是零息国债没有再投资风险。但在投资实践中，中长期国债通常是附息国债，而不是零息国债。变通的做法是，将中长期附息国债本息分离，构建各种期限的零息国债，并以中长期附息国债为担保发行相应的零息国债。

假设有一个5年期的附息国债，票面利率为5%，一年付息一次，总面值为10亿元，该债券的现金流如图8-4所示。

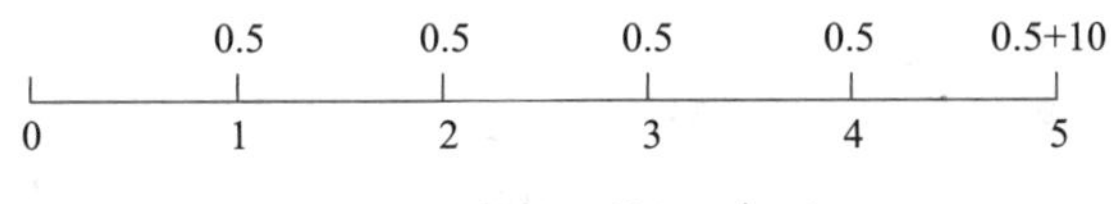

图8-4 附息国债的现金流

该债券的现金流相当于5个零息债券的现金流，前4个零息债券的面值都是0.5亿元，期限分别为1～4年，第五个零息债券的期限是5年，面值是10.5亿元。

收益率曲线有向上倾斜（正向）、向下倾斜（反向）、水平和拱形四种情形（见图8-5）：

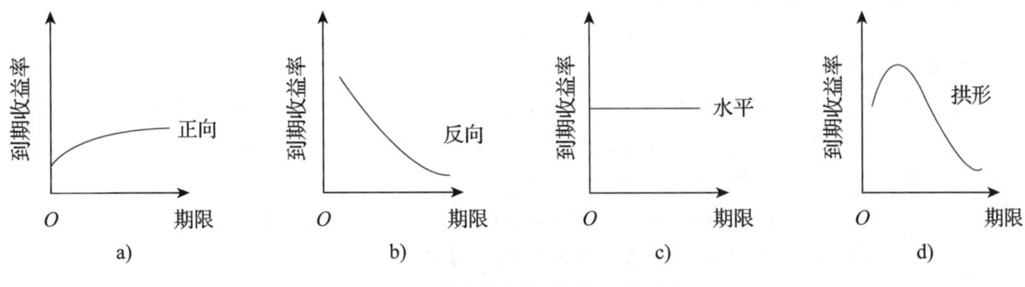

图8-5 利率期限结构的四种形式

(1) 向上倾斜的收益率曲线，是收益率曲线最常见的形式，表示期限越长债券的到期收益率越高。

(2) 向下倾斜的收益率曲线，表示期限越长债券的到期收益率越低。

(3) 水平收益率曲线，是长、短期债券收益率接近相等的情形，通常发生在正向收益率曲线和反向收益率曲线相互替代的变化过程中。

（4）拱形收益率曲线，表示期限相对较短的债券，利率与期限呈正向关系；期限相对较长的债券，利率与期限呈反向关系。

学术界对收益率曲线形状有预期假说、流动性偏好假说和市场分割理论三种解释：

- 预期假说认为，市场对未来利率变动的预测是准确的，当出现向上倾斜的收益率曲线时，意味着投资者预期未来利率将会上升，而当出现向下倾斜的收益率曲线时，意味着投资者预期未来利率将会下降。
- 流动性偏好假说认为，投资人看重流动性，偏好短期投资，致使收益率曲线通常向上倾斜。向上倾斜的收益率曲线并不意味着未来利率一定上升，未来利率是否上升依赖于收益率曲线的陡峭程度。但若收益率曲线向下倾斜，则表明未来利率将会下降。
- 市场分割理论认为，长期债券市场和短期债券市场是分割的，各个市场供求状况决定了其均衡状况，因而出现向上倾斜的收益率曲线、向下倾斜的收益率曲线，或者是其他类型的收益率曲线都有可能。

上述三种理论解释收益率曲线各有优势，收益率曲线在任一时点实际上都受三种因素的影响：①对未来利率的预期；②流动性偏好；③短期和长期债券市场的供求状况。向上倾斜的收益率曲线来源于对利率上升的预期、投资人对短期债券的偏好以及相对于需求来说短期贷款比长期贷款供给更多，相反的情况会导致收益率曲线向下倾斜。

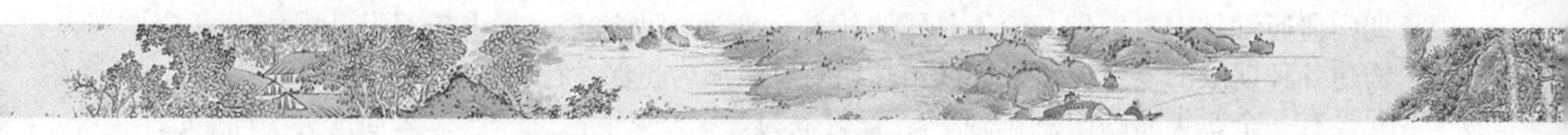

例8-7

假设目前面值100元的1年期、2年期和3年期零息国债的价格分别为95.2元、89元和81.6元。问：市场预期未来三年的利率是多少？

解答：（1）计算三种债券的到期收益率。由到期收益率公式可得：

$$95.2=\frac{100}{(1+r_1^*)}\qquad 89=\frac{100}{(1+r_2^*)^2}\qquad 81.6=\frac{100}{(1+r_3^*)^3}$$

得到1年期、2年期和3年期到期收益率分别为5%、6%和7%，利率曲线是正向的。

（2）计算第二年市场预期利率。用100 000元投资两年有两种选择：一种是购买2年期零息债券；另一种是购买1年期零息债券，到期后再买收益率为 r_2 的1年期零息债券。在市场均衡时，两种选择的收益率相等，即：

$$100\,000\times 1.06^2=100\,000\times 1.05\times(1+r_2)$$

解得 $r_2\approx 7.01\%$，即市场预期第二年的利率为7.01%。

（3）计算第三年市场预期利率。用100 000元投资三年，可以直接购买3年期零息债券，或者先投资2年期零息债券，到第三年时购买收益率为 r_3 的1年期零息债券。在市场均衡时，两种选择的收益率相等，即：

$$100\,000\times 1.07^3=100\,000\times 1.06^2\times(1+r_3)$$

解得 $r_3\approx 9.03\%$，即市场预期第三年的利率为9.03%。

综上所述，在到期收益率分别为5%、6%和7%的情形下，市场预期未来三年利率分别为5%、7.01%和9.03%，即市场利率呈现上升趋势。

8.4 久期

债券价格六大定理研究了利率变动对不同期限、不同息票率和不同到期收益率债券价格的影响。但债券价格六大定理在衡量期限、息票率和到期收益率三个因素中某一个因素变化时，其他两个因素须保持不变，而实际投资中三种因素可能同时变化，这使其不能很好地应用于投资分析。我们需要从期限、息票率、到期收益率等方面综合衡量利率变动对债券价格影响的量化分析工具，这就是久期。

8.4.1　久期的含义及计算

如同一般投资，债券投资也须考虑投资回收期。设某债券面值是100元，期限为5年，息票率为10%，年付息一次，则该债券未来5年的现金流为（10，10，10，10，110）。再设债券折现率为10%，则未来5年现金流现值为（9.09，8.26，7.51，6.83，68.30），每年收回债券投资成本100元的资金比例是（9.1%，8.3%，7.5%，6.8%，68%），收回债券投资成本的加权平均时间是：

$$9.1\% \times 1 + 8.3\% \times 2 + 7.5\% \times 3 + 6.8\% \times 4 + 68\% \times 5 \approx 4.15(\text{年})$$

上面计算的债券投资回收期被称为债券的**久期**（duration）。具体来说，债券久期（年）是每次收回现金流的加权平均时间，权重是每次收回现金流的现值占债券总价值的比重。设债券未来各期现金流为CF_t，折现率为r，到期期限为T，债券价格为P，则久期计算公式为：

$$\text{久期}\ D = \sum_{t=1}^{T} W_t \times t = \sum_{t=1}^{T} \frac{CF_t/(1+r)^t}{P} \times t \tag{8-12}$$

由式（8-12）可以看出，债券久期与债券期限、票面利率、到期收益率等因素有关。

久期公式中各权重W_t之和为：

$$\frac{CF_1/(1+r)^1}{P} + \frac{CF_2/(1+r)^2}{P} + \cdots + \frac{CF_T/(1+r)^T}{P}$$

$$= \frac{CF_1/(1+r)^1 + CF_2/(1+r)^2 + \cdots + CF_T/(1+r)^T}{P} = \frac{P}{P} = 1$$

这实际上是假设市场有效，债券价格等于债券价值，到期收益率等于市场利率。

如果债券现金流到达时间间隔不是年，则需要将其转化为年。如债券现金流间隔时间是半年，要将计算结果除以2，间隔时间是三个月的要将结果除以4。

例8-8

设有面值为100元、期限为5年、年付息一次的两只债券，债券甲息票率为10%，债券乙息票率为12%。试计算：①当到期收益率都是10%，债券甲和债券乙的市场价格分别为100元和107.59元时，债券甲和债券乙的久期；②当到期收益率都是12%，债券甲和债券乙的市场价格分别为92.79元和100元时，债券甲和债券乙的久期。

解答：①到期收益率都是10%时，可以用表8-5分别计算债券甲和债券乙的久期：

表8-5　债券久期的计算

时间	现金流		现值（现金流/$(1+10\%)^t$）		权重		权重×时间	
	债券甲	债券乙	债券甲	债券乙	债券甲	债券乙	债券甲	债券乙
1	10	12	9.09	10.91	0.090 9	0.101 4	0.090 9	0.101 4
2	10	12	8.26	9.92	0.082 6	0.092 2	0.165 2	0.184 4
3	10	12	7.51	9.02	0.075 1	0.083 8	0.225 3	0.251 4
4	10	12	6.83	8.20	0.068 3	0.076 2	0.273 2	0.304 8
5	110	112	68.30	69.54	0.683 0	0.646 3	3.415	3.231 5
久期							4.169 6	4.073 5

债券乙的久期4.07（4.073 5）年较债券甲的4.17（4.169 6）年要短。

②到期收益率都是12%，可以通过表8-6分别计算债券甲和债券乙的久期：

表8-6　债券久期的计算　（金额单位：元）

时间	现金流		现值［现金流/(1+10%)^t］		权重		权重×时间	
	债券甲	债券乙	债券甲	债券乙	债券甲	债券乙	债券甲	债券乙
1	10	12	8.93	10.71	0.096 2	0.107 1	0.096 2	0.107 1
2	10	12	7.97	9.57	0.085 9	0.095 7	0.171 8	0.191 4
3	10	12	7.12	8.54	0.076 7	0.085 4	0.230 1	0.256 2
4	10	12	6.36	7.63	0.068 5	0.076 3	0.274 0	0.305 2
5	110	112	62.41	63.55	0.672 6	0.635 5	3.363 0	3.177 5
久期							4.135 1	4.037 4

债券甲和债券乙的久期分别为4.14（4.135 1）年和4.04（4.037 4）年。对比到期收益率为10%的情形发现，高利率时期债券久期较小，低利率时期债券久期较大。

债券久期按照定义计算非常烦琐，可以用单一公式直接计算：

$$久期 = \frac{(1+r)}{r} - \frac{(1+r)+T(c-r)}{r+c[(1+r)^T-1]} \tag{8-13}$$

式中　r——为年到期收益率；

c——债券票面利率；

T——债券到期时间。

当债券是平价债券即$r=c$时，久期为：

$$平价债券久期 = \frac{1+r}{r} \times \left[1-\frac{1}{(1+r)^T}\right] \tag{8-14}$$

尽管式（8-13）和式（8-14）看上去很复杂，但应用起来相对简单。

例8-9

设有期限为5、10和15年的债券甲、债券乙和债券丙，面值均为100元，息票率均为10%，到期收益率都是10%，试分别计算三只债券的久期。

解答：用式（8-14）计算债券甲、债券乙、债券丙的久期分别为：

$$D_{甲} = \frac{1+10\%}{10\%} \times \left[1-\frac{1}{(1+10\%)^5}\right] \approx 4.17(年)$$

$$D_{乙} = \frac{1+10\%}{10\%} \times \left[1-\frac{1}{(1+10\%)^{10}}\right] \approx 6.76(年)$$

$$D_{丙} = \frac{1+10\%}{10\%} \times \left[1-\frac{1}{(1+10\%)^{15}}\right] \approx 8.37(年)$$

由计算可知，债券期限越长则久期越大，但久期增加的幅度逐渐降低，即10年期债券久期较5年期债券久期增加了2.59(=6.76−4.17)年，15年期债券久期较10年期债券久期增加了1.61(=8.37−6.76)年。

8.4.2 久期的数学推导

久期是收回债券投资成本的加权平均时间，虽然其定义明确，但其经济意义究竟是什么，却常常令投资人困惑。我们现在借助数学分析进行探讨。

根据公式 $PV(CF_t)=\dfrac{CF_t}{(1+r)^t}$，对利率 r 求导数可得：

$$\frac{\mathrm{d}PV(CF_t)}{\mathrm{d}r}=\frac{-tCF_t}{(1+r)^{t+1}}=\frac{-t}{(1+r)}PV(CF_t)$$

又根据债券估值公式 $P=\sum_{t=1}^{T}PV(CF_t)$，对其求导可得：

$$\frac{\mathrm{d}P}{\mathrm{d}r}=\sum_{t=1}^{T}\frac{\mathrm{d}PV(CF_t)}{\mathrm{d}r}=\sum_{t=1}^{T}\frac{-tPV(CF_t)}{1+r}=-\frac{1}{1+r}\sum_{t=1}^{T}tPV(CF_t)$$

$$=-\frac{P}{1+r}\sum_{t=1}^{T}\frac{PV(CF_t)}{P}\times t=-\frac{P}{1+r}\times D$$

即有 $\dfrac{\mathrm{d}P}{\mathrm{d}r}=-\dfrac{P}{1+r}\times D$，由此推得：

$$D=-\left(\frac{1+r}{P}\right)\times\frac{\mathrm{d}P}{\mathrm{d}r} \tag{8-15}$$

在市场利率变动之前，市场利率 r 和债券价格 P 均是常数，$[-(1+r)/P]$ 也是一个常量，故式（8-15）说明久期为债券价格对市场利率导数的线性函数。而债券价格对市场利率的导数，就是市场利率发生微小变动时债券价格的变动，也就是债券的利率风险，从而得到结论：久期实际上是综合反映债券利率风险大小的一种指标。

还可以将式（8-15）改写为：

$$D=-\frac{\mathrm{d}P}{P}\div\frac{\mathrm{d}(1+r)}{(1+r)} \tag{8-16}$$

式（8-16）的分子是债券价格的涨跌幅度，分母是市场利率的变动幅度，整个分式是市场利率发生微小变动时债券价格的相对涨跌幅度，即同样得到久期是债券利率风险综合反映的结论。

8.4.3 久期法则

学术界将久期变化规律称为久期法则。久期法则主要有六条。

法则一：在其他因素不变时，债券期限越长久期越大，但随着期限的不断增加，久期增加的幅度会递减。

法则一实际上是例8-9所得结论的推演。

法则二：在其他因素不变时，久期与债券息票率成反向变动关系。

法则二很容易解释：息票率越高，代表每期固定支付的利息越多，投资人回收成本的速度越快，从而久期越短；反之则相反。

法则三：在其他因素不变时，久期与初始到期收益率（市场利率）高低成反向变动关系。

法则三也很容易理解：初始到期收益率越高，各期收回的现金流会用较高的折现率进行贴现，现金流获得的权数越小，从而久期就越短。

法则四：零息债券的久期等于其期限。

这由零息债券只有到期时才有现金流即可得出。

法则五：永续债券的久期等于$\frac{1+r}{r}$。

永续债券价格和到期收益率的关系为 $P=\frac{C}{r}$，价格 P 对 r 求导得：

$$\frac{\mathrm{d}P}{\mathrm{d}r}=-\frac{C}{r^2}$$

根据式（8-15）$D=-\frac{1+r}{P}\times\frac{\mathrm{d}P}{\mathrm{d}r}$有：

$$D=-\frac{1+r}{P}\times\left(-\frac{C}{r^2}\right)=\frac{1+r}{C/r}\times\frac{C}{r^2}=\frac{1+r}{r}$$

法则六：债券组合的久期等于各只债券久期的加权平均，权重是各只债券的投资比例。

我们仅以两只债券组合进行分析。由于债券 A 和债券 B 的久期为：

$$D_A=\frac{\sum_{t=1}^{T}PV_A(CF_t)\times t}{P_A}\qquad D_B=\frac{\sum_{t=1}^{T}PV_B(CF_t)\times t}{P_B}$$

因此有：$\sum_{t=1}^{T}[PV_A(CF_t)+PV_B(CF_t)]\times t=P_AD_A+P_BD_B$

上式两边同时除以 $P=P_A+P_B$ 即得：

$$D=\frac{P_A}{P}\times D_A+\frac{P_B}{P}\times D_B$$

8.4.4 久期的应用

久期在债券投资中应用广泛，其中最重要的是实施免疫策略，以及在利率微小变动时对债券价格变动进行近似计算。

1. 免疫策略

免疫，顾名思义就是通过采取某种措施，使得投资免受某种风险或危害的影响。对于债券而言，免疫就是保证债券投资收益免受利率变化的影响。

当市场利率变化时，债券投资受到以下两个方面的影响：一是利率变化引起债券价格变动，债券价格变动导致投资债券的资本利得变动，这种影响被称为债券投资的价格风险。二是利率变化引起期间利息再投资收益变动，这种影响被称为债券投资的再投资风险。在利率变动时，价格风险和再投资风险的作用方向总是相反，具体影响如表 8-7 所示。

表 8-7 利率变化引起的价格风险和再投资风险

利率变化	价格风险	再投资风险
利率上升	资本利得下降	再投资收益上升
利率下降	资本利得上升	再投资收益下降

既然市场利率变动导致的价格风险和再投资风险总是呈相反方向变动，投资人当然希

望这两种风险相互抵消，以获得较稳定的投资收益。如何才能让利率风险和再投资风险相互抵消呢？这需要从债券投资的持有时间上做文章。对于一个 T 年期的付息债券，如果持有时间相对较短，则在利率发生变化时，持有期间获得的利息收入较少，相应的再投资收益变化较小，而债券价格变动幅度即资本利得变化相对较大，这时再投资风险和价格风险很难相互抵消。反之，如果持有时间过长，持有期间获得的利息收入较多，相应的再投资收益变化较大，而债券价格变动幅度即资本利得变化相对较小，这时再投资风险和价格风险也很难相互抵消。因此，债券投资要对利率风险免疫，持有债券的时间必须适度，这个最佳的持有时间长度就是债券的久期。

理解债券免疫策略，还可以从国外理论界发现的一个公式进行分析。这个公式就是：

$$C_y = \frac{D}{H} \times y_{TM} + \left(1 - \frac{D}{H}\right) \times R_y \tag{8-17}$$

式中　C_y——实现复利收益率（实际收益率）；

y_{TM}——到期收益率；

R_y——再投资收益率；

H——债券持有期；

D——债券或债券组合的久期。

从式（8-17）可以看出，实现复利收益率实际上是到期收益率和再投资收益率的加权平均数。如果希望实现复利收益率与到期收益率相等，则要么保证再投资收益率等于到期收益率，要么使债券持有期等于久期。在市场利率经常变化，再投资收益率不等于到期收益率的情况下，实现复利收益率等于到期收益率（免疫）的条件就是持有债券期限等于债券久期。

例 8-10

现有 5 年期和 6 年期两种债券，其到期收益率都是 8%。息票率都是 8%。某投资人拟将 100 万元投资在一只债券上，5 年后获得留学需要资金 146.93 万元。如果市场利率此后不发生变化，两只债券都能达到投资人要求，但若利率在第三年下降或上升 50 个基点（一个基点是 0.01%），则应该买入哪只债券？

解答：①若在第三年市场利率下跌 50 个基点降到 7.5%，则投资 5 年期债券到期时的现金流，包括利息再投资、收回本金等，共计为：

$$8 \times (1+8\%) \times (1+7.5\%)^3 + 8 \times (1+7.5\%)^3$$
$$+ 8 \times (1+7.5\%)^2 + 8 \times (1+7.5\%) + 108 \approx 146.52(\text{万元})$$

投资 6 年期债券到第五年末的现金流，包括利息再投资、第五年末出售债券的价格等，共计为：

$$8 \times (1+8\%) \times (1+7.5\%)^3 + 8 \times (1+7.5\%)^3$$
$$+ 8 \times (1+7.5\%)^2 + 8 \times (1+7.5\%) + 8 + 100.47 \approx 146.98(\text{万元})$$

因此，投资人买入 5 年期债券届时资金缺口约为 0.41 万元（=146.52 − 146.93），而买入 6 年期债券有 0.05 万元（=146.98 − 146.93）的资金剩余。

②如果在第三年市场利率上升 50 个基点到 8.5%，则投资 5 年期债券到期时的现金流，

包括利息再投资、收回本金等，共计为：

$$8\times(1+8\%)\times(1+8.5\%)^3+8\times(1+8.5\%)^3$$
$$+8\times(1+8.5\%)^2+8\times(1+8.5\%)+108\approx147.35(万元)$$

投资6年期债券到第五年末的现金流，包括利息再投资、第五年末出售债券的价格等，共计为：

$$8\times(1+8\%)\times(1+8.5\%)^3+8\times(1+8.5\%)^3$$
$$+8\times(1+8.5\%)^2+8\times(1+8.5\%)+8+99.54\approx146.89(万元)$$

因此，买入5年期债券有0.42万元(＝147.35－146.93)的资金剩余，而买入6年期债券的资金缺口为0.04万元(＝146.89－146.93)。

综上所述，6年期债券价值未来波幅较小，买入6年期债券能够完成或基本完成投资目标，这就是免疫的作用，因为6年期债券的久期是4.99年，几乎和投资人的投资年限相等。

例8-11

某投资人5年后需要100万元留学费用，其目前有现金68.06万元。现有甲、乙、丙三只债券，其面值均为100元，年付息一次，票面利率、剩余期限、当前价格如表8-8所示。

表8-8 债券甲、乙、丙的基本情况

债券	票面利率（%）	剩余期限（年）	当前价格（元）
甲	8	4	100
乙	7	6	101
丙	8	8	100

为实施免疫策略，问：①该投资人应该选择哪两只债券构建组合？②两只债券的投资比例是多少？③若市场利率在第二年末下降2个百分点，该组合免疫效果如何？

解答：①目前资金68.06万元，5年后增值为100万元，故构建组合的年收益率至少应为：$\sqrt[5]{100/68.06}-1\approx8.00\%$。计算甲、乙、丙三只债券的到期收益率分别为8%、6.79%和8%。因债券乙的收益率低于8%，故投资人应以债券甲和债券丙构建免疫组合。

②可计算债券甲和债券丙的久期分别约为3.58年和6.21年。设投资在债券甲上的资金比例为$W_甲$，投资在债券丙上的资金比例为$1-W_甲$，则组合久期应该等于投资期限5年，即：

$$5=3.58\times W_甲+6.21\times(1-W_甲)\Rightarrow W_甲\approx0.46$$

投资在债券甲的资金比例为0.46，即投资债券甲的资金为68.06×0.46≈31.31（万元），相应地投资在债券丙的资金比例为0.54，即投资债券乙的资金为68.06×0.54≈36.75(万元)。

③债券甲100万元在第四年末到期，其总的现金流包括利息及利息再投资、债券面值偿还等为：

$$8\times(1+8\%)\times(1+6\%)^2+8\times(1+6\%)^2$$
$$+8\times(1+6\%)+8+100\approx135.18(万元)$$

再投资1年得到的现金流为：

$$135.18\times(1+6\%)\approx 143.29(\text{万元})$$

债券甲的年实际收益率为：$\sqrt[5]{143.29/100}-1\approx 7.46\%$

债券丙第五年末的全部现金流，包括利息再投资、第五年末出售债券的收入，共计为：

$$8\times(1+8\%)\times(1+6\%)^3+8\times(1+6\%)^3$$
$$+8\times(1+6\%)^2+8\times(1+6\%)+8+105.35\approx 150.63(\text{万元})$$

债券丙的年实际收益率为：$\sqrt[5]{150.63/100}-1\approx 8.54\%$

故组合年收益率为：$0.46\times 7.46\%+0.54\times 8.54\%\approx 8.04\%$，达到预期目标，其免疫效果较好。

2. 债券价格变动的近似计算

债券尤其是期限很长的债券，其价格计算非常烦琐，引入久期概念后，可以将这种计算极大简化。

在市场利率变动幅度较小时，我们可以假定：

$$\frac{\mathrm{d}P}{\mathrm{d}r}\approx\frac{\Delta P}{\Delta r}$$

根据式（8-15）$D=-\left(\frac{1+r}{P}\right)\times\frac{\mathrm{d}P}{\mathrm{d}r}$可得：

$$D\approx-\left(\frac{1+r}{P}\right)\times\frac{\Delta P}{\Delta r}$$

由此推得：

$$\frac{\Delta P}{P}\approx-\frac{D}{1+r}\times\Delta r=-D_m\times\Delta r \tag{8-18}$$

$$\Delta P=P(r+\Delta r)-P\approx-D_m\times P\times\Delta r \tag{8-19}$$

$$P(r+\Delta r)\approx P-D_m\times P\times\Delta r \tag{8-20}$$

式中，$D_m=\frac{D}{1+r}$被称为修正的久期。

根据式（8-18）、式（8-19）和式（8-20），可以对利率微小变动时新的债券价格$P(r+\Delta r)$、债券价格的绝对变动和相对变动进行近似计算。

例8-12

现有面值均为100元的债券甲和债券乙，年付息都是一次，其息票率分别为6%和4%，期限为5年和4年，价格分别为108.904元和100元。经计算债券甲和债券乙的久期分别为4.49年和3.78年。问：①当市场利率由4%上升10个基点时，用债券价格公式和久期计算的新的债券价格分别是多少？债券的绝对跌幅和相对跌幅又是多少？②当市场利率由4%下降10个基点时，结果又是多少？③当市场利率由4%上升50个基点时，结果又是多少？④对①②③的结果进行分析，可以得到什么结论？

解答：①当市场利率由4%上升10个基点到4.1%时，相应的计算结果如表8-9所示：

表 8-9 直接计算和用久期间接计算的比较

计算方式	新的债券价格（元）		债券价格下跌的绝对幅度（元）		债券价格下跌的相对幅度（%）	
	债券甲	债券乙	债券甲	债券乙	债券甲	债券乙
直接计算	108.435	99.638	-0.469	-0.362	-0.43	-0.36
用久期间接计算	108.434	99.637	-0.47	-0.363	-0.43	-0.36

②当市场利率由4%下降10个基点到3.9%时，相应的计算结果如表8-10所示：

表 8-10 直接计算和用久期间接计算的比较

计算方式	新的债券价格（元）		债券价格上升的绝对幅度（元）		债券价格上升的相对幅度（%）	
	债券甲	债券乙	债券甲	债券乙	债券甲	债券乙
直接计算	109.375	100.364	0.471	0.364	0.43	0.36
用久期间接计算	109.374	100.363	0.47	0.363	0.43	0.36

③当市场利率由4%上升50个基点到4.5%时，相应的计算结果如表8-11所示：

表 8-11 直接计算和用久期间接计算的比较

计算方式	新的债券价格（元）		债券价格下跌的绝对幅度（元）		债券价格下跌的相对幅度（%）	
	债券甲	债券乙	债券甲	债券乙	债券甲	债券乙
直接计算	106.585	98.206	-2.319	-1.794	-2.13	-1.79
用久期间接计算	106.553	98.183	-2.351	-1.817	-2.16	-1.82

④对比表8-9、表8-10和表8-11，可以发现如下规律：

- 当利率微小变动（±0.1%）时，久期计算和直接计算的债券价格的绝对涨跌幅度差异细微，相对涨跌幅度甚至无差异；但当利率变化较大时（+0.5%）时，久期计算和直接计算的债券价格的绝对跌幅和相对跌幅都出现了明显差异。
- 当利率上升时，久期计算高估了债券跌幅；当利率下降时，久期计算低估了债券涨幅。

8.5 凸性

用久期对债券价格进行近似计算，会产生两个问题：①不能反映市场利率同比例升降时债券价格涨跌幅度不同的事实；②当市场利率发生较大而不是微小变动时，用久期计算债券的近似价格会出现较大偏差。导致上述问题的原因是，久期是以直线代替债券价格和市场利率凸向原点的曲线关系（见图8-6），这种曲线关系被称为债券的凸性。

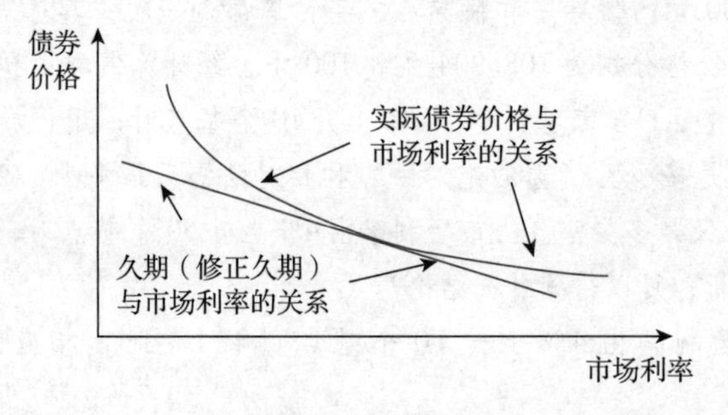

图 8-6 久期和债券价格关系

因此，学术界以债券价格对市场利率的二阶导数为基础，引入重要概念——凸性，综合考虑久期和凸性对债券价格变动的影响，更精确地计算市场利率变动下的债券价格变动。

8.5.1 凸性的定义及计算

凸性（convexity）反映债券价格曲线弯曲程度，其定义是：

$$C = \frac{\mathrm{d}^2 P}{P\mathrm{d}r^2}$$

根据债券价格公式，求得债券价格对市场利率 r 的二阶导数为：

$$\frac{\mathrm{d}^2 P}{\mathrm{d}r^2} = \sum_{t=1}^{T} t(t+1) \times \frac{CF_t}{(1+r)^{t+2}}$$

对上式两边除以 P，整理后得到：

$$C = \frac{1}{(1+r)^2} \sum_{t=1}^{T} W_t \times t \times (t+1) \tag{8-21}$$

式（8-21）中的 W_t 与久期公式式（8-12）中的 W_t 含义相同，指各期收回债券现金流现值占债券价格的比例。

从式（8-21）可以看出，凸性的单位为期数的平方。如果每年付息一次，则计算出来的凸性以年平方为单位。如果每半年付息一次，计算出来的凸性以半年平方为单位，转换成年平方应该除以4。如果每季度付息一次，计算出来的凸性以季度平方为单位，转换成年平方应该除以16。

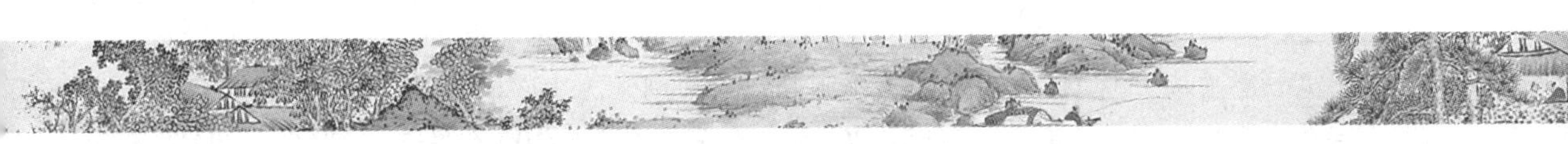

例8-13

某债券面值为100元，票面利率为10%，期限为3年，每年付息2次，债券价格为102.579元，当前到期收益率为9%。请计算该债券的凸性。

解答：可以用表8-12计算该债券的凸性。

表8-12 债券凸性的计算

时间（半年）	现金流（元）	现值（元）	权重	权重×t×(t+1)
1	5	4.784 7	0.046 6	0.093 2
2	5	4.578 6	0.044 6	0.267 6
3	5	4.381 5	0.042 7	0.512 4
4	5	4.192 8	0.040 9	0.818 0
5	5	4.012 3	0.039 1	1.173 0
6	105	80.629 1	0.786 0	33.012 0
合计		102.579 0	1.000 0	35.876 2

因此，债券凸性为 $35.876\,2/1.045^2 \approx 32.852\,9$ 半年平方，即 8.213 2(=32.852 9/4)年平方。

8.5.2 凸性对债券价格变化率的调整

当利率发生较大变动时，单纯利用久期近似计算债券价格变动会有较大误差。为了减小误差，需要引入凸性进行调整。以泰勒公式[⊖]为基础，当市场利率变动时，综合考虑久期和凸性影响的债券价格近似计算公式为：

$$\Delta P \approx -D_m P\Delta r + \frac{P\times C}{2}(\Delta r)^2 \tag{8-22}$$

$$\frac{\Delta P}{P} \approx -D_m\Delta r + \frac{C}{2}(\Delta r)^2 \tag{8-23}$$

$$P(r+\Delta r) = P - D_m P\Delta r + \frac{P\times C}{2}(\Delta r)^2 \tag{8-24}$$

式（8-22）、式（8-23）和式（8-24）中$\frac{P\times C}{2}(\Delta r)^2$、$\frac{C}{2}(\Delta r)^2$和$\frac{P\times C}{2}(\Delta r)^2$，都是凸性对原久期法则计算的债券价格变化的调整。由于$\frac{1}{2}C(\Delta r)^2$总是大于零，故其对纯久期计算债券近似价格的调整为：

- 当市场利率上升时，纯久期计算会高估债券价格跌幅（涨幅是负数），此时凸性调整会降低价格跌幅，使得对债券价格的跌幅计算更加准确。
- 当市场利率下降时，纯久期计算会低估债券价格涨幅，此时凸性调整会增加价格涨幅，使得对债券价格的涨幅计算更加准确。

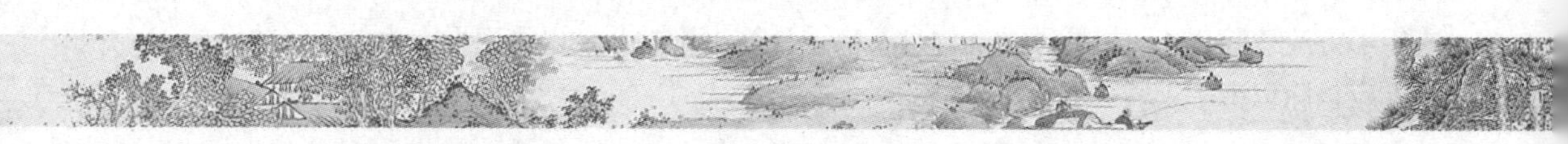

例 8-14

某债券面值为 1 000 元，还有 3 年到期，票面利率为 10%，当期到期收益率为 12%，每年付息 1 次，债券目前价格为 951.963 元。如果利率上升 100 个基点，即 1%，问：①该债券价格变动幅度是多少？②如果仅仅用久期近似计算，该债券价格变动幅度是多少？③如果在久期的基础上引入凸性调整，该债券价格变动幅度是多少？

解答：①直接用债券价格计算。当市场利率上升 100 个基点，即为 13% 时，债券价格变为 929.165 元，故债券价格变动幅度为：

$$\frac{929.165-951.963}{951.963} \approx -2.39\%$$

②用久期近似计算。经计算，该债券久期约为 2.728 7 年，根据式（8-18），债券价格变动幅度为：

$$-\frac{D}{(1+r)}\times\Delta r = -\frac{2.7287}{(1+12\%)}\times 1\% \approx -2.44\%$$

③用久期和凸性计算。经计算，该债券凸性为 8.418 2 年平方，根据式（8-23），债券价格变动幅度为：

$$-\frac{D}{(1+r)}\times\Delta r + \frac{C}{2}\times(\Delta r)^2 = -\frac{2.7287}{(1+12\%)}\times 1\% + \frac{8.4182}{2}\times(1\%)^2 \approx -2.40\%$$

⊖ 当利率发生微小变动时，泰勒公式为：$P(r+\Delta r)=P(r)+P^{(1)}(r)\Delta r+\frac{1}{2}P^{(2)}(r)(\Delta r)^2+\cdots+\frac{1}{n!}P^{(n)}(r)(\Delta r)^n+\cdots \approx P(r)+P^{(1)}(r)\Delta r+\frac{1}{2}P^{(2)}(r)(\Delta r)^2$

④分析①②③的计算结果，单纯用久期近似计算产生了较大偏差－0.05%［＝－2.44%－(－2.39%)］，综合考虑久期和凸性的偏差为－0.01%［＝－2.40%－(－2.39%)］，较单纯用久期计算精确度要高很多。

关键概念

债券价值	溢价发行	平价发行
折价发行	全价价格	净价价格
债券价格变动六大定理	到期收益率	利率期限结构
久期	免疫	凸性

本章小结

1. 债券的合理价格等于债券未来支付的利息、收到债券面值现金等现金流的现值之和。
2. 债券价格六大定理说明了当市场利率变动时，不同期限、不同息票率、不同市场利率下债券价格的变动趋势，有助于投资人做出何时投资债券、投资什么类型债券等重大的投资决策。
3. 债券的到期收益率是衡量债券投资收益的重要指标之一，是使未来各期利息收入、到期债券面值的现值之和等于债券购买价格的折现率。将到期收益率和债券的投资成本（或以市场利率作为相应的机会成本）相比，投资人可以做出投资该债券是否可行的判断。
4. 不同期限债券的到期收益率之间的关系被称为利率期限结构。利率期限结构的几何图形被称为收益率曲线。收益率曲线最常见的形式是上升的曲线。分析收益率曲线的变化趋势，有助于判断未来市场利率的变动方向。
5. 债券久期是债券现金流到达时间的加权平均，是收回债券投资成本的平均时间。债券久期综合反映了债券价格对市场利率变动的敏感性。持有债券时间等于债券久期时，可以回避市场利率变动的风险；当市场利率微小变动时，可用久期近似分析债券的价格变动。
6. 凸性是反映债券弯曲程度即凸性大小的重要指标。

问题和应用

1. 当市场利率为9%时，面值为100元息票率为8%的10年期债券的市场价格是94元。问：该债券定价过高还是过低？
2. 简述利率变动时债券价格变动六大定理。
3. 简述到期收益率及其三大前提假设。
4. 假定一种债券的息票率为10%，到期收益率为8%，如果债券到期收益率不变，则一年后该债券的价格将如何变化？为什么？
5. 比较债券定价公式和债券到期收益率公式的异同。
6. 为什么用久期分析债券利率风险较利率变动时债券价格变动六大定理有优势？
7. 已知一种面值为1 000元、息票率为6%的债券每年付息，如果它离到期还有三年且到期收益率为6%，问：①该债券的久期是多少？②如果到期收益率为10%，久期又是多少？
8. 一种收益率为10%的9年期债券，其久期为 7.19 年。如果市场收益率下降 50 个基点，债券价格上升的百分比是多少？

9. 免疫投资策略为什么能够对利率风险免疫？

10. 简述用久期近似计算债券价格可能造成的误差。

11. 简述用凸性调整久期近似计算债券价格的必要性。

延伸阅读材料

1. 曾爱青，刘智勇. 债券价格定理的数学剖析 [J]. 湖南商学院学报，2001(7)：34-35.

2. 何来维. 利率期限结构理论与模型研究评析 [J]. 经济社会体制比较，2007(6) 45-51.

第9章
CHAPTER 9

股票投资信息分析

§本章提要

股票信息可从来源不同、影响范围大小、公开与否、是否被加工、收费与否、定期与非定期、利好与利空等方面分类。行业分析可从行业竞争结构、行业生命周期、行业与经济周期关系等方面进行。对股权激励计划、股票回购、员工持股计划、企业并购等信息要仔细审读。信息发布者有其利益诉求。信息处理须遵循全面解读、追寻内幕、合理联想等原则。

§重点难点

- 了解股票投资信息的主要分类
- 了解宏观经济主要指标、财政政策及货币政策变化规律，掌握不同行业经济特征的分析方法
- 辨析股权激励计划究竟是激励还是福利
- 了解股票回购的三种理论解释和员工持股计划的正反解读
- 了解企业并购的长期和短期效应
- 了解信息发布者的利益诉求
- 掌握股票投资信息分析的基本方法

§引导案例

股神折戟A股：炒股最大的挑战是信息难辨真假

1979～2007年，欧洲泰斗级投资大师波顿掌管的富达英国特殊情况基金的年化收益率达到19.5%，同期富时全类股指数（all share index，FTSE）的年化收益率仅为13.5%。

2010年，波顿移居中国香港，并成立了富达中国特殊情况基金。但富达中国特殊情况基金成立之后就陷入亏损。2010年亏损了15%，2011年3～9月的亏损幅度更是一度高达28.9%。2011年底，波顿不得不发表业绩不佳的致歉声明。

波顿显然不熟悉中国市场的一些特殊规则。"一开始我就知道投资中国会遇到很多问题和困难，但这些困难和问题都比我想象的严重。"波顿近期接受《金融时报》采访时指出，投资中国面临的第一个挑战是你如何判断获取的信息究竟是真是假。

为此，波顿雇用了5家私人研究机构对他感兴趣的上市公司做尽职调查，调查对象包括供应商、消费者以及竞争对手等。波顿表示，调查结果让人瞠目结舌。"一家声称有1 000家店面的公司只有60%的店面真实存在。另一家公司声称拥有四大客户，但三个大客户表示不知道该公司。"

资料来源：2012年6月2日《第一财经日报》。作者有删改。

§案例思考

欧洲股神难以判断中国股市信息的真伪，你能判断中国股市信息的真伪吗？应该如何有效利用股市信息？

投资市场信息真真假假，真假难辨。你可能耳闻或目睹一些信息先以传言或者媒体报道形式传播，后被上市公司或监管部门否定或辟谣，并或多或少受到这些虚假信息事件的影响。股票投资信息鱼目混珠的原因是：投资市场参与各方以及监管机构都试图争夺投资信息话语权，以此影响或改变投资人对整体市场或个股价值的判断，从而为己方谋求更大利益。

在发行人（上市公司）、各类中介机构、各类投资人以及监管机构构成的股市生态系统中，你作为食物链最底端的普通投资人，虽无力争夺投资信息话语权，但也不愿在股票投资信息方面总是因"城门失火"而成为被殃及的"池鱼"。你希望认清各类投资信息的本质，辨别特别重要的信息，掌握处理投资信息的正确方法。很幸运，只要努力并运用正确的训练方法，你的愿望就能够实现。

9.1 股票投资信息分类

股票投资信息可从信息来源不同、信息影响范围大小、信息是否公开、信息是否被加工、获得信息是否免费、对信息发布时间是否有预期、信息是利好还是利空等方面进行分类。

9.1.1 国外信息和国内信息

这是从信息发布源自国外还是国内进行的分类。在世界经济一体化背景下，许多国外信息尤其是专门针对中国经济发展、政治稳定的信息，会对中国投资市场产生重大影响，如2018年3月以来美国以遏制中国高科技发展为目标对中国开展贸易战，就包含了极其丰富的投资信息。

国内信息又可以分为政府信息、交易所信息、中介机构信息、上市公司信息和媒体信息。国务院、中国证监会、财政部、中国人民银行、国家发展和改革委员会、商务部、国有资产监督管理委员会、国家统计局等政府主要部门发布的信息，都对证券市场影响极大。

证券交易所是证券市场的组织者和一线监管者，其发布的信息具有权威、准确和及时的特征，是投资人获得股票投资信息的主要来源。

证券公司等中介机构专业人员撰写的宏观经济形势、行业运行特征、上市公司经营状况等各类报告，是投资人较为关注的股票投资信息。

上市公司有责任和义务向投资者及时、全面、真实和准确地提供本公司的各种信息，是投资者判断上市公司是否具有投资价值的重要信息来源。

各类媒体包括报纸、杂志、书籍、电视、广播、互联网等专业人员通过实地采访或调研形成新闻报道，或是通过对各类信息收集整理形成新闻分析，对投资人分析股票市场也有一定价值。

9.1.2　宏观信息、中观信息和微观信息

这是从股票投资信息影响范围进行的分类。**宏观信息**对整个股票市场有着重大影响，主要有国内生产总值、物价指数、利率、汇率等宏观经济指标，反映政策预期的财政政策、货币政策等政策信息，以及追随监管部门思路的媒体报道。[㊀]

中观信息包括不同行业经济特征、行业和地区发展规划、行业发展预测等，其主要影响某些行业或某个区域的股票。

微观信息是针对某只股票的信息，其对个股价格影响极大。

9.1.3　内幕信息与公开信息

这是从信息是否已经公开进行的分类。信息已经公开称为公开信息，否则称为**内幕信息**。《中华人民共和国证券法》（以下简称《证券法》）第七十五条规定，内幕信息是指“证券交易活动中，涉及公司的经营、财务或者对该公司证券的市场价格有重大影响的尚未公开的信息”，包括上市公司未公开披露的重大资产重组、重大投资项目、重大销售合同、利润分配方案等。

实际投资中政府部门掌握的某些宏观信息和中观信息，如国家法律法规、地方性法规和政府规章、经济政策和产业政策、宏观经济数据、政府规划、行政措施、政府招投标等，在正式发布前也是内幕信息，政府官员也已经成为内幕信息交易的重要主体。[㊁]

9.1.4　原始信息和加工信息

这是以信息是否包含主观价值判断所做的分类。**原始信息**是对客观事物的描述，又称描述性信息。**加工信息**又称分析性信息，是原始信息经过专业人士加工处理、高度抽象后所得到的信息，因而具有一定主观性。

加工信息分为判断性信息和预测性信息两类：判断性信息是对一些原始信息分析后得到的判断结论，如注册会计师审查公司会计报表后会给出标准无保留意见、带强调事项段无保留意见、保留意见、无法表示意见、否定意见等审计结论。预测性信息是在分析原始数据的基础上对未来进行预测。由于这些预测包含较多主观因素，因而不同投资人所得到的预测结论往往差异较大。

9.1.5　收费信息和免费信息

现实投资中免费信息只是股票投资信息的一部分，另外的是收费信息。从理论上看，

㊀ 潘祥辉．“互联网+”时代证券报道的传播失灵与媒体责任浅析［J］．传媒评论，2015(8):1-10.

㊁ 陈尧，等．内幕信息交易型腐败：一种新的腐败动向［J］．上海大学学报，2016(1):78-90.

免费信息的价值相对较小，因为这些信息很可能已经在股价中得到了较充分的体现。收费信息又分为直接收费信息和间接收费信息两种形式。如总部位于美国纽约的全球著名金融信息服务商——彭博社，其年服务费为2万美元。又如中国财经信息网主页“服务”栏目中各类“内线信息”都标有售价。中国证券公司传统上对其提供的信息服务采取隐蔽收费或者间接收费方式，因为这些信息服务只针对其客户，有些甚至只提供给VIP客户。

9.1.6 定期信息和不定期信息

这是以信息发布大致时间是否有规定或约定俗成所做的分类。定期信息最主要有上市公司的季报、中报和年报，政府部门定期发布的一些宏观经济数据等。定期信息披露时间相对固定，如年报须在会计年度结束日后四个月内（通常在3～4月）披露，中报必须在7～8月披露，季报必须在季度结束后的下个月披露。研究机构通常会对某些定期披露的信息进行预测。

不定期信息包括国家发布的地区和行业发展的战略规划和布局，证券公司等研究机构发布的研究报告，上市公司临时报告、上市公司澄清公告等。

9.1.7 利好信息和利空信息

利好信息是可能引发市场上涨的信息，利空信息是可能引发市场下跌的信息。投资人对利好和利空信息的偏好不同：多头偏好利好信息；空头却偏好利空信息。

投资人判断一条信息是利好还是利空，不能孤立地看待信息本身，如某上市公司净利润较去年同期增长20%、GDP增长率为6%等本身并不能说明是利好还是利空，而是要与投资市场对该条信息已有的预期进行比较。具体判断规则是：①如果披露的信息好于市场预期，则该信息就是利好信息；②如果披露的信息比市场预期要差，则该信息就是利空信息；③如果披露的信息与市场预期基本吻合，则该信息既不算利好，也不算利空，只能称为中性信息。

判断一条信息究竟是利好信息还是利空信息，关键在于估计市场预期。估计市场预期有以下两种方法。

（1）隐含在股价涨跌之中的市场预期。在上市公司年报、中报和季报披露之前，如果公司股价持续走高，这代表市场预期，公司即将披露的经营业绩很可能超过以往，公司经营持续向好。如果此时公司业绩预告或正式披露的经营业绩超过甚至大幅超过以往，市场很可能并不认为这是利好信息。但如果业绩预告或正式披露的经营业绩与以往持平或是有所下滑，则市场大概率认为这是利空信息。

反之，在各种定期报告披露之前，公司股价持续走低，则表示市场预期，公司即将披露的经营业绩很可能低于以往，公司经营业绩可能下滑。如果此时公司业绩预告或正式披露的经营业绩确实低于甚至大幅低于以往，市场很可能并不认为这是利空信息。但如果公司业绩预告或正式披露的经营业绩与以往持平或有所上升，则市场大概率认为这是利好信息。

（2）显示在投资价值分析报告中的市场预期。投资价值分析报告会预测公司经营业绩，在有效市场上，这些信息会反映在股价变化上。当公司业绩预告或在各种定期报告中披露的经营业绩好于投资价值分析报告的普遍预测时，市场会认为这是利好信息。反之，当公司业绩预告或正式披露的实际经营业绩低于投资价值分析报告的普遍预测时，市场会认为这是利空信息。

上市公司可利用投资人的损失厌恶心理，采取一些技巧发布利好信息和利空信息，以使利好信息产生最积极的效果，利空信息产生的不利影响降至最低。这些技巧被芝加哥大学行为金融教授理查德·泰勒（Richard Thaler）归纳为四个原则：①如果有多个利好信息，就将它们分开发布，因为分别经历多次利好信息所获高兴程度之和，大于一次经历多个利好信息所获总的高兴程度。②如果有多个利空信息，就将它们同时发布，因为同时多个利空信息所导致的总的痛苦，小于分别多次经历利空信息所导致的痛苦之和。一些上市公司一次计提几亿元甚至几十亿元商誉减值，而不是一次计提几千万分多次计提商誉减值，就是这种技巧的巧妙使用。③如果有一个大的利好信息和一个小的利空信息，就将这两个信息同时公布，因为利空信息导致的痛苦，会被利好信息所获得的快乐冲淡，负面效应会小一些。④如果有一个大的利空信息和一个小的利好信息，就将它们分开公布，这样经历利好信息所获得的快乐，不至于被利空信息导致的痛苦淹没，仍然可以获得利好信息所带来的快乐。

需要注意的是，传闻、谣言经常混杂在利好信息、利空信息之中，特别是在市场动荡时期，传闻和谣言往往疯狂滋生。以中国证监会多年查处的编造、传播虚假、误导信息的案件为例，炮制不实传闻或谣言的主要手法或主要来源是：①在媒体上撰写文章，编造关于经济政策、并购重组、监管政策等信息扰乱市场秩序；②通过股吧、微博、微信等新媒体编造传播虚假、不实信息对上市公司股价产生较大影响；③报纸、杂志、互联网站等媒介违背真实性原则，传播虚假、不实信息对市场造成不良影响；④投资咨询从业人员发布虚假、误导性报告，或利用媒体推荐股票损害投资者利益；⑤未取得证券投资咨询资格的人员非法提供荐股服务，欺诈投资者非法牟利。

9.2　股票投资宏观信息分析

股市运行牛熊市周而复始，而牛熊市又与经济周期密切相关。著名投资机构美林投资研究了经济周期不同阶段各类投资产品投资绩效排序，投资界称之为美林投资钟（见图9-1）。

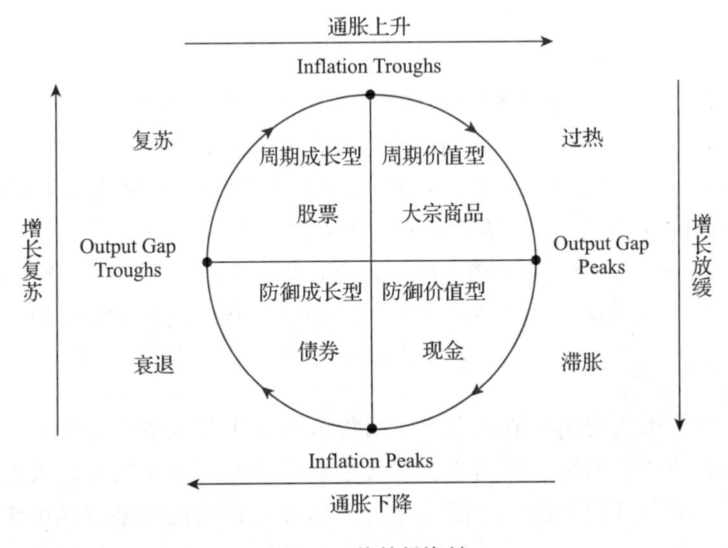

图9-1　美林投资钟

美林投资钟对经济周期不同阶段的投资产品绩效排序是：

- 在经济下行、通胀下行的衰退阶段，债券 > 现金 > 股票 > 大宗商品；
- 在经济上行、通胀下行的复苏阶段，股票 > 债券 > 现金 > 大宗商品；
- 在经济上行、通胀上行的过热阶段，大宗商品 > 股票 > 现金/债券；
- 在经济下行、通胀上行的滞胀阶段，现金 > 债券 > 大宗商品/股票。

值得注意的是，由于股票价格是对未来收入的预期，所以股票价格的变动通常比实际经济活动的繁荣或衰退领先一步，即在经济高潮后期股价已率先下跌，在经济尚未全面复苏之际股价已先行上涨。国外学者认为，股价变动要比经济景气循环早4~6个月。

9.2.1 宏观经济指标

反映宏观经济形势变化的指标主要有国内生产总值及其增长率、市场利率、物价指数、汇率、采购经理人指数、波罗的海干散货指数等。

1. 国内生产总值及其增长率

国内生产总值（gross domestic product，GDP）指某一既定时期一个国家内生产的全部最终产品和劳务的价值总和，是衡量一国经济发展形势的最重要指标。

GDP增长率应该适度：过高预示经济过热，经济发展难以持续；过低则说明经济不景气，可能引起失业率上升、社会不稳定。不同国家的适度经济增长率差异很大。中国经济经历长期高增长后正处于艰难转型之中，GDP增长率较以往下降明显，但相对于世界上大多数国家，中国经济仍会维持较快增长速度。

2. 市场利率

利率是资金的价格，由资金供求双方决定，反过来又对市场资金供求产生影响。中国目前仍然没有实现利率市场化，利率还无法完全由市场决定。人民银行会根据国家经济状况适时对商业银行存贷款利率做出调整，从而影响市场利率走势，并对投资市场产生重大影响。

3. 物价指数

物价指数中最重要的是**消费者物价指数**（consumer price index，CPI）和**生产者物价指数**（producer price index，PPI）。消费者物价指数反映与居民生活有关的商品和劳务的价格变动，是测量通货膨胀水平的重要指标。生产者物价指数衡量各种商品在不同生产阶段的价格变化，观察PPI的变化有助于预测未来物价变化趋势。

理论上认为，价格持续大幅上涨（严重通货膨胀）或持续下跌（通货紧缩）对经济发展都不利，价格水平保持不变也非理想状态，只有适度的价格上涨才最有利于经济增长。

4. 汇率

汇率是两种货币之间兑换的比率。一国货币相对于其他货币是贬值还是升值，主要取决于一国经济增长情况、国际收支状况、利率水平、物价走势以及心理预期等因素。在本币持续升值或持续贬值阶段，分析汇率变动趋势对股票市场的影响显得非常重要。

5. 采购经理人指数

当职业经理人感到经济形势向好时，其会扩张企业的经营活动，反之则会收缩企业的经营活动。反映职业经理人扩张或收缩其经营活动的综合指标是**采购经理人指数**（purchase management index，PMI），其是国际通行的宏观经济监测指标之一，是快速及时反映市场动态的先行指标[㊀]，若指数高于50%则反映企业经营活动趋于扩张，低于50%反映企业经营活动趋于收缩。

6. 波罗的海干散货指数

波罗的海干散货指数（Baltic dry index，BDI）由位于伦敦的波罗的海交易所每个工作日发布，是由若干条传统干散货船航线的运价，按照各自在航运市场上的重要程度和所占比重构成的综合性指数。波罗的海干散货指数是反映国际大宗商品贸易情况的风向标，与全球经济景气荣枯、实体企业对原料的需求息息相关。观察波罗的海干散货指数走向，可以在一定程度上推演世界经济发展趋势，进而预测中国经济形势变化。

9.2.2 宏观经济政策

政府最重要的宏观经济政策有财政政策和货币政策。

1. 财政政策

财政政策（fiscal policy）是通过财政收入和财政支出的变动来影响宏观经济活动的经济政策，目的是熨平经济的过度波动。经济过热时采取紧缩的财政政策给经济降温，经济低迷时采取宽松的财政政策提振经济。

中国政府采取何种性质的财政政策，通常是在每年末召开的中央经济工作会议上根据宏观经济发展需要来确定。

2. 货币政策

货币政策（money policy）是中央银行运用各种货币政策工具调节货币供给和利率的经济政策。中国央行实施货币政策所使用的政策工具主要是央行票据[㊁]、存款准备金率和银行利率。当经济增长放缓、失业增加时，政府会采取适度宽松的货币政策，而当经济增长强劲、物价水平持续上升时，政府会采取适度从紧的货币政策。

中国政府采取何种性质的货币政策，通常也是在每年末召开的中央经济工作会议上根据经济发展需要确定的。

9.3 股票投资中观信息分析

股票投资中观信息分析主要是行业分析。在不同经济发展态势和不同市场环境下，不

㊀ 先行指标在宏观经济波动达到高峰或谷底前，先行出现高峰或谷底，可用它对经济进行预警、监测。相应的还有与宏观经济同时达到高峰或谷底的同步指标，滞后于宏观经济达到高峰或谷底时的滞后指标。

㊁ 央行票据即中央银行票据，是中央银行为调节商业银行超额准备金而向商业银行发行的短期债务凭证，债券期限通常为3个月和1年。通过发行或买进央行票据，中央银行可及时调节市场资金供求，间接影响市场资金利率水平。

同行业上市公司的市场表现差异极大，潜藏着较大投资机会或投资陷阱。如在最近五年(2014 年 7 月 28 日 ~2019 年 7 月 26 日)，中证指数有限公司网站显示的消费行业和商业行业股票收益率之差平均每年高达 19. 35%，如图 9-2 和图 9-3 所示。

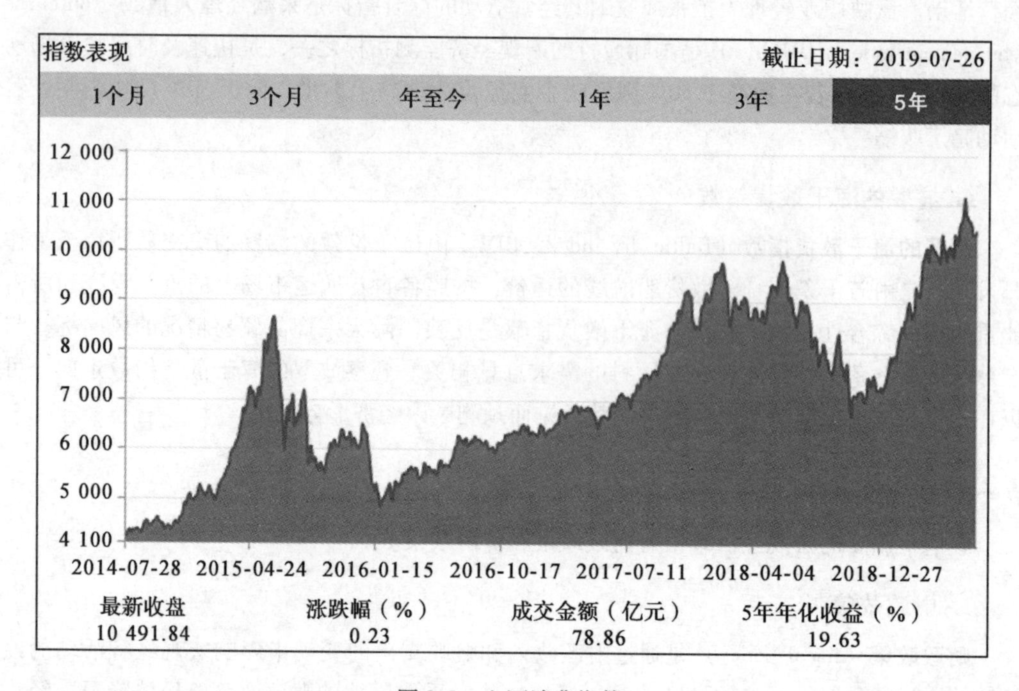

图 9-2　上证消费指数

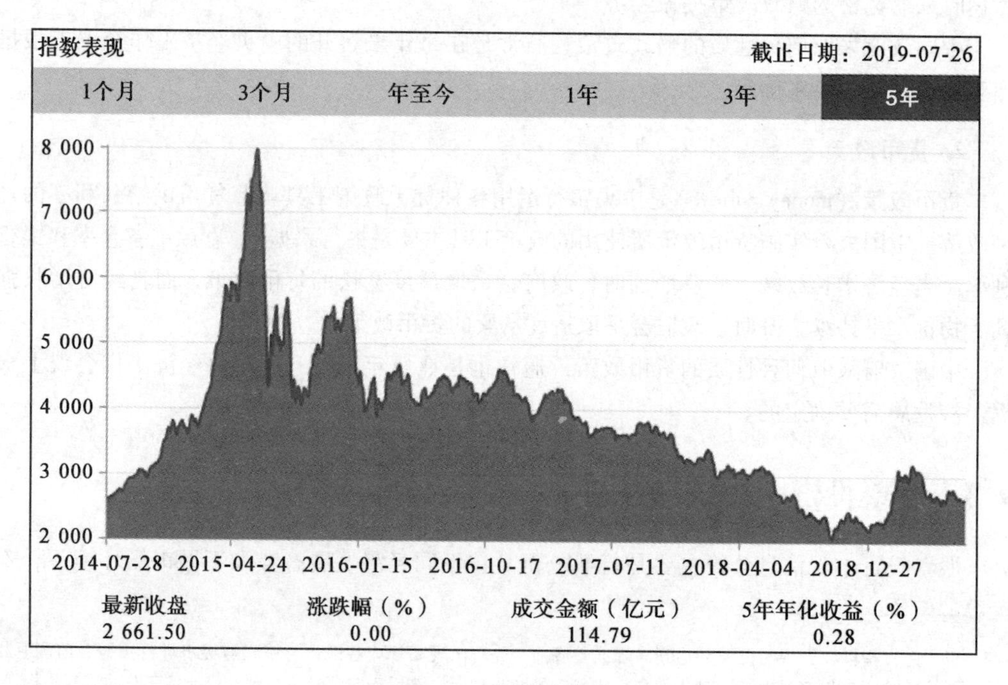

图 9-3　上证商业指数

9.3.1 行业竞争结构

行业竞争结构是影响行业盈利能力的关键因素。哈佛大学商学院的迈克尔·波特（Michael E. Porter）于1979年创立了用于行业分析和商业战略研究的理论模型——**波特五力分析模型**（Michael Porter's Five Forces Model）。该模型认为，决定行业竞争强度和市场吸引力有五种力量（见图9-4），即供应商和购买者的议价能力、潜在进入者的威胁、替代品的威胁以及行业内竞争。

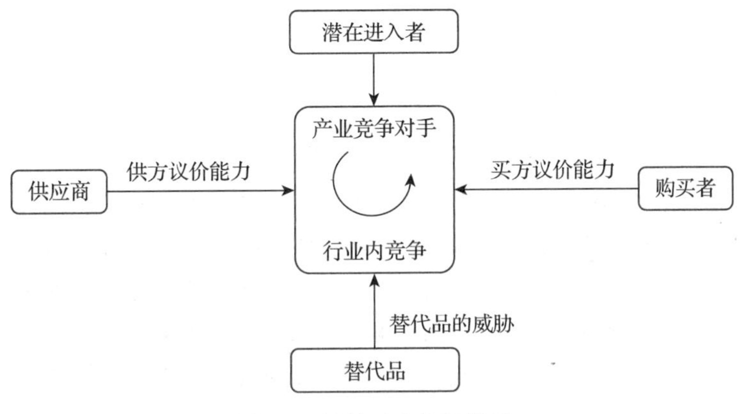

图9-4 波特五力分析模型

波特五力模型的具体解释如下：

（1）行业内竞争。在大多数行业中，同行公司之间的相互作用是行业总体竞争状况的主要决定因素。决定同行业公司之间竞争激烈程度的主要因素包括：①行业销售增长情况；②行业集中度；③产品差异化程度；④成本状况；⑤超额生产能力和退出障碍。

（2）潜在进入者。如果一个行业的投资收益率超过资本成本，则会有很多公司愿意进入该行业，除非行业具有较高的进入成本，否则新进入者会加剧行业竞争，导致行业利润率下降。

（3）替代品。在几乎没有潜在的替代品或专用替代品的成本很高时，行业参与者提价的限制较少，从而提高了行业的潜在盈利性。反之，若某行业存在强有力的替代品，则该行业市场空间会受到挤压，严重时可能会走向衰败。

（4）供应商议价能力。当行业参与者需要的物品存在大量供应商时，供应商提价的能力受到限制，从而不会对行业盈利性产生潜在压力。反之，若行业所需投入品由少数供应商垄断，则行业利润空间必然十分有限，如中国钢铁企业就曾长期为国际铁矿石三巨头“打工”[㊀]。

（5）购买者议价能力。当行业产品有大量买家时，买家讨价还价的能力受到限制，从而不会对行业盈利性产生潜在压力。反之，若某采购商购买了行业大部分产品，则其就能掌握谈判主动权，进而压低价格。

9.3.2 行业生命周期

大多数行业从产生到衰亡要经历一个相当长的时期，这被称为**行业生命周期**（industry

㊀ 2012年6月19日钢企网刊登的文章《中国钢铁业“补贴”全球 为三大矿山尴尬“打工”》。

lifecycle)，包括初创阶段、(高速) 增长阶段、成熟阶段和衰退阶段。图 9-5 描述了行业在不同生命周期时产品价格、销售增长和利润增长的一般规律。

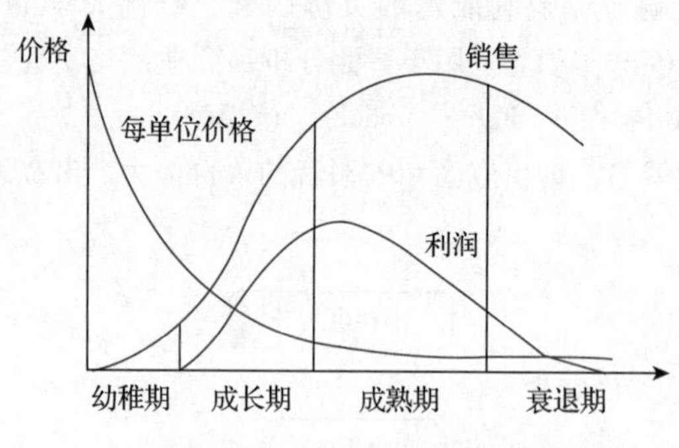

图 9-5 行业生命周期

在行业发展的初创阶段即幼稚期，市场前景还不明朗，需要投入较大的研究发展费用，公司失败的可能性较高，故投资风险很大，只适合低风险厌恶投资者谨慎参与。

在行业高速增长的阶段即成长期，行业增长速度大于整体经济增长速度，行业利润率高于社会平均利润率。此时投资风险已大大减少，选择管理水平高、较早进入该行业以及拥有资源优势的公司股票，投资回报会非常丰厚。低风险厌恶投资者可以积极介入处于该阶段行业的上市公司。

在行业发展的成熟阶段，行业发展的各项指标回落到社会平均水平，大多表现为稳健发展的特征。在成熟行业中，企业要获得高于平均增长水平的增长，必须不断增加市场份额和兼并扩张。选择处于该阶段行业的股票进行投资比较稳健，中高风险厌恶投资者可将该行业中的公司作为投资重点。

在行业发展的衰退阶段，市场对该行业产品需求逐渐减少，利润率下降，企业要么通过兼并重组努力生存下来，要么退出该行业转投其他领域。投资者一般应回避该行业股票。

9.3.3 行业与经济周期关系

根据经济周期和行业发展的相互关系，可将行业分为增长型行业、周期型行业和防守型行业 3 种类型。

增长型行业大多处于行业发展的初创阶段和高速成长阶段。中国投资市场增长型行业的核心是战略性新兴产业。早在 2010 年，国家就将节能环保、新一代信息技术、生物、高端装备制造、新能源、新材料、新能源汽车等七类对中国经济发展具有战略意义的新兴产业确立为战略性新兴产业，并制定了详细的发展规划。[⊖]战略性新兴产业符合中国经济发展转型的需要，在世界各国高科技竞争愈演愈烈、政府对科技创新大力扶持的背景下，战略性新兴产业上市公司未来发展值得期待，其投资机会已经并将持续被市场不断挖掘。

周期型行业的经营状况与经济周期密切相关。当经济繁荣时，这些行业会迅速扩张；当经济衰退时，这些行业也会随之收缩。周期型行业的典型代表是钢铁业、房地产业、耐

⊖ 见 2010 年 10 月出台的《国务院关于加快培育和发展战略性新兴产业的决定》。

用消费品制造业等。周期型行业上市公司适合在景气即将上升时进入，在景气即将下降及衰退时退出。

判断某一行业究竟是增长型行业还是周期型行业的标准是：①如果在大多数年份中该行业增长率高于国内生产总值增长率，则该行业是增长型行业；②如果在经济繁荣发展阶段，行业增长率也逐年同步增长，或者在经济衰退阶段，行业增长率也同步下降，则该行业很可能是周期型行业。

防守型行业的产品需求始终比较稳定，基本不受经济周期波动影响，适合在熊市或牛市结束时投资。通常认为，食品、医药及医疗、公用事业等属于防守型行业。防守型行业中的医药及医疗兼具某些增长型行业的特点，因为随着人口的不断老龄化，人们对医药、医疗器械的需求呈现不断增长的趋势，这极大地增加了这些行业上市公司的长期投资价值，其中不断涌现的投资机会值得投资人认真把握。

9.3.4　影响行业兴衰的因素分析

不同行业的经营状况会随着时间推移不断变化，导致这种变化的因素主要有技术进步、产品更新换代、政府政策扶持和限制，消费升级和社会责任等。

1. 技术进步、产品更新换代

技术进步、产品更新换代是新兴行业不断发展、传统行业逐步被取代的主要原因。根据美国普华永道 2016 年 1 月发布的全球 CEO 年度调研，决定未来行业演变的有八大技术。

（1）人工智能（AI）。人工智能是指软件算法能够执行通常需要人类智力才能完成的任务，如视觉感知、语音识别、决策制定以及语言翻译。

（2）增强现实技术（AR）。增强现实技术是指通过叠加图像或音频，对现实世界的信息或视觉进行补充，进而提升用户对于任务或产品的体验。

（3）区块链。区块链是指分布式电子账本，利用软件算法记录并确认交易，可靠且匿名。交易记录由多方共享，信息一旦进入区块链便无法修改，下游链条巩固上游交易。

（4）无人机。无人机是指空中或水域里的设备和运载工具，可在预设路线上通过机载电脑实行自动操作，或对其进行远程控制。

（5）物联网（IOT）。物联网是指物品（如设备、车辆等）网络与传感器、软件、网络连通和计算能力相结合，在互联网上采集交换数据。物联网使得物品能够实现相互连接、远程监控或控制。

（6）机器人。机器人是指机电设备或虚拟代理自主或按照预设指示（通常是计算机程序）自动操作、强化或协助人类活动。

（7）虚拟现实技术（VR）。虚拟现实技术是指计算机生成模拟的三维图像或完整场景，其空间受到一定限制（这点和 AR 不同），观众可以现实的方式与其进行互动。虚拟现实是一种身临其境的体验，通常需要佩戴设备，最常用的是头盔和耳机。

（8）3D 打印。3D 打印是一种添加物制造技术，以数字模型为基础，通过对物体进行切片并逐层打印创造三维物体。

2. 政府政策扶持和限制

政府依据社会经济发展需要制定的各种政策会影响行业的发展。政府对社会经济发展急需的瓶颈行业、高科技行业采取优惠的税收、信贷、财政补贴等鼓励措施，推动这些行业的发展。政府对某些产能严重过剩的行业采取抑制政策，限制这些行业发展。此外，政府还可以利用规划指导、市场准入、企业规模限制、环保标准限制、安全标准限制等手段对行业发展进行干预。

政府政策扶持有助于新兴行业迅速发展壮大，但也会造成一拥而上、行业内部过度竞争、新兴行业迅速变成过剩行业的局面，这种情况在中国光伏行业、新能源汽车等新兴行业已经或即将出现。

3. 消费升级

在当今中国社会，居民已经从温饱型生活模式逐步转向高品质生活模式，这种转变主要体现在：①不受污染的天然食品和纺织品备受青睐；②各种健身器材成为健康投资的新热点；③与不断加大的智力投资和追求更丰富的精神生活相匹配，教育、旅游所占消费比重逐步上升；④快节奏的现代生活使人们更偏好便捷的交通和通信工具，共享单车、共享汽车等新观念逐渐被广大居民所接受。消费升级使一些不再适应社会需要的行业衰退，同时又不断激发新兴行业的发展。

4. 社会责任

社会责任是指个人、组织或企业作为社会个体应该对国家和社会所履行或承担的责任和义务，其涉及环境保护、对动物的人文关怀、倡导健康的生活方式等方面。社会责任不断增强是社会进步的重要标志，其对行业兴衰的影响潜移默化。

在发达国家投资市场，有相应的社会责任基金。如果某上市公司不满足基金的道德、伦理或环境测试要求，那么无论公司的盈利能力有多好，社会责任基金经理都不会购买该公司的股票。通常，社会责任基金喜欢购买那些生产“负责任”的产品或服务，有稳定的员工关系和正面的环境记录，对所在社区承担社会责任的上市公司，不会投资于烟草、酒精、赌博、武器制造等行业上市公司。

在中国投资市场，目前还没有专门的社会责任基金，但是投资人的社会责任感不断加强也已经对某些行业上市公司或拟上市公司的发展产生了影响，而且可以预期，这种影响将越来越强烈（见表9-1）。

表 9-1　已经或可能受到社会责任强化影响的行业

社会责任类型	行业	典型上市或非上市公司	具体危害
环境保护	羊绒业	鄂尔多斯	养殖山羊对草场破坏严重，造成土地沙化
动物人文关怀	医药业	归真堂	因“活熊取胆”引发抗议，致使公司始终无法上市
抵制媚俗文化	文化业	《知音杂志》	被指品味过低，上市遭质疑，致使最后未能上市
非健康生活	游戏业	所有公司	沉迷游戏摧残身体健康，影响学习，心理受损扭曲
非健康生活	酒精饮料	所有公司	消耗大量粮食，无助甚至不利于身体健康
非健康生活	烟草业	盈趣科技	对于电子烟能否消除烟草危害存在较大争议

9.4　股票投资微观信息分析

发布股票投资微观信息的主渠道是上市公司。上市公司信息披露包括强制性信息披露和自愿性信息披露两个部分。**强制性信息披露**（mandatory disclosure of information）是指相关法律、法规和章程明确规定的上市公司必须披露的信息，一般包括公司概况及主营业务信息、基本财务信息及审计意见、重大关联交易信息、股东及董事人员信息等。

自愿性信息披露（voluntary information disclosure）是公司管理层基于自利性行为主动对外披露各种财务及非财务信息，包括管理者对公司长期战略及竞争优势的评价、环境保护和社区责任、公司实际运作数据、前瞻性预测信息、公司治理效果等。

在上市公司披露的各种信息中，股权激励计划、股票回购、员工持股计划、企业并购等内涵丰富，存在多种解读可能，投资人需要甄别使用。

9.4.1 股权激励计划是激励还是福利

股权激励计划是使公司高管及重要员工获得公司一定的股权，让其能够以股东身份参与公司决策、分享利润、承担风险，从而激励其勤勉尽责为公司长期发展服务的激励制度。

中国股权激励计划最重要的两种形式是限制性股票和股票期权激励计划。限制性股票（restricted stock）指上市公司向激励对象低价发行一定数量的本公司股票，激励对象只有在工作年限、业绩目标符合股权激励计划规定条件时，才可出售限制性股票并从中获益。

股票期权激励计划是指公司按照一定的规划和标准，无偿但有条件地授予其高级管理人员、公司核心人员一定的股票期权，被授予者可在一定时间内按照约定价格向公司购买一定数量的股票。

与国外情况类似，中国上市公司股权激励计划中既有真正起激励作用者，也有异化为公司高管福利制度者[⊖]，激励者会被解读为利好，福利者则会被认为是利空。判断公司股权激励计划对公司高管究竟是激励还是福利，可将激励计划规定的公司未来营业收入或净利润增长率等条件，与相应历史指标进行比较：

- 如果规定条件需要公司高管努力才能达到，则激励性因素占优；
- 如果规定条件较历史指标明显偏低，很容易达到，则福利性因素占优；
- 而且，激励计划规定的条件过低，或许预示公司未来发展遭遇瓶颈甚至成长堪忧。

我们以网络游戏公司吉比特和芯片制造公司兆易创新为例，分析上市公司股权激励计划到底是激励还是福利。上述公司股权激励计划及以往经营情况如表9-2和表9-3所示。

表9-2 吉比特和兆易创新股权激励计划

公司	核心条件	发布日	授予价格
吉比特	以2013～2015年平均净利润为基数，2016～2017年、2016～2018年、2016～2019年平均净利润增长不低于30%、40%和50%	2017年2月13日	141.19元（市价为277.64元）
兆易创新	以2013～2015年营业收入均值为基数，2016～2018年营业收入增长率不低于45%、55%和65%	2016年11月29日	90.64元（市价为177.97元）

⊖ 吕长江，等．上市公司股权激励制度设计：是激励还是福利？[J]．管理世界，2009(9)：133-147.

表 9-3 吉比特和兆易创新以往经营状况

公司	2013 年（利润或收入）		2014 年（利润或收入）		2015 年（利润或收入）		2016 年（利润或收入）	
	绝对值（万元）	增长率	绝对值（万元）	增长率（%）	绝对值（万元）	增长率（%）	绝对值（万元）	增长率（%）
吉比特	15 760		19 353	22.77	17 498	-9.59	55 119	215㊀
兆易创新	78 881		94 672	20.02	118 878	25.57		

根据表 9-2 和表 9-3，以吉比特和兆易创新 2013 ~ 2015 年的业绩为基础，计算两家公司 2013 ~ 2015 年的平均业绩，以及股权激励计划要求的年净利润或营业收入如表 9-4 和表 9-5 所示。

表 9-4 吉比特基期实际业绩以及股权激励计划对净利润的要求

公司	净利润			
	2013 ~ 2015 年平均	2017 年	2017 ~ 2018 年平均	2017 ~ 2019 年平均
吉比特	17 537 万元	要求不低于 -9 523 万元	要求不低于 9 268 万元	要求不低于 16 701 万元

表 9-5 兆易创新基期实际业绩以及股权激励计划对营业收入的要求

公司	营业收入			
	2013 ~ 2015 年平均	2016 年	2017 年	2018 年
兆易创新	97 477 万元	要求不低于 141 342 万元	要求不低于 151 089 万元	要求不低于 160 837 万元

相对于 2013 ~ 2015 年平均净利润 17 537 万元，吉比特股权激励计划对 2017 年、2017 ~ 2018 年和 2017 ~ 2019 年平均净利润的要求偏低，福利因素十分明显。

相对于 2013 ~ 2015 年平均营业收入 97 477 万元，兆易创新股权激励计划要求公司营业收入持续增长，对公司高管有一定的激励作用。

9.4.2 股票回购的三种解读

股份回购是指上市公司利用债务融资或盈余所得的积累资金，以一定的价格购回公司已发行的普通股，回购后将股票作为库藏股或者进行注销。

国外对公开市场股票回购的动机有正向影响、中性影响和负面影响等多种解读：

- 对公司股价有正向影响的信息与信号假说。该假说认为，由于信息不对称，公司内部管理者比外部投资者更了解公司价值，公司股份回购是向资本市场传递公司股价低于内在价值，管理层对公司未来发展充满信心的信号。
- 对公司股价影响中性的财务灵活性假说。该假说认为，一些公司由于非经营性现金流较高，经营性现金流较低且波动较大，不具备向股东支付持续、稳定股利的能力，为了保证财务灵活性，故采取股票回购的方式向股东发放现金。
- 对公司股价有负面影响的管理者机会主义假说。该假说认为，当管理者持有较大数量股票期权，或者准备出售股票，或者公司新投资项目无利可图、管理者无法通过实施新投资项目来获得私人利益时，无论股价是否被低估，都会实施股票回购或释放虚假回购信号㊁以提高股价，实现股东财富向管理者的转移。

㊀ 吉比特 2017 年 1 月 19 日公告，公司 2016 年净利润比 2015 年增长 195% ~ 235%。这里假设市场预期为预增 195% ~ 235% 的中间值 215%。

㊁ 李曜，何帅．上市公司公开市场股份回购宣告动因的真与假——基于公司财务与市场识别的研究 [J]．经济管理，2010(5)：95-104.

在中国投资市场，监管部门鼓励并推动上市公司股份回购，其主要目的是在股市低迷时向市场释放公司股价被低估的信号。但为防止公司管理层出现机会主义倾向，避免大股东“割韭菜”以及“忽悠式”回购等现象出现，监管部门同时又做出多项从严监管股份回购的制度安排。

9.4.3 员工持股计划的正反解读

员工持股计划（employee stock ownership plans，ESOP）是一种公司内部员工通过持有本公司股票的方式分享企业所有权，参与分配公司利润的机制。

员工持股计划同样可能传递公司股价被市场低估的信号：员工自愿购买公司股票，表明其对公司长远发展有信心，向外部投资者传递了积极信号；市场投资者在收到该信号后将会调整投资决策，促使股价回归到合理水平。

但是，员工持股计划是在公司管理层主导下完成的，其决策权实际上由管理层控制，员工持股计划所需资金有一部分可能来自控股股东的质押融资，控股股东为融资资金收益提供担保，这使公司管理层、控股股东在员工持股计划中变得举足轻重，甚至有借助员工持股计划谋求私利的可能，管理者机会主义假说也可能出现。实际上，公司公告员工持股计划草案后又取消，推出员工持股计划意图在股票大幅下跌之时稳定公司股价，员工持股计划购买股票来自控股股东转让，员工持股计划“爆仓”[㊀]等现象，都显示了员工持股计划的机会主义端倪。

9.4.4 企业并购的短期和长期效应

企业并购（mergers and acquisitions，M&A）指企业之间的兼并与收购行为，包括公司合并、资产收购、股权收购三种形式。企业并购分为横向并购、纵向并购和跨行业并购三类。横向并购指并购同行业企业，如并购竞争对手等。纵向并购指并购上下游企业，以获得廉价的原材料供应、完善的销售渠道等。跨行业并购又称多元化经营并购、跨界并购，指企业通过并购进入与其以往经营活动完全不相关的行业。

企业并购是中国投资市场最具有吸引力的投资题材：业绩较差的上市公司可借助企业并购扭转经营颓势，业绩较好的上市公司也可借机做大做强、经营更上一层楼。因而，企业并购大多在短期被视为公司利好，刺激公司股价走高。

但从长期来看，兼并收购尤其是跨行业并购并不一定有助于提升公司经营业绩，因为并购之后企业整合难度很大，不一定成功。美国麦肯锡公司曾对《财富》500强和《金融时报》250强企业在1998年以前进行的116项并购做过统计：其中23%的企业通过并购获得了效益，61%的企业失败，还有16%的并购企业成败未定。对我国上市公司并购绩效的实证分析也显示：公司并购后1~3年，大多数并购公司股东遭受了显著的财富损失。[㊁] 因此，对上市公司的并购必须着眼于长远研究，寻找其中真正有潜力者投资性介入。

㊀ 2018年6月14日东方财富网“坑哭了！买自家公司股票血本无归，A股首例员工持股计划‘爆仓’”。

㊁ 李善民，等．中国上市公司并购的长期绩效——基于证券市场的研究［J］．中山大学学报（社会科学版），2005(5)：80-86.

9.5 信息成为利益之争的载体

股票市场参与者的博弈必然会通过各种信息表现出来，投资人应该看到信息中蕴含的信息发布者的偏好或其利益诉求。

9.5.1 政府发布信息的偏好

政府在某些时间尤其是在经济前景欠佳时可能在其发布信息中融入自身偏好，希望借助公布的经济数据逐渐恢复市场信心，抑制经济继续下滑。例如2008年美国金融危机发生后，美国政府发布的经济数据就曾引起广泛质疑："真实GDP增长率应该比官方数字至少低一个百分点，而真实CPI应该至少相对高一个百分点。"[㊀]下面的新闻摘录有助于你全面认识政府数据的真实性和可靠性。

新闻摘录

美国农业部数据的阴谋与阳谋：USDA供需报告受质疑

作为国际农产品价格风向标，美国农业部（USDA）的供需数据一直让人"不太放心"。

上周二，美国农业部公布的5月供需报告犹如一枚重磅炸弹，将主要农产品价格"炸"上了天：报告将美国2016~2017年度大豆年末库存预估调为3.05亿蒲式耳[㊁]，大大低于此前分析师平均预估的4.05亿蒲式耳。"这超出了很多机构的预期，对美国大豆来说可以称得上一大利好。"市场研究人士称。

美国农业部官员却表示，他们发布的农业部报告不牵涉美国人自己的利益，也没有预设任何立场。但他们给出的理由显然没有获得中国研究员和企业的信服。

资料来源：2016年5月16日《中国证券报》。作者有删改。

9.5.2 上市公司信息披露小算盘

上市公司管理层可能会追求个人利益而非股东价值最大化，这种利益冲突被称为代理问题（agency problem），这会导致管理层以控制他人对公司形成印象的过程即印象管理的需要来披露信息，其方法主要有：

- **选择性信息披露**。选择性信息披露是上市公司管理层根据自身需要和某种特殊目的有选择地披露信息的行为。选择性在强制性信息披露上表现为信息披露方式与时间的自由选择，在自愿性信息披露上除披露方式和时间外，还可以自由选择披露内容和披露对象[㊂]，如为迎合中国投资市场追捧有想象空间的上市公司的偏好，一些上市公司将公司发展战略、运营蓝图等以精彩"故事"的方式呈现给投资人。

㊀ 2009年6月27日《21世纪经济报道》刊载的文章《从对美国经济数据的质疑看世界金融危机》。

㊁ 1蒲式耳（美）=35.238升，1蒲式耳（英）=36.367 7升。

㊂ 王雄元，王永．上市公司信息披露策略的理论基础［J］．审计与经济研究，2006(3)：84-87.

- **自利性归因**。自利性归因指管理层倾向于将业绩较好时的功劳归于自己，将业绩较差的问题归因于经济环境。[1]
- **操纵财务报告的可读性**。当公司业绩好、管理层希望所有利益相关人能更好地了解这种业绩时，就在年报撰写中运用通俗明了的语言，提高年报语言的可读性；而当公司业绩差、管理层试图掩盖公司的问题时，就会在年报撰写中运用抽象的会计术语和复杂句式，加大阅读难度以影响投资人的理解。[2]

基于上市公司信息披露印象管理特征，投资人分析上市公司所披露的信息，不能孤立和静态分析，而要以波特五力模型为基础，从产业链角度动态分析：

（1）从上市公司供应商角度进行分析。供应商提供的相关信息是否匹配上市公司信息，无疑是检验上市公司信息质量高低的最权威证据。但由于企业保守商业机密等原因，普通投资人可能无法从供应商获得上市公司的相关信息，只能观察供应商行业的经营状况对上市公司披露信息进行间接判断，即供应商行业发展景气与否，通常预示其下游行业客户包括拟研究上市公司景气程度的高低，因为上下游行业经营发展通常荣辱与共。

（2）从上市公司客户或消费者角度进行分析。上市公司经营状况的好坏，其客户尤其是大客户体会最深，判断最为准确。获取上市公司客户提供的上市公司相关信息，与获取上市公司供应商提供的相关信息，既有异曲同工之妙，又有同样的困难。但有一点不同的是，如果上市公司生产的产品是生活消费品，则投资人可以消费者身份到购物商城直接体验上市公司产品销售情况，从而较为准确地对公司提供的一些信息的质量高低做出判断。

（3）从竞争对手角度进行分析。这又包括两个方面：一是竞争对手对上市公司的认同程度。行业内竞争对手既了解上市公司的经营业务，又知晓上市公司的优势和劣势，如果竞争对手对上市公司高度尊重和重视，则可证实上市公司在行业中占有重要地位，上司公司所披露的信息质量也会有所保证。二是从竞争对手的经营情况进行分析。如果竞争对手的经营情况普遍欠佳，与上市公司披露的信息形成鲜明对比，则上司公司披露信息的准确性就值得怀疑，因为在行业不景气百花凋零之际，上司公司保持一花独放虽然不是没有可能，但这种可能性相对较低，至少可持续性会被质疑。

9.5.3 证券分析师的建议是免费午餐吗

证券分析师经常免费为投资人提供投资建议。这些建议真的免费吗？实际上，当你依据分析师推荐买卖股票时，会向证券公司提供佣金，这是显性费用。当你根据某些证券分析师的推荐，买入一只前期表现不错、看似有增长潜力的股票后，该股票竟然持续下跌，这时你的亏损成了你向这些证券分析师支付的“隐性费用”，你遭遇了“股市黑嘴”。

新闻摘录

“黑嘴”廖英强被刑拘！曾领1.29亿元罚单

2019年7月15日晚间，上海市公安局经济犯罪侦查总队侦破一起非法经营证券、期货

[1] 胡成．上市公司管理层业绩归因倾向及其股价效应［J］．社会科学家，2015(5)：79-83.

[2] 孙曼莉．论上市公司信息披露中的印象管理行为［J］．会计研究，2004(3)：40-45.

投资咨询业务案件，廖英强等8名犯罪嫌疑人利用廖英强原财经节目主持人的名人效应，通过其实际控制的上海仟和亿教育培训有限公司、爱操盘（上海）网络信息服务有限公司，非法从事证券、期货投资咨询业务，非法获利金额巨大。

从爱操盘的页面上来看，要获得廖英强团队的提点，需要至少缴纳近万元的费用。一位投资者发帖称："听了仟和亿节目直播被忽悠了两次，第一次廖英强推荐的是赣锋锂业，31元多买的，买完就下跌到29元，卖后赔了7 000多元，现在股价24元；第二次推荐仁和药业，当时8.6元买的，买完就一路下跌，6.9元卖后赔了8 000元。最气人的是大盘3 288点时，廖英强还一路看涨，当时听他的没出来被深套，真是坑人。"

谈及客服态度，该投资者描述："他们客服的态度极其不好，我给他们客服打过电话说你们分析师推荐完的股票一天没涨过一路跌，那女客服立马翻脸说是推荐也没说让你买呀！态度特别不好，像个无赖。"

也有投资者表示："他们都是和庄家配合骗你去接盘的。一个分析师都别去听，自己判断自己承担责任。"

早在2018年5月，股市黑嘴廖英强曾被证监会罚款1.3亿元。证监会对廖英强的行政处罚决定书显示：廖英强利用其知名证券节目主持人的影响力，通过先行建仓、公开荐股、反向卖出系列行为操纵市场，非法获取巨额私利，严重损害资本市场公开、公平、公正原则。

资料来源：2019年7月16日《证券时报网》。作者有删改。

9.5.4　媒体能否公正无偏

媒体不仅传递投资信息，而且通过对所传递的信息做出选择和处理影响投资者行为。媒体对投资人的影响主要有三个方面：

（1）媒体有其自身利益，或受自身发展局限，或因政府政策压力，或代表某个利益集团，其释放的信息有某种特质性和局部性，从而形成媒体偏见。

（2）媒体为吸引投资人的广泛关注，迎合投资人的信息需求，会采取一些信息加工措施，如过滤一些信息或强调一些信息，以强化信息的新闻效果。

（3）媒体传播的信息具有公开性、公众性和诱导性，为投资人进行策略互动提供信息平台，容易在投资人中形成共识，使投资人可能投资于受媒体高度关注的股票。

媒体对投资人的众多影响使媒体不再局限于独立传播信息的中介，而是市场参与者，甚至成为推动市场趋势形成的力量。

9.6　信息应该如何解读

股票投资信息融入了信息发布者的多种偏好，使得投资市场的一个重要假设——投资人能正确解读信息受到严峻挑战。实际上，正确解读股票投资信息，需要从全面理解信息、找寻内部人蛛丝马迹和正确联想等方面入手。

9.6.1　全面理解信息

全面理解信息，要在表面利好的信息中看到潜伏其中的重大利空，从表面利空的信息中挖掘可能的利好。2018年11月5日中国国家主席习近平在首届中国国际进口博览会演讲时指出，拟在上海证券交易所设立科创板并试点注册制。下面以中国上海拟设立科创板的信息为例，说明如何全面解读信息。

从利好角度来看，设立科创板表明中国最高领导层将科技创新在中国经济发展中的重要作用提升到了前所未有的高度，涉及科技创新的各类企业包括已经上市的企业和未上市的企业，以及与科技创新相关的企业，都会在国家各级政府以后不断推出的各种优惠政策中受益匪浅。事实上，设立科创板的信息立刻引发了沪深市场中有创投概念的公司股票全线大涨。

从利空角度来看，科创板可以视为胎死腹中的战略新兴产业板市场的复活。早在 2015 年 6 月中旬，国务院印发的《关于大力推进大众创业万众创新若干政策措施的意见》指出，要推动在上海证券交易所建立战略新兴产业板。此后，设立战略新兴产业板的议题一度炙手可热。但就在 2016 年 3 月 5 日公布的“国家十三五规划纲要草案”中，根据证监会意见，删除了“设立战略性新兴产业板”的条款。作为战略新兴产业板的替代品，科创板不仅将吸纳大量资金，对沪深主板市场、中小板市场和创业板市场短期形成较大冲击，而且科创板上市发行采取注册制等制度创新，也会深刻影响沪深主板市场、中小板市场和创业板市场的运行。

9.6.2　内部人的蛛丝马迹

通常认为，在信息不对称（asymmetric information）的投资市场，内部人有获取内幕信息的优势。按照《证券法》的规定，上市公司内部人包括：

（1）发行人的董事、监事、高级管理人员。

（2）持有公司百分之五以上股份的股东及其董事、监事、高级管理人员，公司的实际控制人及其董事、监事、高级管理人员。

（3）发行人控股的公司及其董事、监事、高级管理人员。

（4）由于所任公司职务可以获取公司有关内幕信息的人员。

（5）证券监督管理机构工作人员以及由于法定职责对证券的发行、交易进行管理的其他人员。

（6）保荐人、承销的证券公司、证券交易所、证券登记结算机构、证券服务机构的有关人员。

（7）国务院证券监督管理机构规定的其他人。

基于内部人有获取内幕信息的优势，你可以观察上市公司内部人买卖公司股票的行为，间接追踪内幕信息。如果内部人大量抛售股票，可能暗示他们得到了利空消息，因而是一个卖出信号。如果内部人尤其是大股东和公司高管买入公司股票，可能表明他们看好公司未来的发展，公司股价相对被低估，股价上涨的可能性较大。实证研究表明，内部人购买股票可以获得超常收益，具有显著为正的公告效应。[㊀][㊁]甚至有人宣称：“看内部人交易记录比看 1 000 家机构盈利预测还管用。”[㊂]因此，当有上市公司披露大股东、高管增持尤其是持

㊀ 李俊峰，等．上市公司大股东增持公告效应及动机分析［J］．中国社会科学，2011(4)：95-100.

㊁ 朱茶芬，等．高管交易能预测未来股票收益吗？［J］．管理世界，2011(9)：141-153.

㊂ 特维德．金融心理学［M］．周为群，译．北京：中信出版社，2013：122.

续增持公司股份，以及大股东号召上市公司员工买入公司股票等信息时，你应该对这些信息给予较多的关注，分析这些增持或买入公司股票的动因，以帮助投资决策。

9.6.3 分析信息需要联想

分析股票投资信息需要丰富的想象力。如2011年7月23日温州高铁事故发生后，普通投资人预期中国南车、中国北车等公司的未来发展可能受影响，于是在7月25日股市开盘后纷纷抛售南车和北车的股票，致使两家公司股价大跌8.90%和9.69%。而当时很少有人思考：高铁事故谁受益？只是到了7月26日，许多投资人想到高铁事故将促使人们更多搭乘飞机出行，于是纷纷买入航空业股票，导致东方航空、南方航空等股票全线大涨。

如果你在7月25日就联想到高铁事故利好航空业，立刻买入航空业股票，则在7月26日就能够获得很高收益。也许你认为这只是巧合，不值得深究。但事实是，这种联想有波特五力模型作为理论支撑：因为高铁是航空运输的重要替代品，高铁安全性受到质疑，必然会让更多人选择乘飞机出行，这当然对航空业是利好。

因此，利用波特五力分析模型，可判定一条新信息究竟是利好还是利空：如果新信息有助于加强公司的竞争能力，则该信息对公司的发展可视为利好；反之，如果新信息预期会降低公司的竞争能力，则该信息对公司的发展可视为利空。

关键概念

宏观信息　中观信息　微观信息
内幕信息　原始信息　加工信息
美林投资钟　国内生产总值　消费者物价指数
生产者物价指数　市场利率　汇率
采购经济人指数　波罗的海干散货指数　财政政策
货币政策　波特五力分析模型　行业生命周期
增长型行业　周期型行业　防守型行业
强制性信息披露　自愿性信息披露　股权激励计划
股票回购　员工持股计划　企业并购
印象管理　选择性信息披露　自利性归因

本章小结

1. 股票投资信息会对某些公司股票、某些行业股票或者全体股票的价格变动产生影响。
2. 判断国民经济发展趋势，经常使用的重要经济指标是国内生产总值及其增长率、市场利率、物价指数、汇率、采购经理人指数、波罗的海干散货指数等。
3. 政府会采取财政政策、货币政策调节经济运行。
4. 从行业竞争结构、行业生命周期、行业与经济周期的关系等方面对行业进行分类，有助于投资人把握相应的投资机会。
5. 股权激励计划既可能是激励，也可能是福利。对上市公司股票回购存在正向影响、中性影响和负面影响三种理论解释。员工持股计划需要从正反两个方面解读。

企业并购有短期效应和长期效应。

6. 政府发布信息有其偏好，上市公司可能基于印象管理的需要发布信息，证券分析师提供的咨询服务不是免费午餐。
7. 信息需要全面解读，表面的利空可能是利好，表面的利好可能是利空。
8. 普通投资人可以观察大股东、公司高管买入或增持公司股份，间接获得内幕信息，据此操作有可能获得较好的投资回报。
9. 研读信息要以波特五力竞争模型为基础展开联想。

视频材料

1. 宁夏卫视财经夜行线：《攀钢钒钛 豪言研报 乌龙还是炒作》，https://v.qq.com/x/cover/6pqwf2chauntt9h/8DQDL5QlQQW.html。
2. 《吕小奎先生做客浙江经视》《风云浙商面对面》，https://v.youku.com/v_show/id_XNjEyNDUyMzIw.html? refer = seo_operation.liuxiao.liux_00003308_3000_YvmIba_19042900。

问题和应用

1. 简述股票投资信息分类方法。
2. 什么是美林投资钟？其四个阶段的最优投资产品分别是什么？
3. 分析宏观经济形势变化的主要经济指标有哪些？
4. 简述波特五力模型。
5. 2012年底至2014年2月，海越股份股价从7元多最高上升到21元多，市场表现非常突出。推动其股价上涨的主要因素是市场对公司即将投产的60万吨异辛烷充满期待。但是，这个项目投资建成后，远远未达到市场预期，公司股价也持续下跌。请以波特五力模型为基础，分析海越股份的投资为什么会失败？
6. 影响行业兴衰的主要因素有哪些？
7. 如何辨析上市公司股权激励计划究竟是激励还是福利？
8. 简述股票回购和员工持股计划的多种解读方法。
9. 简述企业并购的短期效应和长期效应。
10. 解读信息的三大基本原则是什么。

延伸阅读材料

1. 刘易斯．说谎者的扑克牌——华尔街的投资游戏［M］．孙忠，译．北京：中信出版社，2007.
2. 巴蒂落幕，弗雷德曼．股市传闻［M］．杨殊，译．北京：中信出版社，2002.
3. 孙曼莉．论上市公司信息披露中的印象管理行为［J］．会计研究，2004(3)：40-45.
4. 赵黎鸣．我国上市公司信息披露的研究现状及建议［J］．四川大学学报，2013(5)：119-126.
5. 龙立．上市公司自愿性信息披露：回顾与展望．［J］．会计之友，2012(29)：116-119.
6. 王慧芳．信息披露监管：强制披露与自愿披露的协调［J］．审计与经济研究，2007(9)：97-101.
7. 楚明钦．中国股票价格异常波动中的舆论传播效应［J］．理论月刊，2016(8)：126-129.

8. 刘春林，等. 上市公司传闻的澄清效果研究［J］. 管理科学学报，2012(5)：42-54.
9. 郝雨，等. 财经谣言传播的分析与应对［J］. 当代传播，2016(4)：82-84.
10. 韩永斌. 公开市场股票回购研究综述［J］. 外国经济与管理，2005(11)：49-58.
11. 王烨. 关于股权激励效应的争论及其检验［J］. 经济学动态，2009(8)：107-111.
12. 刘浩，等. 西方股权激励契约结构研究综述［J］. 经济管理，2009(4)：179-191.
13. 吕长江，等. 上市公司股权激励制度设计：是激励还是福利？［J］. 管理世界，2009(9)：133-147.
14. 马光远. 房地产市场信号严重失真，http://www.baijiahao.baidu.com/s?id=16025250049868823438uft=spider&for=pc。
15. 电子烟比卷烟的危害大10倍很多国家已经禁止销售电子烟，http://news.qq.com/omn/20171225/20171225A0FAT0.html。

第 10 章
CHAPTER 10

股票价值分析

§本章提要

公司财务状况是分析股票投资价值的基础。戈登模型揭示了未来股息以固定比率增长时公司股票的合理价格。股票价值包括非增长价值和增长价值两部分。预测公司业绩须评估业绩可测性，预测方法有自主研究和借助外脑。相似公司市盈率应该接近。配对套利交易卖空相似个股中市盈率高者、买入低者进行套利。须慎重使用投资价值分析报告。

§重点难点

- 理解公司主要财务指标的含义，能用这些指标进行分析
- 掌握戈登模型，并能用其给股票定价
- 理解股利分派形式不同对股票价值的影响，掌握股价结构分解方法
- 了解股票绝对价值评估的缺陷
- 了解业绩可测性评估方法，能用每股收益增长率法、每股收益对营业收入的回归分析法和每股收益趋势线法预测公司未来业绩
- 掌握市盈率定价的基本原理，了解影响市盈率高低的主要因素
- 理解 PEG 指标评价个股的基本原则，能用 PEG 指标进行实际分析
- 了解判断公司相似性的主要标准，以及用市盈率高低进行套利的基本方法
- 了解投资价值分析报告的基本架构和特点，能够正确使用投资价值分析报告

§引导案例

坠落神坛的乐视网

乐视网成立于2004 年11 月，2010 年8 月12 日在中国创业板上市。乐视致力于打造基于视频产业、内容产业和智能终端的“平台+内容+终端+应用”完整生态系统。短短12 年间，乐视迅速成长为横跨七大行业、涉及上百家公司和附属实体的大型集团。乐视网市值一度由上市之初的30 亿元达到逾1 500 亿元峰值。

高速扩张的乐视网在2016年不断爆出陷入资金困局的新闻。2017年4月14日，乐视网宣告进行重大资产重组停牌。2018年1月24日乐视网复牌，宣布公司重大资产重组失败，同时披露公司2017年亏损高达约116亿元。公司股票连续出现11个跌停，乐视网坠落神坛。

§案例思考

对于乐视网的业绩变脸，你能提前发现其蛛丝马迹吗?

理论上认为，股票价格围绕股票内在价值波动。你会关注证券分析师对一些股票内在价值（投资价值）的评估，有时还会据此操作。实践证明，少数评估报告的结论较为准确，多数评估报告准确性较差。有鉴于此，你希望掌握评估股票价值的理论和方法，以便在股价大幅低于内在价值时买进，在股价接近内在价值时卖出。

但评估股票价值绝非易事，因为评估时必须预测公司未来长期经营发展，而这种预测存在许多变数。因此，股票价值评估总是而且也将继续是一门艺术，而不是一门科学。[⊖]

10.1 股票价值评估的基础——公司财务状况

财务知识在股票价值评估中极其重要。投资人必须了解公司财务报告、财务指标的正常情况，并能对公司财务健康状况做出基本判断。

10.1.1 认识三大财务报表

公司财务报表主要包括资产负债表、利润表（损益表）、现金流量表。上市公司通常在年度报告和中期报告中披露三大财务报表。

1. 资产负债表

资产负债表（balance sheet）反映企业在某一特定时点（一般为季末、半年末或年末）所持有的资产、所负的债务及股东权益（或所有者权益）的存量情况。

资产、负债和股东权益的关系是：资产=负债+股东权益。资产负债表的格式通常如表10-1所示。

表10-1 资产负债表

编制单位： 时间： 单位：万元

资产	期末数额	年初数额	负债及所有者权益	期末数额	年初数额
流动资产：			流动负债：		
货币资金			短期借款		
交易性金融资产			交易性金融负债		
应收票据			应付票据		
应收账款			应付账款		
预付账款			预收账款		

⊖ 琼斯．投资学原理与概念［M］．马晓军，译．北京：机械工业出版社，2016：222.

（续）

资产	期末数额	年初数额	负债及所有者权益	期末数额	年初数额
应收利息			应付职工薪酬		
应收股利			应交税费		
其他应收款			应付利息		
存货			应付股利		
一年内到期的非流动资产			其他应付款		
其他流动资产			一年内到期的非流动负债		
流动资产合计			其他流动负债		
非流动资产：			流动负债合计		
可供出售金融资产			非流动负债：		
持有至到期投资			长期借款		
长期应收款			应付债款		
长期股权投资			长期应付款		
投资性房地产			专项应付款		
固定资产			预计负债		
在建工程			递延所得税负债		
工程物资			其他非流动负债		
固定资产清理			非流动负债合计		
生产性生物资产			负债合计		
油气资产			所有者权益（或股东权益）		
无形资产			实收资本（股本）		
开发支出			资本公积		
商誉			减：库存股		
长期待摊费用			盈余公积		
递延所得税资产			未分配利润		
其他非流动资产			所有者权益（或股东权益）合计		
非流动资产合计					
资产总计			负债及所有者权益合计		

从股东权益的四个组成部分，即股本、资本公积金、盈余公积金和未分配利润来看，当公司用资本公积金转增股本、用利润送红股时，会减少资本公积金、未分配利润，相应增加公司股本，但并不会增加股东价值。如英威腾 2012 年 5 月 29 日以资本公积金 10 股转增 8 股股票后，2012 年 8 月 16 日公布的中报披露股东权益变化如表 10-2 所示。

表 10-2　英威腾因资本公积金转增股本引起的股东权益变动　（单位：元）

日期	项目				
	实收资本（或股本）	资本公积	盈余公积	未分配利润	股东权益合计
2012 年 6 月 30 日	218 880 000.00	616 132 620.22	37 867 088.78	280 170 362.59	1 153 050 071.59
2011 年 12 月 31 日	121 600 000.00	713 412 620.22	37 867 088.78	258 848 704.99	1 131 728 413.99

2012 年 6 月 30 日和 2011 年 12 月 31 日的数据变化主要有：

（1）股本由121 600 000元增加为218 880 000元，增加了97 280 000（=121 600 000×0.8）元。

（2）资本公积金减少了616 132 620.22－713 412 620.22=－97 280 000（元）。

（3）未分配利润增加了280 170 362.59－258 848 704.99=21 321 657.6（元）。

（4）股东权益增加了1 153 050 071.59－1 131 728 413.99=21 321 657.6（元），是未分配利润增加的结果。

2. 利润表

利润表（income statement）是反映企业在某一时期（如一个季度、半年或一年）所形成的收入、发生的费用以及成本的流量情况，是分析企业盈利能力大小或经营状况好坏的主要依据。利润表各项目间的关系可用"收入－费用=利润"来概括，利润表的基本格式如表10-3所示。

表10-3 利润表

编制单位： ________年度 单位：万元

项目	本期金额	上期金额
一、营业收入		
减：营业成本		
营业税金及附加		
销售费用		
管理费用		
财务费用		
资产减值损失		
加：公允价值变动收益（损失以"－"填列）		
投资收益（损失以"－"填列）		
二、营业利润（亏损以"－"号填列）		
加：营业外收入		
减：营业外支出		
其中：非流动资产处理损失（净收益以"－"填列）		
三、利润总额（亏损总额以"－"号填列）		
减：所得税		
四、净利润（净亏损以"－"号填列）		
五、每股收益		
基本每股收益		
稀释每股收益		

3. 现金流量表

现金流量表（statement of cash flows）是反映企业在某一时期现金流入流出的情况及引起现金变化原因的报表。现金流量表中的现金包括库存现金、银行存款、各种货币资金和现金等价物。企业现金流分为三类：经营活动产生的现金流、投资活动产生的现金流和融资活动产生的现金流。

现金流量表在某种程度上发挥着连接资产负债表和利润表所代表的存量和流量关系的桥梁作用，是上述两表的重要补充，并在一定程度上克服了资产负债表、利润表固有的制度性缺陷[⊖]，相对更客观、更真实。现金流量表的基本格式如表 10-4 所示。

表 10-4 现金流量表

编制单位： ________年度 单位：万元

项目	本期余额	上期余额
一、经营活动产生的现金流量		
销售商品、提供劳务收到的现金		
收到的税费返还		
收到的其他与经营活动有关的现金		
现金流入小计		
购买商品、接受劳务支付的现金		
支付给职工以及为职工支付的现金		
支付的各项税费		
支付的其他与经营活动有关的现金		
现金流出小计		
经营活动产生的现金流量净额		
二、投资活动产生的现金流量		
收回投资所收到的现金		
取得投资收益所收到的现金		
处置固定资产、无形资产和其他长期资产所收回的现金净额		
收到的其他与投资活动有关的现金		
现金流入小计		
构建固定资产、无形资产和其他长期资产所支付的现金		
投资所支付的现金		
取得子公司及其他营业单位支付的现金净额		
支付的其他与投资活动有关的现金		
现金流出小计		
投资活动产生的现金流量净额		
三、筹资活动产生的现金流量		
吸收投资所收到的现金		
取得借款所收到的现金		
收到的其他与筹资活动有关的现金		
现金流入小计		
偿还债务所支付的现金		
分配股利、利润或偿付利息所支付的现金		
支付的其他与筹资活动有关的现金		
现金流出小计		
筹资活动产生的现金流量净额		
四、汇率变动对现金的影响		
五、现金及现金等价物净增加额		
加：期初现金及现金等价物余额		
六、期末现金及现金等价物余额		

⊖ 公司可以用更改固定资产折旧政策、应收账款坏账准备政策等手段操纵利润。

10.1.2 值得重视的几类财务指标

判断上市公司财务状况是否健康，投资人可从各种财务数据之间的内在联系入手，对公司偿债能力、经营与发展能力、盈利能力、投资收益等四个方面进行较为深入的分析。

1. 偿债能力分析

偿债能力分析研判上市公司是否有足够的现金和银行存款偿付各种到期的费用和债务。偿债能力大小常用流动比率（current ratio）、速动比率（quick ratio，又称酸性测试比率）、资产负债比率（debt to assets ratio）来衡量。三个指标的具体计算公式如下：

$$\text{流动比率}=\frac{\text{流动资产}}{\text{流动负债}} \tag{10-1}$$

$$\text{速动比率}=\frac{\text{速动资产}}{\text{流动负债}}=\frac{\text{流动资产}-\text{存货}}{\text{流动负债}} \tag{10-2}$$

$$\text{资产负债比率}=\frac{\text{负债总额}}{\text{资产总额}} \tag{10-3}$$

通常认为企业的流动比率为2，速动比率为1，资产负债率为50%左右比较正常。[⊖]如果流动比率、速动比率过低，说明流动资金不足，公司偿债能力较差；而过高则表明公司将资金过多投放在流动性较强的资产上，放弃了盈利能力更高的投资机会，管理可能过于保守。资产负债比率过高，公司财务风险很大；比率过低，可能意味着公司未能充分利用债务融资，公司经营偏于保守。

2. 经营与发展能力分析

经营与发展能力分析研究上市公司经营活动是否正常，未来是否具备持续发展的能力，主要用存货周转率、应收账款周转率、营业收入增长率、营业利润增长率、税后利润增长率等指标来衡量。这些指标的具体计算公式如下：

$$\text{存货周转率(次)}=\frac{\text{销售成本}}{\text{平均存货}} \tag{10-4}$$

$$\text{应收账款周转率(次)}=\frac{\text{销售额}}{\text{平均应收账款}} \tag{10-5}$$

$$\text{营业收入增长率(\%)}=\frac{\text{本期营业收入}-\text{上期营业收入}}{\text{上期营业收入}} \tag{10-6}$$

$$\text{营业利润增长率(\%)}=\frac{\text{本期营业利润}-\text{上期营业利润}}{\text{上期营业利润}} \tag{10-7}$$

$$\text{税后利润增长率(\%)}=\frac{\text{本期税后利润}-\text{上期税后利润}}{\text{上期税后利润}} \tag{10-8}$$

一般来说，存货周转率、应收账款周转率越高，说明企业对存货、应收账款等资产的运用能力越强。反之，说明企业存货、应收账款管理不善，利用效率低。

⊖ 实际上，不同行业、不同企业适宜的具体指标不同，而且没有理论表明什么是标准值或如何设立标准值。这种情况也适合其他财务指标。

营业收入增长率、营业利润增长率和税后利润增长率等指标越高，企业成长性越好。税后利润较营业利润更多受到偶然性因素（营业外收支）和税负状况的影响，因而税后利润增长率的可靠性和真实性较营业利润增长率要差一些。

3. 盈利能力分析

盈利能力是测算公司经营绩效的主要指标，主要包括营业利润率、净资产收益率（或股东权益收益率）、净利润现金含量等指标。三个指标的具体计算公式如下：

$$营业利润率(\%)=\frac{营业利润}{营业收入} \tag{10-9}$$

$$净资产收益率(\%)=\frac{税后利润}{公司净资产}=\frac{税后利润}{股东权益} \tag{10-10}$$

$$净利润现金含量(\%)=\frac{经营活动现金流量净额}{净利润} \tag{10-11}$$

这些指标越高表明企业的盈利能力越强。相对营业利润率和净资产收益率更多地反映企业盈利能力水平高低的状况，净利润现金含量更好地表明了企业盈利质量的高低。

投资实践中通常将净资产收益率进行分解，以寻找影响净资产收益率高低的主要因素。这种方法被称为杜邦分析法（DuPont analysis），其将净资产收益率 *ROE* 分解为如下部分：

$$ROE=\underset{(1)}{\frac{净利润}{税前利润}}\times\underset{(2)}{\frac{税前利润}{息税前利润}}\times\underset{(3)}{\frac{息税前利润}{销售收入}}\times\underset{(4)}{\frac{销售收入}{资产}}\times\underset{(5)}{\frac{资产}{所有者权益}}$$

上式中，因子（1）为税收负担比率；因子（2）为利息负担比率；因子（3）为销售利润率或利润率，表示每一元销售收入可获得的经营利润；因子（4）为总资产周转率，表示每一元资产可以产生多少销售收入；因子（5）用来衡量公司的财务杠杆水平，称为杠杆比率。这样，净资产收益率又可以表示为：

$$ROE=税收负担比率\times利息负担比率\times利润率\times总资产周转率\times杠杆比率$$

4. 投资收益分析

投资收益分析反映投资者投资公司股票收益水平的高低。从静态角度考虑，主要指标有每股净资产、每股收益（earning per share，EPS）[⊖]、每股收益扣除等。这些指标的具体计算公式如下：

$$每股净资产(元)=\frac{净资产值}{总股数}=\frac{股东权益}{总股数} \tag{10-12}$$

$$每股收益(元)=\frac{净利润}{总股数} \tag{10-13}$$

$$每股收益扣除(元)=\frac{净利润-非经营性损益}{总股数} \tag{10-14}$$

每股净资产、每股收益、每股收益扣除等三个指标的数值越高，表明投资人获得的回报越高。每股收益是投资人最看重的指标，但每股收益可能受一些偶发性因素影响，故投

⊖ 每股收益又称每股盈余、每股税后利润。

资人更需重视每股收益扣除，即在每股收益中扣除非经营性损益。每股收益扣除是公司持续发展的基础，是公司真实业绩的体现。

从动态角度即结合公司股票价格变动考虑，投资收益分析的主要指标有市盈率、市净率和股息率，其公式如下：

$$市盈率 = \frac{每股市价}{每股税后利润} \tag{10-15}$$

$$市净率 = \frac{每股市价}{每股净资产} \tag{10-16}$$

$$股息率 = \frac{每股派息}{每股市价} \tag{10-17}$$

市盈率和市净率公式的分母在较长时间内是一个常量，分子即股票市价随时变动，故市盈率、市净率都随着股价变动而变动，市盈率高、市净率高代表股价高，反之表示股价低。

从股息率计算公式可以看出，当每股派息确定后，股息率高低与每股市价成反比，故股息率高（低）代表股价低（高）。将股息率与同期银行存款利率相比，更有助于判断股票的投资收益高低。

10.1.3 股票高送转除权对财务指标的影响

高送转被一些投资专家认为是文字游戏。我们现在设计一个案例，具体分析高送转除权后公司主要财务指标的变化。

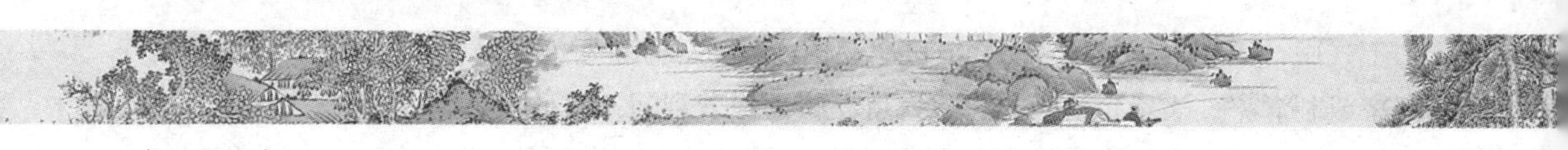

例 10-1

某上市公司 2018 年末资产负债表中的股东权益结构为：股本为 4 000 万元，资本公积金为 40 000 万元，盈余公积金为 3 000 万元，未分配利润为 10 000 万元（2017 年未分配利润 2 000 万元结转到 2018 年）。2019 年 4 月 8 日为公司股权登记日：公司以资本公积金每 10 股转增 20 股，以税后利润每 10 股送红股 10 股，当日公司股票收盘价格为 150 元。请回答以下问题：①除权前后，股东权益发生了什么变化？②在 4 月 8 日，投资该公司股票的每股收益、每股净资产、净资产收益率、市盈率和市净率是多少？③在 4 月 9 日，投资该公司股票的每股收益、每股净资产、净资产收益率、市盈率和市净率是多少？④通过计算，能够发现什么规律？

解答：(1) 除权前后，股东权益及其结构可以整理为表 10-5：

表 10-5 除权前后股权结构的比较 （单位：万元）

	股本	资本公积金	盈余公积金	未分配利润	股东权益
除权前	4 000	40 000	3 000	10 000	57 000
除权后	16 000	32 000	3 000	6 000	57 000
除权前后改变	+12 000	-8 000	0	-4 000	0

(2) 在 4 月 8 日，未分配利润 10 000 万元中有 2 000 万元是 2017 年结转而来的，故

2018年公司税后利润是8 000万元。这时，可计算每股收益、每股净资产、净资产收益率、市盈率和市净率分别为：

$$每股收益=\frac{净利润}{总股数}=\frac{8\ 000}{4\ 000}=2(元)$$

$$每股净资产=\frac{净资产值}{总股数}=\frac{57\ 000}{4\ 000}=14.25(元)$$

$$净资产收益率=\frac{税后利润}{公司净资产}=\frac{8\ 000}{57\ 000}\approx 14.04\%$$

$$市盈率=\frac{每股市价}{每股税后利润}=\frac{150}{2}=75(倍)$$

$$市净率=\frac{每股市价}{每股净资产}=\frac{150}{14.25}\approx 10.53(倍)$$

（3）在4月9日，股票除权后价格为37.5元，相应的每股收益、每股净资产、净资产收益率、市盈率和市净率分别为：

$$每股收益=\frac{净利润}{总股数}=\frac{8\ 000}{16\ 000}=0.5(元)$$

$$每股净资产=\frac{净资产值}{总股数}=\frac{57\ 000}{16\ 000}\approx 3.56(元)$$

$$净资产收益率=\frac{税后利润}{公司净资产}=\frac{8\ 000}{57\ 000}\approx 14.04\%$$

$$市盈率=\frac{每股市价}{每股税后利润}=\frac{37.5}{0.5}=75(倍)$$

$$市净率=\frac{每股市价}{每股净资产}=\frac{37.5}{3.562\ 5}\approx 10.53(倍)$$

（4）计算显示：①股票除权只是改变了股东权益的内部结构，并不能增加股东权益，投资人并不能因此受益；②凡是与股本有关的指标如每股收益、每股净资产，在股本扩大4倍的情况下，原有指标都降低了4倍，显示出除权的摊薄效应；③与股本无关的其他三个指标都没有改变。

10.1.4　对公司财务状况的综合评价

以公司主要财务指标为基础，投资人可采取横向比较和纵向比较两种方法对公司财务状况进行综合评价。横向比较是指将拟研究的公司和同行业公司平均值进行比较，或者与同行业龙头公司（也称标杆公司）进行比较，以此发现公司的相对优势和不足。纵向比较是指将公司历年财务指标进行比较，以此发现公司经营状况是在不断改进还是继续下滑。

需要注意的是，公司财务状况分析是对公司经营历史进行分析，财务状况正常甚至良好，并不代表公司未来发展一定良好。但如果公司财务状况异常，则可以认定公司未来发展堪忧。

2018年5月，我们研究英威腾电气股份有限公司，列出其2011～2017年主要财务指标如表10-6所示。

表 10-6 英威腾电气股份有限公司 2011 ~2017 年主要财务指标

指标名称		2011 年	2012 年	2013 年	2014 年	2015 年	2016 年	2017 年
偿债能力	流动比率	10.09	7.96	5.92	5.24	5.92	2.81	1.96
	速动比率	8.79	6.85	5.21	4.57	5.21	2.19	1.52
	资产负债比率（%）	8.33	10.23	14.03	15.28	17.13	27.92	35.8
经营与发展能力	存货周转率（次）	4.45	3.19	3.75	3.84	3.10	2.41	2.83
	应收账款周转率（次）	9.43	6.33	6.32	5.65	3.94	3.69	3.49
	营业收入增长率（%）	36.91	6.8	25.98	13.99	2.41	22.21	60.3
	营业利润增长率（%）	-40.27	-35.89	112.07	49.60	-13.79	-80.49	916.15
	税后利润增长率（%）	-32.6	15.95	36.56	31.12	-8.04	-54.28	231.81
盈利能力	营业利润率（%）	9.33	5.60	9.43	12.37	10.41	1.66	10.54
	净资产收益率（%）	7.00	7.88	10.05	11.83	9.92	3.94	12.94
	净利润现金含量（%）	4.84	108.33	157.66	57.08	6.04	-65.34	-42.69
投资收益	每股净资产（元）	9.16	5.36	3.67	4.08	2.19	2.18	2.45
	每股收益（元）	0.64	0.30	0.42	0.45	0.21	0.09	0.30
	每股收益扣除（元）	0.60	—	0.38	0.40	0.18	0.07	0.23

资料来源：作者根据有关资料整理所得。

根据上述资料，可对英威腾电气股份有限公司的财务状况进行评估：

（1）对公司偿债能力的评估。该公司 2011 ~2017 年的流动比率、速动比率虽然呈持续下降之势，但仍在正常范围。资产负债比率呈持续上升之时，但也在正常范围。

（2）对经营与发展能力的评估。该公司 2011 ~2017 年的五大指标波动性较大，表明公司经营发展受世界经济不景气和国内经济下行的影响较大。

（3）对盈利能力的评估。该公司 2011 ~2017 年的三大指标波动性较大，表明公司盈利能力受世界经济不景气和国内经济下行的影响较大。

（4）对投资收益的评估。该公司 2011 ~2017 年的三大指标也有一定波动性，同样显示出世界经济不景气和国内经济下行对公司的影响。

综上所述，英威腾电气股份有限公司的经营总体上较为稳健，但在世界经济不景气和国内经济下行的影响下，其稳健性有所下降。

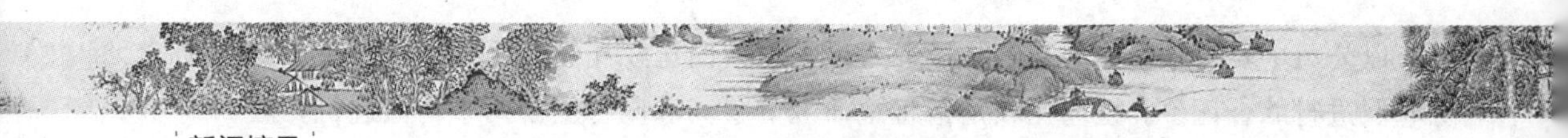

新闻摘录

谨防上市公司财务造假

上市公司财务造假犹如“地雷”，充斥着几乎所有资本市场，即便是相对成熟的美国也不例外。统计 2013 ~2017 年中国证监会行政处罚决定书发现，5 年间共有 59 家上市公司牵涉财务造假，平均每年近 12 家被罚。

识别财务造假可从以下几个方面入手：

（1）毛利率的稳定性及其高低。公司毛利率一般会表现出以下特征：纵向一般比较稳定，不会有大的波动；横向与可比对象或行业平均值相差不大，较少会远远高于可比对象或同行业的平均水平。所以，毛利率忽高忽低的企业，特别是毛利率远高于可比对象或同行业平均水平的企业，财务造假的可能性很高。

(2) 主营业务收入增长率的适当性。如果公司主营业务收入增长率与可比对象或行业平均水平偏离较大，通常就是财务粉饰的信号，因为即使在一个快速发展的市场，行业领先的公司业绩增长也在行业增长速度的一定范围内。

(3) 上市公司的并购重组。随着近年来并购重组数量增加，有的上市公司承诺业绩出现“水涨船高”的情况，但重组标的资产后期很可能达不到承诺的业绩，于是有人“动脑筋”“想办法”，粉饰业绩、虚假披露。

(4) 报表科目以外的信息。如果上市公司存在多次主动变更审计机构，海外业务比重占比较大，董监高频频离职或变动，多次变更业绩预告，以及被监管层发放问询函、监管函等情形，其存在财务造假的可能性较大。

资料来源：2018年4月29日《经济日报》。作者有删改。

10.2 绝对价值评估

从长期投资角度分析，股票内在价值应该等于持有股票未来可以获得的各种现金流的现值之和，用公式表示为：

$$V_0 = \frac{CF_1}{1+r} + \frac{CF_2}{(1+r)^2} + \cdots + \frac{CF_t}{(1+r)^n} + \cdots \tag{10-18}$$

式中 V_0——股票在 $t=0$（现在）时的价值；

CF_t——在时点 t 的预期现金流；

r——折现率或必要收益率。

式（10-18）中的现金流 CF_t，通常用公司每年分配给股东的现金股利 D_t 代表，此时式（10-18）可写成：

$$V_0 = \frac{D_1}{1+r} + \frac{D_2}{(1+r)^2} + \cdots + \frac{D_n}{(1+r)^n} + \cdots \tag{10-19}$$

式（10-19）被称为股利折现模型（dividend discount models，DDM）。使用该公式需要注意三个假设条件：

(1) 公司持续支付现金股利。

(2) 公司董事会建立了与公司盈利状况有稳定联系的股利政策。

(3) 投资者不具有控制权，不能改变公司股利政策。

10.2.1 戈登模型及其公式推导

股利折现模型在实际运用时经常假设公司现金股利每年按照固定比率 g 增长，D_0 是已发放的上一年股利，如此则有：

从现在起第一年后股利为 $D_1 = D_0(1+g)$；

从现在起第二年后股利为 $D_2 = D_1(1+g) = D_0(1+g)^2$；

⋮

从现在起第 n 年后股利为 $D_n = D_0(1+g)^n$。

如果股利增长能够永久保持，并且 $r>g$，则股票的内在价值为：

$$
\begin{aligned}
V_0 &= \frac{D_1}{1+r} + \frac{D_2}{(1+r)^2} + \cdots + \frac{D_n}{(1+r)^n} + \cdots \\
&= \frac{D_0(1+g)}{1+r} + \frac{D_0(1+g)^2}{(1+r)^2} + \cdots + \frac{D_0(1+g)^n}{(1+r)^n} + \cdots \\
&= \frac{D_0(1+g)}{1+r} \times \left[1 + \frac{(1+g)}{(1+r)} + \cdots + \frac{(1+g)^{n-1}}{(1+r)^{n-1}} + \cdots\right] \\
&= \frac{D_0(1+g)}{r-g}
\end{aligned}
$$

由此即得到著名的**戈登模型**（Gordon model）：

$$V_0 = \frac{D_0(1+g)}{r-g} = \frac{D_1}{r-g} \tag{10-20}$$

用戈登模型评估公司内在价值，提供了股票投资的基本方法：

- 当股价 P 大于内在价值 V_0 时，卖出或卖空股票；
- 当股价 P 小于内在价值 V_0 时，买入股票。

假设市场有效，即 $P=V_0$，则由戈登模型可以推导出：

$$r = \frac{D_1}{P} + g \tag{10-21}$$

式中 r 被称为隐含的收益率，将其与投资人要求的必要收益率 $E(R)$（通常用 *CAPM* 模型推导）比较，同样可提供股票投资的基本方法：

- 当 r 大于 $E(R)$ 时，买入股票；
- 当 r 小于 $E(R)$ 时，卖出或卖空股票。

在投资实践中，经常假定公司股利增长率分成两个阶段：第一个阶段是为期有限（设为 n 年）的高速增长阶段，其股利增长率为 $g_1(g_1>r)$；第二个阶段是正常增长阶段，其股利增长率为 $g_2(g_2<r)$，即符合戈登模型假设。这时股票的内在价值为：

$$
\begin{aligned}
V_0 &= \sum_{t=1}^{n} \frac{D_t}{(1+r)^t} + \sum_{t=n+1}^{\infty} \frac{D_t}{(1+r)^t} \\
&= \sum_{t=1}^{n} \frac{D_0(1+g_1)^t}{(1+r)^t} + \sum_{t=n+1}^{\infty} \frac{D_n(1+g_2)^{t-n}}{(1+r)^t} \\
&= \sum_{t=1}^{n} \frac{D_0(1+g_1)^t}{(1+r)^t} + \frac{D_{n+1}}{(1+r)^n(r-g_2)}
\end{aligned}
$$

上面公式中 $\frac{D_{n+1}}{r-g_2} = \frac{D_n(1+g_2)}{r-g_2}$，实际是 n 年后股票的合理价格 V_n。

例 10-2

某股票未来 3 年预期股息依次为 1 元、2 元和 2.5 元，3 年后预期股息每年以 5% 的速度增长。假设投资该股票的必要收益率是 10%，问：①该股票当前的合理价格是多少？②该股票 2 年后的合理价格是多少？

解答：可以画出公司未来股息增长时间轴：

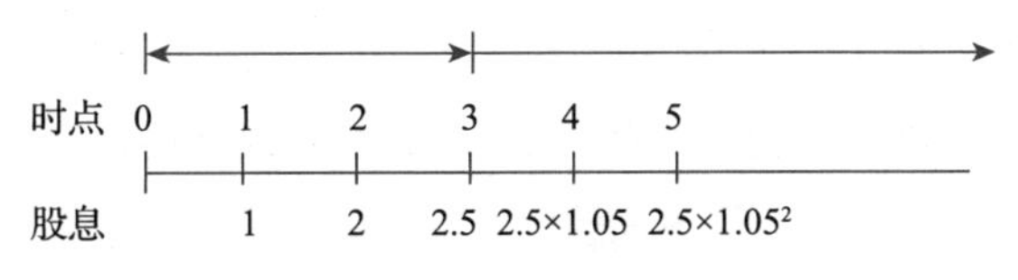

图 10-1 股息增长时间轴

（1）当前股票的合理价格。①用戈登模型计算公司股票 3 年后的合理价格：

$$V_3 = \frac{D_3(1+g)}{r-g} = \frac{2.5\times(1+5\%)}{10\%-5\%} = 52.50(\text{元})$$

②计算股票当前的合理价格：

$$V_0 = \frac{D_1}{(1+r)^1} + \frac{D_2}{(1+r)^2} + \frac{D_3}{(1+r)^3} + \frac{V_3}{(1+r)^3}$$

$$= \frac{1}{(1+10\%)^1} + \frac{2}{(1+10\%)^2} + \frac{2.5}{(1+10\%)^3} + \frac{52.50}{(1+10\%)^3}$$

$$= 0.91 + 1.65 + 1.88 + 39.44 = 43.88(\text{元})$$

（2）2 年后股票的合理价格是：

$$V_2 = \frac{D_3}{(1+r)^1} + \frac{V_3}{(1+r)^1} = \frac{2.5}{(1+10\%)^1} + \frac{52.50}{(1+10\%)^1}$$

$$= 2.27 + 47.73 = 50(\text{元})$$

10.2.2 对股利增长率的估算

戈登模型重要参数——股利增长率 g，通常可用留存收益增长率、长期股利增长率两种方法进行估算，并要根据未来预期进行调整。

1. 从留存收益增长率估算

假定股利增长率与企业留存收益率（也称盈余保留率）密切相关，留存收益率 =（每股收益 - 每股派息）/每股收益，且企业发展符合如下假设：①企业收益的增长完全来自其新增的净投资；②新增的净投资只来源于股东留存收益；③企业每年利润中用于现金股利分配的比率保持不变。则下一年每股收益 EPS_1 与本年每股收益 EPS_0 之间有如下关系：

$$EPS_1 = EPS_0 + EPS_0 \times \text{留存收益率 } b \times \text{净资产收益率 } ROE$$

设留存收益率为 b，对上式两边同时除以 EPS_0，得到：

$$\frac{EPS_1}{EPS_0} = \frac{EPS_0}{EPS_0} + \frac{EPS_0}{EPS_0} \times \text{留存收益率 } b \times \text{净资产收益率 } ROE$$

$$= 1 + \text{留存收益率 } b \times \text{净资产收益率 } ROE$$

因为：$\frac{D_1}{D_0} = \frac{EPS_1 \times \text{股利发放率}}{EPS_0 \times \text{股利发放率}} = \frac{EPS_1}{EPS_0}$

以及 $D_1 = D_0(1+g)$，由此可得：

$$1 + g = \frac{D_1}{D_0} = \frac{EPS_1}{EPS_0} = 1 + \text{留存收益率 } b \times \text{净资产收益率 } ROE$$

$$g = b \times ROE \tag{10-22}$$

式（10-22）说明，股利增长率 g 的大小由留存收益率 b 与净资产收益率 ROE 决定。

2. 从股利历史增长率估算

根据期初与期末（n 年后）股利派发情况，可以推算股利增长比率。具体计算公式是：

$$g = \sqrt[n]{期末股利派发 / 期初股利派发} - 1 \tag{10-23}$$

3. 股利增长率的调整

无论是从留存收益还是历史数据估算股利增长率，都是基于历史情况，这可能与未来有一定偏差。投资界通常认为，股利增长率最终会收敛于行业或整体经济增长率，可以国内生产总值增长率为基础，加上企业超额股利增长率作为未来股利增长率，即：

$$股利增长率 = 国内生产总值\ GDP\ 增长率 + 企业超额股利增长率$$

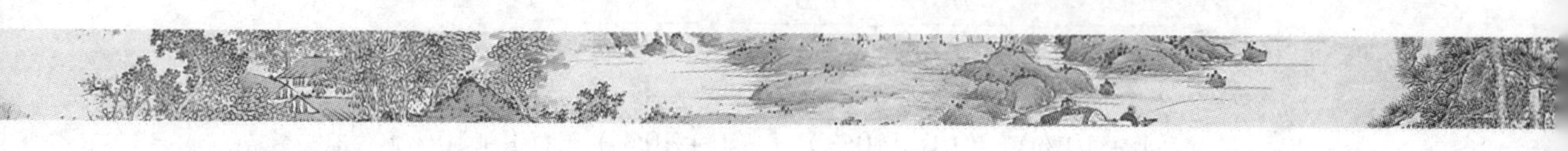

例 10-3

在 2018 年 5 月，估算工商银行和贵州茅台未来长期股利增长率。

解答：(1) 计算工商银行未来长期股利增长率。

①从留存收益率来估算。收集并整理得到工商银行 2007 ~ 2017 年的净资产收益率和利润分配情况如表 10-7 所示。

表 10-7　工商银行 2007 ~ 2017 年净资产收益率和利润分配

	2007 年	2008 年	2009 年	2010 年	2011 年	2012 年
每股收益（元）	0.24	0.33	0.39	0.48	0.60	0.68
每股派息（元）	0.133	0.17	0.17	0.18	0.20	0.24
留存收益率（%）	44.58	50	56.41	61.67	66.17	64.85
净资产收益率（%）	15.08	18.36	19.08	20.13	21.77	21.20
	2013 年	2014 年	2015 年	2016 年	2017 年	
每股收益（元）	0.75	0.78	0.77	0.77	0.79	
每股派息（元）	0.26	0.26	0.23	0.23	0.24	
留存收益率（%）	65.33	66.67	70.13	70.13	69.62	
净资产收益率（%）	21.92	19.96	17.10	15.24	14.35	

对工商银行 11 年留存收益率求平均值，可得工商银行留存收益率约为：

$$\begin{aligned}&(44.58 + 50 + 56.41 + 61.67 + 66.17 + 64.85 + 65.33\\&+ 66.67 + 70.13 + 70.13 + 69.62)/11 \approx 62.32\%\end{aligned}$$

对工商银行 11 年净资产收益率求平均值，可得未来公司净资产收益率约为：

$$\begin{aligned}&(15.08 + 18.36 + 19.08 + 20.13 + 21.77 + 21.20 + 21.92\\&+ 19.96 + 17.10 + 15.24 + 14.35)/11 \approx 18.56\%\end{aligned}$$

根据式（10-22），工商银行未来股利增长率为：

$$g = 62.32\% \times 18.56\% \approx 11.57\%$$

②根据式（10-23）可得工商银行股息增长率为：

$$g(工行) = \sqrt[n]{期末股利 / 期初股利} - 1 = \sqrt[10]{0.24/0.13} - 1 \approx 6.32\%$$

③按照中国经济未来年均增长5%的假设，对工商银行股利增长率进行调整。考虑2014～2017年工商银行每股收益和每股派息增长极为缓慢甚至停滞，以及中国银行业净资产收益率为14%，远远高于美欧市场的9%和3%，[㊀]中国银行业净资产收益率有下降趋势，将工商银行长期股利增长率由6%下调20%到4.8%。

（2）计算贵州茅台未来长期股利增长率。

①从留存收益率来估算。收集并整理得到贵州茅台2007～2017年的净资产收益率和利润分配情况如表10-8所示。

表10-8 贵州茅台2007～2017年净资产收益率和利润分配

	2007年	2008年	2009年	2010年	2011年	2012年
每股收益（元）	3	4.03	4.57	5.35	8.44	12.82
每股派息（元）	0.84	1.16	1.19	2.3	4	6.42
留存收益率（%）	72	71.22	73.96	57.01	66.17	52.61
净资产收益率（%）	33.73	32.17	29.45	27.03	34.25	37.57
	2013年	2014年	2015年	2016年	2017年	
每股收益（元）	14.58	13.44	12.34	13.31	21.56	
每股派息（元）	4.37	4.37	6.17	6.79	11	
留存收益率（%）	70.01	67.49	50	48.99	48.98	
净资产收益率（%）	34.24	27.66	26.23	24.44	32.95	

对贵州茅台11年留存收益率求平均值，可得贵州茅台留存收益率约为：

$$(72+71.22+73.96+57.01+66.17+52.61+70.01+67.49+50+48.99+48.98)/11 \approx 61.68\%$$

对贵州茅台11年净资产收益率求平均值，可得未来公司净资产收益率约为：

$$(33.73+32.17+29.45+27.03+34.25+37.57+34.24+27.66+26.23+24.44+32.95)/11 \approx 30.88\%$$

根据式（10-22），贵州茅台未来股利增长率为：

$$g(\text{茅台}) = 61.68\% \times 30.88\% \approx 19.05\%$$

②根据式（10-23）可得贵州茅台股息增长率为：

$$g(\text{茅台}) = \sqrt[n]{\text{期末股利}/\text{期初股利}} - 1 = \sqrt[10]{11/0.84} - 1 \approx 29.33\%$$

③无论是按照式（10-22）还是式（10-23）来计算，贵州茅台的长期股利增长率都过高，不可能维持。较保守的估计是，假定贵州茅台未来5年仍然能够保持平均19.05%的股息增长率，然后以高于长期经济增长率5%的速度——7%长期增长。

10.2.3 股利分派形式对股票价值的影响

假设$E_1(EPS_1)$表示从现在起第一年后的每股税后利润，则利用戈登模型，可以将股票价值分解为两个部分：

$$V_0 = \frac{E_1}{r} + \left[\frac{E_1(1-b)}{r - ROE \times b} - \frac{E_1}{r}\right] \tag{10-24}$$

㊀ 见2018年4月10日中国财经信息网刊载的文章《金融开放：谁喜，谁忧?》。

（1）式（10-24）中$\frac{E_1}{r}$表示公司将全部利润作为股利分配（$b=0$），即公司维持现有规模、不再增加投资时的价值，简称非增长价值，用*NGV*表示；

（2）式（10-24）中的$\left[\frac{E_1\ (1-b)}{r-ROE\times b}-\frac{E_1}{r}\right]$是公司增加投资所带来的增长价值（present value of growth opportunities），简称增长价值，用*PVGO*表示。

引入非增长价值和增长价值后，式（10-24）可以写为：

$$\text{股票价值} = \text{非增长价值} + \text{增长价值} \tag{10-25}$$

在股票价值构成中，价值型股票的非增长价值部分占总价值的比重较高，成长型股票的增长价值部分占总价值的比重较高。

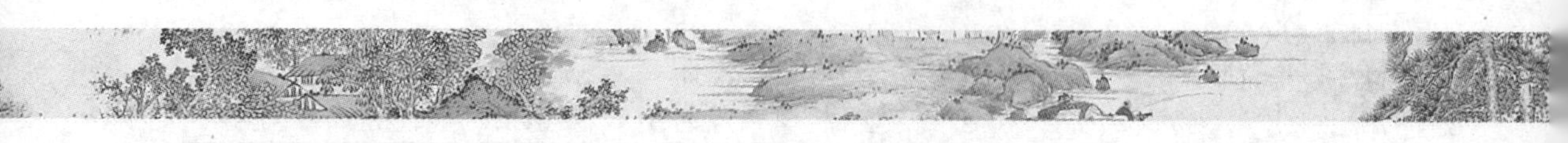

例 10-4

假设公司净资产收益率为10%，未来每股收益为10元，留存收益率有0、20%、40%、60%四种情况。试计算：当投资人要求的必要收益率分别为8%、12%和10%时，四种留存收益比例下股票的内在价值及其构成比例。

解答：①当投资人要求的必要收益率为8%，未来留存收益率分别为0、20%、40%、60%时，可计算公司股票价值及其构成如表10-9所示：

表10-9　各种留存收益率下股票价值及其构成

留存收益率（%）	股票价值（元）	非增长价值（元）	增长价值（元）
0	125	125	0
20	133.33	125	8.33
40	150	125	25
60	200	125	75

因此，当净资产收益率高于投资人要求的必要收益率时，留存收益率越高，增长价值越高，股票内在价值越高。

②当投资人必要收益率为12%，未来留存收益率分别为0、20%、40%、60%时，可计算公司股票价值及其构成如表10-10所示：

表10-10　各种留存收益率下股票价值及其构成

留存收益率（%）	股票价值（元）	非增长价值（元）	增长价值（元）
0	83.33	83.33	0
20	80	83.33	-3.33
40	75	83.33	-8.33
60	66.66	83.33	-16.66

因此，当净资产收益率低于投资人必要收益率时，留存收益率越高，增长价值越低，股票的内在价值越低。

③当投资人要求的必要收益率为10%，未来留存收益率分别为0、20%、40%、60%

时，可计算公司股票价值及其构成如表 10-11 所示：

表 10-11 各种留存收益率下股票价值及其构成

留存收益率（%）	股票价值（元）	非增长价值（元）	增长价值（元）
0	100	100	0
20	100	100	0
40	100	100	0
60	100	100	0

因此，当净资产收益率等于投资人要求的必要收益率时，股票价值与留存收益率无关，直接等于非增长价值。

例 10-4 的结论显示：公司留存收益率或利润分配比例对股票价值究竟是正向、反向或无影响，取决于公司净资产收益率和投资人要求的必要收益率的相对高低。这种关系适合一般情形，可以总结为三个定理：

定理一：当投资人要求的收益率 r 大于公司净资产收益率 ROE 时，公司留存收益率越高，公司股票价值越低。

定理二：当投资人要求的收益率 r 小于公司净资产收益率 ROE 时，公司留存收益率越高，公司股票价值越高。

定理三：当投资人要求的收益率 r 等于公司净资产收益率 ROE 时，公司留存收益率的大小不影响公司股票价值。

对上面三个定理的证明如下：

将留存收益率 b 作为自变量，用股票价值对其求导并整理得：

$$\frac{dV_0}{db} = \frac{-E_1(r - ROE)}{(r - b \times ROE)^2}$$

①当 $r > ROE$ 时，$\frac{dV_0}{db} < 0$，此时股票价值与留存收益率 b 呈反向变化，定理一成立。

②当 $r < ROE$ 时，$\frac{dV_0}{db} > 0$，此时股票价值与留存收益率 b 呈正向变化，定理二成立。

③当 $r = ROE$ 时，$\frac{dV_0}{db} = 0$，V_0 是与留存收益率 b 无关的常量，故定理三成立。实际上，这时 V_0 为：

$$V_0 = \frac{E_1(1 - b)}{r - ROE \times b} = \frac{E_1(1 - b)}{r - r \times b} = \frac{E_1}{r}$$

此时股票价值等于非增长价值。当然，考虑到股东纳税的问题，此时投资者大多仍愿意公司保留较多盈余进行再投资。

10.2.4 用戈登模型评估公司内在价值

戈登模型假设公司未来股息按照一定比率持续增长，能够满足该条件的是经营稳健、派现丰厚的蓝筹股。

例 10-5

2018 年 5 月 18 日，工商银行和贵州茅台股票收盘价格分别为 6.05 元和 739.32 元。请利用戈登模型评估工商银行和贵州茅台股票的内在价值，并分析工商银行和贵州茅台股票价值的内部结构以及定价的合理性。

解答：(1) 计算投资工商银行和贵州茅台的必要收益率。根据资本资产定价模型，投资工商银行和贵州茅台的必要收益率为：

$$E(R_i) = R_f + \beta_i[E(R_M) - R_f]$$

下面分别求 R_f、$E(R_M)$、β_i 等值。

① R_f 用中国债券信息网 2018 年 5 月 18 日显示的一年期国债收益率 3.07% 为代表。

②以沪深 300 指数在 2007～2018 年第 1 季度收益率均值 3% 为基础，计算年化收益率约为 12.55%，以其代表市场预期收益率 $E(R_M)$。

③采用工商银行、贵州茅台和沪深 300 指数在 2007～2018 年第 1 季度的收益率，计算工商银行和贵州茅台的历史贝塔值分别为 0.44 和 0.42，预期贝塔值分别为 0.631 和 0.613。

④投资工商银行的必要收益率为：

$$E(R_{工行}) = R_f + [E(R_M) - R_f]\beta_i = 3.07\% + (12.55\% - 3.07\%) \times 0.63 \approx 9.04\%$$

投资贵州茅台的必要收益率为：

$$E(R_{茅台}) = R_f + [E(R_M) - R_f]\beta_i = 3.07\% + (12.55\% - 3.07\%) \times 0.61 \approx 8.85\%$$

(2) 计算工商银行和贵州茅台股票的内在价值。按照戈登模型，可计算工商银行的内在价值为：

$$V_{工行} = \frac{D_0(1+g)}{r-g} = \frac{0.24 \times (1+4.8\%)}{9.04\% - 4.8\%} \approx 5.92(元)$$

假设贵州茅台未来 5 年股利保持 19.05% 的增长率，5 年后保持 7% 的长期增长率，则贵州茅台的内在价值为：

$$V_{茅台} = \sum_{t=1}^{5} \frac{D_0(1+g_1)^t}{(1+r)^t} + \frac{D_6}{(1+r)^5(r-g_2)}$$

$$= \sum_{t=1}^{5} \frac{11 \times (1+19.05\%)^t}{(1+8.85\%)^t} + \frac{11 \times (1+19.05\%)^5 \times (1+7\%)}{(1+8.85\%)^5 \times (8.85\% - 7\%)} \approx 708.75(元)$$

(3) 分析工商银行和贵州茅台股票价值的内部结构。工商银行股票和贵州茅台股票的非增长价值分别为：

$$V_{工行} = \frac{E_1}{r} = \frac{E_0(1+g)}{r} = \frac{0.79 \times (1+4.8\%)}{9.04\%} \approx 9.16(元)$$

$$V_{茅台} = \frac{E_1}{r} = \frac{E_0(1+g)}{r} = \frac{21.56 \times (1+19.05\%)}{8.85\%} \approx 290.02(元)$$

假设股价等于股票内在价值，根据式 (10-25) 有：

工商银行股票增长价值 = 6.05 − 9.16 = −3.11(元)

贵州茅台股票增长价值 = 739.32 − 290.02 = 449.3(元)

由此得到：①工商银行股票内在价值 6.05 元可以分解为：非增长价值为 9.16 元，增长价值为-3.11元，这表明市场极不看好其未来业绩增长；②贵州茅台股票内在价值739.32元可以分解为：非增长价值为290.02元，增长价值为449.3元，表明市场极度看好其未来业绩增长。

（4）评估工商银行和贵州茅台股票定价的合理性。工商银行内在价值为5.92元，5月18日收盘价格为6.05元，两者较为接近，故工商银行定价基本合理。同样，贵州茅台内在价值为708.75元，与其市场价格739.32元较为接近，贵州茅台股价也处于合理价格区间。

10.2.5　绝对价值的客观性与主观性之辩

理论上看，股票绝对价值似乎具有很强的客观性，因为其由公司未来现金流现值之和决定，但在实际评估过程中受很多主观偏好和难以量化因素的影响。

（1）不同评估人不仅可能有不同的必要收益率要求，而且受限于自身条件，预测公司未来现金股利及其长期增长比率也必然存在较大差异，因而评估本身无疑具有相当大的主观性。

（2）一旦投资人所获信息和对市场的预期发生变化，即使在很短的时间内，同一评估者对股票价值的判断就会明显改变。

（3）投资人评估会受市场价格影响：随着股票市场价格上升，投资者评估股票的价值也会上升；随着股票市场价格下降，投资者评估股票的价值也会下降。

（4）当公司股价长期持续上涨时，公司信用改善，获得贷款和增发新股的机会增大，公司形象随之改善，公司内在价值也会在一定程度上得以提升。

基于上述种种因素，产生了一种与股票价值客观性针锋相对的观点：股票价值并非客观存在的事物，只是投资人内心的一种看法[一]，是一种变幻莫测的东西[二]。

因此，绝对价值评估，就是用评估者主观评定的绝对价值去推测非常难以量化的公司真实绝对价值，评估出现偏差甚至错误在所难免。

10.3　相对价值评估

相对价值评估力图避免绝对价值评估主观色彩浓郁的缺陷，以整个投资市场为定价基础，比较分析公司的内在价值。

相对价值评估已经成为公司价值评估的主流方法，如在国外市场相对价值评估与绝对价值评估的比率为10∶1。[三]相对价值评估的理论基础是套利定价理论，即相似公司的股票价格应该基本接近，否则就有套利机会。判断相似公司定价的合理性有许多指标，包括市盈率、市净率、股价与每股销售额比率（市销率）等，具体计算公式为：

$$\text{股票的合理价格} = \text{待估股票每股税后利润}\ EPS \times \text{合理市盈率倍数} \tag{10-26}$$

$$\text{股票的合理价格} = \text{待估股票每股净资产} \times \text{合理的市净率水平} \tag{10-27}$$

$$\text{股票的合理价格} = \text{待估股票每股销售额} \times \text{合理的市销率水平} \tag{10-28}$$

市盈率定价公式假设股票价值是每股收益的一定倍数，类似公司有相同的市盈率。市

[一] 迈吉．股市心理博弈［M］．吴溪，译．北京：机械工业出版社，2017：190.

[二] 斯波朗迪．专业投机原理［M］．俞济群，真如，译．北京：机械工业出版社，2018：201.

[三] 达摩达兰．达摩达兰论估价［M］．罗菲，译．大连：东北财经大学出版社，2010：216.

净率定价公式假设股票价值是每股净资产值的函数，类似公司有相同的市净率。市销率定价公式假设影响公司股票价值的关键因素是销售收入，公司股票价值是每股销售收入的函数。

上面三个公式中应用最广泛的是市盈率定价公式。以市盈率定价公式为基础，相对价值评估分两个阶段：①搜集并分析公司的经营状况，预测公司未来每股税后利润（EPS）；②根据公司特点，赋予公司股票某一合理的市盈率倍数。

10.3.1 EPS预测——相对价值评估的基础

我们在例10-5中直接给出了2018年工商银行预期每股收益，实际上每股收益预测并不简单，在本节我们将就此展开深入研究。预测公司每股收益（EPS），普通投资者通常有自主研究和借助外脑两种方法。

1. EPS可测还是不可测

在投资市场，不同类型上市公司EPS预测的难度或者准确性差异极大，其影响因素主要有公司规模大小、公司产品稳定性高低。公司规模大小通常用公司产品销售收入占整个行业销售收入的比重即公司市场占有率来衡量。公司产品稳定性可从公司所属行业产品更新换代快慢、替代产品威胁大小的角度分析：公司所属行业产品更新换代快、替代产品威胁大，公司产品稳定性就低；公司所属行业产品更新换代慢、替代产品威胁小，公司产品稳定性就高。

公司规模大小和公司产品稳定性高低有四种典型组合，四种组合的EPS预测难度由大到小变化：

（1）小公司+公司产品稳定性低，这种公司的EPS极难预测。公司规模越小，公司抵御宏观经济变化的能力越差，公司经营业绩越有可能出现未预期变化。公司所属行业产品更新换代越快、替代品威胁越强，公司就越有可能被后进入的竞争对手超越，公司经营业绩的波动性也就越大。这种情形比较典型的有小型游戏公司、小型影视传媒公司、小型电子信息公司等。

（2）小公司+公司产品稳定性高，这种公司的EPS较难预测。公司所属行业产品更新换代较慢、替代品威胁较弱，虽然降低了后进入竞争对手的威胁，但公司规模较小导致经营业绩波动较大的问题依然存在。这种情形比较典型的有小型食品公司、小型商业连锁公司等。

（3）大公司+公司产品稳定性低，这种公司的EPS预测有一定可行性。公司规模越大，越容易在行业内部竞争中处于主动地位，但公司所属行业产品更新换代较快、替代品威胁较大，会使公司遭受后进入竞争对手的较大威胁，公司若不能积极应变，则公司经营业绩也会出现大幅波动。这种情形比较典型的是大型科技类公司。

（4）大公司+公司产品稳定性高，这种公司的EPS预测相对最准确。公司规模大，保证公司在行业内部竞争中处于主动地位，公司所属行业产品稳定性高使得公司不会面对后进入者的重大威胁，故公司业绩稳定性较强。这种情形的典型代表是大型公用事业公司、大型食品公司等。

2. 自主预测公司未来业绩增长

当投资人预测上市公司EPS时，可采用的简单实用的方法有每股收益增长率法、每股收益对营业收入的回归分析法和每股收益趋势线法。

(1) 每股收益增长率法

如果某公司以往每股收益按某一固定增长率增长，且未来每股收益依然保持该增长趋势，就可以按照估算的固定增长率推算今年的每股收益，即：

$$\text{预测每股税后利润} = \text{去年每股税后利润} \times (1 + \text{净利润增长率}\ g) \tag{10-29}$$

式（10-29）中的净利润增长率可用类似股利增长率的方法推算，即：

$$g = \sqrt[n]{\text{期末每股收益} / \text{期初每股收益}} - 1 \tag{10-30}$$

对于一些上市公司，每股收益在早期可能增长较快，后期增长较慢，用整个历史时期计算所得净利润增长率 g 可能不符合未来的情况，这时可以考虑用最近 5 年的增长率来代替。

(2) 每股收益对营业收入的回归分析法

这种方法认为，每股收益是营业收入的函数，借助对全年营业收入的估计可以预测每股收益。具体的每股收益对营业收入的回归方程为：

$$EPS_t = \alpha + \beta S_t + \varepsilon_t \tag{10-31}$$

式中　EPS_t——t 年公司每股收益；

S_t——t 年营业收入；

ε_t——随机变量；

α 和 β——回归系数。

(3) 每股收益趋势线法

这种方法适用于业绩增长比较稳定的公司。在估计每股收益的趋势线法中，年度时间 $T_t(T_t = 1, 2, \cdots, n)$ 是自变量，每股收益是因变量，其回归方程如下：

$$EPS_t = \alpha + \beta T_t + \varepsilon_t \tag{10-32}$$

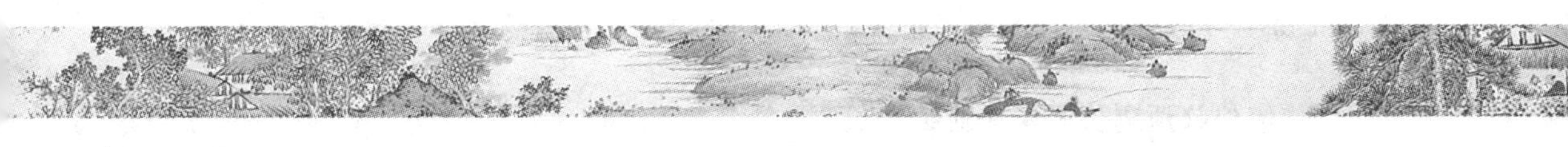

例 10-6

2018 年 5 月 18 日，利用每股收益增长率法、每股收益对营业收入的回归分析法和每股收益趋势线法三种方法，预测 2018 年工商银行每股收益。

解答：收集并整理工商银行 2007 ~ 2017 年每股收益和每年营业收入如表 10-12 所示：

表 10-12　工商银行 2007 ~ 2017 年每股收益和营业收入

	2007 年	2008 年	2009 年	2010 年	2011 年	2012 年
每股收益（元）	0.24	0.33	0.39	0.48	0.60	0.68
营业收入（亿元）	2 541.6	3 097.6	3 094.5	3 808.2	4 752.1	5 469.5
	2013 年	2014 年	2015 年	2016 年	2017 年	
每股收益（元）	0.75	0.78	0.77	0.77	0.79	
营业收入（亿元）	5 896.4	6 588.9	6 976.5	6 758.9	7 265	

(1) 每股收益增长率法。根据工商银行 2007 年和 2017 年每股收益分别为 0.24 元和 0.79 元，得到工商银行 10 年每股收益的复合增长率为：

$$g = \sqrt[n]{期末每股收益/期初每股收益} - 1 = \sqrt[10]{0.79/0.24} - 1 \approx 12.65\%$$

未来每股收益以12.65%的增长率增长，不符合工商银行实际情况。计算工商银行最近5年每股收益的复合增长率为：

$$g = \sqrt[n]{期末每股收益/期初每股收益} - 1 = \sqrt[5]{0.79/0.68} - 1 \approx 3.04\%$$

故工商银行2018年每股收益为：0.79×(1+3.04%)=0.81（元）

（2）每股收益对营业收入的回归分析法。将2007~2017年每股收益和营业收入数据复制到Excel的A1~A11和B1~B11中，插入统计函数LINEST，在“已知Y值集合”对话框中输入“A1:A11”，在“已知X值集合”对话框中输入“B1:B11”，可得α的估计值为0.013 239，β的估计值为0.001 144，于是有：

$$EPS_t = 0.013\ 239 + 0.001\ 144 S_t$$

最近5年营业收入复合增长率为：

$$g = \sqrt[n]{期末营业收入/期初营业收入} - 1 = \sqrt[5]{726.5/546.95} - 1 \approx 5.84\%$$

故工商银行2018年每股收益为：

$$\begin{aligned} EPS_{2018} &= 0.013\ 239 + 0.001\ 144 S_{2018} \\ &= 0.013\ 239 + 0.001\ 144 \times 726.5 \times (1 + 5.84\%) \approx 0.89(元) \end{aligned}$$

（3）每股收益趋势线法。将2007~2017年每股收益数据和年度时间1，2，…，11年复制到Excel的A1~A11和B1~B11中，插入统计函数LINEST，在“已知Y值集合”对话框中输入“A1:A11”，在“已知X值集合”对话框中输入“B1:B11”，可得α的估计值为0.249 091，β的估计值为0.058 182，于是有：

$$EPS_t = \alpha + \beta T_t = 0.249\ 091 + 0.058\ 182 T_t$$

2018年每股收益为：

$$EPS_t = 0.249\ 091 + 0.058\ 182 T_t = 0.249\ 091 + 0.058\ 182 \times 12 \approx 0.95(元)$$

（4）比较上述三种计算结果，保守估计2018年工商银行的每股收益为0.81元。

3. 借外脑预测公司未来业绩增长

借外脑预测公司业绩有两种基本方法：一是研究上市公司去年年报“董事会报告”对公司发展的计划和展望，一些公司在报告中会有“今年力争实现多少销售收入”等的表述；二是利用专业投资机构盈利预测的平均值来分析，这种平均值被称为一致预测（consensus forecasts）。如在2018年5月18日，查找最近半年共有三家机构对工商银行预测如表10-13所示。经计算可得：三家机构对2018年工商银行每股收益的一致预测约为0.86元。

表10-13 机构对工商银行的评级

序号	证券代码	证券简称	研究机构	最新评级	目标价	报告日收盘价	预期涨幅	盈利预测			报告日期	报告摘要
								18年EPS	19年EPS	20年EPS		
1	601398	工商银行	天风证券	买入	7.90	5.78	36.68%	0.87	0.95	1.05	2018-05-28	报告摘要
2	601398	工商银行	万联证券	增持	—	5.97	0.00%	0.84	0.91	—	2018-05-23	报告摘要
3	601398	工商银行	中银国际证券	买入	—	6.30	0.00%	0.86	0.90	—	2018-03-26	报告摘要

关于利用外脑预测公司未来业绩增长，国外研究得到了两个重要结论：

（1）证券分析师的预测不如公司管理层预测准确。[⊖]

（2）证券分析师预测误差来自宏观经济、行业和公司三个方面，其中归因于宏观经济形势错误判断的误差不超过 3%，归因于行业评判的误差大约为 30%，而 65% 以上的误差来自对公司的错误判断。[⊜]

10.3.2　合理的市盈率倍数

合理的市盈率倍数一般可以从市场平均市盈率倍数、行业平均市盈率倍数、类似公司市盈率倍数、国际市场平均市盈率倍数等四个方面进行研判。

1. 市场平均市盈率倍数

市场平均市盈率倍数是以全体上市公司为对象所计算的市盈率，是所有上市公司股票市值总和除以所有上市公司的税后利润总和。作者根据中国证监会网站数据整理得到，上海市场和深圳市场 2002～2017 年平均市盈率倍数分别为 23.64 倍和 36.66 倍，其中上海市场和深圳市场市盈率最高的年份都在 2007 年，分别达到 59.24 倍和 72.11 倍，上海市场市盈率最低的年份为 2014 年（11.06 倍），深圳市场市盈率最低的年份为 2005 年（16.96 倍）。

2. 行业平均市盈率倍数

行业平均市盈率倍数是以行业全体上市公司为对象所计算的市盈率，是行业所有上市公司的市值总和除以行业所有上市公司的税后利润总和。行业平均市盈率倍数较市场平均市盈率更适合作为比较参照，因为同行业公司股票的市盈率倍数显然更有可比性。

3. 类似公司市盈率倍数

同行业中相似度最高的上市公司市盈率倍数应该非常接近。在现实投资中，如果真能找到非常相似的公司，则用市盈率倍数评估公司股价高低显然十分方便。如中国工商银行、中国农业银行、中国银行、中国建设银行合称为四大国有商业银行，2018 年 5 月 18 日收盘时市盈率倍数分别为 6.8、5.4、5.9、6.5，符合类似公司市盈率非常接近的假设。

4. 国际市场市盈率倍数

一国股市的市盈率水平还会受到其他国家市盈率水平高低的影响，股市开放程度越大的国家受到的影响也越大。中国股市监管部门和一些投资人有时会用国外特别是一些发达国家如美国市场的市盈率水平[⊜]和中国市场进行比较，以此说明中国股市是否有泡沫及泡沫的具体大小。

虽然在中国股市日益开放的背景下，中国股市市盈率长期居高不下的状况将会改变，但不应该将国外市盈率水平简单视为中国的合理市盈率水平，因为国情尤其是经济增长速

⊖ HASSELL J M, JENNINGS R H. Relative Forecast Accuracy and Timing of Earnings Forecast Announcements [J]. Accounting Review, 1986, 61(1):58-75.

⊜ ELTON E J, GRUBER M J, GULTEKIN M N. Professional Expectations: Accuracy and Diagnosis of Errors [J]. Journal of Financial and Quantitative Analysis, 1984, 19(4): 351-363.

⊜ 根据彭博数据，美国道琼斯指数和标准普尔 500 指数历年对应的市盈率中位数分别为 17 倍和 19.5 倍。

度不同，市盈率水平必然会有所差异。基于中国经济增长速度是西方发达国家的两倍，中国股市市盈率是西方发达国家的两倍亦属于合理范围。

10.3.3 高市盈率的困惑与诱惑

中国投资市场上市公司股票市盈率倍数差异极大，高者可达60～70倍，甚至上百倍，低者低到10多倍，甚至只有几倍。投资人应该如何看待这种现象？

1. 对市盈率的全方位透视

市盈率将股价与企业盈利能力结合起来，表示投资人愿意为公司目前1元的盈利所支付的价格，其水平的高低更真实地反映了股票价格的高低。全面理解市盈率需要注意以下三点：

（1）市盈率分为静态、动态和滚动三种情形。如果以去年的每股收益作为分母，所得到的市盈率被称为静态市盈率。静态市盈率的优点是易于计算、通俗易懂，但未能考虑公司未来经营发展动态而被投资界诟病。

如果以预计今年的每股收益作为分母，所得到的市盈率被称为动态市盈率（或预期市盈率）。动态市盈率反映了公司未来的经营业绩变化，但其只是一种估计和预测，可能与现实有较大差异。在各种投资软件中，通常用已经公布的当年若干季度收益来推算全年收益，在此基础上计算动态市盈率。如某公司公布的第一季度每股收益为0.5元，则推算全年收益为每股2元（=4×0.5），又如某公司前三季度每股收益为1.2元（每季度0.4元），则推算全年收益为每股1.6元。这种推算假定企业全年盈利在各个季度呈均衡分布，与很多企业利润在全年分布非均衡的现实不符。投资人须识别动态市盈率的这种不足。

如果以截至目前一年即前4个季度的每股收益作为分母，所得到的市盈率被称为滚动市盈率。滚动市盈率每个季度都不同，始终包括四个不同季度（1，2，3，4；2，3，4，1；3，4，1，2；4，1，2，3），四个季度有可能属于两个不同的自然年度，弥补了上市公司季节性差异所造成的影响。相邻两个季度之间的滚动市盈率比较时，其总会出现3个季度重合、1个季度不同的现象，在一定程度上过滤了企业经营的小波动，致使滚动市盈率能够更客观地反映上市公司的真实情况。

（2）市盈率从投资回报的角度反映股价的高低。假设公司未来每股收益保持不变的情况下，公司将每年的税后利润全部分配给股东，则市盈率倍数代表投资人收回投资成本所需要的年度时间。从投资回报的角度分析，市盈率越低投资价值越高。

（3）市盈率的高低反映投资人对公司未来发展的预期不同。高市盈率反映市场预期公司未来高速成长，故投资人愿意高价购买；低市盈率则反映市场预期公司未来发展不乐观，投资人不愿意购买这些股票。

2. 影响市盈率的关键因素

假设股票价格等于股票内在价值，根据式（10-24）有：

$$V_0 = \frac{E_1}{r} + PVGO$$

$$\frac{V_0}{E_1} = \frac{1}{r}\left(1 + \frac{PVGO}{E_1/r}\right) \tag{10-33}$$

从式（10-33）可以得到重要结论：

（1）必要收益率 r 越高，合理的市盈率倍数就越低。当市场利率上升，投资者要求的必要收益率提高时，股票价格通常会下跌，股票市盈率相应下降。

（2）当公司增长价值为0时，合理市盈率为 $1/r$，即为必要收益率的倒数。

（3）当公司增长价值 $PVGO$ 超过公司非增长价值 E_1/r 幅度越大时，公司合理市盈率倍数越高，即高市盈率股票很可能代表公司未来发展前景良好。

（4）由于 $PVGO$ 主要受 ROE 影响，故公司 ROE 越高，其股票市盈率越高。而 ROE 高的上市公司，多属于前景被看好、正处于高速发展的高科技行业，故高科技行业上市公司市盈率倍数经常较高。

3. 市盈率的合理界限

投资市场给予高科技行业上市公司股票较高的市盈率倍数，预示这些公司未来会高速发展。通常认为，高成长的高科技企业有四个特征：①研发费用占营业收入比重较大，一般要超过7%；②营业收入每年至少增长15%；③税前销售利润率（毛利率）至少达到15%；④股东权益报酬率（净资产收益率）至少达到15%。但是，高成长高科技企业市盈率倍数也不能过高，因为市盈率过高表明股价被高估，有可能形成严重泡沫。为得到股票的合理市盈率界限，美国投资家彼得·林奇提出了 PEG 股票估值指标，其将市盈率和公司成长性联系起来，等于市盈率与盈利增长率之比，即：

$$PEG = \frac{PE}{\text{企业未来三年每股收益复合增长率} \times 100} \tag{10-34}$$

投资大师彼得·林奇用 PEG 判断股价合理性的标准如下：

（1）当 PEG 等于1时，股票估值较为合理，充分反映了公司未来业绩的成长性。

（2）当 PEG 大于1时，表明股票价格可能被高估或市场看好公司未来的成长性。成长型股票的 PEG 通常会高于1。

（3）当 PEG 小于1时，表明股票价格可能被低估或市场预期公司发展前景较差。价值型股票的 PEG 通常会低于1。

以 PEG 为1作为标准进行分析，主要以成熟投资市场为背景。对于中国高科技成长型公司，可以将标准上升为2：

（1）当成长型公司 PEG 高于2时，股票可能被高估或市场看好公司未来的成长性。

（2）当成长型公司 PEG 等于2时，股票定价合理。

（3）当成长型公司 PEG 小于2时，股价可能被低估或市场预期公司发展前景较差。

例10-7

2013年9月18日，我们曾分析了人工智能领先企业科大讯飞和网络游戏公司中青宝两家公司的 PEG，得到科大讯飞估值基本合理、中青宝被明显高估的结论。[⊖]在2018年5月18日，利用可以收集的资料，再次对科大讯飞和中青宝的 PEG 进行分析。

⊖ 贺显南. 投资学原理及应用［M］. 2版. 北京：机械工业出版社，2014：185-186.

解答：将2018年5月18日收集的资料整理如表10-14所示。

表10-14 科大讯飞和中青宝的基本情况

	2018年5月18日股价（元）	2017年每股收益（元）	静态市盈率	2018年预期每股收益（元）	2019年预期每股收益（元）	2020年预期每股收益（元）
科大讯飞	37.16	0.21	176.95	0.31	0.47	0.70
中青宝	13.47	0.19	70.89	无机构预测	无机构预测	无机构预测

①对科大讯飞进行预测。计算科大讯飞2018～2020年每年税后利润的复合增长率为：

$$\sqrt[3]{0.70/0.21}-1\approx 49.33\%$$

得到科大讯飞的 $PEG=176.95/49.33\approx 3.59$。$PEG$ 达到3.59，明显超出了正常范围，这表明机构对科大讯飞的预期太过乐观。

②对中青宝进行预测。假设中青宝的 $PEG=2$，则市场预期中青宝未来三年税后利润的隐含复合增长率为35.45%，即中青宝2018～2020年每股税后利润分别为：

$$EPS_{2018}=0.19\times(1+35.45\%)\approx 0.26(\text{元})$$
$$EPS_{2019}=0.26\times(1+35.45\%)\approx 0.35(\text{元})$$
$$EPS_{2020}=0.35\times(1+35.45\%)\approx 0.47(\text{元})$$

市场在2018年5月18日预期中青宝未来三年的复合增长率为35.45%，虽然仍然偏高，但较2013年9月18日预期的未来三年的复合增长率304.39%已大幅度下降，表明市场对中青宝的认识逐渐回归理性。

10.3.4 用相对价值评估法来套利

我们在2012年8月14日评估上市公司舒泰神和长春高新的相对价值时认为，长春高新相对舒泰神被低估，故卖空舒泰神、买入长春高新进行套利[⊖]。这种判断相似个股的股价高低，卖空相对高估的股票、买入相对低估的股票的投资策略，理论上被称为配对套利交易（pairs arbitrage trading）。

实施配对套利交易的程序是：

（1）对两只股票定价合理性从公司业务相似度、公司规模大小和公司发展前景优劣三个方面进行判断。如果公司ABC和XYZ的业务高度相似、公司规模大小接近，则公司发展前景好坏决定其股价高低。假设分析后认为，ABC公司发展前景明显好于XYZ公司，但ABC公司股票的市盈率低于XYZ公司，则可得到ABC公司股票价格相对XYZ公司价格被低估的结论。

（2）构建套利组合，即卖空被高估的股票XYZ，并用卖空所得资金买入被低估的股票ABC。

（3）等待价值回归。当股票ABC的市盈率等于或超过股票XYZ的市盈率时，卖出股票ABC，并用卖出资金买入股票XYZ归还证券公司。

理论上看，配对套利交易能够规避市场风险影响，其承担的主要是个股风险：

（1）如果投资市场上升，则股票ABC和股票XYZ很可能都会上涨，因为股票ABC相

⊖ 贺显南．投资学原理及应用［M］．2版．北京：机械工业出版社，2014：186-187.

对被低估，因而股票 ABC 的涨幅相对更大，卖出股票 ABC 的盈利会高于买回股票 XYZ 归还证券公司的亏损，投资组合最终盈利。

（2）如果投资市场下降，则股票 ABC 和股票 XYZ 很可能都会下跌，因为股票 ABC 相对被低估，因而股票 ABC 的跌幅相对较小，卖出股票 ABC 的亏损会小于买回股票 XYZ 归还证券公司的盈利，投资组合最终盈利。这就是2012 年 8 月 14 日对舒泰神和长春高新进行配对套利交易出现的情形。

（3）虽然配对套利交易既适合牛市也适合熊市，但总体上这是一种收益稳定、风险较小的中性策略，在熊市中更能够体现其优越性，而在牛市中的收益率相对不高。

10.3.5 相对价值评估的优劣

相对价值评估主要研究历史数据和资料，以及对未来一年可能的变化进行分析，所需假设较少，从而避免绝对价值评估主观色彩过重的弊端。相对价值评估的不足是作为比较参照的市场和股票本身波动很大，这必然影响所得结论的客观性。为了保证参照系统的相对稳定性，投资人可用过去多年的平均市盈率作为参照系。

10.4 对公司投资价值分析报告的评估和使用

当我们将公司投资价值分析报告作为评估股票内在价值的辅助材料时，需要全面认识公司投资价值分析报告的作用，正确利用公司投资价值分析报告。

10.4.1 公司投资价值分析报告的基本架构

公司投资价值分析报告主要有：新股发行定价报告、定期报告（年报、中报及季报）点评、定向增发（公开增发）价值分析、公司深度研究报告、重大事件评价等。在全部分析报告中，投资人最应关注新股发行定价报告和公司深度研究报告，因为它们最全面、最深刻地对公司投资价值进行了分析。

新股发行定价报告的作用主要是指引投资人在一级市场申购新股，但由于中国股市长期存在新股发行高抑价，一级市场基本无风险，故新股发行定价报告指导投资者的作用极为有限。相对来说，在公司上市后一些研究机构发布的公司深度研究报告，对投资者具有更强的指导作用。

公司深度研究报告以各种股票投资信息为基础，对公司发展的基本面展开全面分析，其基本结构是：①公司基本情况分析；②公司所处行业分析；③公司财务状况分析；④公司内在价值评估；⑤投资建议与风险提示。

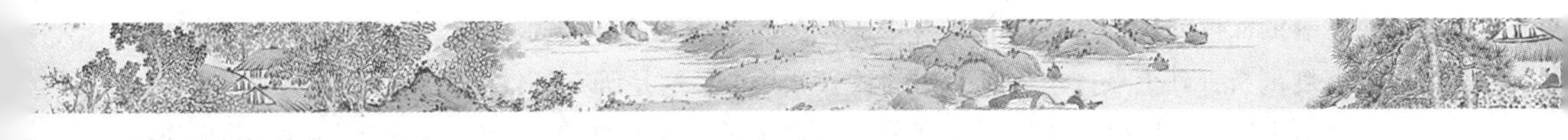

背景材料

研究报告：优秀新能源自动化设备供应商，受益动力锂电扩产需求爆发

新能源自动化设备供应商。先导股份是专业从事自动化成套设备的研发、设计、生产与销售以及自动化整体解决方案的供应商，主要为薄膜电容器、锂电池、光伏电池/组件等节能环保及新能源产品的生产制造厂商提供设备及解决方案。

动力锂电扩产高峰来临，设备迎需求大爆发。新能源汽车销量井喷持续，动力锂电池仍供不应求，我们预计2014~2016年国内锂电池市场规模分别为100亿元、200亿元、300亿元，优质产品供不应求，比亚迪、国轩、多氟多、沃特玛、拓邦等锂电池生产企业迎来扩产高峰，拉动锂电设备需求大爆发，预计2015年国内设备市场规模可达78亿元，同比增长105.3%。

锂电设备自动化替代是必经之路。日韩一流锂电企业自动化水平一般在70%以上，国内一线企业在50%以下，二线企业只有20%，这导致中国动力锂电在性能和成本上都不具有优势；随着国内市场爆发，三星、LG等企业纷纷在国内扩产，中国企业提升自动化水平需求迫切。

国产化过程孕育龙头。国内涉及锂电池生产设备领域的企业有278家，但年产值超过1亿元的企业只有10余家，未来成长空间巨大。

先导股份：锂电设备定位高端，订单快速增长。公司卷绕机等产品已达到全球先进水平，2014年锂电设备收入占比已上升至50%，成为公司增长的最大动力，下游客户涵盖三星、ATL、比亚迪等国内外锂电龙头。截至2014年底未执行订单尚有6.36亿元，先导股份具有成为行业龙头的潜质，坐享锂电设备爆发盛宴。表10-15给出了先导股份主要财务数据及预测情况。

表10-15 先导股份主要财务数据及预测

	2013年	2014年	2015年	2016年	2017年
营业收入（万元）	17 476	30 654	54 476	79 341	106 279
营业收入增长率（%）	13.66	75.41	77.71	45.64	33.95
净利润（万元）	3 746	6 551	11 178	15 908	21 034
净利润增长率（%）	-13.65	74.87	70.62	42.31	32.22
全面摊薄*EPS*（元）	0.55	0.96	1.64	2.34	3.09
毛利率（%）	44.62	43.48	41.27	40.29	39.81
净资产收益率（%）	15.36	22.82	30.14	32.45	32.46

资料来源：海通证券2015年7月21日研究报告。作者有删改。

盈利预测与投资评级。预计公司2015~2017年EPS分别为1.64元、2.34元、3.09元，参考同行业可比估值，按照2016年80倍PE，目标价为187.20元，给予“买入”评级。

风险提示。电动车发展不达预期；行业竞争加剧；新技术替代；产品价格波动。

10.4.2 公司投资价值分析报告的关键

决定公司投资价值分析报告质量高低的两大关键部分是：①对公司所处行业现状及未来发展的深度分析，这是研究报告中难度最大、技术含量最高的部分；②对公司内在价值的深度剖析，其重点在于分析公司的核心竞争力，这是研究报告中最核心的部分。

对上市公司所处行业进行深度分析难度大的原因有两点：一是中国上市公司行业分布极为广泛，一般投资人甚至专业投资人士都很难对各个行业的基本情况及其发展趋势有较深入的理解；二是对一些行业尤其是新兴行业、高科技行业进行分析的专业性要求很高，而且由于知识更新很快，即使是具有专业知识背景的专业人士，也不能保证其对行业的理解和把握与迅速变化的现实相符。

发掘公司核心竞争力，投资者除了需要实地调研公司外，还要研究公司主要供应商、重要客户以及最强劲的竞争对手。

10.4.3　如何利用公司投资价值分析报告辅助投资决策

理论界针对投资价值分析报告进行了长期的追踪研究，得到几个重要结论：

（1）公司投资价值分析报告对公司发展方方面面进行的深入研究，有助于投资人全面了解公司基本面信息[1]，包括公司发展前景是否光明，公司主营业务是否突出，公司商业模式是否简单清晰，公司产品是否具有核心竞争力和领先的市场优势，公司管理团队和企业文化能否支持企业长期发展等。

（2）分析师对不同股票的关注度不同。通常，分析师倾向于在股价显著上涨之后发布研究报告，即分析师关注的主要是市场热门股票。这形成了一种有趣的现象：市场热点引导分析师研究，而不是分析师对公司的深度挖掘引导并形成市场热点。

（3）分析师报告有为利益相关方服务的道德风险[2]，少数报告甚至成为买入股票的反向指标。

（4）分析师需要从评估公司迅速获得各种信息，买入评估公司股票的机构会对分析师施加压力，分析师所在公司与被评估公司有利益关系，故分析师给出买入评级报告时有过分乐观倾向，且较少给出卖出评级报告。

基于上述原因，使用公司投资价值分析报告的正确方法是：

首先，应关注分析报告中披露出来的一些公司信息，并通过各种渠道验证，力图形成对公司更加全面的认识。

其次，应谨慎使用报告结论，可根据实际情况对有关数据进行降级处理，或者用可比公司尤其是竞争对手的有关数据进行调整，以剔除分析师过于乐观的影响。

再次，必须警惕分析师道德风险。当公司股价大幅上涨之后，分析师发布公司投资价值分析报告，其道德风险就较大。反之，公司股价没有大幅上升，此时发布的分析报告所隐含的道德风险就较小。或者是公司股价大幅回落之后，道德风险的影响明显降低。道德风险还可能表现在公司股价很低或者长期持续下跌后，分析师发布卖出评级的报告，只是这种情况较为少见。

最后，还要注意研究报告的主要假设和风险提示。假设和风险提示对研究报告最终价值的高低至关重要，因为一旦假设不成立，或者新的风险出现，报告结论与未来实际情况必将是南辕北辙。相对而言，新兴行业上市公司研究报告的主要假设和风险提示更加重要，因为新兴行业未来发展的变动性更大。

关键概念

资产负债表　　　　利润表　　　　现金流量表

---

[1] 冯旭南，徐宗宇．分析师、信息传播与股价联动：基于中国股市信息溢出的研究［J］．管理工程学报，2014(4)：75-81.

[2] 陈维，陈伟，吴世农．证券分析师的股票评级与内部人交易——我国证券分析师是否存在道德风险？［J］．证券市场导报，2014(3)：60-66.

流动比率　速动比率　资产负债率
存货周转率　应收账款周转率　主营业务收入增长率
营业利润增长率　税后利润增长率　主营业务利润率
净资产收益率　净利润现金含量　每股净资产
每股收益　每股收益扣除　市盈率
市净率　戈登模型　市场平均市盈率
行业平均市盈率　PEG

本章小结

1. 从财务报表中获取相应数据，从偿债能力、经营与发展能力、盈利能力、投资收益等方面进行分析，可以对企业运营状况做出较全面的评估。
2. 戈登模型可对未来股息派发按照一个固定比率增长的上市公司的内在价值进行评估。
3. 当公司净资产收益率高于股东必要收益率时，公司对股东的利润分配应较少派发现金而多派送红股。当公司净资产收益率低于股东必要收益率时，公司的利润分配形式应更多采取现金股利。
4. 不同类型上市公司业绩可测性不同，最确定的是大公司+公司产品稳定性高，最不确定的是小公司+公司产品稳定性低。
5. 市盈率大小是判断股价高低的一个重要指标。同行业公司尤其是行业内相似公司股票的市盈率应该比较接近。不能简单地将不同行业、不同公司的市盈率进行比较。
6. 当公司有很高的成长性时，其股票的市盈率可以比较高，但也不能脱离公司的业绩基础。
7. 利用市盈率判断相似个股的相对价值，卖空高估值个股，买入低估值个股，有可能获得较好的收益。
8. 使用公司投资价值分析报告，须对分析师的过度乐观进行相应的降级处理，警惕分析师的道德风险，关注报告的主要假设和风险提示。

视频材料

1. 如何搞垮世界500强？这是华尔街最大的商业丑闻《安然风暴》，https://www.ixigua.com/i6606485940527432205/。
2. 宁夏卫视：《股市黑幕揭秘 银广夏骗局》，https://v.youku.com/v_show/id_XMjcwNDA5ODQ4.html?refer=seo_operation.liuxiao.liux_00003307_3000_z2iuq2_19042900。

问题和应用

1. 简述对公司财务指标进行横向比较和纵向比较的意义。
2. 利用最近三年的财务报告，计算创业板市场上市公司东方国信（300166）的各类财务指标，对该公司经营状况做出综合评价，并对公司未来经营业绩进行预测。
3. 全面论述个股市盈率高低对投资的影响。
4. 比较上市公司天舟文化和广百股份的动态市盈率，分析两者存在差异的原因。
5. 绝对价值评估为何受到评估人的主观判断影响？

6. 假设某公司现在每股支付1元股息，在可预见的未来，该公司股息年增长率为7%。问：①当投资者要求的收益率为15%时，该公司股票的合理价值是多少？②当投资者要求的收益率为14%时，该公司股票的合理价值又是多少？
7. 假设某公司现在每股支付2元股息，投资者投资该公司股票要求的收益率为15%。问：①在可预见的未来，如果公司股息年增长率为7%，则该公司股票的合理价值是多少？②如果公司股息年增长率为8%，则该公司股票的合理价值又是多少？③上述两种情况下三年后的股票价格是多少？
8. 某公司的净资产收益率为16%，留存收益率为50%，投资者要求获得的投资收益率是12%。问：①如果预计公司明年的每股收益是2元，其股价应该是多少？②预测该公司股票三年后的价格。
9. 简述公司股利分配形式对股票价值的影响。
10. 简述上市公司业绩可测性的分析方法，以及业绩预测的三种计算方法。
11. 相对价值评估为何较绝对价值评估在投资实践中更受重视？相对价值评估的主要问题是什么？
12. 根据去年的每股税后利润，结合机构对未来三年业绩的预测，计算雅戈尔、工商银行等股票当前的*PEG*值，并对结果进行分析。
13. 如何利用配对套利交易在投资实践中获利？
14. 如何分析和使用公司投资价值分析报告？
15. 找一份半年前一年内发布的公司投资价值分析报告，检验其预测的准确性。如果预测出现较大偏差，试分析其原因。

延伸阅读材料

1. 韩良智．怎样阅读与分析上市公司财务报告［M］．北京：经济管理出版社，2004.
2. 彼得斯．成长型股票投资的反向策略［M］．王建民，译．北京：中国青年出版社，2008.
3. 禄东，等．证券分析师预测偏差研究述评［J］．中国注册会计师，2012(6)：73-78.
4. 张子余，等．论“市值管理”名义下“股价操纵”行为的治理［J］．经济体制改革，2017(3)：147-151.
5. 陈维，等．证券分析师的股票评级与内部人交易［J］．证券市场导报，2014(3)：60-66.
6. 陈沉，等．财务重述的国内外研究综述与启示［J］．现代管理科学，2017(4)：118-120.
7. 于军．市值管理的学理基础与研究述评［J］．上海金融，2017(4)：50-56.
8. 张玮倩，等．连续现金分红与股票错误定价研究［J］．证券市场导报，2016(3)：4-10.
9. 2017年11月16日中国财经信息网：《乐视估值每股仅剩3.91元去年定增为45.01元/股》
10. 2018年10月13日澄泓财经网：《银行的低估之谜：经济悲观、报表造假、市场开放?》。
11. 2019年1月30日华尔街见闻：《国信策略研究燕翔团队．商誉减值如何影响上市公司利润?》。

第 11 章
CHAPTER 11

技术分析

§本章提要

技术分析以三大假设为基础，利用价量关系、时空关系以及图形及各种指标，帮助选择有利的买卖时机。技术分析方法主要有 K 线图、支撑线和阻力线、趋势线、缺口和岛形反转、移动平均线、随机指标 KDJ、平滑异同平均线 MACD、比例预测、市场牛熊转折指标等。技术分析风险控制须同时考虑最大亏损和潜在获利。技术分析须与基本分析相结合。

§重点难点

- 理解技术分析的三大假设
- 了解技术分析的基本量价关系和时空关系
- 掌握 K 线图的基本画法，能用支撑线和阻力线、趋势线、缺口和岛形反转、移动平均线、KDJ、MACD 指标选择股票买卖时机
- 了解涨跌比率、新高/新低、扩展度等技术方法
- 掌握风险/回报比率公式及其应用
- 理解技术分析须与基本面分析相结合的原因

§引导案例

A 股惊现“章鱼帝”[⊖]

A 股也有“章鱼帝”。近日，号称“股市拐点指标创建者”的 Market Studies 总裁狄马克因为成功预测本周 A 股反弹走势而大放异彩。“神人”“预言家”等各种高帽子戴不完。

⊖ 章鱼“保罗”生于英国，在德国长大。“保罗”在南非世界杯上“成功预测”了德国胜澳大利亚、加纳，输给塞尔维亚的小组赛赛果，1/4 决赛中德国队击败阿根廷队，半决赛中德国队负于西班牙队，以及德国队击败乌拉圭，西班牙 1：0 战胜荷兰夺得世界杯冠军！本届南非世界杯预测准确率 100%，8 场全中！

19日，美国人狄马克在电子邮件中表示，上证指数将“在3月20日或21日跌破2 232点后就会反弹，这应该是A股恢复上涨之前的底部”。一天后，沪指上涨近60个点。一战成名后，大家才发现，原来狄马克已经不是第一次做出正确预测了，其此前还准确预言了A股始于2012年12月初的涨势以及春节后的这轮下跌。

事实上，狄马克不仅研究A股，也预测美国大盘。有人进行过统计，从2011年底至今，狄马克对美国标普500指数的六次预测，仅有两次成功。

虽然狄马克对中国股市的乐观态度让不少投资者兴奋不已，但大多数投资者认为所谓的预言帝只是因为幸运，他们并不会轻信狄马克的预测。

资料来源：2013年3月22日《中国财经信息网》。作者有删改。

§案例思考

你相信股市里有“章鱼帝”吗？

股票价格波动频繁，诱惑投资人不断买进和卖出。股票技术分析方法试图发掘股价波动中的低买高卖机会，对许多投资人有着巨大的吸引力，也让你对学习技术分析方法有所期待。但对技术分析在投资学理论研究中的重要性，学术界的认识有较大差异：在一些投资学教材中技术分析所占篇幅巨大，洋洋洒洒，而在另外一些投资学教材中，或者难觅技术分析的踪影，或者只是蜻蜓点水。理论上重视程度的差异，折射出投资实务界对技术分析的认识存在重大分歧：一种看法是技术分析对投资决策有重要指导作用；另一种看法是技术分析无用，或者用处不大。

11.1　技术分析的基本假设

技术分析方法产生于19世纪末，后经不断发展、充实和完善，逐渐形成一套非常复杂的体系。技术分析的核心是分析市场参与者的投资心理和投资行为变化规律。具体来说，**技术分析**（technical analysis）以心理和行为驱动股价变化为基础，主要运用股票成交量、价格、各种技术指标与图形等股票市场语言，对股票价格的未来走向进行分析。

支撑技术分析体系的理论基础是如下三个假设。

1. 市场行为涵盖一切信息

“市场行为涵盖一切信息”是技术分析的基石。技术分析认为，影响股票价格的每个因素都反映在市场行为之中，故不必针对影响股票价格的具体因素是什么从市场之外寻找信息。这个假设有一定的合理性：如果某公司股票价格大涨、成交量急剧增加，通常是公司经营上有好消息；反之，如果股票价格大跌，大多也是公司经营上出现了坏消息。甚至价格变动本身就可能给市场提供信息，如股价持续上涨可能暗示公司经营方面有好消息。

2. 价格沿趋势运动

这个假设的主要思想是股票价格的变动按照一定的规律运行，其借鉴了物理学中的牛顿惯性定理，是进行技术分析最根本、最核心的因素。正是由于价格沿趋势运动，技术分析师才试图找出股票价格变动的规律。基于这个假设，“顺势而为”或“尊重市场”成为一种重要的投资策略，即在股票价格高点和低点不断上升形成上升趋势时，不要轻易卖出股票，而在股票价格高点和低点不断下降形成下降趋势时，不要轻易买进股票。

3. 历史会重演

这是技术分析的生命。该假设有心理学理论支撑：不同时期的投资者在面临相同的环境和背景时会有类似的心理反应，以至于过去出现的价格走势和变动方式在未来也将不断发生。这个假设可从人的心理方面分析：投资人在股价上涨时会越来越贪婪，而在股票下跌时会越来越恐惧，从而不断犯同样的错误。基于该假设，技术分析师声称，通过研究价格和成交量等变量的历史图形，投资者就能找到特定股票（或行业，或整个市场）价格可能下跌或上升的时机。

需要注意的是，历史会重演，但不会简单重演，如股价泡沫反复出现，但没有两个看上去一模一样的泡沫。

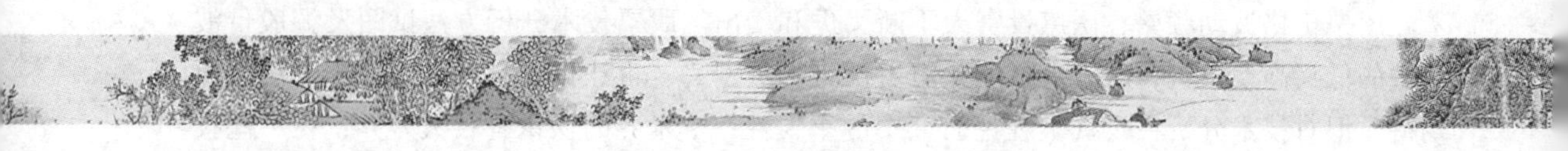

新闻摘录

技术分析大师论技术分析

作为全球公认的蜡烛图分析方法的投资权威，60岁的莫里斯于2008年11月16日下午在北京接受了《投资者报》专访。

《投资者报》：你特别偏爱采用技术分析进行投资决策和交易，这是什么原因呢？

莫里斯：基本面分析只是考虑非系统风险，可能只覆盖了市场状况的25%；技术分析是基于价格本身的分析，能够覆盖大部分市场情绪，更好地考虑系统性风险。

《投资者报》：如果说技术分析相对基本面分析有优势，你能举几个例子吗？

莫里斯：技术分析可以克服人们的贪婪、恐惧，能够应用于股票市场、期货市场。

《投资者报》：你在交易时什么投资原则是你一直坚守的？

莫里斯：在交易中我一直坚持的就是止损（stop losses）。我会在交易前就制定规则和控制风险，如果价格达到设定的止损位置，我会毫不犹豫平仓出场。唯一比错误本身更加糟糕的就是死守着错误不放。

《投资者报》：你具体讲讲是如何管理旗下基金的？

莫里斯：首先我们设立初始投入规模以及止损点，然后通过模型给出的信号决定是否加大投资直到投入的资产规模达到充分的水平。

《投资者报》：人们都想在股市挣钱，你能给我们一些特别的建议吗？

莫里斯：我的建议是等待时机，等待趋势的形成以及投资信号出现后再开始行动。

《投资者报》：你曾经是战斗机飞行员，现在是基金经理，这两者间有联系吗？

莫里斯：两者都应该敬畏风险，要学很多的东西，做很多准备，这样才能够规避风险。

资料来源：2008年11月21日《投资者报》。作者有删改。

11.2　技术分析的基本要素

技术分析是对证券市场行为进行分析。证券市场行为包括：证券价格取值的高低、价格变化幅度的大小、价格发生这些变化所伴随的成交量大小、价格完成这些变化所经历的时间长短。简言之，市场行为包括价格、成交量、时间和空间四大要素，相应地，这四大要素也成为技术分析的基本要素。

11.2.1　价量关系

1. 价量与市场均衡

价格和成交量，尤其是价格，是市场行为的最基本表现，因为投资人的情绪会跟着价格走：如果价格上升，感觉它应该继续上升；如果价格下跌，感觉它也应该继续下跌。在某一时点上的价格和成交量反映的是买卖双方在该时点上共同的市场行为，是双方的暂时均衡点；随着时间的推移，均势会不断发生变化。这就是价量关系的变化。

在价量关系中，投资人很可能偏重价格，因为价格直观反映了多空博弈的成败：价格上涨代表多方获胜，价格下跌表示空方占优。但实际上，投资人更应该重视成交量指标，因为成交量由多空双方投入资金量大小确定，代表多空争斗的激烈程度：成交量大表示多空争斗非常激烈，成交量小表示多空双方均处于观望状态，或者多空双方中有一方处于绝对优势地位。而且，与价格涨跌牛熊市周而复始相匹配，成交量也由小到大然后由大到小不断循环。

价量关系有四种基本组合形态：

（1）股价上涨 + 低成交量。这表明在目前股价情况下，市场参与者对市场未来趋势分歧较小，多方只需要投入很少资金就可以推动股价上涨，多方优势非常明显。

（2）股价上涨 + 高成交量。这表明在目前股价情况下，市场参与者对市场未来趋势分歧较大，多方虽然相对空方有优势，但多方获胜是因为投入了大量资金，优势并不显著，空方随时有可能反击。

（3）股价下跌 + 低成交量。这表明在目前股价情况下，市场参与者对市场未来趋势分歧较小，空方只需要抛出很少的股票就可以使股价下跌，空方优势非常明显。

（4）股价下跌 + 高成交量。这表明在目前股价情况下，市场参与者对市场未来趋势分歧较大，空方抛出大量股票才使得股价下跌，在目前股价情况下空方优势并不大，多方随时有可能反击。

按照价量关系的四种基本组合，我们很可能质疑或者至少不会迷信许多投资学教科书中价量关系的一个经典结论：股价上升伴随成交量增加，简称价升量增，表示股价未来上升概率很大；价格下跌伴随成交量减少，简称价跌量减，表示未来股价止跌的概率很大。

我们质疑或不迷信而不是否定上述价量关系的经典结论，是因为该结论可以从投资成本方面给出较好的解释。从全体投资人持股成本来看，价升量增表示其成本也同时上升，因而股价上升并不会导致全体投资人盈利大幅度上升，投资人抛售动力不会太强，从而利于股价继续上涨。而价跌量减时，全体投资人持股成本并未随股价大跌而大幅度降低，投资人亏损幅度加大，投资人会因此惜售，股价难以继续大幅下跌。同时，还是因为价升量增预示股市上涨，在股票价格处于低位时正确的概率较大，只是在股票价格处于高位时出现错误的概率才较大，股市谚语“天量天价”就表达了这种思想。

提出价量关系四种基本组合的目的不是否定，价升量增表示股价未来上升概率很大，价跌量减表示未来股价止跌的概率很大，只是希望告诫投资人，应该从市场分歧大小的角度理解成交量，从多空双方消耗资金力量大小角度理解成交量。而且，投资人也应该知道，四种价量关系也有相应的限制条件，如“股价上涨＋高成交量”，表示多方优势并不显著，空方随时有可能反击，其限制条件就是“股价处于历史高位”。

在投资实践中，价量关系四种基本组合最好的应用场景是中国股市涨跌停：

- 当股价涨停时成交量较小，后市股价可能继续上扬；当股价跌停时成交量较小，后市股价可能继续下跌。
- 涨停中途被打开次数越多，时间越久，成交量越大，反转下跌的可能性越大；跌停中途被打开次数越多，时间越久，成交量越大，反转上升的可能性越大。

实际上，成交量最重要的意义是其代表投资人对整个市场或某只股票的参与程度：成交量大，市场参与者众多，股票流动性好，未来上涨机会多；成交量小，市场参与者少，股票流动性差，未来上涨机会少。这就是股市谚语“有量必有价，量在价先”的含义。

2. 价量关系的组合

实际投资中，常用逆时针曲线表示更全面的价量关系（见图 11-1）。

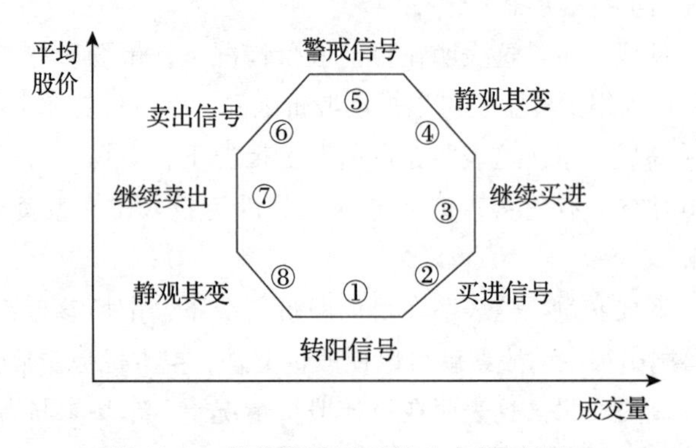

图 11-1　股价涨跌逆时针八大循环理论

逆时针曲线显示了个股的牛熊变化，其八个阶段分别有不同的应用原则。

（1）价稳量增。股价经过漫长下跌后，下跌幅度缩小，甚至止跌转稳，成交量明显由萎缩转为递增，这表示投资市场已有本质性变化（以前极度看空），低位买方力量逐步积聚，此为转阳信号。

（2）价量齐升。成交量持续增加、股价回升，进入多头市场，为最佳买进时机。

（3）价涨量稳。成交量增至高水准后，不再急剧增加，但股价仍继续上涨，此时逢股价回落时，宜加码买进。

（4）价升量减。股价继续上涨，但涨势趋缓，成交量逐渐减少，此时宜观望。

（5）价稳量缩。股价在高价区盘旋，已难再创新高，成交量无力扩增，甚至明显减少。

此为警戒信号，应做好卖出准备，或卖出部分股票。

（6）价跌量减。股价从高位滑落，成交量持续减少，进入空头市场，此时应卖出股票。

（7）价跌量稳。这是主跌段，股价下跌速度很快，是空方为主的市场，应该继续卖出手中的股票。

（8）价跌量增。成交量开始递增，股价跌幅缩小，此时应观望，并伺机买回股票。

逆时针八大循环理论最大的缺陷是它无法表达股市涨到最高点或顶部区域时，经常会出现放量滞涨的情况，即前述“天量天价”的情况。

11.2.2　时空关系

时间和空间是市场潜在能量的表现。“时间”通常指一个波段或一个升降周期所经过的时间。“空间”是指价格的升降所能达到的程度。在投资市场上，时间和空间有着一些重要的配比关系：

（1）价格出现连续的大幅度上涨，通常是多头市场的尾声，时间一般比较短暂；价格出现持续的大幅度下跌，通常也是空头力量的最后宣泄，时间一般也不长。

（2）股价潜伏在低位的时间越长，将来股价上涨的空间就越大。这就是股市谚语“横起来有多长，竖起来就有多高”的意思。太原重工的股价变化（见图 11-2），较好地阐释了该谚语的含义。投资者利用这种时空配比关系，可以发掘有巨大上升潜力的股票。

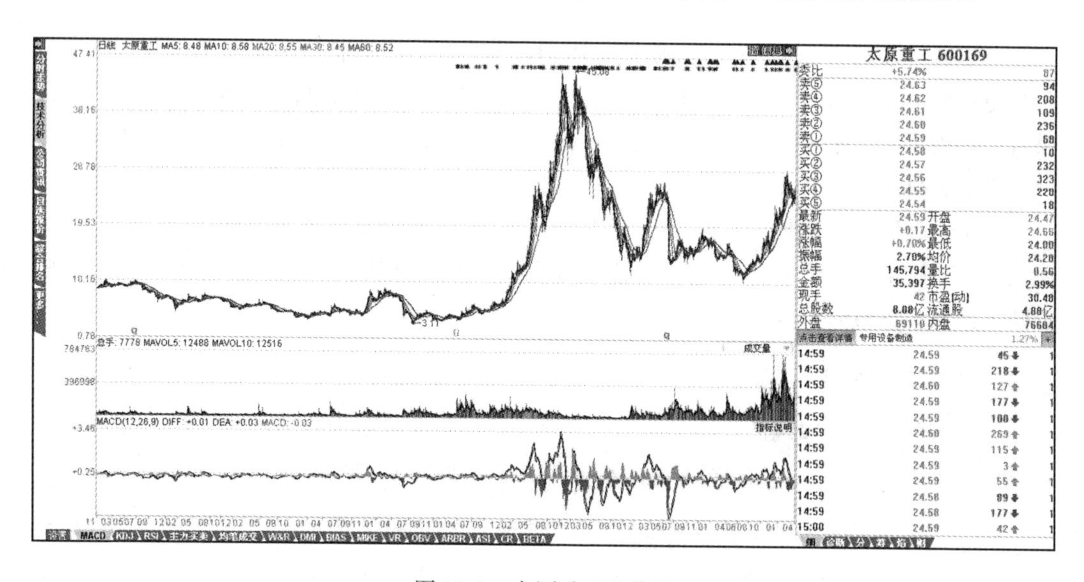

图 11-2　太原重工股价图

11.3　最常用的几种技术分析方法

技术分析方法种类繁多，且随着时间推移，新的技术分析方法不断产生。普通投资者只需要掌握几种最常用的技术分析方法，主要是 K 线图，支撑线、阻力线和趋势线，缺口与岛形反转，移动平均线，随机指标 KDJ、平滑异同移动平均线 MACD 和比例预测以及大势牛熊转折指标，基本就可以满足买卖股票的需要。

11.3.1 K线图

K线图是用于研究股票走势的基本图形。其他许多技术分析方法都以K线图为基础。

1. K线图的画法

K线图由影线和实体组成。中间的矩形长条叫实体，超过实体范围向上或向下引出的细线叫上影线或下影线。如果收盘价高于开盘价，实体部分用中空标出，称为阳线。如果收盘价低于开盘价，则实体部分用黑色标出，称为阴线。常见的两种K线图形状如图11-3所示。

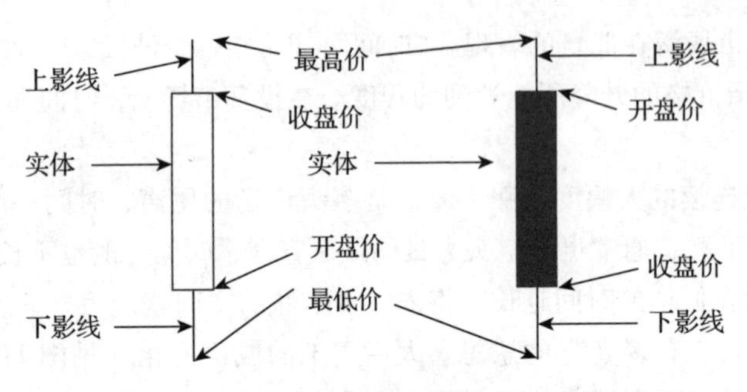

图11-3 阳线和阴线

投资者可以调整K线的时间周期长短，[⊖]得到5分钟、10分钟、60分钟等较日K线时间周期更短的K线，或者周K线、月K线甚至年K线等较日K线时间周期更长的K线。一般来说，注重短期买卖股票的投资者喜欢使用日K线或较日K线更短的K线，而注重长期投资的投资者更多使用周K线、月K线甚至季K线。

K线的形状有很多类型，如光头光脚阳线、光头光脚阴线、光头阳线、光头阴线、光脚阳线、光脚阴线、十字星、T字形、倒T字形等，其都是从上面两种基本形态演化而来，反映了市场多空博弈的不同结果。

2. K线图的解读

分析K线图，可以判断市场多空力量对比，进而判断股票价格的未来走势。分析K线图可以从阴阳、实体大小和影线长短三个方面入手（见图11-3）：

- 阴阳表示多空双方孰占优势以及趋势方向。以阳线（日线）为例，经过一天的博弈，收出阳线表明多头占据上风，收出阴线则表明空头占优。在价格沿趋势运动规律的作用下，阳线预示下一阶段初期股价可能惯性上涨，阴线则预示下一阶段初期股价可能惯性下跌。
- 实体是开盘价和收盘价的差价，其大小代表内在动力。阳线实体越大，代表股价上涨动力越充足；阴线实体越大，则表示股价下跌动能越强。实体可以分为大阳(阴)、中阳和小阳，但实体大小只是一个相对概念，须与最靠近的K线实体长度和价格涨跌幅度相比。

⊖ 点击鼠标右键，找到分析周期，然后选择合适的时间长度单位。

- 影线代表转折信号。上影线表示多空争斗之后，多头终于晚节不保败下阵来。上影线越长，表示今后价格上涨会遇到空头越强大的卖出压力，因而价格向下调整的概率越大。同样，下影线越长，预示价格向上方攻击的概率越大。

上述方法，也可用于对两根、三根甚至多根 K 线图的组合形态分析（见图 11-4）。

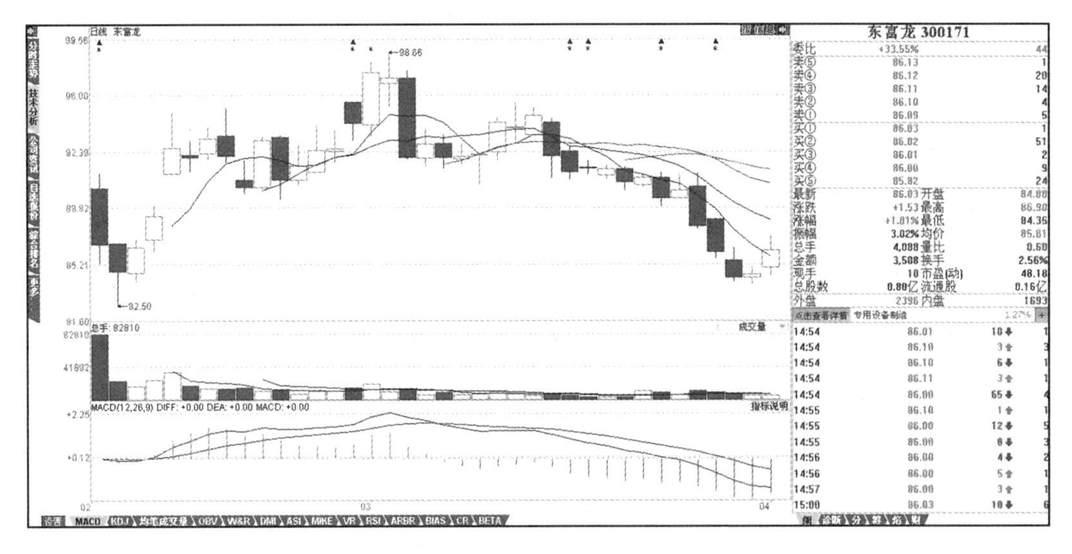

图 11-4　东富龙股票日 K 线图

11.3.2　支撑线、阻力线和趋势线

支撑线（suport line）是指股价下跌到某一价位或价格区域，在其下方遇到强有力的买盘，足以抵御卖方压力，从而使股价在此止跌并回升（见图 11-5）。为表述方便，股价变化都是直线上升或下降，实际上股价总是有涨有跌，直线只是表示了一种趋势。

阻力线（resistance line）与支撑线相反，是指当股价上升到某一价位或价格区域，在其上方卖方的压力挡住了买方的推进，于是股价由升转跌（见图 11-5）。

支撑线和阻力线具有相互转换的特点：股价一旦跌破长期支撑线，则支撑线就会变成今后股价上涨的阻力线；股价一旦冲过长期阻力线，则阻力线就会变成今后股价下跌的支撑线（见图 11-5）。支撑线（或阻力线）的有效突破，需以收盘价格计算，股价至少连续两天低于支撑线（或高于阻力线）3% ~5% 为判断标准。

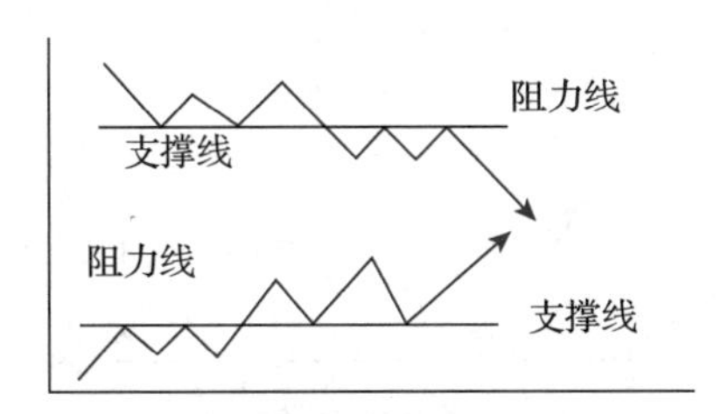

图 11-5　支撑线、阻力线及其转化

支撑线、阻力线运用于投资实践时，经常需以多日 K 线图形成某种形态相结合。图 11-6 中的三种由升转跌的反转形态，即头肩顶、双重顶、三重顶，都是股价跌破支撑线，在此又

称颈线（neckline）、生命线（即强调其非常重要），支撑线反过来成为阻力线后才完成的。同样，图 11-6 中的三种由跌转升的反转形态，即头肩底、双重底、三重底，都是股价冲破阻力线，阻力线反过来成为支撑线后才完成的。上述六种反转形态，并不经常出现，但一旦出现，则股价会有一轮较大跌幅或涨幅。

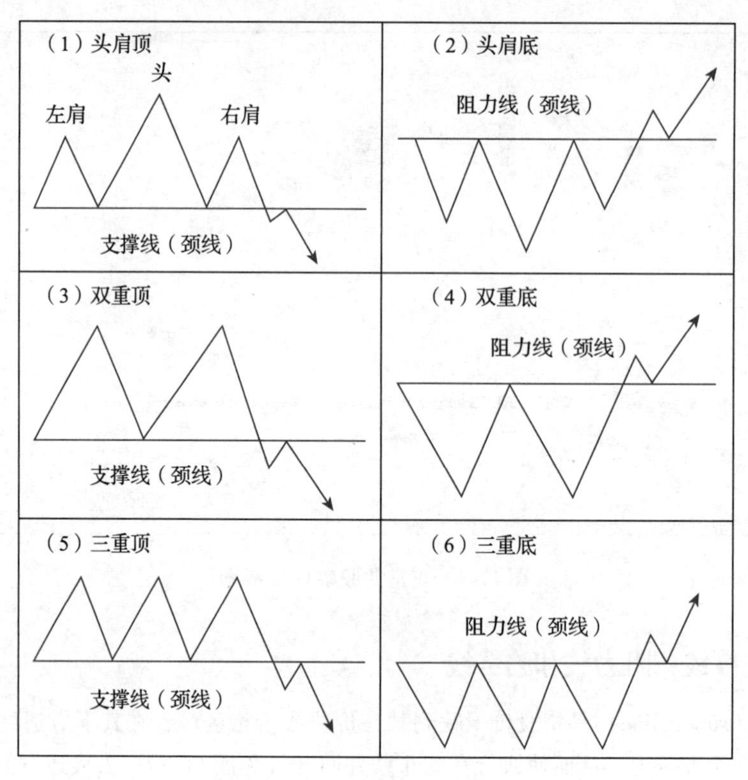

图 11-6　常见的股价反转形态

趋势线可以视为倾斜的支撑线和阻力线。在上升趋势中，将两个上升的低点连成一条直线，就得到上升趋势线。在下降趋势中，将两个下降的高点连成一条直线，就得到下降趋势线。时间跨度越长的趋势线一旦被突破，说明股价反转上升或下跌的可能性越大（见图 11-7）。

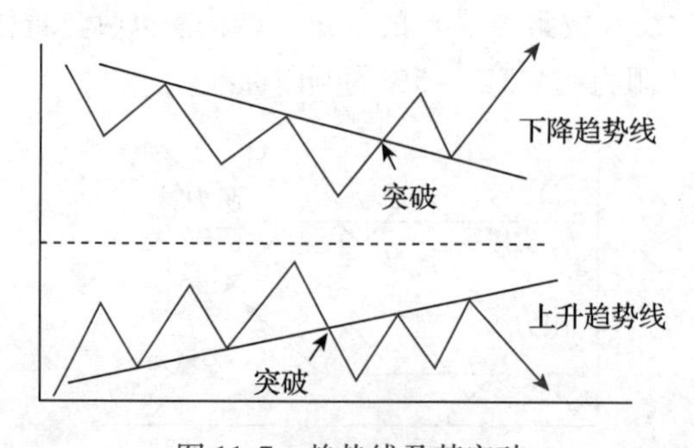

图 11-7　趋势线及其突破

图 11-8 画出了上海股票市场年线的趋势线，表明上海市场仍然长期处于上升趋势之中，虽然投资人总体上认为上海市场表现不佳。

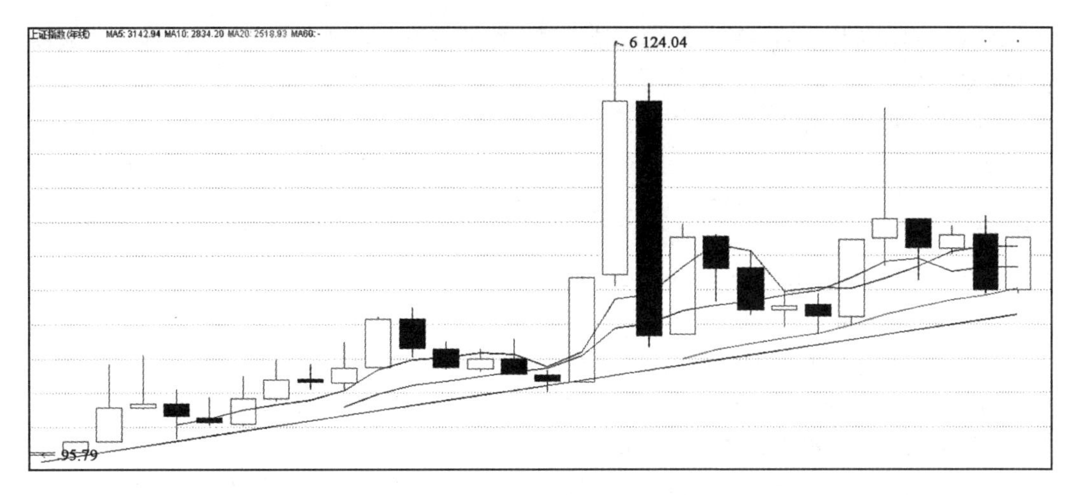

图 11-8 上证指数长期趋势线

11.3.3 缺口与岛形反转

缺口的英文是 gap，表示相邻两个交易日的价格交易区域之间出现空隙。缺口的主要引发原因是当天开盘价格与前一天收盘价格产生了分歧，体现了投资人对日后行情极端看好或看淡的市场行为。

当缺口出现之后的一段时间价格出现反向运动，将缺口位置留下的价格空隙完全封闭，就称缺口被回补。缺口尤其是长期存在的缺口被回补，表示多空双方优势地位互换，即原先占有优势的一方现在处于劣势，原先处于劣势的一方现在占有优势。

缺口分为普通缺口、突破缺口、持续缺口和衰竭缺口（见图 11-9）。普通缺口很快会被回补；突破缺口表示股价运行趋势发生反转；持续缺口表示股价仍在原有趋势运行之中；衰竭缺口表示股价运行趋势即将发生反转。

在上升（下跌）趋势中出现衰竭缺口，股价继续向上（向下）移动，经过一段时间后开始向反方向移动，并在原先的衰竭缺口附近出现向下（向上）突破缺口，这被称为岛形反转（见图 11-10）。岛形反转给出了股价上升趋势（下跌趋势）将反转为下降趋势（上升趋势）的明确信号。

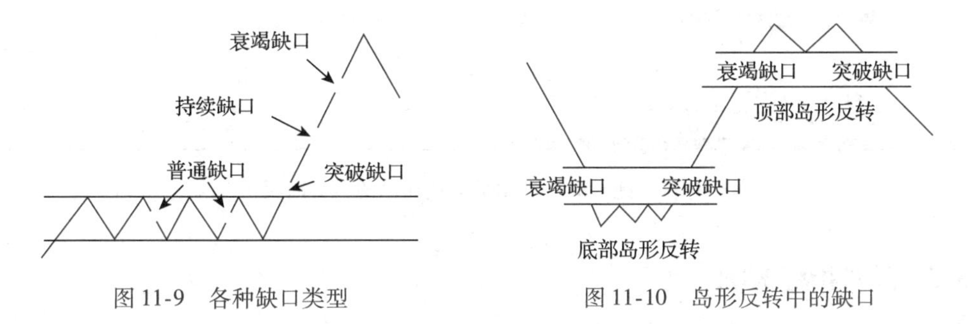

图 11-9 各种缺口类型

图 11-10 岛形反转中的缺口

11.3.4 移动平均线

所谓移动平均（moving average），是指以某些天数为基础周期（如 5 天），当新的数据（如第 6 天）加入后，剔除基期最前面一天即第一天的数据，以此计算一系列平均数的方法。相对于实际价格变动，移动平均线较平滑，能够消除不规则变动因素的影响，凸显趋势与趋势的反转。

移动平均的计算公式是：

$$MA = \frac{\sum_{i=1}^{n} P_i}{n} \tag{11-1}$$

式中 P_i——第 i 天的收盘价（$i=1, 2, 3, \cdots, n$）；

n——移动周期天数。

将移动平均连接成一条光滑的曲线，这条曲线就被称为移动平均线。投资者经常观察5天、10天、20天、30天和60天的移动平均线及其变化来寻找股票的买卖时机。

投资实践中移动平均线具有重要作用：

（1）移动平均线的周期天数越长，平均线就越平滑，就越能反映市场的价格走势。

（2）当股票价格在长期移动平均线之下时，市场上空头占优；当股票价格在长期移动平均线之上时，市场上多头占优。

（3）移动平均线具有一定的平均成本含义，如果股票价格位于移动平均线之上，移动平均线就起支撑作用；如果股票价格位于移动平均线之下，移动平均线就起阻碍作用。

（4）当短期移动平均线从下方上穿长期移动平均线时，应该择机买入股票；当短期移动平均线从上方下穿长期移动平均线时，应该择机卖出股票。

移动平均线的具体操作意义可在图11-11中看出。

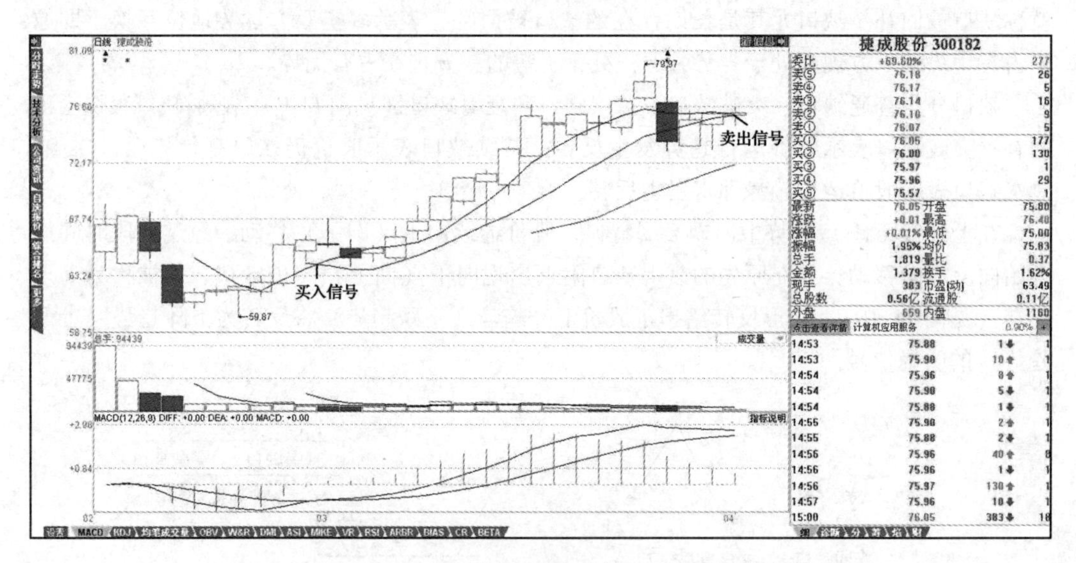

图11-11　捷成股份移动平均线显示的买卖时机

11.3.5　随机指标KDJ

随机指标（stochastic indicator）的理论依据是：在价格上涨时，收盘价格趋向于当日最高价；在股价下跌时，收盘价格趋向于当日最低价。随机指标反映当前收盘价格在价格区间中的相对位置，即偏向于最高、最低价格带的哪一边。

随机指标最主要的指标是K值和D值。K值和D值越大，表明当日收盘价越接近于 n

日（通常取9日）内最高价，多方力量越强。反之，空方力量越强。

根据随机指标的变化，可以判断买卖时机：

（1）超买超卖区域的判断。当K大于80、D大于70时为超买区。**超买**（overbought）是指市场对某只股票需求高涨，短时间内有大量买入的状态。通常超买后股价会下跌回调，投资者应择机卖出股票，离场观望。当K小于20、D小于30时为超卖区。**超卖**（oversold）是指某股票出现过度卖出导致价格下跌的状况。此时逢低买进，所冒风险较小。

（2）K线、D线在较高或较低的位置形成头肩形和多重顶（底），是买卖的信号。

（3）如果在底部（D线在30以下），D线已经调头向上之后，K线向上并穿越D线，这是强烈的买入信号，而在顶部（D线在70以上），D线达到顶点并掉头回落，然后K线向下穿越D线，这是强烈的卖出信号。

可将K线视为股价变化，D线视为移动平均线，借助前面分析的股价和移动平均线的关系来进行研判。图11-12显示了天晟新材的K线、D线变化，从中可以找到买入和卖出的相应时机。

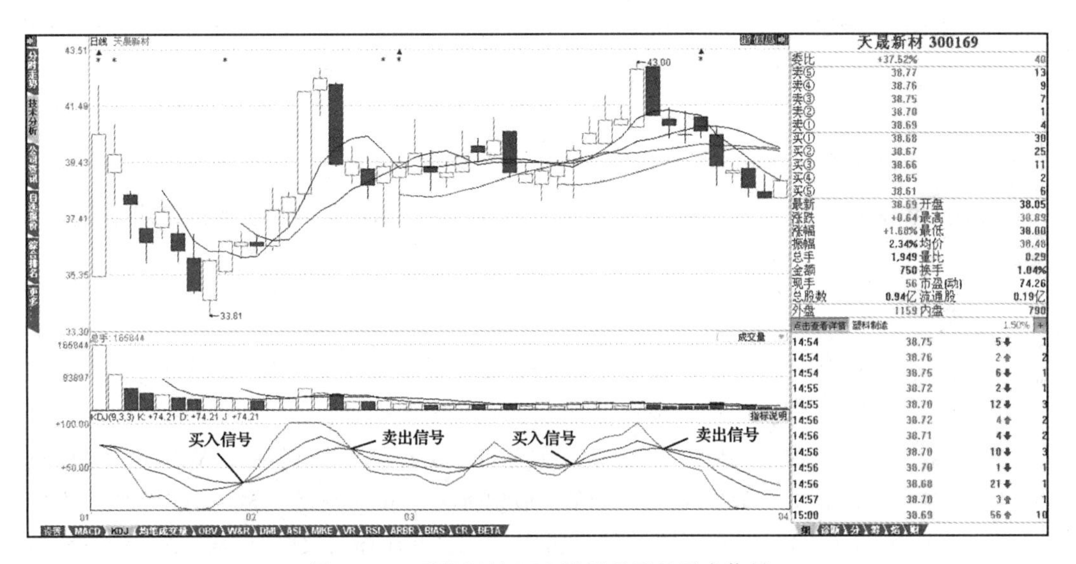

图11-12 天晟新材KDJ指标显示的买卖信号

11.3.6 平滑异同移动平均线MACD

MACD的全称为moving average convergence and divergence，其功能在于应用短期移动平均线和长期移动平均线的关系来判断买卖的时机。MACD中两个最重要的指标是正负差（DIF）和离差平均值（DEA）。DIF是短期移动平均线减去长期移动平均线的数值，DEA是DIF的移动平均，即连续数日的DIF的算术平均。

利用MACD买卖股票的原则是：

（1）DIF和DEA均为正值时，属多头市场。DIF向上突破DEA是买入信号，DIF向下突破DEA应获利了结。

（2）DIF和DEA均为负值时，属空头市场。DIF向下突破DEA是卖出信号，DIF向上突破DEA只能认为是股价将有所**反弹**（rebound），即股价长期下跌后暂时性上涨，随后还会继续下跌。

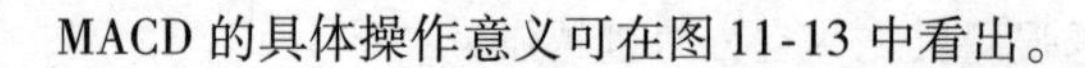

MACD 的具体操作意义可在图 11-13 中看出。

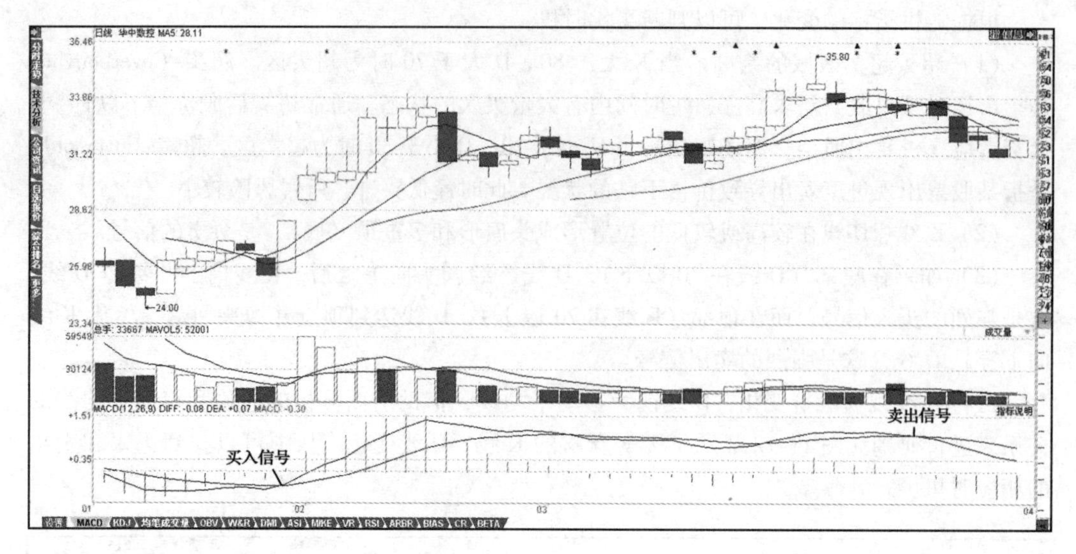

图 11-13　华中数控 MACD 指标显示的买卖信号

11.3.7　比例预测

比例预测是指用数字预测股价上升的阻力位或股价下跌的支撑位。比例预测方法有很多种，这里主要介绍黄金分割率和平方根方法。

1. 黄金分割率

黄金分割率是指把一条线段分割为两部分，使其中一部分与全长之比等于另一部分与这部分之比，其近似值是 0.618，按此比例设计的造型十分美丽。

与黄金分割率有关的数字可用于股票涨跌分析。在上升趋势分析中，从起点计算的较强阻力位在股价上涨的 1.618 倍位置。如某只股票价格从 10 元开始上涨，则其较强阻力位是 16.18(=10×1.618)元。在下降趋势分析中，从起点计算的较强支撑位在股价下跌的 0.618 倍位置。如股票价格从 10 元开始下跌，则其较强支撑位是 6.18(=10×0.618)元。

2. 平方根方法

平方根方法认为，价格走势遵循数学上的平方根趋势，即价格涨跌的阻力位和支撑位都可以用平方根或平方计算出来。在上升趋势分析中，如某只股票上升起点价格是 16（4^2）元，则其较强的阻力位是 25（5^2）元、36（6^2）元等。在下降趋势分析中，如某只股票下降起点价格是 25（5^2）元，则其较强的支撑位是 16（4^2）元、9（3^2）元等。

11.3.8　市场牛熊转折指标

投资人通常会以市场指数涨跌来判断市场牛熊变化，但许多市场指数可能受到权重股影响，不能完整真实地体现整体市场走向。为此，投资界提出了涨跌比率、新高－新低、扩展度等技术方法，以更加全面认识市场牛熊转折。

1. 涨跌比率

涨跌比率（advance decline ratio，ADR）是将一定期间内，股价上涨的股票家数除以下跌的股票家数。

$$ADR(N) = \frac{P_1}{P_2}$$

式中 P_1——N 日内上涨股票家数移动合计；

P_2——N 日内下跌股票家数移动合计；

N 值——一般取14日，也有用10日或者24日的，甚至更长的6周、13周、26周等。

涨跌比率的计算方法与移动平均线完全相同，如以10日为期间时，当第11日的涨跌家数累计加入后，必须同时将第一日的涨跌家数删除，以保持10日的最新移动资料。涨跌比率所采样的期间越大，上下震荡的空间越小；反之，期间越小，震荡空间越大。

涨跌比率的运用原则如下：

（1）当涨跌比率在0.5与1.5之间上下波动时，表示股价处于正常的涨跌状况。

（2）当涨跌比率小于0.5时，表示股价长期下跌，有超卖现象，股价可能反弹。

（3）当涨跌比率大于1.5时，表示股价长期上涨，有超买现象，股价可能回跌。

（4）当涨跌比率出现2以上或0.3以下时，表示股市处于大多头市场或大空头市场的末期，有严重的超买或超卖现象。

2. 新高－新低

新高－新低指数（new high-new low index，NH-NL）等于股价创最近一年来新高的股票数量减去股价创最近一年来新低的股票数量。

新高－新低的运用原则：

（1）当NH-NL与市场指数维持相同方向的走势时，可以确认当时的趋势，即市场指数上升，NH-NL也上升，市场未来可能继续上升，或者市场指数下降，NH-NL也下降，市场未来可能继续下降。

（2）当NH-NL与市场指数发生背离时，市场可能出现牛熊逆转，即市场指数上升，NH-NL反而下降，市场未来可能由上升转向下跌，或者市场指数下降，NH-NL反而上升，市场未来可能由下跌转向上升。

3. 扩展度

在技术分析中，一般把价格在年线（250日移动平均线）之上运行的趋势称为牛市行情，价格在年线之下运行的趋势称为熊市行情，“年线”被人们称为“牛熊分界线”。

扩展度指标介于0~100，其计算公式为：

扩散度 = 股价立于自身250日移动平均线之上的股票比率

扩展度运用原则：

（1）如果大部分股票立于其250日移动平均线之上，则牛市可能会延续。

（2）如果市场指数继续上升，但扩散度开始下降，则市场未来可能下跌。

11.4 技术分析中的风险控制

技术分析的主要目的是帮助投资人寻找短线买卖的机会。使用技术分析的投资人通常操作非常频繁，相应地可能经常出现错误，因而必须采取适当的风险控制方法。第3章所介绍的停止损失委托和爬行止损委托，本质上可以视为技术分析中的风险控制手段。但这种风险控制是事中控制，而我们更需要的是在事前就能控制风险的相应手段。

在投资实务中，投资人在做出是否买入股票的决策时，必须考虑股价可能下跌的风险、股价上涨可能带来的收益，并将两者进行比较。美国技术分析大师维克托·斯波朗迪[㊀]就此提出了风险/回报比率，其公式为：

风险／回报比率 =（买进价格 - 出场价格）/（目标价格 - 买进价格）

上面公式中的出场价格，既可以是投资人设定的止损价格，也可以是股价的重要支撑价格；目标价格是股价上涨可能达到的价格。风险/回报比率表示最大的可能损失与可能的潜在收益的比较。如投资人买进某只价格为10元的股票，设定的止损价格或重要支撑价格是9.5元，可能上涨的目标价格为13元，则：

风险／回报比率 =（买进价格 - 出场价格）/（目标价格 - 买进价格）

$= (10 - 9.5)/(13 - 10)$

$= 1/6$

如果投资人采用1/6作为其投资的风险/回报比率，则意味着1次成功投资的盈利，可以覆盖6次失败投资的亏损。实际投资中，投资人采用的风险/回报比率最高不得超过1/3，即1次成功投资的盈利可以覆盖3次失败投资的亏损。

11.5 有关技术分析的争论

对技术分析有赞成和反对两种观点。相当多投资人相信技术分析方法，甚至有一些人迷信技术分析方法。他们认为技术分析发出的买卖信号是投资者共同作用的结果。

反对技术分析的人却认为技术分析与占星术一样，都貌似科学，少数技术分析专家对市场偶尔预测正确只是因为幸运女神的青睐[㊁]。而且，在投资市场上，少数机构投资人或专业投资人利用其他投资人迷信技术分析数据、图表的心理，借助其资金量庞大的优势，故意抬拉或打压股价，致使技术指标或图形发出虚假的买入或卖出信号（技术分析上称这种信号为“骗线”），引诱投资人大量买进或卖出，达到他们派发筹码或低吸筹码的目的。上述股价操纵行为会导致投资交易市场的信息严重不对称，极大地扰乱投资人的判断，降低中小投资人使用技术分析得到正确结论的概率。

我们认为，技术分析的基础是对投资人的心理和行为的刻画，而投资人的心理和行为对股票价格变动尤其是短期价格变动有着重要影响，因而不能否定技术分析有一定的科学性。尤其当基本面信息不完整或不正确时，技术分析显得更有效。但投资人心理和行为本质上极难量化，机械套用技术分析的结论，也会经常出现偏差，所以又不能迷信技术分析方法。

实际上，技术分析与本书第9章和第10章介绍的基本面分析是股票投资中两种不同的经典分析方法，两者因以下原因在投资实践中必须相互配合：

（1）技术分析和基本面分析从不同的角度对股价波动做出预测，两者既有优势又有不

㊀ 斯波朗迪．专业投机原理［M］．俞济群，等译．北京：机械工业出版社，2018.

㊁ 麦基尔．漫步华尔街［M］．刘阿钢，等译．北京：中国社会科学出版社，2007.

足。基本面分析主要研判上市公司素质的高低、投资价值的大小，但其未能考虑大多数情形下主要由情感因素决定的市场交易行为对股价的影响，导致投资机会错失、投资失误等现象比比皆是。技术分析主要研判股票价格在短期内能否上涨，但投资人容易受到市场情绪的影响，不利于保持良好的投资心态。

（2）在投资决策中，既要保持自己的理性，进行基于价值分析的投资选择，也要理解市场的非有效性，基于技术分析解析市场情绪以及市场价格的未来趋势，在两者之间寻找一种平衡和节奏。

技术分析和基本面分析相配合，可以有四种较为典型的组合形态：

（1）好公司好股票。这种组合是指某家优质上市公司的股票目前处于较好的上升趋势，未来股价继续上升的可能性较高。

（2）好公司坏股票。这种组合是指虽然某家上市公司素质优良，值得长期投资，但技术分析却显示，该公司的股票正处于下降趋势，未来股价继续下降的可能性较大。

（3）坏公司好股票。这种组合是指虽然某家公司素质低劣，但目前该公司的股票价格处于较好的上升趋势，未来股价继续上升的可能性较高。

（4）坏公司坏股票。这种组合是指某家劣质上市公司的股票价格正处于下降趋势，未来股价继续下降的可能性较大。

在上面四种组合中，最值得期待的是第一种组合，即好公司好股票。因此，我们的分析路径是：首先选择素质良好、前景广阔的好公司，然后利用技术分析选择好买入的时点。

关键概念

技术分析	反转	支撑线
阻力线	反弹	超买
超卖	涨跌比率	新高－新低
扩展度		

本章小结

1. 技术分析的三大假设是技术分析的基础。三大假设是：①市场行为涵盖一切信息；②价格沿着趋势运动；③历史会重演。
2. 逆时针曲线将基本的价量关系表示为八种形态，为买卖股票提供了明确的信号。
3. K线图的形状反映了多空双方博弈的结果。当连续多根K线图出现头肩顶、头肩底、三重顶、三重底、双顶、双底等形态后，股票价格将发生反转变化。
4. 短期移动平均线上穿或下穿长期移动平均线提供了短期买进股票或卖出股票的时机。
5. KD指标提示的超买和超卖提供了卖出和买入的一种可能。当在低位时，若D线已经调头向上且K线向上并穿越D线，这是强烈的买入信号，而在顶部时，D线掉头回落，然后K线向下穿越D线，这是强烈的卖出信号。
6. DIF和DEA均为正值时，属多头市场；DIF和DEA均为负值时，属空头市场。
7. 利用市场牛熊转折指标，有助于判断未来市场的牛熊变化。

8. 技术分析中的风险/回报比率表示最大的可能损失与可能的潜在收益的比较。
9. 技术分析须和基本面分析相结合。

视频材料

1. 《财富非常道：技术的力量（下）－技术之美》，https://v.youku.com/v_show/id_XMTUzMDc3MjQ=.html?refer=seo_operation.liuxiao.liux_00003307_3000_z2iuq2_19042900。
2. 《财富非常道：技术的力量（上）－顺势而为》，https://v.youku.com/v_show/id_XMTU2NDcyNzY%3D.html?refer=seo_operation.liuxiao.liux_00003307_3000_z2iuq2_19042900。

问题和应用

1. 简述技术分析三大假设。
2. 谈谈你对逆时针八大循环的理解。
3. 以K线图、移动平均线、KDJ、MACD等技术指标为基础，找出三只未来可能上升的股票、三只未来可能下跌的股票。
4. 股价跌破支撑线后，支撑线为何成为阻力线？
5. 技术分析为何要结合基本面分析使用？

第12章
CHAPTER 12

期货市场

§本章提要

期货交易包括建仓、持仓、平仓或实物交割。期货有避险、价格发现和投机功能。期货价格可能等于、高于或低于未来现货价格期望值。现货－期货平价定理认为，市场均衡时期货价格等于现货价格加现货持仓成本。套期保值是将未来拟买入或卖出现货的行为，提前在期货上买入或卖出。

§重点难点

- 理解期货保证金制度和逐日盯市制度的作用，并能进行相应计算
- 了解期货交易的避险、价格发现和投机功能
- 理解期货价格和将来现货价格期望值的三种关系
- 掌握现货－期货平价定理，能用其进行分析
- 理解套期保值的基本原理，掌握基本的套期保值方法

§引导案例

股市下跌时股指期货总在风口浪尖

在中国证券市场，股指期货自推出以来，就不断伴随有对其做空股市的指责。

一、初生的股指期货被指“做空股市”

2010年4月16日，市场千呼万唤的沪深300股票指数期货合约正式上市。但紧随其后，股市开始大幅下跌（见图12-1）。5月7日，《人民日报》海外版发表题为“中国经济趋好 股市为何跌跌不休”的署名文章，批评“股指期货做空过头”。5月21日，独立撰稿人、财经专栏作家曹中铭更尖锐地指出，股市正被股指期货“做空”。[1]

[1] 2010年5月21日腾讯财经刊载的文章《曹中铭：股市正被股指期货“做空”》。

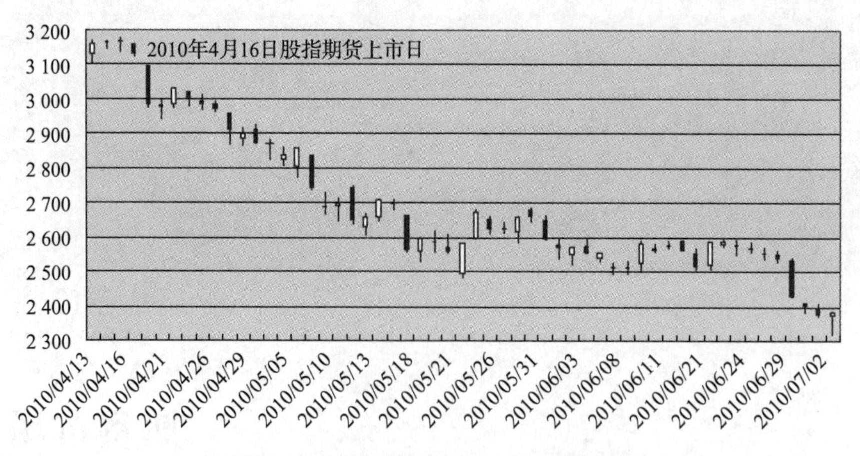

图 12-1 股指期货出台后上海市场表现

二、股市震荡时期股指期货被指“做空中国股市”

在2015年6~7月股灾最严重时，舆论一边倒指责股指期货做空股市，认为股指期货是股市震荡的导火索。[㊀]并且，与2010年4~5月认定股市下跌与股指期货不存在密切联系[㊁]不同，监管部门此次罕见地将矛头直指股指期货：将一些做空者定性为“恶意做空”，并会同公安部门进行查处；提高空头保证金比例，加大做空者的交易成本，以彻底限制其做空股指期货。

§案例思考

股市下跌究竟是不是股指期货惹的祸？为什么股市大跌总是和股指期货相联系？

基于股市中长期大方向总是向上的规律，你倾向于做股市多头，买入并持有成为一种重要策略。但中国股市“牛短熊长”的运行态势使你经常不得不忍受熊市的煎熬。你迫切需要能规避熊市风险的工具。被投资界称为能够管理投资风险的金融工具——期货，正好可以满足你的需求。

但是，期货自身巨大的风险又可能使你犹豫不决。不妨假设你同大多数普通投资人一样，由于主观或客观等多种原因，不能或不愿投资期货。即便如此，为了解那些使用了期货管理风险功能的竞争对手，以便于更好地投资现货市场，你也应该尽量弄懂期货合约的基本要素和期货交易的基本运行机制，能够分析期货交易蕴含的丰富信息，尤其是期货交易可能对现货市场产生的重要影响。

12.1 期货合约的基本要素

期货是规定持有者在未来特定时间以特定价格买入或卖出一定数量标的物的标准化合

㊀ 2015年7月3日《经济观察报》刊登的文章《本轮股灾的真相！看股指期货是如何做空中国股市的》。

㊁ 2010年5月22日网易财经《朱玉辰：大盘暴跌不能让股指期货“背黑锅”》；2010年6月8日新华网《证监会：拟禁止基金经理买卖股指期货》。

约。期货合约通常包括以下要素：

（1）合约标的。合约标的是指期货合约买卖的对象，主要有农产品、金属、矿产品、外汇、利率、股票和股票指数等。

（2）合约价值。合约价值等于合约标的资产买卖价格乘以每份合约包含的商品数量，如上海商品交易所1手黄金期货合约的价值等于1 000乘以黄金期货的买卖价格。

（3）报价单位及最小变动价位。期货合约报价单位可以是货币单位，如上海商品交易所黄金报价单位为元（人民币）/克，也可以是计算价格涨跌的抽象单位，如股指期货合约的报价单位为指数点。最小变动价位是指报价单位的最小变化幅度。

（4）合约到期（交割）月份。期货合约到期月份通常有当月、下月、随后两个季月（季月是指3月、6月、9月、12月）。

（5）交易时间。有些期货品种交易时间与股票相同，有些在时间上有一定差别。

（6）最后交易日和交割日。最后交易日和交割日通常不是到期月份的最后一天，不同投资品种规定有所不同。

（7）涨跌停板限制。涨跌停板是指期货合约交易价格的波动在一个交易日中不得高于或者低于一定幅度。期货市场涨跌停幅度通常较股票市场要小很多，如上海期货交易所的铜、铝涨跌停板幅度为±3%，国债期货的跌停板幅度为±1.2%或±2%。

（8）最低交易保证金。期货采取保证金交易方式，保证金通常只占合约价值很小的比例，如上海商品交易所黄金期货交易的最低保证金只占合约总价值的4%。

（9）交割方式。期货交割有实物交割和现金交割两种方式。

表12-1以10年期国债期货合约为例，显示了期货合约的各种要素。

表12-1　10年期国债期货合约表

要素	规定	要素	规定
合约标的	面值为人民币100万元、票面利率为3%的名义长期国债	每日价格最大波动限制	上一交易日结算价的±2%
可交割国债	合约到期月份首日剩余期限为6.5~10.25年的记账式附息国债	最低交易保证金	合约价值的2%
报价方式	百元净价报价	最后交易日	合约到期月份的第二个星期五
最小变动价位	0.005元	最后交割日	最后交易日后的第三个交易日
合约月份	最近的三个季月（3月、6月、9月、12月中的最近三个月循环）	交割方式	实物交割
交易时间	9:15~11:30，13:00~15:15	交易代码	T
最后交易日交易时间	9:15~11:30	上市交易所	中国金融期货交易所

12.2　期货的交易机制

为保障期货交易顺利进行，期货交易所制定了完善的期货交易机制。

1. 期货交易过程

期货交易全过程包括建仓、持仓、平仓或实物交割。

建仓（open position）也称开仓，是指投资者买入或卖出一定数量的期货合约。其中，买入期货合约者被称为多头（long position），卖出期货合约者被称为空头（short position）。

如果多头（空头）一直持有该期货合约，被称为持仓。在持有一段时间后，多头卖出期货合约，或空头买入期货合约，这被称为**平仓**（close out or offset）。在期货合约到期前，交易所要计算未平仓合约，即全部多头或空头尚未结束交易（即没有平仓）的合约数量，并逐日向市场公布。未平仓合约数量越大，预示将来需要平仓的可能性也越大，投资人现在无论是买入还是卖出期货合约，将来都会有更多的交易对手，市场的流动性也就越高。如果期货到期时多头、空头按照协议价格买卖标的资产，则称为**实物交割**（physical delivery）。

假设多头甲认为未来黄金价格将上涨，空头乙持相反观点，两者以 330 元/克的价格买卖 6 个月后到期的黄金期货合约。4 个月后，黄金现货价格上涨到 340 元/克，则多头甲可以要求执行期货合约（这被称为期货转现货），即在期货市场以 330 元/克买入黄金，然后到现货市场以 340 元/克的价格卖出，每克盈利 10 元（不考虑税费）。如果黄金现货价格下跌到 320 元/克，则空头乙可在现货市场以 320 元/克的价格买入黄金，然后要求执行期货合约，即在期货市场以 330 元/克的价格卖出，每克盈利 10 元（不考虑税费）。

实际投资中，多头和空头通常会在期货合约到期前平仓以兑现其利润：在黄金现货价格上涨到 340 元/克时，多头甲以 340 元/克的价格（此时期货价格通常会在 340 元/克附近）卖出其先前买入的期货合约，买卖相抵后每克盈利约 10 元；在黄金价格下跌到 320 元/克时，空头乙以 320 元/克的价格（此时期货价格通常会在 320 元/克附近）买入其先前卖出的期货合约，买卖相抵后每克盈利约 10 元。

2. 期货清算所

期货清算所（clearing house）是提供期货合约交割、对冲和结算等服务，保证期货交易双方履约的专业机构。期货清算所的功能和作用是：相对于期货买方（卖方），其是期货的卖方（买方）；其有义务付钱给卖方，向买方交割商品；买卖双方的违约行为导致的损失都由其承担。图 12-2 显示了有无期货清算所时交易的区别。

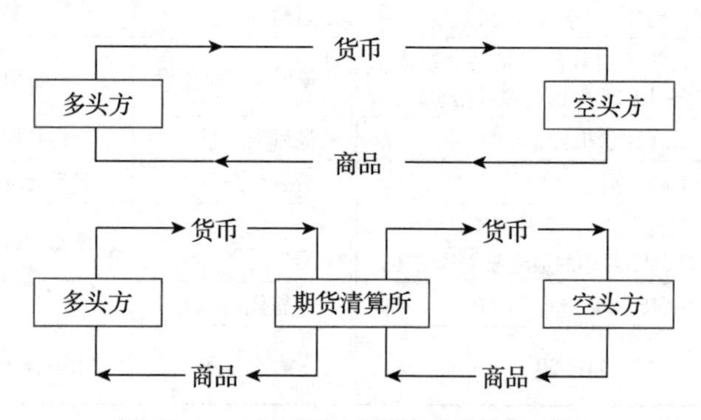

图 12-2　有无期货清算所时交易的区别

3. 期货保证金制度

期货保证金分为**初始保证金**（initial margin）、**维持保证金**（maintenance margin）和**追加保证金**。

初始保证金是开仓时投资者账户应保有的最低资金量，由交易金额和初始保证金比率（通常为 5%～15%）确定，其计算公式为：

$$\begin{aligned}\text{初始保证金} &= \text{每份合约买卖价格} \times \text{合约数量} \times \text{初始保证金比率} \\ &= \text{买卖合约的总价值} \times \text{初始保证金比率} \qquad (12\text{-}1)\end{aligned}$$

持仓时投资人会因期货价格涨跌而产生浮动盈亏，实际保证金随时变化。为了确保投资人能够履约，期货清算所规定了维持保证金，即实际保证金必须维持的最低金额。维持保证金通常是初始保证金的75%，其计算公式为：

$$维持保证金 = 初始保证金 \times 维持保证金占初始保证金的比例 \tag{12-2}$$

当实际保证金低于维持保证金时，投资者必须在规定时间补充保证金至初始保证金水平或以上，否则将被强行平仓。这部分需要补充的保证金被称为追加保证金。

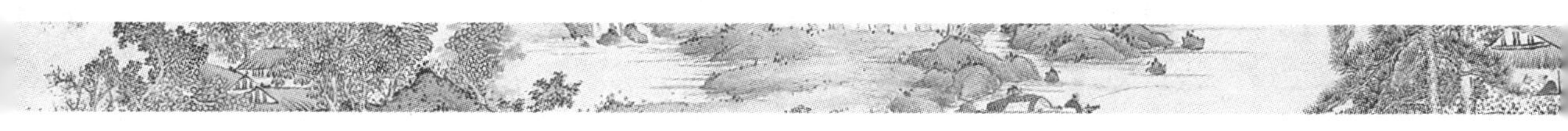

例12-1

大连商品交易所大豆期货保证金比率为5%，维持保证金为初始保证金的75%。假设某投资人以3 500元/吨的价格买入10张大豆期货合约，每张合约的数量为10吨。问：①该投资人账户中必须预存多少资金（初始保证金）？②如果价格下跌到3 450元/吨，是否需要追加保证金？至少需要追加多少？③期货交易如何放大了投资人的亏损？

解答：①根据式（12-1），初始保证金为：

$$3\,500 \times 10 \times 10 \times 5\% = 17\,500(元)$$

②价格下跌到3 450元时的浮动盈亏为：

$$(3\,450 - 3\,500) \times 10 \times 10 = -5\,000(元)$$

故此时的实际保证金=17 500－5 000=12 500（元）。而根据式（12-2）可知，维持保证金为：

$$3\,500 \times 10 \times 10 \times 5\% \times 75\% = 13\,125(元)$$

因为实际保证金低于维持保证金，所以至少需要追加5 000元保证金至初始保证金水平。

③大豆期货价格由3 500元/吨下跌到3 450元/吨，其下跌幅度仅为：

$$\frac{3\,500 - 3\,450}{3\,500} \approx 1.43\%$$

投资人买入的全部期货合约亏损金额为5 000[=(3 500－3 450)×10×10]元，投资人的本金即初始保证金为17 500(=3 500×10×10×5%)元，投资人的亏损率为：

$$\frac{(3\,500 - 3\,450) \times 100}{3\,500 \times 100 \times 5\%} \approx \frac{1.43\%}{5\%} = 1.43\% \times 20 = 28.60\%$$

例12-1计算的期货投资人亏损是期货价格本身跌幅的20倍放大，可推演到一般情形，即：

$$期货投资收益率 = 期货价格涨跌幅度 \times \frac{1}{初始保证金比率} \tag{12-3}$$

式（12-3）中$\frac{1}{初始保证金比率}$是期货的杠杆倍数。由于期货初始保证金比率在很多情况下都小于10%，故期货杠杆倍数经常可以达到10倍以上，远远高于融资融券的杠杆倍数。

4. 逐日盯市制度

逐日盯市制度（marking to the market）是指期货清算所在每日收市后计算、检查保证金账户，从亏损一方账户中划拨当日浮动亏损的现金到盈利一方的账户，并适时发出追加保证金的通知，防止客户因亏损而不能履行买卖义务的结算制度。在电子交易网络化时代，“逐日盯市”已经演变为对投资人保证金余额进行实时监控的“实时盯市”。

例 12-2

假设投资人账户中预存有资金25 000元，其以50 000元/份的价格买入10份合约，初始保证金率为5%，维持保证金率为初始保证金的75%。此后6天期货价格分别为49 700元、49 600元、49 800元、49 300元、49 000元、49 200元，试分析投资人实际保证金变化情况。

解答：投资人实际保证金变化情况如表12-2所示。第四天保证金为18 000元，低于维持保证金18 750(=25 000×75%)元，故需至少追加7 000元，以达到25 000元的初始保证金水平。

表 12-2 期货保证金变化情况

交易日	期货合约价格（元/份）	每日盈亏（元）	累计盈亏（元）	实际保证金（元）	追加保证金（元）
	50 000			25 000	
1	49 700	-3 000	-3 000	22 000	
2	49 600	-1 000	-4 000	21 000	
3	49 800	+2 000	-2 000	23 000	
4	49 300	-5 000	-7 000	18 000	7 000
5	49 000	-3 000	-10 000	22 000	
6	49 200	+2 000	-8 000	24 000	

5. 限仓制度和大户报告制度

只要有足够的保证金，多头或空头都可以不断开新仓，从而推升或打压合约价格，这使期货交易有可能完全脱离现货市场的限制，演变成多空双方资金力量的博弈。为防止大户操纵市场走势，以及交易者风险累积，期货交易所设立了限仓制度和大户报告制度：当投资者持仓量达到交易所规定的持仓报告标准时，应通过受托会员向交易所报告。

6. 到期日盈亏

在分析期货到期日盈亏时，我们引入一个重要概念——基差。基差是现货价格与期货价格的差额，即基差=现货价格-期货价格。当基差小于零，即现货价格低于期货价格时，我们称期货升水；当基差大于零，即现货价格高于期货价格时，我们称期货贴水。

基差随着期货合约到期日临近不断缩小，到期时为零，即期货价格和现货价格随着合约到期日临近会相互趋近，到期时（交割时）期货价格等于现货价格。[⊖]我们将上述现象称

⊖ 由于成本和各种费用，期货价格和现货价格之间应该存在细微差异。

为期货价格的收敛性（price convergence）。到期时基差为零的原因是：如果基差小于零，即最后交易日期货结算价格高于现货价格，可买入现货、卖出期货并交割套利，从而促使现货价格上升，期货价格下跌；如果基差大于零，即最后交易日期货结算价格低于现货价格，可买入期货并交割，然后卖出现货，这会使期货价格上升，现货价格下跌。

我们用实例直接观察基差变化规律。在2018年5月18日，收集并计算上证50指数和上证50指数期货（IH1805）三个时间段以收盘价格计算的基差。这三个时间段是：IH1805开始上市的10个交易日，中间交易的10个交易日，最后交易的10个交易日。将这三个时间段的基差列表如表12-3所示。数据显示，上证50指数和上证50指数期货的基差呈现明显的下降趋势，最后10个交易日的平均基差只有1.585点，相对于到期时IH1805价格2 720点来说，这个基差可认为接近于零。

表12-3　上证50指数和IH1805三个时间段的基差　（单位：点）

最开始10个交易日的基差		中间10个交易日的基差		最后10个交易日的基差	
3月19日	-1.14	4月11日	6.74	5月7日	1.85
3月20日	4.4	4月12日	3.7	5月8日	-1.32
3月21日	11.18	4月13日	10	5月9日	-1.36
3月22日	12.47	4月16日	11.7	5月10日	-4.8
3月23日	63.47	4月17日	7.1	5月11日	-3.88
3月26日	18.47	4月18日	8.97	5月14日	-2.46
3月27日	11.39	4月19日	-5.25	5月15日	0.83
3月28日	24.23	4月20日	11.18	5月16日	2.98
3月29日	8.79	4月23日	-0.08	5月17日	3.48
3月30日	5.35	4月24日	-6.15	5月18日	20.53
10日均值	15.861	10日均值	4.791	10日均值	1.585

由于到期时基差为零，故到期时期货多头利润和空头利润可以表述如下：

多头利润 = 到期时现货价格（最后交易日结算价格[⊖]）- 建仓时期货价格

空头利润 = 建仓时期货价格 - 到期时现货价格（最后交易日结算价格）

从上面两个公式可以看出，到期时多空双方的盈亏总和等于零，这就是期货合约是零和游戏的实值。

设 F_0 为建仓时的期货价格，P_T 为到期时的现货价格，则期货市场多头和空头在到期日不同现货价格下的损益情况可用图12-3更加直观地表示。

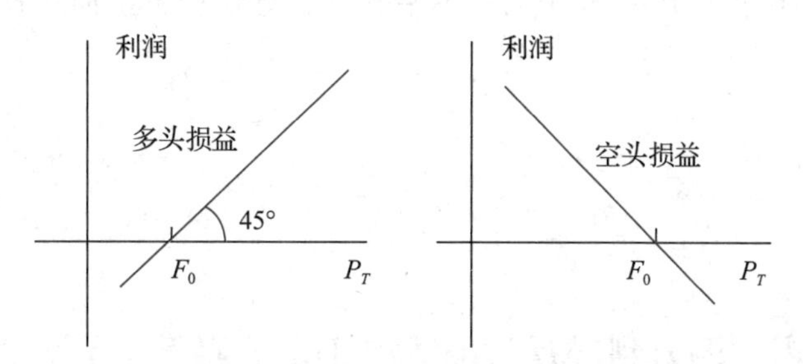

图12-3　到期日期货多头和空头的损益

⊖ 结算价格并不一定等于收盘价格，结算价格是收盘后根据当日价格波动用加权平均价计算出来的价格。

12.3 期货的经济功能

期货市场参与者分为套期保值者、投机者和套利者三类。以黄金期货为例，套期保值者是生产经营活动与黄金价格波动密切相关的黄金开采企业、黄金加工企业等。投机者博黄金价格涨跌，套利者则试图在黄金现货价格、不同到期月份黄金期货价格等产品价格中发现相对低估和相对高估的投资产品，并卖出相对高估的投资产品、买入相对低估的投资产品以获得相对稳定的收益。

为了规避黄金价格波动的风险，黄金开采企业预先卖出黄金期货合约，而黄金加工企业预先买入黄金期货合约。买方和卖方很少在交易时间、交易数量、交易价格等方面刚好匹配，这使黄金期货交易难以顺利进行。这时，黄金投机者、黄金套利者尤其是黄金投机者的作用就凸显出来：在对未来黄金价格变化有所预期的基础上，他们可以成为黄金开采企业或黄金加工企业的交易对手，即成为期货合约的买方或卖方。

上面的黄金期货交易揭示了一般期货交易普遍具有的三大功能：

（1）**避险功能**。期货交易的原始目的在于实物商品供需双方需要预先锁定商品价格，将价格风险转移到愿意承担风险者（多半是投机者）。这样，避险者如上例中黄金开采企业和黄金加工企业就可以解除后顾之忧，专心从事其经营活动。

（2）**价格发现功能**。期货价格和现货价格受相同经济因素的影响和制约，其变动方向相同，变动幅度接近，这被称为期货的价格平行变动性（price parallelism）。在一个公开、公平、高效的期货市场，期货价格具有真实性、预期性、连续性和权威性等特点，反映了当前买卖双方对未来价格的预期，能够客观反映商品价格的变动趋势。现货市场生产者、消费者和投资者可将期货价格视为未来现货价格变化的先行指标，作为决策参考。如2015年9月到期的沪深300期货IF1509，在2015年8月28日的收盘价为3 188.4点，大幅低于当日沪深300指数收盘价3 342.29点，这预示未来投资市场可能下跌。事实上，此后市场果然下跌，验证了期货市场的价格发现功能。

（3）**投机功能**。期货投机者既没有现货，也不需要现货，买卖期货的目的是博取买卖差价。投机者交易十分活跃，其交易量大大超过避险交易量。投机者可能因为猜对市场短期走势而暴富，也可能因为赌错市场短期走势而一败涂地。新闻摘录“期市‘四万到千万’神话昨日破灭 碍于面子不平仓”很好地诠释了期货投机者成与败的悲喜剧。

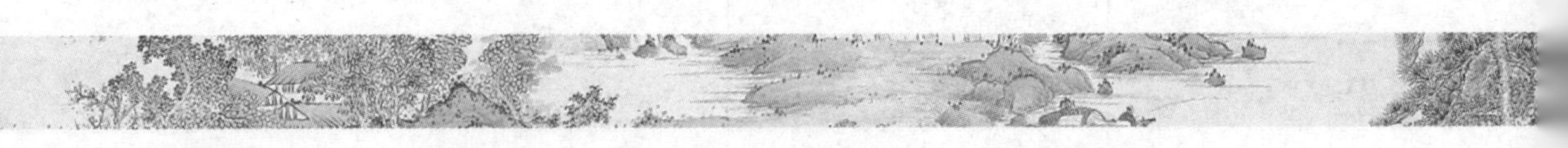

新闻摘录

期市“四万到千万”神话昨日破灭 碍于面子不平仓

作为“武昌女期民半年内从4万做到1 450万”这一期市神话的主角，万群所持有的最后300张豆油合约因保证金不足于昨天上午被强行平仓，其账户最终剩下的资金不到5

万元，一场千万富翁的“美梦”持续近半个月后终告结束。

半年成千万富豪

据相关期货公司知情人士介绍，万群大约50岁，退休之前的职业可能是教师。2005年7月，万群拿着6万元开始涉足期货市场。从2007年8月下旬起，万群开始重仓介入豆油期货合约。此后两三个月，豆油主力合约0805从7 800元/吨起步，一路上扬至9 700元/吨，截至11月中旬，万群已有10倍获利。进入2008年，豆油上涨速度越来越快，主力合约在轻松突破10 000元/吨整数大关后，不断创出历史新高。2月底，豆油0805已逼近14 000元/吨，万群的账面保证金突破了1 000万元，成了名副其实的“千万富豪”。

“她采取的是全仓操作的股票手法。”知情人士透露说，万群利用期货交易浮动盈利可以开新仓的特点，全线扑入豆油期货，越涨越买。这种操作方式最大程度地利用了杠杆，将利润放至最大，但同时风险也被放大到了顶点。

风云突变拒减仓 千万财富化云烟

“她的资金真正突破千万是在2月28日、29日。”知情人士告诉记者，当时正值豆油连续涨停阶段，万群账户的浮动权益在3月4日达到顶峰，最高时竟达2 000多万元；不过，当天行情剧烈震荡，油价在一个小时内从涨停快速滑落至跌停，尾盘收至平盘附近。在豆油从涨停到跌停的过程中，万群的账户因为保证金不足，已经被强行平去了一部分合约，但这并没有引起她的重视。

“期货公司的人找她谈过，但她拒绝主动减仓。”不愿意透露姓名的相关人士表示。“实际上，3月6日，她的账上至少还有几百万元，要平仓还是有机会的。”

出于种种考虑，万群错过了最佳的减仓时机。3月7日和10日两天，豆油无量跌停，万群就是想平仓也平不了，由于仓位过重，其巨大的账面盈利瞬间化为乌有。

昨天上午，连续两个交易日无量跌停的豆油期货终于打开停板。大连商品交易所豆油主力合约0805、0809盘中双双翻红，收盘分别下跌0.83%和0.36%。但由于没有能力追加保证金，万群最后300张合约被强行平仓，账户保证金最终只剩下不到5万元。

资料来源：2008年3月12日《上海证券报》。作者有删改。

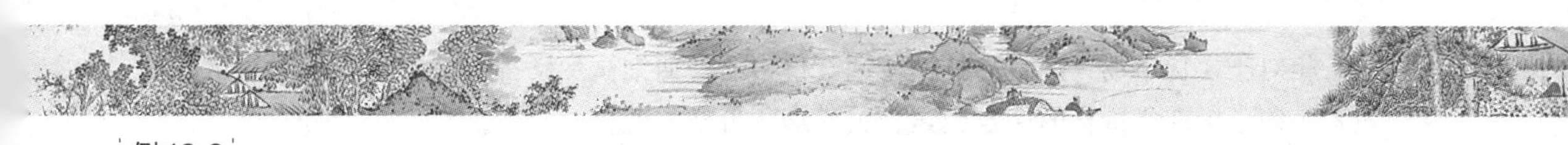

例12-3

豆油期货每份合约的数量是10吨，最低交易保证金是合约价值的5%，合约涨跌停板为4%。投资人投资期货的最初资金是6万元，最初买入15手豆油期货合约的价格是7 800元/吨，买入后期货价格连续4天涨停，假设每个涨停带来的盈利都用于当日以涨停板价格开新仓，第5天和第6天期货价格跌停。请分析投资人盈亏变化及其原因。

解答：可以总结投资人6日盈亏如表12-4所示：

表 12-4 投资人 6 日期货投资盈亏分析

交易日	期货价格（元/吨）	每日盈亏（元）	累计盈亏（元）	保证金余额（元）	买入合约数量（手）	累计合约（手）
	7 800	0	0	60 000	15	15
1	8 112	46 800	46 800	106 800	11	26
2	8 436	84 240	131 040	191 040	19	45
3	8 773	151 650	282 690	342 690	34	79
4	9 123	276 500	559 190	619 190	60	139
5	8 758	-507 350	51 840	111 840	-115	24
6	8 407	-84 240	-32 400	27 600	-18	6

上表计算中的逻辑关系是：

①每日盈亏 =（当日期货价格 - 前一日期货价格）× 合约单位数 10 吨 × 前一日累计合约

②累计盈亏 = 前一日累计盈亏 + 当日盈亏

③当日保证金余额 = 前一日保证金余额 + 当日盈亏

④前 4 日盈利时，买入合约数量（手）的计算为：

$$前4日盈利时买入合约数量(手) = \frac{当日盈亏}{当日期货价格 \times 10 \times 5\%}$$

这时计算的买入合约数量可能不是整数，取整数计算。

⑤后两日亏损时，需要平仓即卖出一定数量的期货合约，平仓顺序是：先平老仓、后平新仓。这时先计算可以保留的合约数量即当日累计合约：

$$可以保留的合约数量(手) = \frac{当日保证金余额}{最后买入期货价格 \times 10 \times 5\%}$$

当计算结果不是整数时，取小于结果的整数计算。

⑥前 4 日盈利时累计合约 = 前一日累计合约 + 当日买入合约

⑦后两日亏损时先计算当日累计合约，然后倒推当日买入合约数量：

当日买入合约数量 = 当日累计合约数量 - 前一日累计合约数量

计算结果是负数，表示是平仓卖出。

分析投资人 6 天交易，前 4 天赚取的丰厚利润在后两天就消失殆尽的原因在于投资人持有的期货合约数量越来越多，后期下跌造成的亏损相对前期更大。

12.4 期货价格的确定

相对于现货市场，期货高杠杆使期货价格的任何细微变动都可能导致投资人巨大盈亏，投资人须了解期货价格的决定因素，关注期货价格的变化。

12.4.1 期货价格与将来现货价格期望值的关系

在今天买卖三个月后到期的棉花期货合约时，你很可能预测三个月后棉花的现货价格。这种预测极其困难，只能以三个月后现货价格的期望值来代替，这使三个月后棉花现货价格的期望值就成为期货价格的重要参照。

实际投资中，期货价格与将来现货价格期望值有三种情形：期货价格等于、高于和低于将来现货价格期望值。理论界对三种情形给出了相应解释：

- **预期假设理论**。该理论认为，在市场均衡时，期货价格等于未来现货价格的期望值，用公式表示就是 $F_0 = E(P_T)$，此时期货合约买卖双方的期望收益率都是零。
- **现货溢价理论**（backwardation theory）。该理论认为，买方市场[⊖]下卖方（如种植棉花的农场主、黄金开采企业等）为实现套期保值目标，必须让利给买方，保持期货价格低于未来现货价格的期望值，即 $F_0 < E(P_T)$，在合约有效期内期货价格将逐渐上升，直至最后等于现货价格。
- **期货溢价理论**（contango theory）。该理论认为，卖方市场下买方（如需要棉花的纺织企业、黄金加工企业等）为实现套期保值目标，必须让利给卖方，保持期货价格高于未来现货价格的期望值，即 $F_0 > E(P_T)$，在合约有效期内期货价格将逐渐下降，直至最后等于现货价格。

预期假设理论、现货溢价理论和期货溢价理论可用图 12-4 更形象地描绘出来。

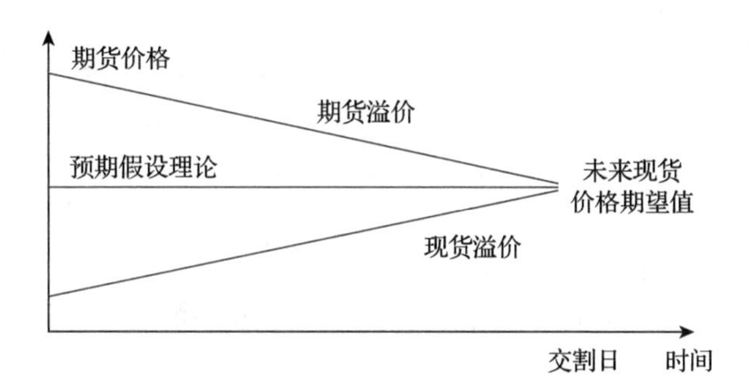

图 12-4　三种理论下期货价格随时间的变化

12.4.2　现货 - 期货平价定理

假设你在 3 个月后需要 30 000 吨棉花。你可以买入相应的期货合约，持有到期实物交割；也可以买入棉花储存 3 个月后使用。市场均衡时，两种方法应无差异，即棉花期货价格 = 未来棉花价格期望值 = 棉花现货价格 + 棉花仓储成本。

上述关系可以推演到一般期货，理论界称之为现货 - 期货平价定理（spot-futures parity theorem），即在市场均衡时，期货价格等于现货市场即期价格与持有资产至到期日的持仓成本（cost of carry）之和，其公式为：

$$F_0 = S_0(1 + C) \tag{12-4}$$

式中　F_0——期货价格；

S_0——现货即期价格（当前价格）；

C——净持仓成本（通常以资产价值的一定百分比来表示）。

对于玉米、原油、黄金等多数实物商品来说，其持仓成本为正，即买入这些商品并储藏一段时间要花费一定的成本。购买股票、国债等金融产品要损失资金的时间价值，但同时这些产品又会提供股息等回报，因而股票期货、股指期货等金融期货与其对应的现货价格的关系可在式（12-4）的基础上修正为：

⊖ 买方市场是指供给大于需求，商品价格有下降趋势，买方在交易上处于有利地位的市场状况。与之相对应的是卖方市场。

$$F_0 = S_0(1+C) = S_0(1+R_f) - D = S_0(1+R_f-d) \quad (12\text{-}5)$$

式中 R_f——无风险收益率；

D——资产的总回报，如股息、利息等；

d——资产的年回报率，即 D/S_0。

由于期货合约到期时间并不总是1年，故式（12-5）在实际投资中经常表示为：

$$F_0 = S_0(1+R_f-d)^T \quad (12\text{-}6)$$

式中 T——期货合约剩余的到期期限（年）。

我们以股票期货为例，对式（12-5）进行证明。

首先，假设 $F_0 > S_0(1+R_f-d)$。这时，卖出期货、买入现货，具体策略如表12-5所示：

表12-5 卖期货、买现货策略

策略	期初现金流	一年后现金流
借入资金 S_0，一年后还本付息	S_0	$-S_0(1+R_f)$
用资金 S_0 元买股票	$-S_0$	S_T①$+S_0d$
做期货空头		F_0-S_T
总计	0	$F_0-S_0(1+R_f-d)>0$

① S_T 为一年后的股票价格。

上述策略操作步骤是：

第1步，投资人以无风险利率借入资金，作为后续操作的启动资金；

第2步，在股票市场上做多头，以市场价格购买股票；

第3步，在期货市场上做空头，卖出期货合约；

第4步，期末时偿还借款，计算股票现金流，结算期货盈亏，得到正的现金流入。

上述操作有利可图，理性投资人会不断借款买入现货、卖出期货，致使现货价格 S_0 趋于上升，期货价格 F_0 趋于下降，直到 $F_0=S_0(1+R_f-d)$ 时，套利活动才会终止。

然后，假设 $F_0 < S_0(1+R_f-d)$。这时，卖出现货、买入期货，具体策略如表12-6所示：

表12-6 卖现货、买期货策略

策略	期初现金流	一年后现金流
卖空股票获得资金 S_0	S_0	$-S_T-Pd$
将资金 S_0 元以无风险利率贷出	$-S_0$	$S_0(1+R_f)$
做期货多头		S_T-F_0
总计	0	$S_0(1+R_f-d)-F_0>0$

上述策略操作顺序是：

第1步，投资人卖空股票获得资金，作为后续操作的启动资金；

第2步，将卖空股票所获资金以无风险利率贷出；

第3步，在期货市场上做多头，买入期货合约；

第4步，期末时归还卖空股票及相应股息，收回贷出资金及相应利息，结算期货盈亏，得到正的现金流入。

上述操作有利可图，理性投资人不断卖空股票将使股价 S_0 不断下降，不断买入期货合约将使期货合约的价格 F_0 不断上升，直到 $F_0=S_0(1+R_f-d)$ 时，套利活动才会终止。

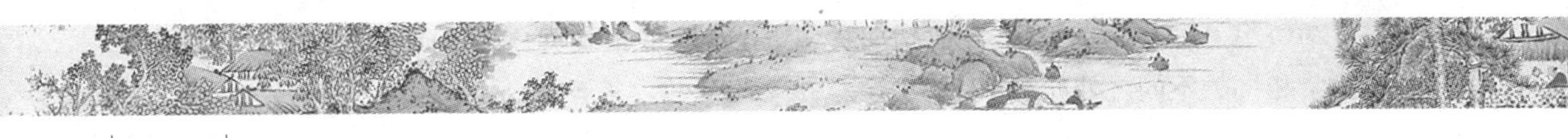

例12-4

如果无风险利率为3%，某股票现价为90元，一年内将分红2元，该股票一年后到期的期货价格为92.5元。问：上述情形下是否有套利空间？若有应该如何套利？

解答：根据式（12-5）可得，该股票期货的合理价格为：

$$F_0 = S_0(1 + R_f) - D = 90(1 + 3\%) - 2 = 90.7(\text{元})$$

实际期货价格比期货合理价格高1.8元（=92.5－90.7），可采取如表12-7所示的投资策略来套利：

表12-7 卖出期货套利策略

策略	期初现金流	一年后现金流
借入9 000元，一年后还本付息	+9 000	$-9\,000(1+3\%) = -9\,270$
用9 000元买100股股票	-9 000	$100S_T + 200$
做期货空头	0	$9\,250 - 100S_T$
总计	0	180

该策略获得的180元收益是期货的错误定价和平价之间的差额（=1.8×100）。

12.5 中国股指期货及其在投资实践中的应用

截至2019年5月，中国有三个股指期货品种，分别是沪深300股指期货、上证50股指期货和中证500股指期货。

12.5.1 对中国股指期货合约的分析

2010年4月推出的沪深300指数期货合约的要点如表12-8所示。

表12-8 沪深300指数期货合约的主要要素

合约标的	沪深300指数
合约乘数	每点300元
报价单位	指数点
最小变动价位	0.2点
合约月份	当月、下月及随后两个季月
交易时间	上午：9:30～11:30，下午：13:00～15:00
最后交易日交易时间	上午：9:30～11:30，下午：13:00～15:00
每日价格最大波动限制	上一个交易结算价的±10%
最低交易保证金①	合约价值的8%
最后交易日	合约到期月份的第三个周五，遇法定节假日顺延
交割日期	同最后交易日
交割方式	现金交割
交易代码	IF
上市交易所	中国金融期货交易所

①交易所会根据市场情况调整最低交易保证金，如在2015年7～8月大幅提高保证金比率，以抑制市场投机。

2015 年 4 月上市的上证 50 股指期货和中证 500 股指期货，绝大多数条款与沪深 300 股指期货相同，不同之处如表 12-9 所示。

表 12-9 三个股指期货合约的差异

	沪深 300 指数期货	上证 50 指数期货	中证 500 指数期货
合约标的	沪深 300 指数	上证 50 指数	中证 500 指数
合约乘数	每点 300 元	每点 300 元	每点 200 元
交易代码	IF	IH	IC

按照 2019 年 7 月 12 日收盘价格计算，沪深 300 指数是 3 808. 73，上证 50 指数是 2 902. 13，中证 500 指数是 4 861. 57，则相应的沪深 300 股指期货一手合约的价值为 3 808. 73 × 300 = 1 142 619（元），上证 50 股指期货一手合约的价值为 2 902. 13 × 300 = 870 639（元），中证 500 股指期货一手合约的价值为 4 861. 57 × 200 = 972 314（元）。以投资人需要的最低交易保证金 8% 计算，买卖一手沪深 300 股指期货、上证 50 股指期货和中证 500 股指期货需要的保证金分别约为 91 409 元、69 651 元和 77 785 元。如果投资者买卖几手股指期货合约，则很可能需要 50 万元以上的资金量，这可能是中国规定股指期货的投资者至少须有 50 万元资金的重要原因，绝大多数中小投资人也因此被排除在外。

12. 5. 2 股票价格指数和对应股指期货的关系

按照期货价格平行变动性规律，股价指数和股指期货变动趋势应该高度一致。我们曾用沪深 300 指数和股指期货合约 IF1106 在 2011 年 1 月 4 日至 3 月 18 日的走势（见图 12-5、图 12-6）进行检验：它们图形相似到几乎难以发现其差别。

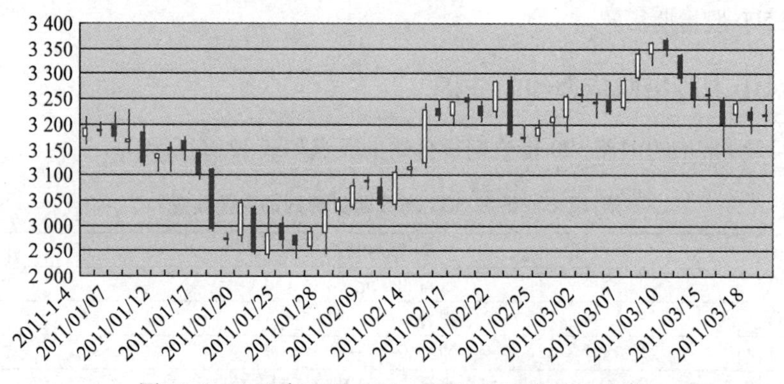

图 12-5 2011 年 1 月 4 日 ~3 月 18 日 IF1106 走势

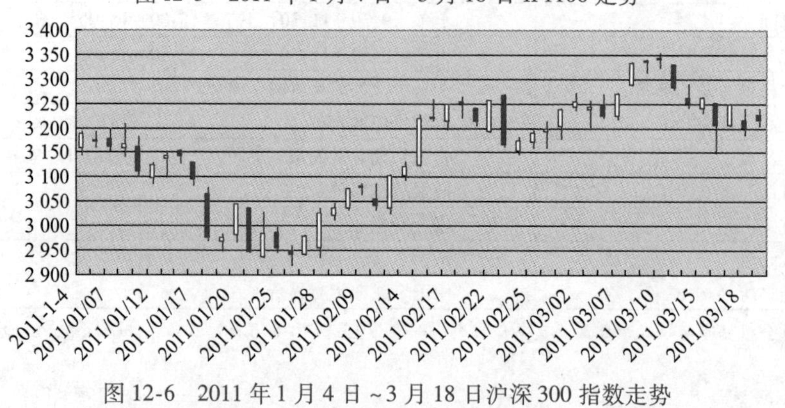

图 12-6 2011 年 1 月 4 日 ~3 月 18 日沪深 300 指数走势

我们将两个产品在这段时间的收益率分布列为表 12-10，计算得到它们收益率的相关系数为 0. 968 1，非常接近完全正相关。

表 12-10　沪深 300 指数和 IF1106 在 2011 年 1 月 4 日 ~3 月 25 日的收益率情况（%）

时间	收益率		时间	收益率		时间	收益率	
	300 指	IF1106		300 指	IF1106		300 指	IF1106
1-4	1. 96	0. 68	1-28	0. 34	0. 68	3-2	-0. 36	-0. 37
1-5	-0. 44	-0. 3	1-31	1. 31	1. 35	3-3	-0. 67	-0. 65
1-6	-0. 5	-0. 16	2-1	0. 03	0. 33	3-4	1. 52	2
1-7	0. 22	-0. 4	2-9	-1. 18	-1. 72	3-7	1. 95	1. 6
1-10	-1. 85	-1. 4	2-10	2. 08	2. 04	3-8	0. 09	0. 47
1-11	0. 54	0. 59	2-11	0. 54	0. 24	3-9	0. 04	-0. 42
1-12	0. 56	0. 27	2-14	3. 15	3. 48	3-30	-1. 76	-1. 64
1-13	-0. 03	-0. 3	2-15	-0. 05	-0. 02	3-11	-1	-1. 25
1-14	-1. 57	-1. 53	2-16	0. 96	1. 08	3-14	0. 48	0. 36
1-17	-3. 8	-4. 34	2-17	-0. 08	-0. 35	3-15	-1. 81	-1. 94
1-18	0. 11	0. 03	2-18	-1. 05	-0. 98	3-16	1. 38	1. 34
1-19	2. 26	2. 18	2-21	1. 43	1. 71	3-17	-1. 57	-0. 86
1-20	-3. 29	-3. 72	2-22	-2. 9	-3. 28	3-18	0. 58	0. 37
1-21	1. 32	1. 29	2-23	0. 35	-0. 21	3-21	-0. 27	-0. 16
1-24	-0. 98	-0. 64	2-24	0. 51	0. 55	3-22	0. 49	-0. 04
1-25	-0. 53	-0. 36	2-25	0. 21	0. 58	3-23	1. 3	1. 16
1-26	1. 35	0. 85	2-28	1. 31	1. 15	3-24	-0. 42	-0. 18
1-27	1. 61	1. 3	3-1	0. 47	-0. 05	3-25	1. 33	0. 98

上述情形在其他股指期货上也存在。如我们将 2015 年 4 ~7 月中证 500 指数和 12 月到期的中证 500 指数期货的价格走势图相叠加（见图 12-7），发现两者极为相像。

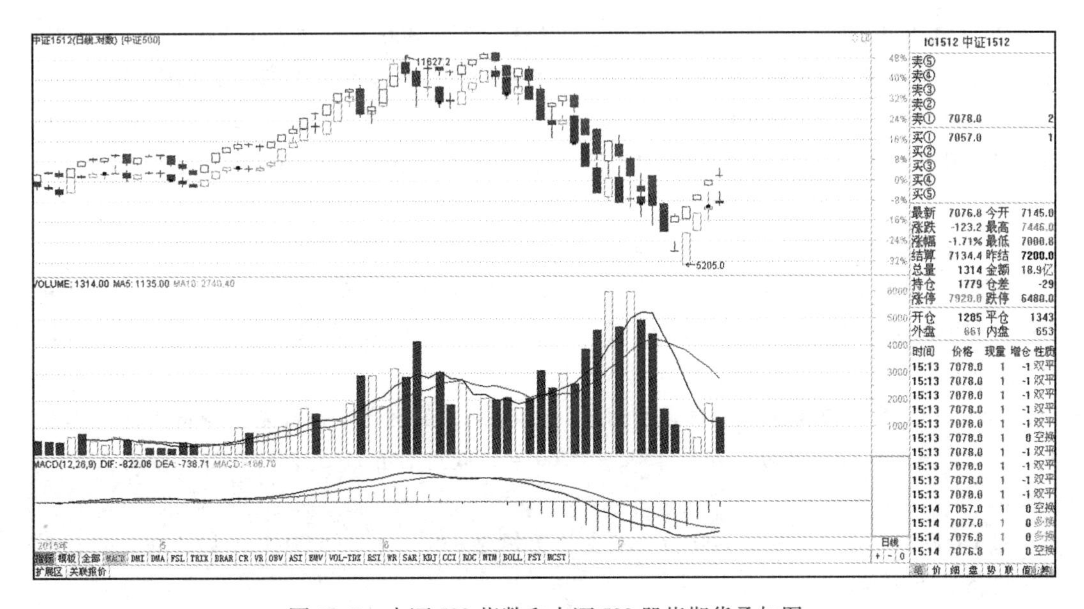

图 12-7　中证 500 指数和中证 500 股指期货叠加图

12.5.3 利用股指期货进行套期保值

利用沪深300指数、上证50指数及中证500指数和相应股指期货合约的高度正相关，可以构造投资组合来套期保值。我们先用2011年实际交易数据展示套期保值的效果。

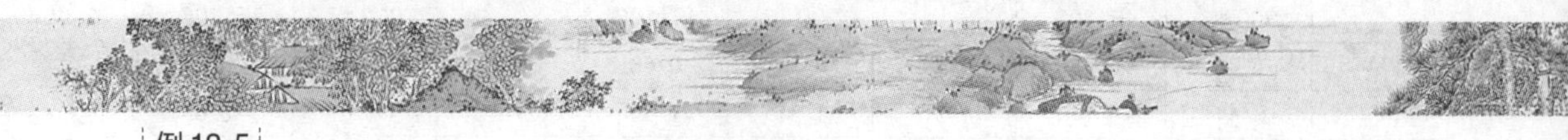

例12-5

假定某投资公司在2011年1月4日持有与沪深300指数所对应的指数基金的价值是5 000万元，其担心市场下跌，但这些基金已经质押在银行，到1月25日质押才能解除，因而目前无法抛售这些基金。问：投资公司如何回避价格下跌风险？

解答：基金经理可以利用股指期货进行套期保值，具体策略是：

(1) 在1月4日卖出50手沪深300指数期货合约IF1106。当天IF1106的实际价格波动区间在3 312～3 355点，假定卖出价格是3 336点，期货总价值是3 336×300×50＝5 004（万元）。

(2) 1月25日，沪深300指数由1月4日的3 189.68点下跌到2 938.65点，跌幅为7.87%，当天IF1106波动区间在3 025～3 068点，假定买回50手的价格是3 043点，则：

①卖出基金约损失为5 000×7.87%＝393.5（万元）。

②买回50手期货合约盈利为（3 336－3 043）×300×50＝439.5（万元）。

③现货及期货净利润为439.5－393.5＝46（万元），成功规避了股票市场价格下跌的风险。

例12-6

2011年1月25日，某公司拟在3月25日投资长盛300指数基金1 000万元。1月25日，沪深300指数是2 938.65点，长盛300指数基金的单位净值是0.97元，1 000万元大约可买1 030.93万份（＝1 000/0.97）基金单位份额。公司担心股价上涨，基金单位净值增加，届时1 000万元资金不能购买1 030.93万份基金份额。问：公司应如何应对股价上涨的风险？

解答：公司可买进股指期货来回避股价上涨的风险，具体策略是：

(1) 在1月25日买入11手沪深300指数期货合约IF1106。当日IF1106波动区间在3 025～3 068点，假定买入价格是3 043点，期货合约价值为3 043×300×11＝1 004.19（万元）。

(2) 3月25日沪深300指数上涨到3 294.48点，长盛300指数基金净值上涨到每份1.054元，当天IF1106波动区间在3 306～3 360点，假定卖出11手IF1106的价格是3 335.6点，则：

①1 000万元能够买长盛300指数基金的份额为948.77（＝1 000/1.054）万份，较计划减少了82.16万份。

②卖出11手IF1106的盈利为（3 335.6－3 043）×300×11＝965 580（元），可买基金

965 580 ÷ 1. 054 ≈ 91. 611（万份）。

③最终买入基金份额为 948. 77 + 91. 611 = 1 040. 381（万份），超过原计划买入的1 030. 93万份。

我们再用2015年6~7月中国股市震荡中小盘股票交易数据展示套期保值的效果。

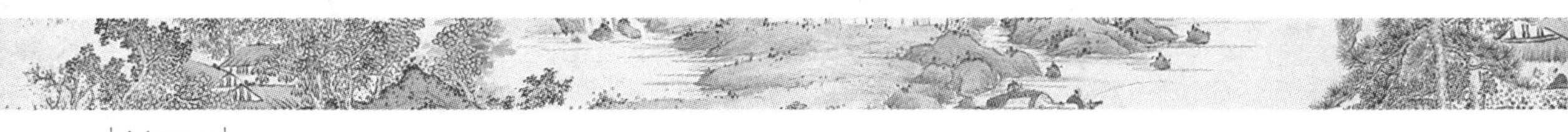

例12-7

2015年6月15日中证500价格为11 332. 89点，某指数基金经理持有与中证500相对应的指数基金5 000万元，面对汹涌的市场下跌，该基金经理如何应对？

解答：基金经理可以卖出中证500指数期货合约进行套期保值，具体策略是：

（1）6月15日IC1507的实际价格波动区间在11 022~11 590点，假设基金经理以11 222. 6点的价格卖出23份中证500指数期货合约IC1507，期货总价值是11 222. 6 × 200 × 23 = 5 162（万元）。

（2）7月8日中证500收盘价格为6 602. 37点，下跌幅度为41. 74%，IC1507实际价格波动区间在5 956. 6~7 280. 2点，假定基金经理在6 520点买回23份IC1507，则：

①基金经理持有的指数基金亏损约为5 000 × 41. 74% = 2 087（万元）。

②基金经理买回IC1507的盈利约为(11 222. 6 - 6 520) × 200 × 23 ≈ 2 163（万元）。

③现货和期货的净利润为2 163 - 2 087 ≈ 76（万元），成功避免了股市震荡的损失。

上述例题展示的策略被称为期货套期保值或避险策略。所谓期货套期保值策略就是，将未来买卖现货的投资行为，提前在期货上买卖。套期保值策略分为多头套期保值策略和空头套期保值策略：

- 空头套期保值策略是指目前持有现货并拟在将来卖出的投资人，由于担心未来现货价格下跌，现在就卖出相应数量期货合约，届时卖出现货、买入期货对冲交易风险。
- 多头套期保值策略是指目前没有现货且未来拟买入现货的投资人，因担心未来现货价格上涨，现在就买入相应数量期货合约，届时买入现货、卖出期货对冲交易风险。

多头套期保值和空头套期保值具体操作方法及其差异可用表12-11更直观地显示。

表12-11 多头套期保值和空头套期保值及其差异比较

	多头套期保值		空头套期保值	
	现货市场	期货市场	现货市场	期货市场
现在	无现货	买进	有现货	卖出
将来	买进	卖出	卖出	买进
将来价格上涨	损失	利得	利得	损失
将来价格下跌	利得	损失	损失	利得

12.5.4　利用股指期货进行投机

当投资人判断市场将要下跌时，可以卖出股指期货，待将来股指期货下跌后低价买回赚取巨额利润。当投资人判断市场将要上升时，可以买入股指期货，待将来股指期货上升后高价卖出赚取巨额利润。

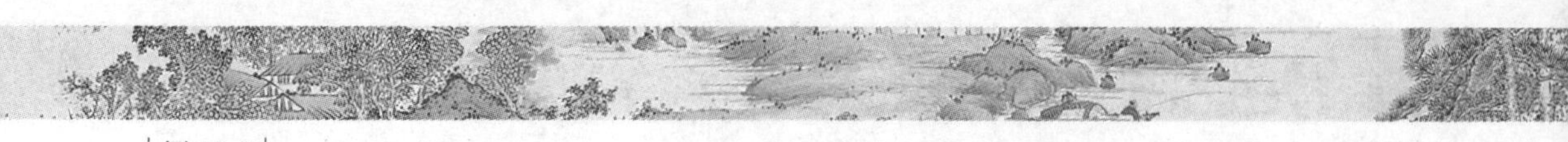

例 12-8

投资人甲和投资人乙均有本金500万元，在2015年6月15日他们判断市场要下跌，分别卖出沪深300指数期货合约和卖空华泰柏瑞沪深300交易型开放式指数证券投资基金（简称300ETF），到2015年7月8日又分别买入相应的期货合约和买回300ETF归还。投资人具体买卖价格如表12-12所示。

表12-12　投资人甲和投资人乙买卖交易情况

	投资人甲	投资人乙
保证金比例	期货保证金比例为合约价值的8%	融券保证金比例为50%
2015年6月15日	以5 230点的价格卖出期货合约39手	以5.258元的价格卖空190万份300ETF
2015年7月8日	以3 580点的价格买入期货合约39手	以3.50元的价格买回190万份300ETF

问：①两个投资人的期间收益率分别是多少？②收益率差别的具体原因是什么？

解答：①投资人甲的收益率 $=\dfrac{(5\ 230-3\ 580)\times 300\times 39}{5\ 000\ 000}=386.1\%$

投资人乙的收益率 $=\dfrac{(5.258-3.50)\times 1\ 900\ 000}{5\ 000\ 000}\approx 66.80\%$

②投资人甲的买卖标的是IF1507，卖出价格为5 230点，买回价格为3 580点，标的资产价格跌幅为：$\dfrac{3\ 580-5\ 230}{5\ 230}\approx -31.55\%$；投资人乙的买卖标的是300ETF，卖出价格为5.258元/份，买回价格为3.50元/份，标的资产价格跌幅为：$\dfrac{3.50-5.258}{5.258}\approx -33.43\%$。

③虽然投资人乙卖出标的资产跌幅更大，但投资人甲使用的杠杆倍数（1/8% = 12.5）远大于投资人乙（1/50% = 2），结果差异巨大主要源于杠杆差异。因此，投资人在做空市场时，卖出期货的效果要远好于卖空股票。

做空股指期货在中外投资市场都不受欢迎，尤其在市场持续下跌时，做空容易被指责是市场下跌的诱因，监管部门可能会临时变更交易规则加大做空者的交易成本，有时甚至不惜使用行政手段直接干预，这种情形曾经出现在2015年6～7月中国股市剧烈震荡期间。

关键概念

合约价值	涨跌停板制度	建仓
平仓	实物交割	清算所

初始保证金　维持保证金　逐日盯市制度
基差　价格收敛性　限仓制度
大户报告制度　避险功能　价格发现功能
价格平行变动性　投机功能　预期假设理论
现货溢价理论　期货溢价理论　现货－期货平价定理
空头避险　多头避险

本章小结

1. 期货合约要素主要包括：①合约标的；②合约价值；③报价单位及最小变动价位；④合约到期月份；⑤交易时间；⑥最后交易日和交割日；⑦涨跌停板限制；⑧最低交易保证金；⑨交割方式。
2. 期货交易机制主要有开仓和平仓、期货结算、保证金制度、逐日盯市制度、涨跌停板制度、限仓制度和大户报告制度等。
3. 期货有避险、价格发现和投机三大经济功能。
4. 解释期货与将来现货价格的关系有三种理论：预期假设理论认为期货价格等于未来现货价格的期望值；现货溢价理论认为期货价格低于未来现货价格的期望值；期货溢价理论认为期货价格高于未来现货价格的期望值。
5. 现货－期货平价定理认为，期货价格等于现货市场即期价格与持仓成本之和。
6. 股价指数与其对应的股指期货有非常强的正相关性。利用这种正相关性可以进行套期保值交易。多头通过买入股指期货合约来回避股价指数上涨的风险，空头通过卖出股指期货合约来回避股价指数下跌的风险。

视频材料

1. 土豆网：带您参观芝加哥期货交易所，https://video.tudou.com/v/XMjE5NjA4ODgwMA==.html?__fr=oldtd。
2. 爱奇艺："鸿三观：327国债事件"，http://www.iqiyi.com/w_19rs2f6665.html。

问题和应用

1. 简述期货交易全过程。
2. 某投资人卖出5份沪深300股指期货合约，卖出价格是2 380点，四天后股指期货收盘价格为2 112.8点。请计算：①该投资人的盈亏如何？②假设投资人的保证金是50万元，该投资人的收益率是多少？
3. 期货合约到期时如果基差大于零或小于零，投资人应该如何套利？
4. 试分析融资融券保证金比例和期货保证金比例的异同。
5. 简述期货交易的三大功能。
6. 简述期货价格和将来现货价格期望值相互关系的三种理论解释。
7. 当期货实际价格和期货理论价格不相等时，投资人应该如何套利？
8. 在其他条件相同的情况下，是股利收益高的股指期货的价格高，还是股利收益低的股指期货的价格高？
9. 假定一份期货合约，其标的股票不支付红利，现价为15元，期货半年后到期。问：如果国债年利率为3%，则期货价格是多少？

10. 投资者购买了不支付红利的AB公司的10份期货合约，初始保证金率为10%，合约要求一年后买入1 000股股票，国债年利率为3%。问：①如果AB股票的价格为120元，则期货价格应为多少？②如果AB股票价格下跌3%，则期货价格是多少？投资者的收益率是多少？
11. 简述期货多头和空头的套期保值策略。
12. 你如何看待股市下跌是由于期货做空股市的观点。

延伸阅读材料

1. 李克彬，等．股指期货套利策略研究[N]．期货日报，2008-05-08.
2. 管涛，等．回看股指期货与2015年股市异动[N]．证券时报，2016-08-22.

第13章
CHAPTER 13

期权市场

§本章提要

期权要素有有效期、执行价格、基础资产、期权价格、期权类型等。期权价格由内在价值和时间价值组成。期权价格受股票市价、执行价格、有效期、股价波动性、无风险利率、股票分红等因素影响。布莱克－斯科尔斯模型揭示了欧式看涨期权的价值。配对欧式看涨期权和欧式看跌期权价格之间存在函数关系。股票期权和股票组合可管控股票投资风险。可转换债券、结构性金融产品、权证、股票期权等内嵌某些期权要素。

§重点难点

- 掌握期权的主要要素
- 了解期权合约的主要分类
- 理解期权内在价值和时间价值的含义，能画出期权到期时投资人损益图
- 了解影响期权价格的各种因素
- 了解布莱克－斯科尔斯期权定价模型，能进行相应计算
- 掌握看跌－看涨平价定理，并能进行相应计算和分析
- 理解股票期权和标的股票进行组合的主要策略
- 了解可转换债券、结构性金融产品、权证、股票期权等产品内嵌的期权要素

§引导案例

"法国夺冠华帝免单"，一堂生动的"期权对冲"课

2018年5月30日，上市公司华帝股份发布公告：如果法国队在2018年俄罗斯世界杯中夺冠，华帝将对6月1日0时～6月30日22时购买"夺冠套餐"的消费者退全款。

或许是对华帝股份即将"退全款"的担心，随着法国队一路过关斩将，华帝股份股价应声大跌，由活动前20元附近一直跌到现在13元左右。

即使最后法国队夺冠，相比2017年华帝全年销售费高达16亿元，本次营销活动总费用将低于7 900万元，完全在可控范围内。如果营销活动带来的销售增长很明显，且如约退款给客户带来品牌信任感，则华帝并没有损失多少，说不定还借此大赚一把。

华帝股份会不会在活动开始就购买彩票进行风险对冲呢？根据国外博彩公司公布的数据，世界杯八强诞生时法国队夺冠赔率为1赔9。假设华帝股份此时买入2018年7月15日（决赛）法国队赢得世界杯冠军的彩票877万元，则届时将面临两种结局：①法国队最后没有夺冠，华帝股份损失彩票——“期权对冲成本”877万元，但世界杯期间销售大增；②法国队夺冠，华帝股份行权，获得营销期间“期权费用补偿”约7 900(=877 ×9) 万元，同时广告效果可以媲美数亿元的世界杯赞助费。

资料来源：2018年7月13日《搜狐体育》。作者有删改。

§案例思考

以期权理论为基础，华帝股份按照上面操作确实能够大幅度降低其营销费用吗？

股票等投资产品价格波动即投资风险对任何投资者都有有利和不利双重影响：价格上升对多头有利，对空头不利；价格下跌对空头有利，对多头不利。你知道购买多只股票构建组合能极大降低个股投资风险，但组合也可能降低投资收益，这会动摇你构建充分分散化投资组合的信心和耐心。你可能会想，能否有一种投资产品帮助投资人趋利避害？你的想法不是异想天开，因为衍生产品之一——期权，正好具有上述功能。

虽然中国内地证券交易所曾经有与期权极为相似的零星的配股权证[㊀]、因股权分置改革[㊁]一度极为火爆的认购权证和认沽权证交易，中国外汇管理局在2011年批准银行办理外汇期权业务，但场内正式的期权交易始自2015年2月上海证券交易所推出的50ETF期权。与主要发达国家期权市场历史悠久、期权产品十分丰富相比，中国内地期权产品非常有限，发展极端落后。这对学习期权知识的投资人是利好，因为在中国投资市场迅速发展并与国际投资市场逐渐接轨的过程中，期权产品会经历从少到多、从简单到复杂的发展过程，掌握期权知识并能灵活应用的投资人将因此在与其他投资人的竞争中占得先机。

13.1 期权合约的要素和分类

期权赋予买方在特定时点或期间以特定价格购买或出售某种资产的权利。期权合约购买或出售的标的资产主要有股票、股价指数、外汇、农产品、贵金属等，相应的期权合约有股票期权、股价指数期权、外汇期权、农产品期权和贵金属期权等。

㊀ 1992年6月中国内地第一只配股权证——大飞乐股票配股权证正式登场。

㊁ 股权分置改革是指通过非流通股股东和流通股股东之间的利益平衡协商机制，消除A股市场股份转让制度性差异的过程。一般是上市公司非流通股股东支付一定对价，如向流通股股东按照一定比例无偿送股或送各类权证，以换取股票的流通权。

13.1.1　期权合约的基本要素

表 13-1 是 2018 年 5 月 18 日 10 个 50ETF 期权当日收盘情况。

表 13-1　10 个 50ETF 期权交易情况（当日 50ETF 价格为 2.733 元）

代码	名称	涨幅(%)	现价	买价	卖价	现量	涨速(%)	买量	卖量	涨跌	总量
10001303	50ETF 购 5 月 3000	-50.00	0.000 1	0.000 1	0.000 2	5	-66.67	678	1	-0.000 1	5 052
10001301	50ETF 购 5 月 2950	-50.00	0.000 1	0.000 1	0.000 4	5	-66.67	553	21	-0.000 1	5 458
10001308	50ETF 沽 5 月 2450	0.00	0.000 3	0.000 1	0.000 3	1	0.00	1032	14	0.000 0	3 494
10001292	50ETF 沽 5 月 2500	-50.00	0.000 3	0.000 2	0.000 4	10	200.00	210	1	-0.000 3	3 805
10001291	50ETF 购 5 月 2900	25.00	0.000 5	0.000 4	0.000 7	11	-37.50	10	214	0.000 1	10 941
10001293	50ETF 沽 5 月 2550	-45.45	0.000 6	0.000 6	0.000 7	41	0.00	69	82	-0.000 5	5 884
10001294	50ETF 沽 5 月 2600	-70.59	0.001 0	0.001 0	0.001 1	313	-9.09	6495	311	-0.002 4	18 406
10001209	50ETF 购 6 月 3600	7.69	0.001 4	0.001 4	0.001 6	1	-6.67	78	55	0.000 1	1 444
10001201	50ETF 购 6 月 3500	15.38	0.001 5	0.001 3	0.001 5	4	0.00	23	1	0.000 2	430
10001193	50ETF 购 6 月 3400	7.14	0.001 5	0.001 4	0.001 6	6	0.00	27	38	0.000 1	1 400

表 13-1 揭示了 50ETF 期权同时也是一般期权的六大要素：

（1）期权的基础资产（underlying assets）。期权的基础资产又称标的资产，是期权买方实施其权利的对象，通常包括现货和期货两种类型。本例中 50ETF 期权的基础资产是 50ETF 基金。

（2）期权的类型。期权类型分为认购和认沽两种，期权类型在期权合约名称上用"购"或"沽"标示，如 50ETF 购 5 月 3000 表示认购期权，50ETF 沽 12 月 2700 表示认沽期权。

（3）期权的有效期限。期权有效期是买方行使权利的截止时间，通常不超过 9 个月。50ETF 期权合约的有效期限显示在期权合约名称上，如 50ETF 购 5 月 3000、50ETF 购 6 月 3600 分别表示合约到期时间是 5 月和 6 月。

（4）期权的**行权价格**（exercise price or strike price）。行权价格也称执行价格，是期权买方向期权卖方买入或卖出某种特定资产时约定的价格。50ETF 期权合约名称上标有行权价格，如 50ETF 购 5 月 3000、50ETF 购 6 月 3600 的行权价格分别为 3.00 元和 3.60 元。

（5）期权的合约单位。它是一份期权合约要求买卖标的资产的数量。一份 50ETF 期权合约要求买卖标的资产 50ETF 的数量为 10 000 股。

（6）**期权价格**（option price）。期权价格又称期权费，是期权买方为获得某种权利而向期权卖方所支付的费用，由买卖双方竞争形成。期权价格以买卖一单位标的资产标价，买入 1 份期权合约所需费用 = 期权价格 × 期权的合约单位。

实际上，期权合约远不止上述六大要素，这从表 13-2 列出的 50ETF 期权具体条款就可看出。投资人除需要掌握上述六大要素之外，还要了解期权价格的涨跌停板和保证金制度：期权涨跌停板受制于合约标的价格、行权价格；期权只要求卖方交付保证金，保证金计算涉及合约标的价格、行权价格、合约结算价格等因素，远比期货、股票复杂。

表 13-2 上证 50ETF 期权合约基本条款

合约标的	上证50交易型开放式指数证券投资基金（“50ETF”）
合约类型	认购期权和认沽期权
合约单位	10 000 份
合约到期月份	当月、下月及随后两个季月
行权价格	5个（1个平值合约、2个虚值合约、2个实值合约）
行权价格间距	3元或以下为0.05元，3~5元（含）为0.1元，5~10元（含）为0.25元，10~20元（含）为0.5元，20~50元（含）为1元，50~100元（含）为2.5元，100元以上为5元
行权方式	到期日行权（欧式）
交割方式	实物交割
到期日	到期月份的第四个星期三（遇法定节假日顺延）
行权日	同合约到期日，行权时间为9:15~9:25、9:30~11:30、13:00~15:30
交收日	行权日次一交易日
交易时间	上午9:15~9:25、9:30~11:30（9:15~9:25为开盘集合竞价时间）下午13:00~15:00（14:57~15:00为收盘集合竞价时间）
委托类型	普通限价委托、市价剩余转限价委托、市价剩余撤销委托、全额即时限价委托、全额即时市价委托以及业务规则规定的其他委托类型
买卖类型	买入开仓、买入平仓、卖出开仓、卖出平仓、备兑开仓、备兑平仓以及业务规则规定的其他买卖类型
最小报价单位	0.000 1元
申报单位	1张或其整数倍
涨跌幅限制	认购期权最大涨幅 = max{合约标的前收盘价×0.5%，min[(2×合约标的前收盘价 - 行权价格)，合约标的前收盘价]×10%} 认购期权最大跌幅 = 合约标的前收盘价×10% 认沽期权最大涨幅 = max{行权价格×0.5%，min[(2×行权价格 - 合约标的前收盘价)，合约标的前收盘价]×10%} 认沽期权最大跌幅 = 合约标的前收盘价×10%
熔断机制	连续竞价期间，期权合约盘中交易价格较最近参考价格涨跌幅度达到或者超过50%且价格涨跌绝对值达到或者超过5个最小报价单位时，期权合约进入3分钟的集合竞价交易阶段
开仓保证金最低标准	认购期权卖方开仓保证金 = [合约前结算价 + max(12%×合约标的前收盘价 - 认购期权虚值，7%×合约标的前收盘价)]×合约单位 认沽期权卖方开仓保证金 = min[合约前结算价 + max(12%×合约标的前收盘价 - 认沽期权虚值，7%×行权价格)，行权价格]×合约单位
维持保证金最低标准	认购期权卖方维持保证金 = [合约结算价 + max(12%×合约标的收盘价 - 认购期权虚值，7%×合约标的收盘价)]×合约单位 认沽期权卖方维持保证金 = min[合约结算价 + max(12%×合约标的收盘价 - 认沽期权虚值，7%×行权价格)，行权价格]×合约单位

13.1.2 期权合约的分类

期权合约通常有三种分类方法：

（1）根据买方权利不同，期权分为认购期权和认沽期权。认购期权又称买入期权，简称买权，其赋予买方对买入或不买入标的资产有选择权。买方购买认购期权合约的原因是，其预测标的资产的市场价格将会上涨，故认购期权通常又称**看涨期权**。只有当标的资产的市场价格高于执行价格时，买方才可能行权，即以执行价格买入标的资产。认沽期权又称卖出期权，简称卖权，其赋予买方对卖出或不卖出标的资产有选择权。买方购买认沽期权合约的原因是，其预测标的资产的市场价格将会下跌，故认沽期权通常又称**看跌期权**。只有当标的资产的市场价格低于执行价格时，买方才可能行权，即以执行价格卖出标的资产。

（2）按照买方执行期权的时限划分，期权分为欧式期权、美式期权和百慕大式期权。欧式期权（European option）买方只能在到期日行权。美式期权（American option）买方可在到期日及之前任何一天行权。百慕大期权（Bermudan option）又称半美式期权（semi-American option），其买方可在某几个或到期前某段时间内行权。美式期权买方的选择权最大，百慕大期权买方次之，欧式期权买方最小。在其他条件相同时，美式期权价格最高，百慕大期权次之，欧式期权最低。

（3）根据执行价格和标的资产市场价格的关系，期权分为实值期权、平值期权和虚值期权。实值期权（in-the-money option）指期权买方若立即行权，会有现金流入；虚值期权（out-of-the-money option）指期权买方若立即行权，会有现金流出；平值期权（at-the-money option）指期权买方若立即行权，既无现金流入，也无现金流出。

实值期权、平值期权、虚值期权和认购期权、认沽期权形成如表 13-3 所示的匹配关系：

表 13-3　实值期权、平值期权、虚值期权和认购期权、认沽期权的关系

	认购期权	认沽期权
实值期权	市场价格 > 执行价格	市场价格 < 执行价格
平值期权	市场价格 = 执行价格	市场价格 = 执行价格
虚值期权	市场价格 < 执行价格	市场价格 > 执行价格

13.2　美式看涨期权分析

美式看涨期权可在到期日及之前任何时间行权，可分到期日之前和到期日两种情况分析。本节以美式股票看涨期权为对象展开分析，但结论适合一般美式看涨期权。

13.2.1　到期日前美式看涨期权分析

某股票期权执行价格为 50 元，剩余天数为 270 天，波动率为 35%，无风险利率为 3.2%，分红率为 1%，其交易如表 13-4 所示。

表 13-4　某股票看涨期权交易情况　（单位：元）

每股市价	执行价格	期权价格	每股市价	执行价格	期权价格
20	50	0.002 4	70	50	21.714 8
30	50	0.230 9	80	50	31.002 1
40	50	1.956 2	90	50	40.664 0
50	50	6.225 9	100	50	50.485 9
60	50	13.237 1			

分析期权价格变化，需要引入期权内在价值、期权时间价值、期权杠杆等重要概念。

1. 期权内在价值

期权买方在持有期权期间选择行权或不行权时，其可获得的最大收益（不考虑期权费）称为期权的**内在价值**（intrinsic value），即：

$$期权内在价值 = \begin{cases} 股票市价 - 执行价格 & 当股票市价 > 执行价格 \\ 0 & 当股票市价 \leqslant 执行价格 \end{cases} \tag{13-1}$$

期权内在价值强调了期权收益的非负性：当股票市价大于执行价格时，期权买方行权获得正收益；当股票市价小于或等于执行价格时，期权买方不行权，其收益为零。

加入期权内在价值到表 13-4 中得到表 13-5。

表 13-5　某股票看涨期权交易情况　（单位：元）

每股市价	执行价格	内在价值	期权价格	每股市价	执行价格	内在价值	期权价格
20	50	0	0.002 4	70	50	20	21.714 8
30	50	0	0.230 9	80	50	30	31.002 1
40	50	0	1.956 2	90	50	40	40.664 0
50	50	0	6.225 9	100	50	50	50.485 9
60	50	10	13.237 1				

2. 期权时间价值

表 13-5 显示，期权价格总是大于期权内在价值。期权价格大于期权内在价值的部分与期权到期时间长短密切相关，被称为期权的时间价值，即：

$$期权时间价值 = 期权价格 - 期权内在价值 \tag{13-2}$$

加入期权时间价值到表 13-5 中得到表 13-6：

表 13-6　某股票看涨期权交易情况　（单位：元）

每股市价	执行价格	内在价值	时间价值	期权价格	每股市价	执行价格	内在价值	时间价值	期权价格
20	50	0	0.002 4	0.002 4	70	50	20	1.714 8	21.714 8
30	50	0	0.230 9	0.230 9	80	50	30	1.002 1	31.002 1
40	50	0	1.956 2	1.956 2	90	50	40	0.664 0	40.664 0
50	50	0	6.225 9	6.225 9	100	50	50	0.485 9	50.485 9
60	50	10	3.237 1	13.237 1					

根据表 13-6 的数据，在股价为横坐标、期权价格为纵坐标的坐标系中，可将上面的期权交易描绘为图 13-1。

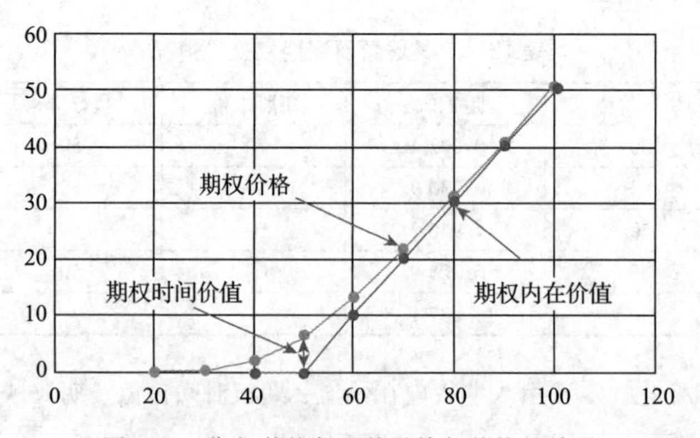

图 13-1　期权价格与股价及执行价格的关系

由图 13-1 得到三点结论：①以执行价格 50 元为分界点，当股价低于 50 元并呈上涨趋势时，看涨期权时间价值逐渐增加；②当股价上涨到执行价格时，时间价值达到最大值；

③当股价高于50元并继续上升时，时间价值逐渐下降，最后无限趋近于零。

时间价值如此变化的原因是：当股价由低于50元上涨时，期权剩余期限内股价超过执行价格的可能性越来越大，期权时间价值越来越大；当股价由高于50元上涨得越来越高时，期权内在价值越来越大，未来股价由升转跌的可能性越来越大，期权买方立即行权锁定利润的冲动越来越强烈，因而期权时间价值越来越小。

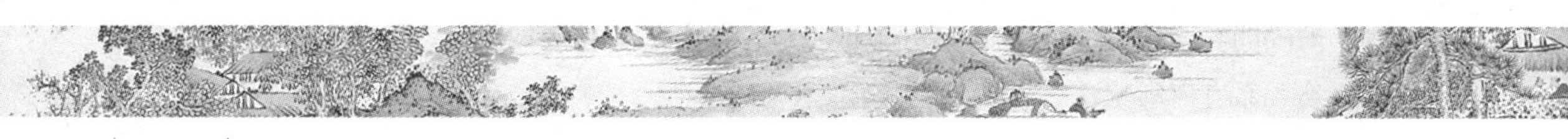

例13-1

以表13-6为基础，假设投资人分别在股价为40、50和60元时买入虚值期权、平值期权和实值期权，其后股价都分别出现了上涨10元和下跌10元两种情况，试计算持有期间期权买方在各种情形下行权、不行权或卖出期权的损益。

解答：假设投资人买入1份期权合约，合约单位为100股股票。投资人买入期权后有行权、不行权（弃权）和卖出期权三种选择，三种选择损益计算公式为：

$$行权损益=(期末股价-50-期初期权价格)\times 100$$

$$不行权(放弃)损益=-期初期权价格\times 100$$

$$卖出期权损益=(期末期权价格-期初期权价格)\times 100$$

根据三种损益计算公式，可计算各种损益并将结果总结为表13-7：

表13-7　投资人在各种情形下的损益　（单位：元）

股价变化		期权价格变化		行权与否的损益		卖出期权的损益
期初	期末	期初价格	期末价格	行权	不行权	
40	50	1.956 2	6.225 9	-195.62	-195.62	426.97
40	30	1.956 2	0.230 9	-2 195.62	-195.62	-172.53
50	60	6.225 9	13.237 1	377.41	-622.59	701.12
50	40	6.225 9	1.956 2	-1 622.59	-622.59	-426.97
60	70	13.237 1	21.714 8	676.29	-1 323.71	847.77
60	50	13.237 1	6.225 9	-1 323.71	-1 323.71	-701.12

因此，无论股价涨跌，盈利还是亏损，相比弃权或行权，卖出看涨期权都是最优选择。究其原因在于，由于期权价格中含有对买方有利的时间价值，卖出看涨期权能充分利用期权的时间价值，而行权则意味着放弃期权时间价值。

例13-1的结论可以推而广之，且可以用数学证明。为便于计算，假设一份期权合约购买的资产数量为1股，股票期权行权价格为S，则有：

$$\begin{aligned}卖出期权损益&=期末期权价格-期初期权价格>-期初期权价格\\&=不行权(放弃)损益\end{aligned}$$

即：卖出期权损益>不行权（放弃）损益

$$\begin{aligned}卖出期权损益-行权损益&=(期末期权价格-期初期权价格)\\&\quad-(期末股价-S-期初期权价格)\\&=期末期权价格-(期末股价-S)\end{aligned}$$

$$= 期末期权价格 - 期末期权内在价值$$
$$= 期末期权时间价值 > 0$$

即：卖出期权损益 > 行权损益

上述数学证明为投资实践中看涨期权买方很少行权，而是卖出期权的事实，提供了理论上的支持。

即问即答：美式看涨期权买方很少行权，这对美式看涨期权和欧式看涨期权的价格关系有何影响？

3. 期权杠杆

实际投资中，期权价格波动幅度远远大于标的资产价格波幅，这被称为期权杠杆，即：

$$期权杠杆 = \frac{期权价格变动百分率}{标的资产价格变动百分率} \tag{13-3}$$

期权杠杆使投资人在预期未来股价看涨时，往往买入股票期权而不是购买股票。如果判断正确，期权投资人会获得极高收益，而判断错误则会遭受较大亏损。

我们仍然以表 13-4 显示的股票期权为例进行分析。假设有两种情况：①投资人判断正确，在股票市价为 20 元时买入看涨期权，然后股价每涨 10 元计算一次股票累计收益率和相应期权累计收益率，直至最后股价上涨到 100 元；②投资人判断错误，在股票市价为 100 元时买入看涨期权，然后股价每跌 10 元计算一次股票累计亏损率和相应期权累计亏损率，直至最后股价下跌到 20 元。两种情形下累计收益率和累计亏损率如表 13-8 和表 13-9 所示：

表 13-8　判断正确时股票累计和期权累计收益率的比较

每股市价（元）	期权价格（元）	股票累计收益率（%）	期权累计收益率（%）	累计期权杠杆率（倍）
20	0.002 4			
30	0.230 9	50	9 520.83	190.416 6
40	1.956 2	100	81 408.33	814.083 3
50	6.225 9	150	259 312.5	1 728.75
60	13.237 1	200	551 445.83	2 757.229 2
70	21.714 8	250	904 683.33	3 618.733 3
80	31.002 1	300	1 291 654.16	4 305.513 9
90	40.664 0	350	1 694 233.33	4 840.666 7
100	50.485 9	400	2 103 479.16	5 258.697 9

表 13-9　判断错误时股票和期权累计亏损率比较

每股市价（元）	期权价格（元）	股票累计收益率（%）	期权累计收益率（%）	累计期权杠杆率（倍）
100	50.485 9			
90	40.664 0	−10	−19.45	1.945
80	31.002 1	−20	−38.59	1.929 5
70	21.714 8	−30	−56.99	1.899 7
60	13.237 1	−40	−73.78	1.844 5
50	6.225 9	−50	−87.67	1.753 4
40	1.956 2	−60	−96.13	1.602 2
30	0.230 9	−70	−99.54	1.422
20	0.002 4	−80	−99.995	1.249 9

观察表13-8和表13-9发现，看涨期权累计杠杆率在股价上涨时不断上升，股价下跌时不断降低，这既可以视为股价上涨理论上没有限制、收益率可以无限大，股价下跌最多到零、亏损率为100%的反映，又体现了看涨期权买方风险有限、收益无限的特点。

必须注意，期权杠杆和股票融资融券及期货杠杆有很大的差别：融资融券和期货都是现货价格涨跌幅度或期货价格涨跌幅度乘以杠杆倍数，这个杠杆倍数在保证金比率确定的情况下是不变的，而期权杠杆来源于期权价格本身的变化，来源于期权价格通常远远低于其标的证券的市场价格，这个杠杆倍数不断变化。

例13-2

甲、乙、丙三个投资人均有本金500万元，都预期未来市场上涨，其在2017年5月23日和2017年8月30日的具体交易情况如表13-10所示：

表13-10 三个投资人买卖投资产品的具体情况

	5月23日	8月30日	
投资人甲	以2.387元的价格买入418万股50ETF	以2.792元的价格卖出418万股50ETF	融资保证金比率为100%
投资人乙	以2 325.4点的价格买入89份IH1709	以2 749.5点的价格卖出89份IH1709	期货保证金为合约价值的8%
投资人丙	以0.037 15元的价格买入13 458份50ETF购9月2400	以0.400 3元的价格卖出13 458份50ETF购9月2400	

请计算三个投资人的收益率，并进行比较。

解答：①投资人甲的收益率直接计算为：

$$HPR_{甲}=\frac{盈利}{自有资本}=\frac{(2.792-2.387)\times 4\ 180\ 000}{5\ 000\ 000}\approx 33.86\%$$

按照50ETF价格涨幅$\frac{2.792-2.387}{2.387}\approx 16.97\%$间接计算，投资人甲的收益率约为$16.97\%\times 2=33.94\%$。两个收益率有偏差的原因是投资人甲融资买入时未能使杠杆最大化。

②投资人乙的收益率直接计算为：

$$HPR_{乙}=\frac{盈利}{自有资本}=\frac{(2\ 749.5-2\ 325.4)\times 300\times 89}{5\ 000\ 000}\approx 226.47\%$$

按照IH1709价格涨幅$\frac{2\ 749.5-2\ 325.4}{2\ 325.4}\approx 18.24\%$间接计算，投资人乙的收益率约为$18.24\%\times(1/8\%)=228\%$。两个收益率有偏差的原因是投资人乙买入期货合约时未能使杠杆最大化。

③投资人丙的收益率直接计算为：

$$HPR_{丙}=\frac{盈利}{自有资本}=\frac{(0.400\ 3-0.037\ 15)\times 13\ 458\times 10\ 000}{5\ 000\ 000}\approx 977.45\%$$

50ETF购9月2400的价格涨幅为：$\frac{0.400\ 3-0.037\ 15}{0.0371\ 5}\approx 977.52\%$。两个收益率有偏差的原因是投资人丙买入50ETF购9月2400时，还有少许资金未动用。

④比较①②③计算结果，投资人丙买入期权投资收益率最高，因为期权价格很低，涨幅惊人。

新闻摘录

券商股打包涨停只是小 case 50ETF 期权一天涨 190 多倍

2019 年 2 月 25 日收盘，A 股三大股指持续上演逼空行情。沪指跳空放量大涨 5.6%，一举站上 2 900 点，比沪指涨得更猛的还有期权，其中，50ETF 购 2 月 2800 合约涨幅高达 19 266.67%，一天就涨了近 200 倍！

2019 年 2 月 25 日期权合约暴涨近 200 倍的行为在朋友圈不断刷屏，也成了券商业务员拉业务的最好“宣传海报”。某大型券商业务员在朋友圈表示：“一天 192 倍的期权，你敢信吗？一天 10 万元变 1 920 万元，真有一夜暴富的可能”，并且附上了开户条件。

厚石天成侯延军告诉记者，今日的暴涨是“期权末日轮”的高杠杆现象。侯延军进一步表示：“这类似于彩票操作策略——如果低概率事件变成现实，必将获得大的盈利。今天大盘涨了近 6 个点，使得仅仅还有两天时间到期的期权由虚值变为实值，由没有价值变成了有实际内在价值，这就是‘期权末日轮’的威力。

资料来源：2019 年 2 月 25 日《每日经济新闻》。作者有删改。

13. 2. 2 到期日美式看涨期权分析

当期权合约到期时，期权买方只能选择是否行权。假定投资人在股价 60 元时以 13. 24（为 13. 237 1 四舍五入而得，目的是方便计算）元/股的价格买入执行价格为 50 元的看涨期权，则期权合约到期时不同股票市场价格下买方损益情况如图 13-2 所示。

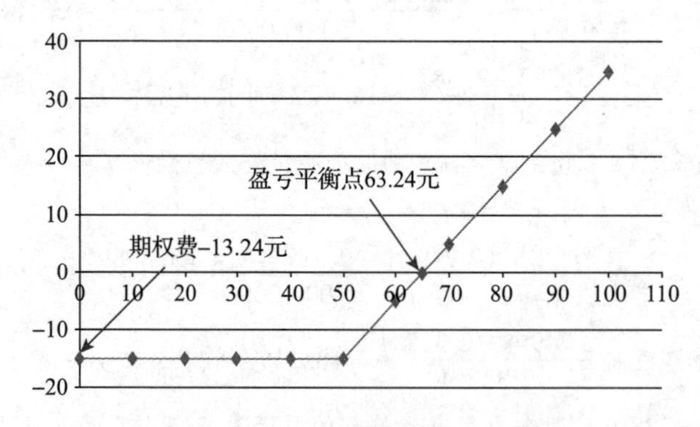

图 13-2　期权合约到期时买方损益

期权买方的具体选择是：①当期权到期时股价低于 50 元时，买方不行权，亏损期权费 13. 24 元；②当股价高于 50 元低于 63. 24 元时，买方行权，可减少期权费造成的亏损；③当股价等于 63. 24 元时，买方行权的盈亏为零，63. 24 元被称为盈亏平衡价格；④当股价高于 63. 24 元时，买方行权，扣除期权费后会有一定的利润。

我们还可以画出对应上面期权的卖方损益（见图 13-3）。

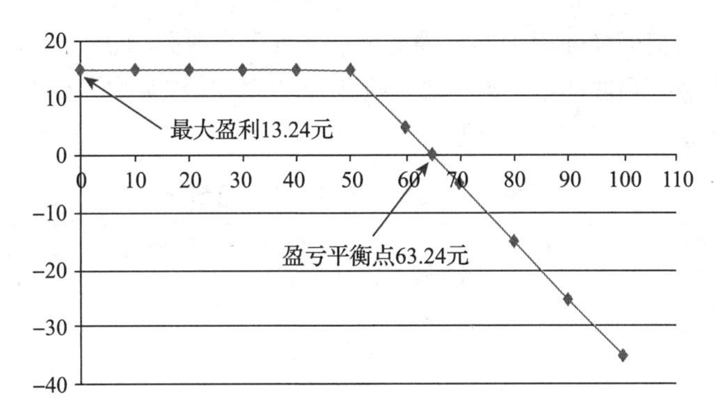

图 13-3　期权合约到期时卖方损益

对比图 13-2 和图 13-3 可以看出：看涨期权买方和卖方的损益刚好相反，与股票价格轴即横轴呈镜像关系，显示期权交易零和游戏的实质。

假设 S_T 为到期时股价，X 为执行价格，C 为看涨期权价格，则到期时看涨期权买方和卖方的损益可用式（13-4）和式（13-5）表示：

$$\text{看涨期权买方损益} = \begin{cases} S_T - X - C & (\text{当 } S_T > X \text{ 时}) \\ -C & (\text{当 } S_T \leqslant X \text{ 时}) \end{cases} \tag{13-4}$$

$$\text{看涨期权卖方损益} = \begin{cases} X + C - S_T & (\text{当 } S_T > X \text{ 时}) \\ C & (\text{当 } S_T \leqslant X \text{ 时}) \end{cases} \tag{13-5}$$

13.3　美式看跌期权分析

美式看跌期权的分析类似于美式看涨期权。本节以美式股票看跌期权为对象展开分析，但结论同样适合一般美式看跌期权。

13.3.1　到期日前美式看跌期权分析

某看跌期权执行价格为 30 元，剩余天数为 270 天，波动率为 50%，无风险利率为 3.2%，分红率为 1%，其交易情况如表 13-11 所示。

表 13-11　某股票看跌期权交易情况　（单位：元）

每股市价	执行价格	期权价格	每股市价	执行价格	期权价格
15	30	15.015 3	40	30	2.109 4
20	30	10.645 2	50	30	0.882 7
25	30	7.249 1	60	30	0.370 4
30	30	4.795 4	70	30	0.152 7
35	30	3.195 7			

1. 期权内在价值

看跌期权内在价值也是期权买方行权或不行权可获得的最大收益，其计算公式为：

$$\text{期权内在价值} = \begin{cases} \text{执行价格} - \text{股票市价} & \text{当股票市价} < \text{执行价格} \\ 0 & \text{当股票市价} \geqslant \text{执行价格} \end{cases} \tag{13-6}$$

看跌期权内在价值同样强调了期权收益的非负性：当股票市价低于执行价格时，期权买方行权获得正收益；当股票市价大于等于执行价格时，期权买方不行权，其收益为零。

将期权内在价值放入表 13-11 中得到表 13-12。

表 13-12 某股票看跌期权交易情况 （单位：元）

每股市价	执行价格	内在价值	期权价格	每股市价	执行价格	内在价值	期权价格
15	30	15	15.015 3	40	30	0	2.109 4
20	30	10	10.645 2	50	30	0	0.882 7
25	30	5	7.249 1	60	30	0	0.370 4
30	30	0	4.795 4	70	30	0	0.152 7
35	30	0	3.195 7				

2. 期权时间价值

看跌期权时间价值的计算公式同样为：

$$期权时间价值 = 期权价格 - 期权内在价值 \tag{13-7}$$

加入期权时间价值到表 13-12 中得到表 13-13。

表 13-13 某股票看跌期权交易情况 （单位：元）

每股市价	执行价格	内在价值	时间价值	期权价格	每股市价	执行价格	内在价值	时间价值	期权价格
15	30	15	0.015 3	15.015 3	40	30	0	2.109 4	2.109 4
20	30	10	0.645 2	10.645 2	50	30	0	0.882 7	0.882 7
25	30	5	2.249 1	7.249 1	60	30	0	0.370 4	0.370 4
30	30	0	4.795 4	4.795 4	70	30	0	0.152 7	0.152 7
35	30	0	3.195 7	3.195 7					

将表 13-13 中的数据绘制在坐标系中得到图 13-4。

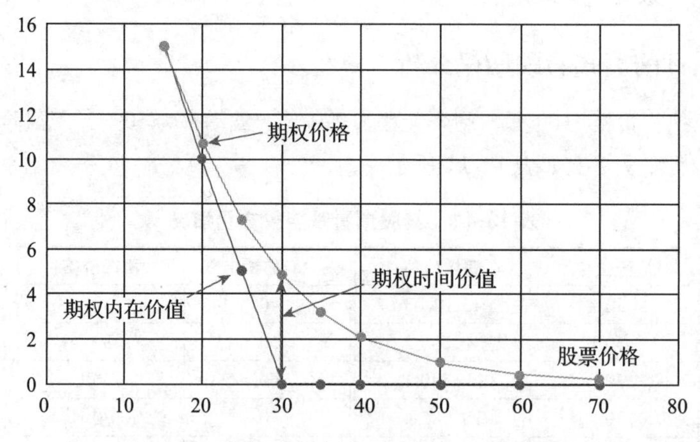

图 13-4 期权价格与股价及执行价格的关系

由图 13-4 得到三点结论：①以执行价格 30 元为分界点，当股价由高于 30 元下跌时，看跌期权时间价值逐渐增加；②当股价下跌到 30 元时，时间价值达到最大值；③当股价由低于 30 元下跌时，时间价值逐渐下降，无限趋近于零。

时间价值如此变化的原因是：当股价由高于 30 元下跌时，在期权剩余期限内股价跌破执行价格的可能性越来越大，期权时间价值越来越大；当股价由低于 30 元下跌时，期权内在价值越来越大，未来股价由跌转升的可能性越来越大，期权买方立即行权锁定利润的动机日益强烈，致使时间价值越来越小。

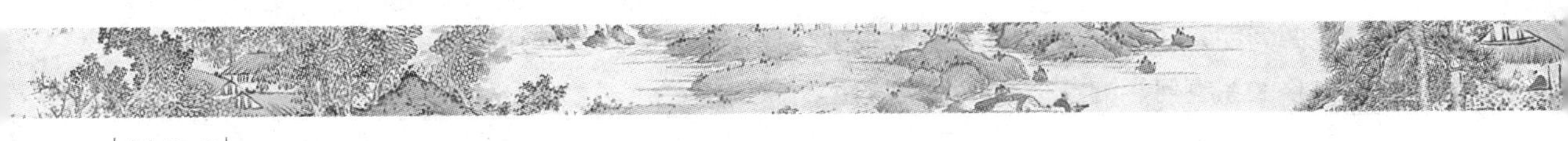

例 13-3

以表 13-11 为基础，假设投资人分别在股价为 25 元、30 元和 35 元时买入实值期权、平值期权和虚值期权，其后股价都分别出现了下跌 5 元和上升 5 元两种情况，试计算期权买方在各种情形下行权与否或卖出期权的总损益。

解答：假设投资人买入 1 份期权合约，合约单位为 100 股股票。投资人买入期权后有行权、不行权（弃权）和卖出期权三种选择，三种选择的收益率计算公式为：

行权总收益 =（30 − 期末股价 − 期初期权价格）× 100

不行权（放弃）收益 = − 期初期权价格 × 100

卖出期权收益 =（期权期末价格 − 期权期初价格）× 100

根据三种收益率计算公式计算各种收益率，并将结果总结为表 13-14。

表 13-14 投资人在各种情形下的总盈亏 （单位：元）

股价变化		期权价格变化		行权与否总收益		卖出期权收益
期初	期末	期初价格	期末价格	行权	不行权	
25	30	7.249 1	4.795 4	−724.91	−724.91	−245.37
25	20	7.249 1	10.654 2	275.09	−724.91	340.51
30	35	4.795 4	3.195 7	−979.54	−479.54	−159.97
30	25	4.795 4	7.249 1	20.46	−479.54	245.37
35	40	3.195 7	2.109 4	−1 319.57	−319.57	−108.63
35	30	3.195 7	4.795 4	−319.57	−319.57	159.97

因此，无论股价涨跌，盈利还是亏损，相比弃权或行权，卖出看跌期权都是最优选择。究其原因在于期权价格中含有对买方有利的时间价值，卖出看跌期权能充分利用期权的时间价值，而行权则意味着放弃期权时间价值。

例 13-3 的结论也可以推而广之，并用数学证明。为便于计算，假设一份看跌期权合约购买的资产数量为 1 股，股票期权行权价格为 S，则有：

卖出期权损益 = 期末期权价格 − 期初期权价格 > − 期初期权价格
= 不行权（放弃）损益

即：卖出期权损益 > 不行权（放弃）损益

卖出期权损益 − 行权损益 =（期末期权价格 − 期初期权价格）
−（S − 期末股价 − 期初期权价格）
= 期末期权价格 −（S − 期末股价）
= 期末期权价格 − 期末期权内在价值
= 期末期权时间价值 > 0

即：卖出期权损益 > 行权损益

上述数学证明为投资实践中看跌期权买方很少行权，而是卖出期权的事实，提供了理论上的支持。

即问即答：美式看跌期权买方很少行权，这对美式看跌期权和欧式看跌期权的价格关系有何影响?

3. 期权杠杆

看跌期权也有很强的杠杆，其价格波动幅度远远大于标的资产价格，投资人在预期未来股价看跌时，往往买入股票看跌期权而不是融券卖出。如果判断正确，期权投资人会获得极高收益，而判断错误则会遭受较大亏损。

13.3.2 到期日美式看跌期权分析

看跌期权到期时，期权买方必须决定是否行权。假设期初在股价 25 元时，投资人以 7.25（为 7.249 1 四舍五入而得，主要目的是方便分析）元/股的价格买入执行价格为 30 元的期权，则期权买方在期权到期时不同股票市场价格下的损益情况如图 13-5 所示。

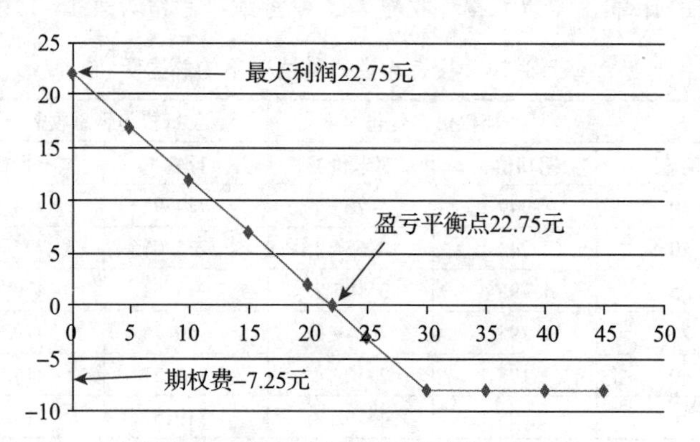

图 13-5 期权合约到期时买方的损益

期权买方的具体选择是：①当期权合约到期时股价高于 30 元时，买方不行权，损失期权费 7.25 元；②当股价低于 30 元高于 22.75 元时，买方行权，以弥补已支付期权费造成的亏损；③当股价等于 22.75 元时，买方行权后盈亏为零，22.75 元被称为盈亏平衡点；④当股价低于 22.75 元时，买方行权，扣除已支付期权费后会有一定利润。

相应地，可以画出期权卖方的损益（见图 13-6）。

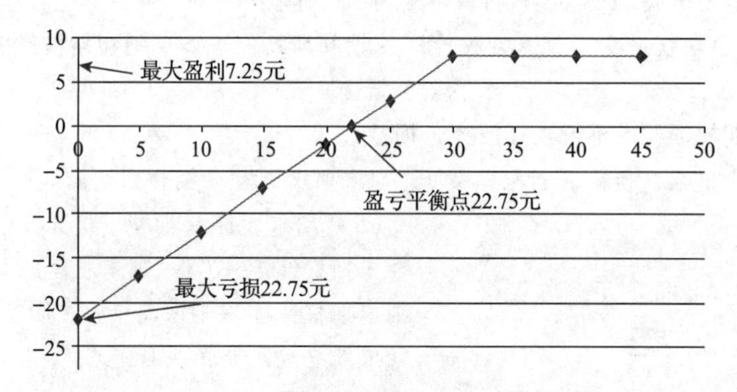

图 13-6 期权合约到期时卖方的损益

对比图13-5和图13-6可以发现：看跌期权买方和卖方的损益刚好相反，以股票价格轴呈镜像关系；买方理论上可获得的最大利润为22.75元，其等于执行价格（30元）与期权费（7.249 1元）之差，也是卖方最大可能的亏损。

用P代表看跌期权价格，则到期时看跌期权买方和卖方的损益可表示如下：

$$\text{看跌期权买方损益} = \begin{cases} X - S_T - P & (\text{当 } S_T < X \text{ 时}) \\ -P & (\text{当 } S_T \geqslant X \text{ 时}) \end{cases} \tag{13-8}$$

$$\text{看跌期权卖方损益} = \begin{cases} S_T + P - X & (\text{当 } S_T < X \text{ 时}) \\ P & (\text{当 } S_T \geqslant X \text{ 时}) \end{cases} \tag{13-9}$$

13.4 美式期权多头或空头选择

投资美式期权有四种选择：①看涨期权多头；②看涨期权空头；③看跌期权多头；④看跌期权空头。究竟如何选择，取决于投资人对看涨、看跌期权未来价格变化的预期，而这种预期又以对期权价格变动产生影响的各种因素分析为起点。

13.4.1 美式期权价格影响因素

美式期权价格受股票市价、执行价格、到期期限、股票价格的波动性、无风险利率、股票红利六大因素影响：

（1）股票市价。看涨期权的价格随着股价上涨而上涨，看跌期权的价格随着股价下降而上升。

（2）执行价格。看涨期权的执行价格越高，未来股价超越执行价格越难，超出幅度越小，因此其价格越低。看跌期权的执行价格越高，未来股价跌破执行价格越容易，跌破幅度越大，因此其价格越高。

（3）到期期限。当到期期限增加时，看涨期权和看跌期权的价格都会上升，因为到期期限越长的期权在到期前为实值期权的概率越大，期权买方行权机会越大。

（4）股票价格的波动性。看涨和看跌期权的价格都随着股价波动性增加而增加，因为股价大幅上涨或大幅下跌的可能性越大，则看涨期权买方从股价上升中获利越大，看跌期权买方从股价下降中获利越大，但他们都不会因为股价反向大幅波动而遭受更大损失。

假设看涨期权A和看涨期权B的行权价格都是30元，其对应的股票A和股票B未来价格分布如表13-15所示。

表13-15 波动性不同的股票的期权收益

	股票A					股票B				
股价（元）	10	20	30	40	50	20	25	30	35	40
概率	0.2	0.2	0.2	0.2	0.2	0.2	0.2	0.2	0.2	0.2
期权收益（元）	0	0	0	10	20	0	0	0	5	10

可计算高波动股票A对应期权的预期收益为6元，低波动股票B对应期权的预期收益为3元，由此可得高波动性股票A的期权价格高于低波动性股票B的期权价格。

（5）无风险利率。利率上升时，看涨期权买方未来以执行价格购买股票需支付现金的现值下降，这对买方有利，会使看涨期权的价格上升。利率上升时，看跌期权买方未来以执行价格卖出股票收到现金的现值下降，这对买方不利，会使看跌期权的价格下降。

（6）股票红利。发放红利将使股价下降，看涨期权价格下降，看跌期权价格上升。

上述分析可以总结如表13-16所示。

表13-16　影响期权价格的因素分析

影响因素上升	美式看涨期权	美式看跌期权	影响因素上升	美式看涨期权	美式看跌期权
股票市价	上升	下降	股价波动性	上升	上升
执行价格	下降	上升	无风险利率	上升	下降
到期期限	上升	上升	红利	下降	上升

13.4.2　如何选择期权买方和卖方

投资人有充分的理由选择买方，选择卖方则谨慎很多。由于买方人数众多而卖方人数有限，这很可能使得期权价格高于其合理价格，从而期权卖方亏损的可能性远远低于理论可能性，或者说，卖方是期权交易中更容易盈利的一方。实际上，有3/4以上的期权合约并未实际执行，卖方赚取的期权费相当可观，年收益率达到10%～20%。[⊖]

具体来说，投资人如何选择取决于其对标的资产价格变化的判断：

（1）如果预期未来标的资产价格将大幅上升，但又担心价格下跌，则宜买入看涨期权。

（2）如果预期未来标的资产价格将大幅下跌，但又担心价格上升，则宜买入看跌期权。

（3）如果确信未来标的资产价格将小幅下跌，则宜卖出看涨期权，赚取期权费。

（4）如果确信未来标的资产价格将小幅上涨，则宜卖出看跌期权，赚取期权费。

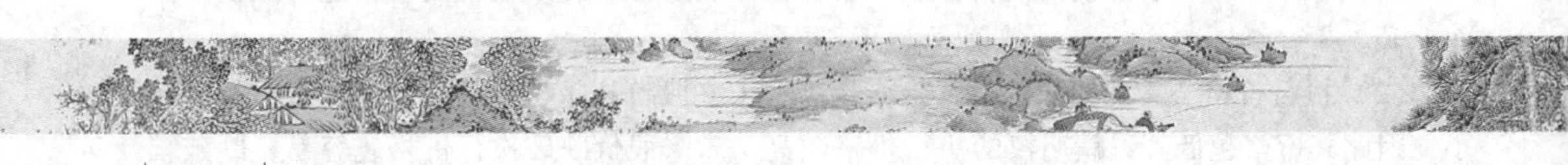

例13-4

某股票价格为65元，其三个月后到期执行价格为64元的看涨期权和看跌期权的价格分别为5.8元和3.8元。试计算：①当你认为未来三个月该股票很可能上涨时，你可以买入看涨期权或卖出看跌期权。当股票未来价格达到66元、69元、72元、75元和78元时，两种策略的利润，并回答两种策略各自适合什么情况；②当你认为未来三个月该股票很可能下跌时，你可以卖出看涨期权或买入看跌期权。当股票未来价格分别为50元、53元、56元、59元和62元时，两种策略的利润，并回答两种策略各自适合什么情况。

解答：①根据看涨期权买方利润＝股票市价－执行价格－看涨期权费用，看跌期权卖方利润＝看跌期权费用，可计算两种策略在不同市场价格下的利润如表13-17所示。

表13-17　两种策略在不同市场价格下的利润

	股票市价				
	66元	69元	72元	75元	78元
买入看涨期权盈利（元）	−3.8	−0.8	2.2	5.2	6.2
卖出看跌期权盈利（元）	3.8	3.8	3.8	3.8	3.8

表13-17显示：当未来股票价格小幅上涨时，卖出看跌期权赚取期权费是较好的选择；当未来股价大幅上涨时，买入看涨期权是较好的选择。

⊖　霍文文．证券投资学［M］．4版．北京：高等教育出版社，2013：158．

②根据看跌期权买方利润＝执行价格－股票市价－看跌期权费用，看涨期权卖方利润＝看涨期权费用，可计算两种策略在不同市场价格下的利润如表13-18所示。

表13-18　两种策略在不同市场价格下的利润

	股票市价				
	50元	53元	56元	59元	62元
买入看跌期权盈利（元）	10.2	7.2	4.2	1.2	－1.8
卖出看涨期权盈利（元）	5.8	5.8	5.8	5.8	5.8

表13-18显示：在未来股票价格小幅下跌时，卖出看涨期权赚取期权费是较好的选择；在未来股价大幅下跌时，买入看跌期权是较好的选择。

13.5　欧式期权分析

欧式期权较美式期权相对简单，理论界对欧式期权的研究更加深入，获得了布莱克－斯科尔斯期权定价模型、看跌－看涨平价定理等重要成果。

13.5.1　布莱克－斯科尔斯期权定价模型

在各种期权定价理论中，由费希尔·布莱克（Fischer Black）和迈伦·斯科尔斯（Myron Scholes）在1973年推导的期权定价模型最为著名，在投资实践中被广泛应用。

假定股票不分派股息，无风险利率和基础股票价格波动率在期权有效期内不变，则布莱克－斯科尔斯（Black-Scholes）期权定价模型认为，欧式看涨期权的价值如下：

$$C = S[N(d_1)] - Xe^{-rT}[N(d_2)] \tag{13-10}$$

$$d_1 = \frac{\ln(S/X) + (r + \sigma^2/2)T}{\sigma\sqrt{T}}$$

$$d_2 = d_1 - \sigma\sqrt{T}$$

式中　C——期权的基本价值；

S——基础股票当前价格；

T——以年表示的到期期限；

r——无风险利率；

σ——基础股票收益率的标准差，反映基础股票价格的波动性；

e——自然对数的底，等于2.718 28；

$N(d)$——标准正态分布函数随机变量小于d的概率。

利用布莱克－斯科尔斯期权定价模型对期权定价时，标的股票实际交易中的波动率σ称为外在波动率。将期权价格作为定价模型中的已知条件，在其他条件不变时，可反过来推算隐含在期权交易中的波动率，该波动率被称为隐含波动率。由于期权价格与标的股票价格波动率呈正相关关系，因此，将隐含波动率与外在波动率进行比较，可以判断期权价格是被高估还是被低估。

（1）如果隐含波动率大于外在波动率，则与隐含波动率相对应的期权价格高于与外在波动率相对应的期权价值，即期权价格被高估。

（2）如果隐含波动率小于外在波动率，则与隐含波动率相对应的期权价格低于与外在波动率相对应的期权价值，即期权价格被低估。

隐含波动率可以作为投资人预期未来期权基础资产市场风险大小的重要指标。芝加哥期权交易所编制了标准普尔500指数期权的隐含波动率指数（VIX）。VIX指数每日计算，代表对未来30天市场波动率的预期：VIX指数越高，显示投资者预期未来股价指数波动越剧烈；VIX指数越低，代表投资者认为未来股价波动将趋于缓和。

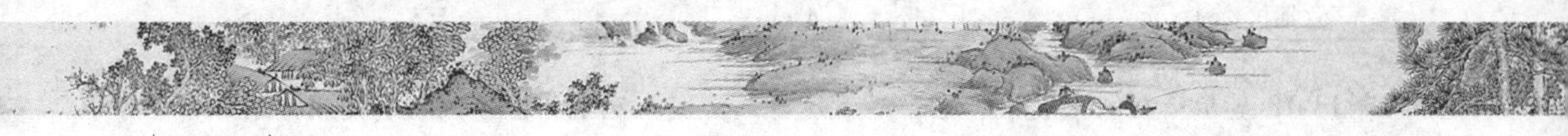

例13-5

在2018年5月18日计算50ETF购6月2651的合理价格，以及实际期权交易中所隐含的波动率。

解答：①用上海证券交易所股票期权投资者教育专区提供的期权计算器进行计算。将有关数据填写在表13-19中：

表13-19　期权价格计算

证券价格（50ETF）	2.733	证券波动率（最近1年）	15.99%
行权价格	2.651	到期日	2018.6.27
无风险利率（1年期shibor[⊖]）	4.37%		

计算得到期权理论价格为0.116元。对应当日市场价格0.1230，50ETF购6月2651被市场高估。

②将有关数据填写在表13-20中：

表13-20　隐含波动率计算

标的价格（50ETF）	2.733	证券波动率（最近1年）	
行权价格	2.651	到期日	2018.6.27
无风险利率（1年期shibor）	4.37%	期权价格	

用试错法不断代入证券波动率数据，直到计算出期权理论价格等于市价0.1230，推算对应期权价格0.1230的隐含波动率为18%，其高于上海证券交易所股票期权投资者教育专区期权计算器提供的最近1年50ETF历史波动率15.99%，同样得出50ETF购6月2651被市场高估的结论。

13.5.2　期权价格影响因素分析

借助布莱克－斯科尔斯期权定价模型，能够更具体地研究股票市价、执行价格、到期期限等因素对欧式期权价格的影响。

1. 欧式看涨期权影响因素分析

假设某欧式看涨期权的行权价格为50元，股票市价为52元，还有三个月到期，标的股票波动率为20%，无风险利率为3%，则可计算该期权价格为3.4143元。当影响期权价

⊖ shibor为上海银行间同业拆放利率Shanghai international offered rate的简称。

格的某个因素变化时，可计算相应的期权价格如表13-21～表13-25所示。

表13-21　股票市价变动　（单位：元）

股票市价	期权价格
45	0.400 9
50	2.162 6
52	3.414 3
55	5.773 1
60	10.426 8

表13-22　到期期限改变

到期期限（天）	期权价格（元）
270	5.224 0
180	4.408 5
90	3.414 3
60	3.006 3
30	2.521 5

表13-23　无风险利率变动

无风险利率	期权价格（元）
0.05	3.578 2
0.04	3.495 8
0.03	3.414 3
0.02	3.333 6
0.01	3.253 9

表13-24　行权价格变动　（单位：元）

行权价格	期权价格
40	12.299 3
45	7.462 4
50	3.414 3
55	1.061 9
60	0.217 9

表13-25　股价波动率变化

股价波动率	期权价格（元）
0.30	4.347 7
0.25	3.874 3
0.2	3.414 3
0.15	2.980 1
0.10	2.604 3

表13-21～表13-25表明，期权价格各影响因素对欧式期权的影响与美式期权非常类似。

2. 欧式看跌期权影响因素分析

设某欧式看跌期权的行权价格为50元，股票市价为52元，还有三个月到期，标的股票波动率为20%，无风险利率为3%，则可计算该期权价格为1.045 8元。当影响期权价格的某个因素变化时，可计算相应的期权价格如表13-26～表13-30所示。

表13-26　股票市价变动　（单位：元）

股票市价	期权价格
45	5.032 4
50	1.794 1
52	1.045 8
55	0.404 6
60	0.058 3

表13-27　到期期限改变

到期期限（天）	期权价格（元）
270	2.126 7
180	1.674 2
90	1.045 8
60	0.760 3
30	0.398 4

表13-28　无风险利率变动

无风险利率	期权价格（元）
0.05	0.965 6
0.04	1.005 1
0.03	1.045 8
0.02	1.087 6
0.01	1.130 8

表13-29　行权价格变动　（单位：元）

行权价格	期权价格
40	0.004 5
45	0.130 7
50	1.045 8
55	3.656 6
60	7.775 7

表13-30　股价波动率变化

股价波动率	期权价格（元）
0.30	1.979 2
0.25	1.505 8
0.2	1.045 8
0.15	0.611 6
0.10	0.235 8

表13-26～表13-30表明，期权价格各影响因素对欧式期权的影响与美式期权非常类似。

13.5.3 看跌-看涨平价定理

期权合约通常以两两配对期权（简称配对期权）方式设计。配对期权是指，除看涨和看跌差异之外，其他条款完全一样的期权。在市场均衡时，配对欧式看涨和欧式看跌期权合约，其价格存在如下函数关系：

$$P + S = C + \frac{X}{(1+r)^T} \tag{13-11}$$

上述欧式期权之间的价格关系，被称为看跌-看涨平价定理（put-call parity theorem）。

看涨-看跌平价定理可以简单证明如下：

（1）当 $P+S>C+\frac{X}{(1+r)^T}$ 时，构建表13-31的交易策略：

表13-31　交易策略的现金流情况

	期初现金流量	到期日现金流量	
		$S_T>X$	$S_T\leqslant X$
卖出一份看跌期权	P	0	S_T-X
卖空一股股票	S	$-S_T$	$-S_T$
购买一份看涨期权	$-C$	S_T-X	0
贷出资金①	$-\frac{X}{(1+r)^T}$	X	X
净现金流量	$P+S-C-\frac{X}{(1+r)^T}>0$	0	0

①贷出资金也可以视为买入面值为 X、期限为 T 年的零息债券。

上述策略操作步骤是：

第1步，期初卖出看跌期权、卖空股票，获得现金流 $P+S$，作为后续操作的启动资金；

第2步，用所得现金买入看涨期权、以无风险利率贷出一部分，还有少量现金剩余，即有正的现金流入；

第3步，在期末结清所有操作的义务和权利后，不需付出任何现金，而期初所得现金仍然保留在你的账户上。

显然，这种操作有利可图，理性投资人会不断进行上述操作，致使看跌期权价格 P 和股票价格 S 都趋于下降，而看涨期权价格 C 上升，直至 $P+S-C-\frac{X}{(1+r)^T}=0$。

（2）当 $P+S<C+\frac{X}{(1+r)^T}$ 时，构建表13-32的交易策略：

表13-32　交易策略的现金流情况

	期初现金流量	到期日现金流量	
		$S_T>X$	$S_T\leqslant X$
卖出一份看涨期权	C	$X-S_T$	0
借入资金①	$\frac{X}{(1+r)^T}$	$-X$	$-X$

（续）

	期初现金流量	到期日现金流量	
		$S_T > X$	$S_T \leqslant X$
买入一份看跌期权	$-P$	0	$X - S_T$
买入一股股票	$-S$	S_T	S_T
净现金流量	$C + \frac{X}{(1+r)^T} - P - S > 0$	0	0

①借入资金也可以视为卖空面值为 X、期限为 T 年的零息债券。

上述操作步骤是：

第1步，期初卖出看涨期权、借入资金，作为后续操作的启动资金；

第2步，用所得资金买入看跌期权和股票，还结余少量资金，即期初有现金流入；

第3步，期末结清各种义务和权利后，不用付出任何现金，而期初所得现金仍然保留在你的账户。

这种操作也有利可图，理性投资人会不断进行上述操作，致使看涨期权价格 C 下降，看跌期权价格 P 和股票价格 S 都趋于上升，直至 $P + S - C - \frac{X}{(1+r)^T} = 0$。

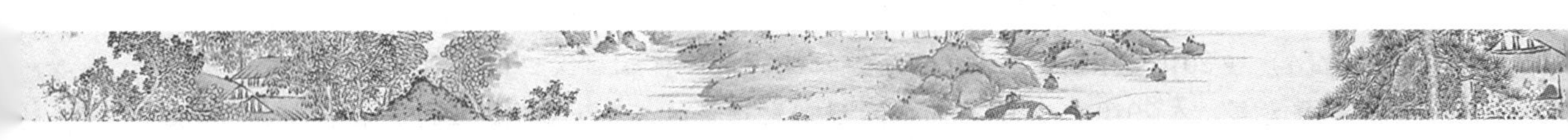

例13-6

根据表13-33分析问题：（1）两个交易日中看跌－看涨平价定理是否成立？是否可以套利？（2）两个交易日隐含的无风险利率是多少？（3）看跌期权和看涨期权在两个交易日被低估还是高估？（4）期权被高估或低估表明投资人对市场未来有何种看法？

表13-33 期权价格及有关数据

	50ETF购12月2050	50ETF沽12月2050	50ETF价格	1年期shibor
2016年11月8日	0.306 1	0.001 0	2.363	4.30%
	50ETF购3月2553	50ETF沽3月2553	50ETF价格	1年期shibor
2018年1月22日	0.601	0.002 5	3.129	4.742 9%

解答：（1）验证看跌－看涨平价定理。

① 2016年11月8日

$$P + S = 0.001\,0 + 2.363 = 2.364$$

$$C + \frac{X}{(1+r)^T} = 0.306\,1 + \frac{2.05}{(1+4.3\%)^{1/12}} \approx 2.348\,9$$

因为 $P + S > C + \frac{X}{(1+r)^T}$，故看跌－看涨平价定理不成立。但是否可以套利，还要考虑套利成本。

② 2018年1月22日

$$P + S = 0.002\,5 + 3.129 = 3.131\,5$$

$$C + \frac{X}{(1+r)^T} = 0.601 + \frac{2.553}{(1+4.742\,9\%)^{2/12}} \approx 3.134\,4$$

因为 $P+S<C+\frac{X}{(1+r)^T}$，故看跌－看涨平价定理不成立。但是否可以套利，还要考虑套利成本。

（2）求解隐含的无风险利率。

①在 2016 年 11 月 8 日，假设看跌－看涨平价定理成立，可得：

$$0.0010+2.363=0.3061+\frac{2.05}{(1+r)^{1/12}}$$

解得：$r=-4.51\%$。

②在 2018 年 1 月 22 日，假设看跌－看涨平价定理成立，可得：

$$0.0025+3.129=0.601+\frac{2.553}{(1+r)^{2/12}}$$

求解得：$r=5.46\%$。

（3）判断期权被高估还是低估。①在 2016 年 11 月 8 日，隐含的无风险利率 －4.51% 大幅低于 1 年期 shibor（4.30%），根据无风险利率对看涨期权和看跌期权价格的影响可知，看涨期权被低估，看跌期权被高估；②在 2018 年 1 月 22 日，隐含的无风险利率 5.46% 高于 1 年期 shibor（4.742 9%），根据无风险利率对看涨期权和看跌期权价格的影响可知，看涨期权被高估，看跌期权被低估。

（4）在 2016 年 11 月 8 日，看跌期权被高估，看涨期权被低估，表明投资人不看好市场未来发展。在 2018 年 1 月 22 日，看涨期权被高估，看跌期权被低估，表明投资人看好市场未来发展。这与当时市场状态相符。

背景材料

投资者适当性管理

一、投资人门槛

个人投资者参与期权交易，应当符合下列条件：

（1）申请开户时托管在指定交易的期权经营机构的证券市值与资金账户可用余额合计不低于人民币 50 万元。

（2）指定交易在证券公司 6 个月以上并具备融资融券业务参与资格或者具备 6 个月以上的金融期货交易经历；或者在期货公司开户 6 个月以上并具有金融期货交易经历。

（3）具备期权基础知识，通过本所认可的相关测试。

（4）具有相应的期权模拟交易经历。

（5）具有相应的风险承受能力。

（6）不存在严重不良诚信记录，不存在法律法规、部门规章和本所业务规则禁止或者限制从事期权交易的情形。

（7）本所规定的其他条件。

二、投资人权限分类

个人投资者申请的交易权限级别分为一级、二级、三级交易权限。

一级交易权限的投资者可以进行下列期权交易：

（1）在持有期权合约标的时，进行相应数量的备兑开仓。

（2）在持有期权合约标的时，进行相应数量的认沽期权买入开仓。

（3）对所持有的合约头寸进行平仓或者行权。

二级交易权限的投资者可以进行下列期权交易：

（1）一级交易权限对应的交易。

（2）对本所上市期权合约进行买入开仓、卖出平仓委托。

三级交易权限的个人投资者可以进行下列期权交易：

（1）二级交易权限对应的交易。

（2）保证金卖出开仓。

资料来源：作者根据《上海证券交易所股票期权试点投资者适当性管理指引》整理所得。

13.6　期权交易策略

期权被认为是抵御不利价格变动的保险方式：买入看涨期权可以视为一种保障最高买进价格的方法，买入看跌期权则提供了最低卖出价格。利用期权的保险特质，用期权与相应基础资产构造各种组合，可以达到控制风险、增加利润的效果。本节主要介绍保护性看跌期权、抛补的看涨期权、对敲策略和期权套期保值等策略。

13.6.1　保护性看跌期权

当你看好某只股票，但又担心其价格下跌时，你可采取**保护性看跌期权**（protective put）策略，即购买股票的同时买入该股票的看跌期权。保护性看跌期权使你既能分享未来股价上升的收益，又能避免未来股价下跌的损失。

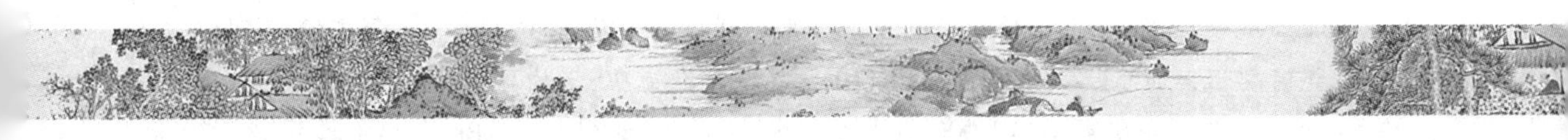

例13-7

1月8日ABC公司股价是98元，3月到期执行价格为100元的看跌期权的价格是5元，投资者购买100股ABC股票，同时买进1份看跌期权合约。问：假设到期时股票价格为80元、90元、100元、110元和120元，投资组合的损益分别是多少？

解答：为了便于分析和计算，假定买入股票1股，期权合约也以1股为单位，只是需记住，最后损益必须乘以买卖股票的总数量（100）。

投资组合的损益包括股票损益和看跌期权损益：

$$\text{股票损益} = \text{股票市价} - \text{股票买价} = S_T - S = S_T - 98$$

$$\text{看跌期权损益} = \begin{cases} 100 - S_T - 5 & (\text{当 } S_T < 100 \text{ 时}) \\ -5 & (\text{当 } S_T \geqslant 100 \text{ 时}) \end{cases}$$

$$\text{组合总损益} = \begin{cases} -3 & (\text{当 } S_T < 100 \text{ 时}) \\ S_T - 103 & (\text{当 } S_T \geqslant 100 \text{ 时}) \end{cases}$$

将到期时的不同股价代入，股票损益、看跌期权损益和组合总损益如表13-34所示。

表 13-34 组合到期时的损益 （单位：元）

股价	80	90	100	110	120
股票损益	-18	-8	2	12	22
期权损益	15	5	-5	-5	-5
组合总损益	-3	-3	-3	7	17

表 13-34 显示，买入看跌期权保证投资者在股价下跌时可以 100 元的价格将股票卖出，将股价下跌造成的亏损锁定在 3 元，而在股价上涨时仍然可以获得较高利润。

一般地，保护性看跌期权在期权到期时的损益情况可用图 13-7 表示。

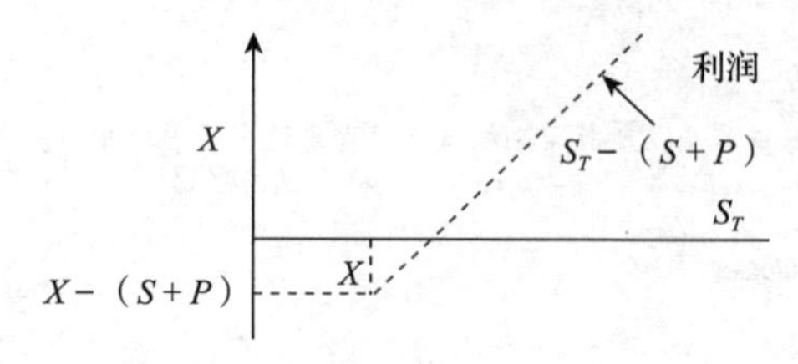

图 13-7 到期时保护性看跌期权的损益

13.6.2 抛补的看涨期权

抛补的看涨期权（covered call）是指买进股票的同时，卖出该股票的看涨期权，将来交割股票的义务正好被持有的股票抵消。这种组合的目的主要是赚取看涨期权的期权费。

例 13-8

假定某基金经理拥有 ABC 公司股票 100 000 股，股价为 100 元。如果基金经理打算在 110 元时卖出，而市场上执行价格为 110 元、有效期为 90 天的 ABC 股票的看涨期权的价格是 8 元，于是基金经理卖出 1 000 份看涨期权。问：假设到期时 ABC 股票价格分别为 70 元、80 元、90 元、100 元、110 元、120 元、130 元，投资组合的损益是多少？

解答：到期时投资组合的损益包括股票损益和期权损益：

$$股票损益 = 到期时股票价格 - 股票目前价格 = S_T - 100$$

$$看涨期权空头损益 = \begin{cases} 8 & (S_T < 110) \\ 118 - S_T & (S_T \geq 110) \end{cases}$$

$$组合总损益 = \begin{cases} S_T - 92 & (S_T < 100) \\ 18 & (S_T \geq 100) \end{cases}$$

将到期时的不同股价代入，股票损益、看涨期权损益和组合总损益如表 13-35 所示。

表 13-35 组合到期时的损益 （单位：元）

股价	70	80	90	100	110	120	130
股票损益	-30	-20	-10	0	10	20	30
期权损益	8	8	8	8	8	-2	-12
组合总损益	-22	-12	-2	8	18	18	18

表 13-35 显示，卖出看涨期权使组合总利润在股价上涨到 110 元之后停止在 18 元，似乎对基金不利，但在股价下跌时，期权费可在一定程度上弥补基金亏损。同样需注意，计算最终实际盈亏时，需要将上述数据乘以股票数量 100 000。

一般地，抛补的看涨期权到期时的损益情况可用图 13-8 表示。

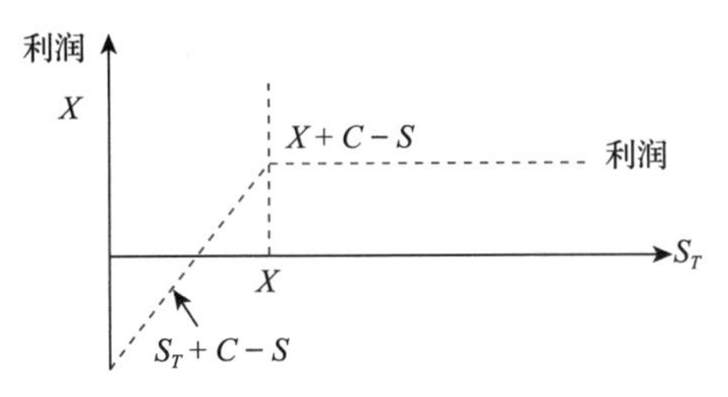

图 13-8　到期时抛补的看涨期权的损益

13.6.3　对敲策略（跨式策略）

当投资人预期某家上市公司未来重大资产重组有失败或成功两种可能，公司股价因此可能大跌或大涨时，投资人可以同时买入该公司股票配对的看跌期权和看涨期权，以获取公司股价未来大跌或大涨的收益。这种同时买入配对的看跌期权和看涨期权的策略，被称为对敲策略或跨式策略。

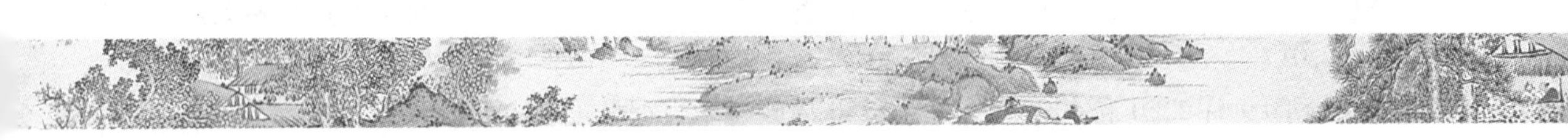

例 13-9

ABC 公司目前股价为 50 元，其 6 个月后到期行权价格为 50 元的看涨和看跌期权的价格分别为 8.683 8 元和 7.992 4 元。投资人认为该公司未来可能进行重大资产重组，买入 1 份看涨期权和 1 份看跌期权。问：6 个月后公司股票价格如果为 20 元、30 元、40 元、50 元、60 元、70 元和 80 元，投资组合的损益分别是多少？

解答：6 个月后看涨期权、看跌期权及组合损益分别为：

$$\text{看涨期权损益}=\begin{cases}\text{到期时股票价格}-58.683\,8 & (\text{股票价格}>50)\\ -8.683\,8 & (\text{股票价格}\leqslant 50)\end{cases}$$

$$\text{看跌期权损益}=\begin{cases}42.007\,6-\text{到期时股票价格} & (\text{股票价格}<50)\\ -7.992\,4 & (\text{股票价格}\geqslant 50)\end{cases}$$

$$\text{组合损益}=\begin{cases}33.323\,8-\text{到期时股票价格} & (\text{股票价格}<50)\\ -16.676\,2 & (\text{股票价格}=50\text{元})\\ \text{到期时股票价格}-66.676\,2 & (\text{股票价格}>50\text{元})\end{cases}$$

将到期时不同股价带入，可计算看涨期权、看跌期权及组合损益如表 13-36 所示。

表 13-36　组合到期时的损益　（单位：元）

股价	20	30	40	50	60	70	80
看涨期权损益	−8.683 8	−8.683 8	−8.683 8	−8.683 8	1.316 2	11.316 2	21.316 2
看跌期权损益	22.007 6	12.007 6	2.007 6	−7.992 4	−7.992 4	−7.992 4	−7.992 4
组合损益	13.323 8	3.323 8	−6.676 2	−16.677 2	−6.676 2	3.323 8	13.323 8

最终实际损益须在上述数字上乘以100。

一般地，对敲策略的损益情况可以概括为：①如果未来股价小幅波动，即到期日股票价格在区间（$X-P-C$，$X+P+C$）时，对敲策略亏损；②如果未来股价大幅下跌，即未来股票价格低于$X-P-C$，对敲策略盈利；③如果未来股价大幅上涨，即未来股票价格高于$X+P+C$，对敲策略盈利。

对敲策略的损益可用图13-9表示。

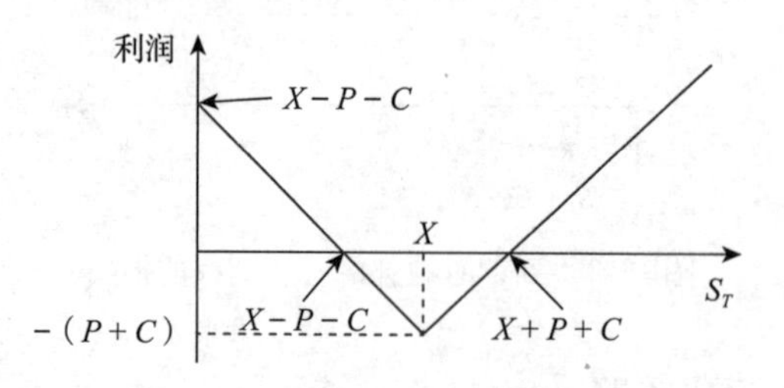

图13-9　到期时对敲策略损益

13.6.4　期权套期保值策略

理论上看，50ETF期权与50ETF标的资产价格变动有明显关系：50ETF看涨期权与50ETF标的资产价格变动正相关，50ETF看跌期权与50ETF标的资产价格变动负相关。

2017年7月7日，我们收集了2017年1月26日至2017年7月7日共计23周50ETF、50ETF购9月2250和50ETF沽9月2250周收益率数据如表13-37所示。

表13-37　投资产品周收益率数据　（%）

时间	50ETF	50ETF购	50ETF沽	时间	50ETF	50ETF购	50ETF沽
第1周	-1.01	-10.16	10.29	第13周	-0.04	-1.57	-30.42
第2周	1.02	7.68	-15.30	第14周	-1.15	-24.08	8.98
第3周	-0.21	-3.94	-4.41	第15周	2.46	49.32	-41.76
第4周	1.02	10.87	-12.21	第16周	-0.63	-6.22	-23.58
第5周	-1.76	-14.60	26.77	第17周	4.71	91.77	-24.69
第6周	-0.34	-14.22	3.73	第18周	0.16	7.52	21.31
第7周	0.34	1.71	-14.57	第19周	1.90	19.10	25.68
第8周	0.90	3.73	-32.24	第20周	-2.26	-19.28	-18.28
第9周	-0.34	-1.41	6.21	第21周	3.37	33.93	-38.16
第10周	1.19	9.51	-32.79	第22周	0.59	4.87	-17.02
第11周	-1.43	-16.51	1.45	第23周	0.12	-0.86	-15.38
第12周	-0.38	-15.56	14.29				

可计算50ETF收益率与50ETF购9月2250的相关系数约为0.93，50ETF收益率与50ETF沽9月2250的相关系数约为-0.46。这证实了50ETF期权与50ETF价格变动有明显关系。

在投资实践中，可以利用50ETF期权与50ETF价格变动的相互关系规避投资风险。

例 13-10

2016年8月6日50ETF收盘价格为2.306元，某投资机构质押在银行的2 000万股50ETF将于2016年9月12日到期，其担心届时价格下跌影响其卖出收入，该投资机构应该采取何种策略应对可能出现的不利状况？

解答：可以买入50ETF看跌期权进行套期保值。具体策略如下：

（1）在8月6日买入2 000份50ETF沽12月2350，假设买入价格为0.109 2元。

（2）9月12日50ETF收盘价为2.25元，50ETF沽12月2350价格为0.161 0元，则：

①卖出2 000万股50ETF亏损为(2.25 − 2.306) × 20 000 000 = −112（万元）。

②卖出50ETF沽12月2350的利润为(0.161 0 − 0.109 2) × 20 000 000 = 103.6（万元）。

③现货和期权总损益 = −112 + 103.6 = −8.4万元，基本规避了市场下跌的风险。

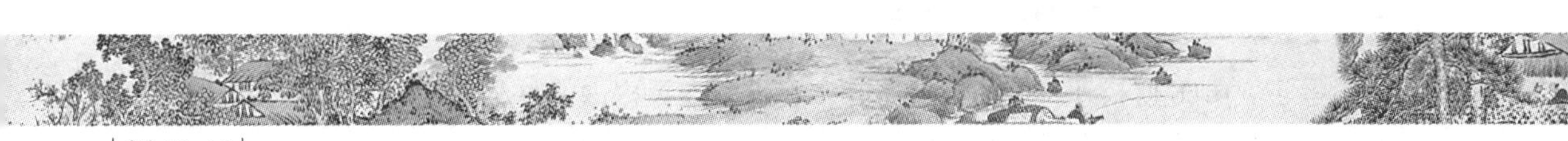

例 13-11

2016年6月20日50ETF的收盘价格为2.114元，某公司要在7月18日买入200万股50ETF进行投资，其担心届时50ETF价格上涨、买入成本增加，该公司应该采取何种策略应对可能出现的不利状况？

解答：可以买入50ETF看涨期权进行套期保值。具体策略如下：

（1）6月20日买入200份50ETF购12月2050，假设买入价格为0.116 5元。

（2）7月18日50ETF价格为2.228元，7月8日50ETF购12月2050价格为0.212 8元，则：

①买入200万股50ETF的损益为(2.114 − 2.228) × 2 000 000 = −22.8（万元）；

②卖出200份50ETF购12月2050损益：(0.212 8 − 0.116 5) × 2 000 000 = 19.26（万元）；

③总损益 = −22.8 + 19.26 = −3.54（万元），基本规避了市场上涨的风险。

例13-10和例13-11展示的策略被统称为期权套期保值。所谓期权套期保值就是，将未来买卖现货的投资行为，提前在期权市场进行。期权套期保值策略分为空头套期保值策略和多头套期保值策略：

- 空头套期保值策略是指，目前持有现货并需要在将来卖出的投资人，担心未来现货价格下跌，现在就买入相应数量看跌期权合约，届时卖出现货、卖出看跌期权对冲交易风险。
- 多头套期保值策略是指，目前没有现货且未来需要买入现货的投资人，担心未来现货价格上涨，现在就买入相应数量看涨期权合约，届时买入现货、卖出看涨期权对冲交易风险。

多头套期保值和空头套期保值的具体操作及差异可用表13-38直观地显示。

表 13-38　多头套期保值和空头套期保值的比较

	多头套期保值		空头套期保值	
	现货市场	期权市场	现货市场	期权市场
现在	无现货	买进看涨期权	有现货	买入看跌期权
将来	买进	卖出看涨期权	卖出	卖出看跌期权
将来价格上涨	损失	利得	利得	损失
将来价格下跌	利得	损失	损失	利得

使用套期保值策略需注意：①空头套期保值策略与保护性看跌期权策略非常相似，但两者的差异在于，空头套期保值不行权，保护性看跌期权会行权；②套利保值所要求的期限，必须大幅低于期权有效期限，以便在卖出期权时获得尽可能大的时间价值。否则，套期保值的效果会大打折扣。

13.7　内嵌某些期权要素的投资产品

除了 50ETF 期权外，中国内地还有一些投资产品内嵌某些期权要素，这些投资产品主要有可转换债券、结构性金融产品、权证、股票期权等。

13.7.1　可转换债券

可转换债券是中国内地上市公司的一种重要融资工具，同时也是较受投资者欢迎的一种重要的投资产品。上市公司之所以愿意用可转换债券这种形式融资，是因为转股价格一般要高于发行当日公司股票的市场价格，相当于以高于当时股价的方式筹措资金。投资者之所以愿意购买利率较同期公司债券利率明显偏低的可转换债券，是因为可转换债券包含有看涨期权等期权因素，投资者有了更大的选择空间。

1. 可转换债券的价值

可转换债券的价值可以从理论价值和转化价值两个角度分析。理论价值是指它作为一般债券来评估的价值，是利息和本金的现值之和，在图 13-10 中是一条水平线（*hcbe*）；转换价值指转换后的股票价值，在图 13-10 中为 *abf* 直线（其斜率为转换比率）。

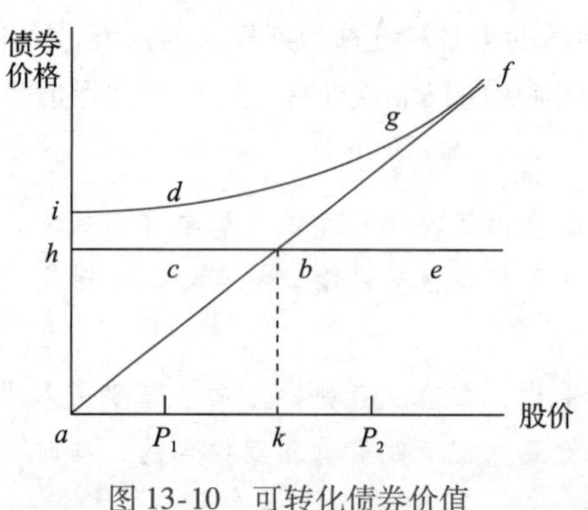

图 13-10　可转化债券价值

设 k 为可转换债券的转股价格，若股价小于 k（如图中的点 P_1），转换价值小于理论价值，投资者不会转股，此时可转换债券的价值由较高的理论价值来决定；反之，若股价大

于 k（如图中的点 P_2），则转换价值会大于理论价值，可转换债券的价值由较高的转换价值来决定。只要转换权利没有到期，可转换债券就会有时间价值，这使其价格高于理论价值和转换价值中较高者，在图 13-10 中如曲线 idg 所示。

2. 回售条款和赎回条款下可转换债券价值

许多公司发行的可转换债券附有回售条款和赎回条款。回售条款通常规定，股票市价低于转股价格的一定比例（一般是 70%）时，投资者有权将债券按照略高于面值的价格即回售价格卖回公司。回售条款类似于赠与投资者一个看跌期权的买入权利，其使可转换债券的价格届时不会低于回售价格，一定程度上保护了投资者的利益。

赎回条款通常是股票市价高于转股价格的一定比例，一般是 130%，公司有权按照略高于面值的价格即赎回价格向投资者买回债券。这个赎回条款实际上类似于可转债投资人赠与公司一个看涨期权的买入权利，其使可转换债券的价格届时受到明显抑制，一般不会长期高于 130 元（假定债券面值是 100 元）。

因此，可转换债券嵌入了三种期权因素，其分别以转股价格为行权价格，低于转股价格的一定比例和高于转股价格的一定比例为触发行权的条件，灵活地处理了投资者和发行人之间的利益关系。这应该是可转换债券自诞生以来就广受欢迎的根本原因。

13.7.2　结构性金融产品

结构性金融产品（structured finance products）是指将固定收益证券的特征与衍生产品特征相结合的一类新型金融产品。如某款挂钩于香港上市的内地金融股理财产品所对应的股票是，中国工商银行、中国银行、中国建设银行、招商银行、交通银行、中国人寿保险公司、中国人民财产保险股份有限公司和中国平安人寿保险股份有限公司。[⊖]该理财产品事先确定一个基准日和一个观察日。根据这两天的收盘价，分别计算上述 8 只股票的收益率。然后，将这 8 个收益率从低到高进行排序，将最高的三个收益率和最低的三个收益率分别进行算术平均，得到两个平均收益率，分别用 X 和 Y 表示。投资者的收益率取决于如下公式：

$$\text{投资收益率} = \begin{cases} 18\% - (X - Y) & X - Y < 18\% \\ 0 & X - Y \geq 18\% \end{cases}$$

如果将 $X-Y$ 看成一个变量，则该理财产品实际上类似行权价格为 18% 的看跌期权，投资者为看跌期权的买方，其收益状况如图 13-11 所示。

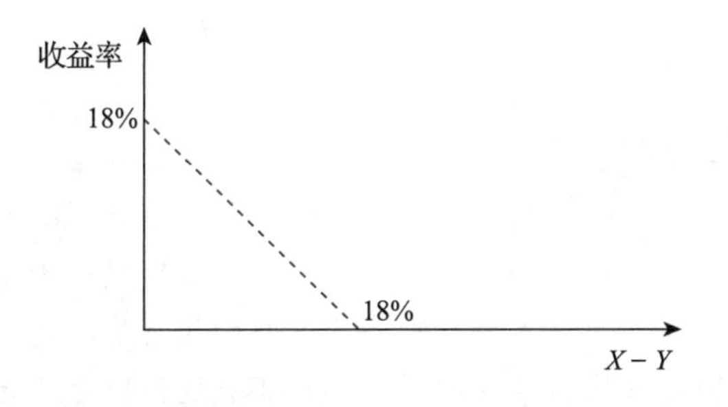

图 13-11　某挂钩于香港上市的内地金融股理财产品

⊖ 张伟. 投资规划［M］. 北京：中国金融出版社，2008.

投资人可能认为，挂钩的股票都是金融股，它们之间的收益率变动应该高度正相关，$X-Y$的取值应该较小，投资人可能获得较高收益。然而，尽管8只金融股收益率变动的确是高度正相关，但相关性体现在一个相当长的时间段内，而该理财产品只考虑了两个特殊时点，利用这两个时点的收盘价计算各只股票的收益率，各个收益率之间的差距很可能相当大。因此，投资者并不一定能够获得高收益率。

13.7.3 权证和股票期权

相比于可转换债券和结构性金融产品，权证和股票期权与期权更加相似。权证（share warrant）是指基础证券发行人或第三人发行，约定持有人在规定期限内或特定到期日，有权按照约定价格向发行人购买或出售标的股票，或以现金结算方式收取结算差价的有价证券。

权证分为认购权证和认沽权证两类。认购权证类似于看涨期权，认沽权证类似于看跌期权。中国内地最早发行的是配股权证，是上市公司向股东配股时发行的一种可以上市交易的有价证券，股东可以据此在权证到期时按照约定的价格认购公司发行的股票。在2006年前后，认购权证和认沽权证一度极为火爆，但此后就销声匿迹。

股票期权曾经是中国上市公司实施股权激励计划的重要工具，但后来逐渐被限制性股票所取代。依照《上市公司股权激励管理办法》的规定，股票期权执行价格不得低于激励计划公布前一个交易日标的股票收盘价格和前30个交易日标的股票平均收盘价格中的较高者。这意味着股票期权可以视为一种看涨期权，被激励者将来只有在股价上涨到执行价格之上才会行权。

关键概念

执行价格　期权价格　看涨期权
看跌期权　欧式期权　美式期权
百慕大期权　实值期权　平值期权
虚值期权　内在价值　时间价值
布莱克－斯科尔斯期权定价模型　看跌－看涨平价定理　保护性看跌期权
抛补的看涨期权　期权对敲策略　期权套期保值策略
权证

本章小结

1. 期权合约的基本要素包括有效期限、执行价格、基础资产、单位合约数量、期权价格等。
2. 期权根据买方权利不同，可分为看涨期权和看跌期权；根据买方执行期权的时限划分，可分为欧式期权、美式期权和百慕大期权；根据执行价格和标的资产市场价格的关系不同，可分为实值期权、平值期权和虚值期权。
3. 期权价值最低为零，不能为负数。到期时看涨期权的价值由标的资产的市场价格和执行价格的价差决定。到期时看跌期权的价值由执行价格和标的资产的市场价格的价差决定。
4. 期权价格由内在价值和时间价值两部分组成。影响期权价格的因素有，股票市价、执行价格、到期期限、股票价格的波动性、无风险利率、股票红利。
5. 在假定股票不分派股息，无风险利率和基础股票价格波动率不变的情况下，布莱克-斯科尔斯期权定价模型揭示了欧式看涨期权的价值。
6. 看跌-看涨平价定理将相关证券价格、无风险利率、看涨期权价格、看跌期权价格等相互联系起来，能够帮助投资者分析相应变量的变化。
7. 保护性看跌期权由股票和相应的看跌期权组成，无论未来股价如何变化，其都能保证投资者收益不低于将股票按照执行价格卖出的收益。
8. 抛补的看涨期权由股票和相应的看涨期权组成，其使投资者将来交割股票的义务正好被手中的股票抵消，经常被将来拟卖出股票的机构采用。
9. 同时买入同一行权价格的看涨期权和看跌期权的策略被称为对敲策略，其适用于未来股价大涨或大跌的情形。
10. 期权套期保值指：将未来买卖现货的投资行为，提前在期权市场进行，即提前买入看涨期权，或提前买入看跌期权。
11. 可转换债券内含多种期权要素。
12. 权证是指基础证券发行人或第三人发行，约定持有人在规定期限内或特定到期日，有权按照约定价格向发行人购买或出售标的股票或以现金结算方式收取结算差价的有价证券。

视频材料

视频：上海交易所《个股期权ABC》。

问题和应用

1. 简述期权合约的五大要素。
2. 投资人甲（买房者）和投资人乙（卖房者）在中介公司的帮助人签订了商品房买卖合同，房价约定为280万元，投资人甲支付定金8万元，其余房款将在一个月后付清。你认为投资人甲和投资人乙的交易是期权交易吗？如果不是，该交易和期权交易的主要区别是什么？
3. 假定股票价格为60元，执行价格为50元1个月后到期的美式看涨期权的价格是6元。问：投资人如何套利？
4. 东方国信股份有限公司在1月8日的股票价格是65元，3月到期的期权情况如表13-39所示。

表13-39 东方国信期权交易情况

执行价格	看涨期权	看跌期权
63	5.8	1.8

试计算东方国信看涨期权和看跌期权的内在价值和时间价值。
5. 根据下列资料，分别画出下面期权到期时的损益图：
   (1) 买进一个看跌期权，执行价格为50元，期权费为3元。
   (2) 卖出一个看涨期权，执行价格为75元，期权费为5元。
   (3) 卖出一个看跌期权，执行价格为60元，期权费为6元。
   (4) 买入一个看涨期权，执行价格为65元，期权费为4元。
6. 美式期权买方为什么很少行权？
7. 简述期权杠杆与融资融券、期货杠杆的异同。
8. 简述影响期权价格变化的六大因素。
9. 投资人应该如何在期权买方和期权卖方中选择？

10. 选择一份交易时间有两个月以上的50ETF期权（包括认购和认沽），计算该期权价格涨跌和50ETF日收益率的相关系数。
11. 利用布莱克－斯科尔斯期权定价模型，计算一份最近月份的50ETF看涨期权的价格，并和实际市场价格进行比较。
12. 证明到期日相同的两种欧式股票期权，两平（股价等于执行价格）的看涨期权费用高于两平的看跌期权费用。
13. 某股票一年期看涨期权和一年期看跌期权的执行价格都是100元。如果无风险收益率为5%，股票市价为103元，并且看跌期权价格为7.50元，问：看涨期权的价格应该是多少？
14. 什么是期权隐含的波动率和无风险利率？如何利用隐含波动率和隐含无风险利率判断期权价格高低？
15. 简述保护性看跌期权策略。
16. 简述抛补的看涨期权策略。
17. 简述期权对敲策略。
18. 简述期权套期保值策略。

延伸阅读材料

1. 朱斌，等．解读我国商品期权合约［J］．中国金融，2017(3)：61-62.
2. 黄本尧．Black-Scholes期权定价模型的精准性及适用性分析［J］．财贸研究，2002(6)：56-59.

第 14 章
CHAPTER 14

投资总评和投资策略选择

§本章提要

投资学理论可归纳为四大投资准则。可用詹森指数、夏普指数和特雷诺指数评估投资绩效。影响投资绩效的因素可以分解为资产配置和证券选择两个方面。投资人可采用价值投资策略、成长投资策略、技术分析投资策略和市场组合投资策略等投资策略。对投资策略的滥用破坏了投资策略的一致性，最终导致投资失败。

§重点难点

- 用四大投资准则总揽投资学理论
- 理解詹森指数、夏普指数和特雷诺指数的含义，能用其评估实际投资业绩
- 掌握影响投资组合绩效分解为资产配置和证券选择的方法
- 理解价值投资策略、成长投资策略、技术分析投资策略和市场组合投资策略的基本含义，以及各投资策略对投资人的基本要求
- 了解各种投资策略被滥用的主要表现形式

迄今为止，我们循着实际投资活动演进脉络，以投资人的身份系统学习了各种投资学理论。在本章我们将完成投资活动的最后阶段——投资总评和策略选择，要对纷繁复杂的投资学理论进行梳理，研究投资绩效评估的各种方法，分解影响投资组合绩效高低的资产配置因素和证券选择因素，分析各种投资策略失败的原因，以最终达到在追求投资真理的基础上获得投资财富的目标。

14.1 四大投资准则贯穿于全部投资学理论

以四大投资准则为线索，可对全部投资学理论进行归纳和总结。

1. 投资收益和投资风险形影相随

投资学理论对投资收益和投资风险的关系研究，是循着由定性到定量依次展开的。

（1）第2章～第4章主要定性分析了各种投资产品、投资市场的投资收益和投资风险，以及投资收益和投资风险的基本关系，总结出高风险与高收益、低风险与低收益相匹配的研究结论，并将结论用公式表示为：风险产品的必要收益率＝无风险收益率＋风险溢价；风险产品的预期收益率≥风险产品的必要收益率。

（2）第5章对投资收益和投资风险相互关系进行了初步的定量研究。

①以资本分配线为基础，建立了投资收益和投资风险的线性函数关系：

$$E(R_P) = R_f + \frac{E(R_A) - R_f}{\sigma_A}\sigma_P$$

②从效用函数 $U=E(R)-0.5A\sigma^2$ 推导出 $E(R)=U+0.5A\sigma^2$，得到预期收益率是投资风险的二次函数的结论。这和资本分配线揭示的投资收益是投资风险的线性函数有很大差异，表明投资收益和投资风险关系的复杂性。

（3）第6章全面系统地研究了投资收益和投资风险的定量关系。

①从市场组合角度研究投资组合投资收益和投资风险的关系，得到了资本市场线方程：

$$E(R_P) = R_f + \frac{E(R_M) - R_f}{\sigma_M} \times \sigma_P$$

②在市场均衡的基础上推导出资本资产定价模型：

$$E(R_i) = R_f + [E(R_M) - R_f]\beta_i$$

资本资产定价模型将投资收益和投资风险线性相关的认识又推进了一步：投资收益和系统风险线性相关。

③在将系统风险分解为多个风险因素的基础上，得到套利定价模型：

$$E(R) = R_f + [E(R_{P1}) - R_f]\beta_1 + [E(R_{P2}) - R_f]\beta_2 + \cdots + [E(R_{Pm}) - R_f]\beta_m$$

套利定价模型表明，证券投资收益与多种系统风险因素线性相关。这与现实投资市场更加吻合。

2. 牛熊市周而复始

投资学理论对牛熊市周而复始的研究，主要循着投资实践需要而展开。

（1）羊群效应对牛熊市周而复始有较强的解释能力：①牛市赚钱效应导致更多投资人涌入投资市场，直至牛市最终以市场暴跌形式结束，开启下一轮熊市周期；②熊市亏钱效应导致越来越多的投资人离开投资市场，形成亏钱效应与更多投资人离开市场的正反馈机制，直至投资市场价值凸显、跌无可跌，开启下一轮牛市周期。

（2）在股票投资基本面分析中，投资人对众多宏观经济指标展开研究，试图从宏观经济形势变化中发掘股市牛熊变换的蛛丝马迹。

（3）各种技术分析方法都在不断努力破解股市牛熊演变的密码。

①逆时针八大循环图将个股股价变化分成八个阶段，如图14-1所示。

用一条直线将逆时针八大循环图一分为二，循着逆时针方向运行，图形右边是一个完整的牛市运行图，而图形左边则是一个完整的熊市运行图，整个图形就是股票价格变动牛熊市周而复始的运行图。

②逆时针八大循环图揭示的牛熊转折信号——转阳信号和警戒信号，始终是各种技术分析研究的重点，如形态理论中的头肩底（头肩顶）、双重底（双重顶），移动平均线理论以250日移动平均线作为牛熊分界线等，无不以找到股票牛熊转折信号为目标。

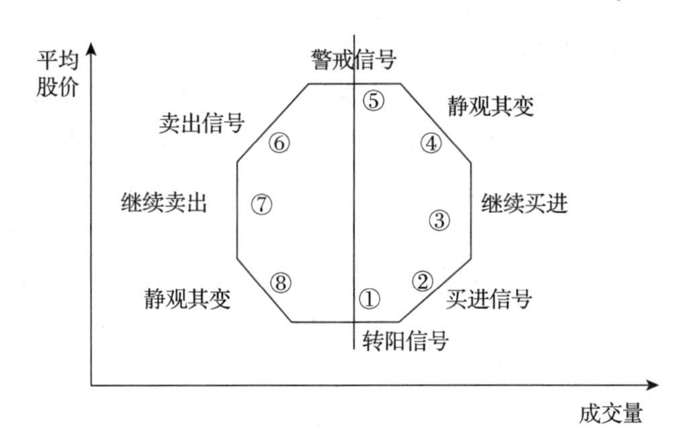

图 14-1 逆时针曲线理论的八大循环

（4）期货和期权对股市牛熊周期的预判。如果股指期货价格低于目前股票价格指数，则很可能预示股票市场未来会下跌。根据看涨期权代表投资人对未来市场看涨，看跌期权表示投资人看跌未来市场，分析看涨期权和看跌期权的价格高低及数量比例关系，可以判断未来市场的涨跌趋势。

3. 尊重市场、适应市场

投资学理论对于尊重市场、适应市场投资准则的研究，呈现由抽象到具体、由理论到实用的总体特征。

（1）市场组合体现尊重市场、适应市场的思想。投资人对风险资产的投资都以一定比例的市场组合形式展开，投资演变成复制投资市场的活动，投资组合绩效高低完全取决于投资市场的整体表现。

（2）有效市场假设使得尊重市场、适应市场的投资准则具有现实应用价值。投资实践中体现有效市场假设思想并用于指导实际操作的主要有指数基金、股票除权价格的分析与计算、债券到期收益率、债券久期等重要工具。

（3）股票定价分析中尊重市场、适应市场的正反命题。对股票内在投资价值进行分析，本质上是以反对有效市场假设为基础的。但相对价值计算公式中的各种乘数，如市盈率倍数、市净率倍数、市销率倍数等，都来自投资市场，以此为基础计算股票的合理价值，是假设这些市场数据是投资价值的真实反映，又回归到认同有效市场假设。

（4）技术分析三大假设之一——价格沿着趋势运动，要求投资人尊重市场、适应市场，在上升趋势中做多，在下降趋势中做空。

4. 分散投资降低风险

分散投资降低风险是最朴素的投资观念，投资学理论研究将这种朴素投资观念上升到理论高度。

（1）借助数学证明，充分分散化的投资组合可以消除全部非系统风险，投资组合的风险等于市场的系统风险。

（2）有限分散化也可以降低投资风险。有限分散化降低风险的关键是：①尽可能选择相关系数相对较小的不同行业上市公司的股票构建组合；②选择相关性较低的不同国家股票构建组合。

（3）用指数基金和指数期货构建投资组合管理股票投资的系统风险。期货的套期保值功能揭示了期货管理股票投资系统风险的具体运行机制：①目前持有指数基金需要在将来卖出的投资人，在期货市场上卖出相应数量期货合约，可规避未来指数基金价格下跌的风险；②未来需要买入指数基金的投资人，可在期货市场买入相应数量期货合约，规避未来指数基金价格上涨的风险。

（4）用期权和股票构建组合管理单只股票的投资风险。期权套期保值的运行机制是：①目前有股票需要在将来卖出的投资人，买入相应数量看跌期权合约，既能规避未来股票价格下跌的风险，又能分享未来股票价格上涨带来的投资收益；②未来需要买入股票的投资人，买入相应数量看涨期权合约，既可以规避未来股票价格上涨的风险，又可以分享未来股票价格下跌低价购买股票的好处。

14.2 对投资绩效的评估和归因分析

对投资绩效进行评估和归因分析是所有投资人必须做的一项工作。本节研究的一些投资绩效评估方法以及业绩归因分析，主要针对机构投资者，但对个人投资者也有一定借鉴作用。

14.2.1 投资绩效评估的基本方法

投资人评估其业绩时通常会将其与某一基准收益率进行比较，具体评估方法主要有詹森指数、夏普指数和特雷诺指数三种。

1. 詹森指数

詹森指数以证券市场线作为评价基准，用投资产品实际收益率与其应该获得的收益率进行比较，以判断投资收益率的优劣，即：

$$\text{詹森指数}(J_P) = R_P - E(R_P) \tag{14-1}$$

詹森指数越大，表明实际投资的绩效越好。

2. 夏普指数

夏普指数用投资组合的风险溢价除以其标准差，表示每单位风险所获得的风险溢价，即：

$$\text{夏普指数}(S_P) = \frac{R_P - R_f}{\sigma_P} \tag{14-2}$$

夏普指数越高，表明实际投资的绩效越好。将投资组合的夏普指数与基准指数相比，可判断投资组合绩效相对于基准指数是否更优。

3. 特雷诺指数

特雷诺指数以证券市场线为基础，用投资组合的风险溢价除以其贝塔值，表示每单位风险获得的风险溢价，即：

$$\text{特雷诺指数}(T_P) = \frac{R_P - R_f}{\beta_P} \tag{14-3}$$

特雷诺指数越高，表明实际投资的绩效越好。将投资组合的特雷诺指数与基准指数相比，可判断投资组合较基准指数是否更优。

例14-1

嘉实沪深300交易型开放式指数证券投资基金（简称嘉实300），其投资于沪深300指数对应的资产比例不低于基金资产净值的90%。[⊖]在2017年8月，我们以最近5年的数据为基础分析，将嘉实300投资业绩与对应指数相比，判断该基金投资绩效的高低。

解答：①以2012年8月~2017年7月上海银行间拆放年平均利率为年无风险收益率，将其除以12作为月度无风险收益率。

②收集嘉实300和沪深300指数2012年8月~2017年7月的月度收益率。

③按照时间先后，将上述数据列表如14-1所示：

表14-1 无风险产品、嘉实300、沪深300指数2012年8月~2017年7月收益率 （%）

序号	无风险利率	嘉实300	沪深300	序号	无风险利率	嘉实300	沪深300
1	0.40	-5.59	-5.49	31	0.33	3.42	4.03
2	0.40	3.72	4.00	32	0.33	12.38	13.39
3	0.40	-1.63	-1.67	33	0.33	16.53	17.25
4	0.40	-4.81	-5.11	34	0.33	1.89	1.91
5	0.40	16.55	17.91	35	0.33	-3.48	-7.60
6	0.37	6.28	6.50	36	0.33	-16.59	-14.67
7	0.37	-0.56	-0.50	37	0.33	-12.10	-11.79
8	0.37	-6.08	-6.67	38	0.33	-2.62	-4.86
9	0.37	-1.66	-1.91	39	0.33	9.32	10.34
10	0.37	5.97	6.50	40	0.33	1.54	0.91
11	0.37	-12.28	-15.57	41	0.33	4.04	4.62
12	0.37	-0.99	-0.35	42	0.26	-18.95	-21.04
13	0.37	5.16	5.51	43	0.26	-2.52	-2.33
14	0.37	3.64	4.11	44	0.26	9.96	11.84
15	0.37	-1.07	-1.47	45	0.26	-1.57	-1.91
16	0.37	2.47	2.75	46	0.26	0.34	0.41
17	0.37	-4.22	-4.47	47	0.26	0.11	-0.49
18	0.42	-4.87	-5.48	48	0.26	2.60	1.59
19	0.42	-0.50	-1.07	49	0.26	3.86	3.87
20	0.42	-1.99	-1.50	50	0.26	-1.80	-2.24
21	0.42	0.68	0.58	51	0.26	2.27	2.55
22	0.42	0.00	-0.10	52	0.26	5.50	6.05
23	0.42	0.84	0.40	53	0.26	-5.41	-6.44
24	0.42	9.35	8.55	54	0.34	1.69	2.35
25	0.42	-0.46	-0.51	55	0.34	1.88	1.91
26	0.42	4.45	4.82	56	0.34	0.00	0.09
27	0.42	2.35	2.34	57	0.34	-0.41	-0.47
28	0.42	11.33	11.98	58	0.34	1.54	1.54
29	0.42	23.84	25.81	59	0.34	5.26	4.98
30	0.33	-2.50	-2.81	60	0.34	2.79	1.94

⊖ 由于嘉实300和沪深300指数并不完全对应，所得结论会产生少许偏差。为计算方便，不考虑这种偏差。

④以嘉实300和沪深300指数月度收益率为基础，计算嘉实300对沪深300指数的贝塔系数为0.920 242。

⑤计算月度无风险收益率的平均值为0.349%，将其记为R_f；计算嘉实300月度收益率平均值为1.148%，将其记为R_P；计算嘉实300月度收益率标准差为7.169%，将其记为σ_P；计算沪深300指数月度收益率平均值为1.08%，将其记为R_M，同时也视之为未来预期收益率$E(R_M)$；计算沪深300指数月度收益率标准差为7.738%，将其记为σ_M。

⑥以证券市场线为基础，计算嘉实300应该获得的收益率为：

$$E(R_P) = R_f + [E(R_M) - R_f]\beta = 0.349\% + (1.08\% - 0.349\%) \times 0.920\,242 \approx 1.022\%$$

⑦嘉实300詹森指数(J_P) $= R_P - E(R_P) = 1.148\% - 1.022\% = 0.126\% > 0$，故嘉实300投资绩效较好。

⑧嘉实300夏普指数(S_P) $= \frac{R_P - R_f}{\sigma_P} = \frac{1.148\% - 0.349\%}{7.169\%} \approx 0.111\,5$

沪深300夏普指数(S_P) $= \frac{R_P - R_f}{\sigma_P} = \frac{1.08\% - 0.349\%}{7.738\%} \approx 0.094\,5$

嘉实300夏普指数高于沪深300夏普指数，故嘉实300投资业绩超过基准指数。

⑨嘉实300特雷诺指数(T_P) $= \frac{R_P - R_f}{\beta_P} = \frac{1.148\% - 0.349\%}{0.920\,242} \approx 0.008\,7$

沪深300特雷诺指数(T_P) $= \frac{R_P - R_f}{\beta_P} = \frac{1.08\% - 0.349\%}{1} \approx 0.007\,3$

嘉实300特雷诺指数高于沪深300特雷诺指数，故嘉实300投资业绩超过基准指数。

⑩综上所述，嘉实300投资绩效超过其基准——沪深300指数。

14.2.2 投资绩效归因分析

投资组合绩效高低，既与投资组合的资产配置有关，又受证券选择的影响。投资组合归因分析研究资产配置和证券选择对投资组合收益率的具体影响。

设投资组合收益率为：

$$\text{投资组合收益率}\ r = \sum_{i=1}^{n} w_i r_i \tag{14-4}$$

式中 w_i——第i个资产类别在投资组合中的权重；

r_i——投资组合中第i个资产类别的收益率。

构建一个参考基准收益率b，公式为：

$$\text{参考基准收益率}\ b = \sum_{i=1}^{n} W_i b_i \tag{14-5}$$

式中 W_i——第i个资产类别在参考基准中的权重；

b_i——参考基准中第i个资产类别的收益率。

现在引入一个资产配置基金，其采用实际投资组合中的资产类别权重，参考基准收益率中各资产类别的收益率，即：

$$\text{资产配置基金收益率}\ b_s = \sum_{i=1}^{n} w_i b_i \tag{14-6}$$

资产配置基金收益率 b_s 与参考基准收益率 b 的差，可以视为改变不同类别资产比例即资产配置对投资组合的实际影响，即：

$$\text{资产配置对投资组合绩效的影响}(b_s - b) = \sum_{i=1}^{n}(w_i - W_i)b_i \tag{14-7}$$

类似地，构建一个证券选择基金，其采用实际投资组合中的资产类别的收益率，参考基准收益率中各资产类别的比重，即：

$$\text{证券选择基金收益率 } r_s = \sum_{i=1}^{n} W_i r_i \tag{14-8}$$

证券选择基金收益率 r_s 与参考基准收益率 b 的差，可以视为改变不同类别资产收益率即证券选择对投资组合的实际影响，即：

$$\text{证券选择对投资组合绩效的影响}(r_s - b) = \sum_{i=1}^{n} W_i(r_i - b_i) \tag{14-9}$$

考虑资产配置和证券选择对投资绩效的影响，投资组合收益率和参考基准收益率之差可以表示为：

$$\begin{aligned} r - b &= (b_s - b) + (r_s - b) + r - b_s - r_s + b \\ &= \text{资产配置影响} + \text{证券选择影响} + r - b_s - r_s + b \end{aligned} \tag{14-10}$$

式（14-10）中 $r - b_s - r_s + b$ 是资产配置或证券选择单独无法解释的因素。实际上，$r - b_s - r_s + b$ 是资产配置与证券选择同时或合并对投资绩效产生的影响，因为：

$$\begin{aligned} r - b_s - r_s + b &= \sum_{i=1}^{n} w_i r_i - \sum_{i=1}^{n} W_i r_i - \sum_{i=1}^{n} w_i b_i + \sum_{i=1}^{n} W_i b_i \\ &= \sum_{i=1}^{n}(w_i - W_i) r_i - \sum_{i=1}^{n}(w_i - W_i) b_i \\ &= \sum_{i=1}^{n}(w_i - W_i) \times (r_i - b_i) \end{aligned} \tag{14-11}$$

根据上面的分析可以得到公式：

$$\begin{aligned} \text{投资组合收益率} - \text{基准收益率} = &\ \text{资产配置影响} + \text{证券选择影响} \\ &+ \text{资产配置与证券选择的合并影响} \end{aligned} \tag{14-12}$$

例 14-2

某基金参考基准由股票、债券和货币市场构成，其具体权重和收益率如表 14-2 所示。基金实际投资组合的具体权重和收益率如表 14-3 所示。

表 14-2　基准中各资产的构成和业绩

	基准权重	年收益率（%）
股票（沪深 300 指数）	0.5	8
债券（企业债指数）	0.4	2
现金（货币市场工具）	0.1	1
参考基准收益率	0.5 × 8% + 0.4 × 2% + 0.1 × 1% = 4.9%	

表 14-3 实际投资组合中各资产的构成和业绩

	实际权重	年收益率（%）
股票	0.6	10
债券	0.3	2.2
现金	0.1	1
投资组合收益率	0.6×10%＋0.3×2.2%＋0.1×1%＝6.76%	

请对投资人投资组合绩效进行归因分析。

解答：根据式（14-7），可计算资产配置对投资组合的影响如表 14-4 所示：

表 14-4 资产配置对投资组合的影响

	(1)	(2)	(3)＝(1)－(2)	(4)	(5)＝(3)×(4)
	实际权重	基准权重	超额权重	基准收益率（%）	对业绩的影响（%）
股权	0.6	0.5	0.1	8	0.8
债券	0.3	0.4	－0.1	2	－0.2
现金	0.1	0.1	0	1	0
资产配置对投资组合的总影响＝0.8%＋(－0.2%)＋0%＝0.6%					

根据式（14-9），可计算证券选择对投资组合的影响如表 14-5 所示：

表 14-5 证券选择对投资组合的影响

	(1)	(2)	(3)＝(1)－(2)	(4)	(5)＝(3)×(4)
	实际收益率（%）	基准收益率（%）	超额收益（%）	基准权重	对业绩的影响（%）
股权	10	8	2	0.5	1
债券	2.2	2	0.2	0.4	0.08
现金	1	1	0	0.1	0
证券选择的影响＝1%＋0.08%＋0%＝1.08%					

根据式（14-12），可以求得资产配置与证券选择的合并影响为：

实际收益率－基准收益率－资产配置影响－证券选择影响

＝6.76%－4.9%－0.6%－1.08%＝0.18%

因此，投资组合收益率超过基准收益率的超额收益率 1.86% 中，资产配置的影响为 0.6%，证券选择的影响为 1.08%，资产配置与证券选择合并影响为 0.18%，占比分别约为 32.26%、58.06% 和 9.68%，即证券选择对投资组合收益率超过基准收益率的影响最大。

14.3 投资策略选择

投资策略由投资实践经验总结而来，是将投资学理论应用于投资实践的具体方案。许多投资人系统学习了各种投资学理论，但其最终投资业绩并不理想，这不能归结为投资学理论无用，只能是投资策略有问题，因为投资理论对投资实践的指导必须借助各种投资策略。

14.3.1 几种主要的投资策略

最常用的投资策略包括价值投资策略、成长投资策略、技术分析投资策略和市场组合投资策略四种，前三种策略建立在市场无效基础上，后一种策略以有效市场假设为基础。

1. 价值投资策略

价值投资策略是指投资于价格低于其内在价值的股票，待股票价格回归其价值后卖出获利的投资策略。

价值投资策略具有如下鲜明特色：

（1）价值投资者特别重视公司现有价值，强调对公司财务状况的研究。

（2）价值投资者经常买入传统行业中成熟企业的股票，这些股票的市盈率通常较市场平均水平要低。

（3）价值投资者主要采用绝对价值评估方法评估股票内在价值。

价值投资策略在投资市场具有深远影响，不仅因为其代表人物巴菲特持续获得超额收益带来的强烈示范效应，而且在于价值投资策略有坚实的理论基础——股票具有内在价值，对股票投资价值的分析几乎贯穿于全部投资学理论研究。

价值投资策略的操作程序为：

（1）评估股票内在价值。

（2）比较股票内在价值与股票价格。

（3）当股票价格显著低于内在价值时买入。

（4）等待股票价格向股票价值回归时卖出。

但是，采用价值投资策略要求投资人具备如下非常高的要求：

（1）必须具备分析公司内在价值所需的各种专业知识。由于分析不同类型公司所需专业知识尤其是行业背景知识有较大差异，故而价值型投资者只能专注于某些行业，只能在自己熟悉的行业中发掘价值被低估的上市公司。

（2）必须具有强大的心理承受能力。选择价值投资策略所买入的股票经常不被市场看好，买入这样的股票意味着放弃市场热门股票，投资人必须能够拒绝市场诱惑。

（3）有长期持有股票的心理预期。价格向价值回归可能需要5～10年甚至更长时间，[⊖] 投资人必须做好长期持有的准备。

2. 成长投资策略

成长投资策略投资于价值相对于公司成长性被低估的公司。成长投资策略也具有非常鲜明的特色：

（1）成长投资策略更关心公司的未来前景，其研究重点集中于能够体现公司未来成长性的研发能力、技术创新能力和管理创新能力等方面。

（2）成长投资策略主要买入新兴产业上市公司的股票，这些股票的市盈率通常较市场平均水平要高。

（3）成长投资策略更多采用相对价值评估方法评估股票内在价值，当现有投资市场缺少类似公司作为参照时，投资人通常会以国外市场尤其是发达国家市场如美国市场相应公司作为参照系。

普通投资人很容易受到成长投资策略的诱惑，因为成长意味着公司收入和利润正在快

⊖ 波涛．证券投资理论与证券投资战略适用性分析［M］．北京：经济管理出版社，1999：131.

速增长，公司未来发展前景光明，有充分的想象空间。但中外投资实践都表明，相对于价值投资策略，采取成长投资策略获得成功的概率不高：美国 1986 ~ 1996 年采用成长投资策略者的年平均收益率，比采用价值投资策略者低 4.4%，[1]中国 2011 ~ 2016 年的相应数据为 5.16%[2]。

成长投资策略难以成功的行为金融学原因是：

（1）投资人过度短视，将成长性公司短期高成长视为可持续的长期高成长，而实际上这种短期高成长往往不可持续。

（2）市场对公司成长性经常反应过度或高估成长的价值，而不是该策略假设的对公司成长性反应不足。

（3）羊群效应推动成长股价值经常被过度高估。

因此，即使对于热衷于成长投资策略的投资人，也只能将其视为一种短期投资策略，把握好适当的离场时机，否则很可能陷入市场对成长性股票的狂热投机之中而遭受重大损失。

3. 技术分析投资策略

技术分析策略是以各种技术分析方法给出的短期买卖信号为依据，决定买卖股票的一种短线投资策略。采用技术分析投资策略的投资人认为：

（1）价值投资策略和成长投资策略赖以建立的理论基础——股票具有内在价值并不成立。

（2）股票价值只能由市场供给和需求决定。

（3）投资者的非理性导致需求和供给经常出现巨大变化，股票价格大幅度波动，而技术指标和图表有助于探知供给和需求的潜在变化。

技术分析投资策略不需要评估难以琢磨的股票内在价值，只需要按照技术分析发出的买入信号买进或卖出信号卖出，看似相当简单，许多投资人因此偏好采用该策略进行投资。但投资实践同样表明，采用技术分析投资策略获得成功的概率也不高，技术分析所推崇的波段操作只是看起来很美。技术分析投资策略经常不能达到预期效果的原因是：

（1）技术分析以行为金融学理论研究为基础，试图将投资人心理和行为等因素进行量化，但依据技术分析指标频繁买卖，本质上就是行为金融学投资人非理性行为——过度自信的重要表现，这必然导致技术分析投资策略效果不理想。

（2）技术分析投资策略的频繁交易，累积了很高的交易成本，投资人必须保证三分之二以上的时间判断正确[3]，才能获得一定收益。

（3）技术分析投资策略应该研究真实的市场需求和市场供给，但投资市场经常可能出现股价操纵行为，破坏了技术分析的研究基础。

（4）技术分析投资策略要求投资人高度自律，股票一旦发出卖出信号，必须果断卖出，而投资人的自律程度往往达不到这种要求。

---

[1] 德弗斯科，等. 定量投资分析（原书第2版）[M]. 劳兰珺，等译. 北京：机械工业出版社，2012：77.

[2] 作者以国证价值指数收益率代表价值投资策略收益率，国证成长指数收益率代表成长投资策略收益率，中国 2011 ~ 2016 年国证价值收益率为 47.83%，国证成长收益率为 12.61%，成长投资策略收益率比价值投资策略平均每年低 5.16%。

[3] 达摩达兰. 达摩达兰论估价 [M]. 罗菲，译. 大连：东北财经大学出版社，2010：318.

4. 市场组合投资策略

和前三种投资策略不一样，市场组合投资策略以有效市场假设为基础，所构建的投资组合力图获得与市场整体水平相一致的收益率。实施市场组合投资策略，投资人可以借助各种类型的指数基金来完成，在中国投资市场指数基金尤其是交易型开放式指数基金 ETF 迅猛发展的背景下，这是一项相对容易完成的工作。

实施市场组合投资策略，投资人选择指数基金时须注意：①指数基金与追踪指数的误差要尽可能小，即指数基金和追踪指数的相关系数尽量接近于 1；②要考虑基金费率，收费越低的指数基金未来收益可能越好；③尽量选择规模较大的指数基金，以降低个人承担的费用比率。

实施市场组合投资策略，投资人不需要判断进入市场和离开市场的时机，只需要根据其到位资金状况和资金需要情况进行决策：

（1）进入市场以投资人到位资金状况为基础，理想状态是采取基金定投方式，因为定投有助于降低投资成本，增加盈利机会。

（2）当投资人需要资金用于其他用途时，才应卖出基金，离开市场。

14. 3. 2　对投资策略的滥用

投资成功必须保持投资策略的一致性要求，而投资失败都可以在投资策略的滥用即破坏投资策略的一致性上找到原因。

1. 不能将投资策略贯彻始终

不能将设定的投资策略贯穿始终，是投资人对投资策略滥用的最主要表现，其具体体现在以下几个方面：

（1）采用价值投资策略的投资人追逐市场热门股票，违背价值投资人购买价值被明显低估股票的初衷，股票下跌后被动长期持有，或者在股票持续下跌后承受不了大幅亏损的心理压力而卖出。

（2）采用成长投资策略的投资人，过度参与热门股投机，忘记该策略总体上短期表现优于长期表现的特点，不能在合适的时间离场，股票持续下跌后被动持有，或者在股票持续下跌后承受不了大幅亏损的心理压力而卖出。

（3）采用技术分析投资策略的投资人，买入市场公认投资价值很高的公司股票，违背技术分析没有公司好坏、只有股票好坏的基本原则，当市场发生转折、投资出现亏损之时，不能果断止损卖出而被动长期持有，或者在股票持续下跌后承受不了大幅亏损的心理压力而卖出。

（4）采用市场组合投资策略的投资人，违背其以获取市场平均收益率为目标的初衷，不是根据其资金供求决定进入市场和退出市场的时机，而是在市场大幅度下跌后减少投资，或者市场大幅度上涨后增加投资，导致最终收益率低于市场平均水平。

投资人对投资策略的滥用有一个非常有趣的现象，即当投资失败而被动长期持有股票之时，都自认为是价值投资者，因为长期投资是价值投资策略的重要标志之一，但他们都忽略了一个基本事实：价值投资策略是主动长期投资，以等待价格向价值的回归之旅；而他们的投资策略之所以出现长期投资情形，则是被动无奈的结果。这些貌似价值投资策略的长期投资的失败，被一些人视为价值投资策略不适合中国的证据，致使价值投资策略在中国蒙受不白之冤。

另外还有一个伴随各种投资策略失败的现象，就是这些无奈的长期投资人最后的结局基本上都是以大幅度亏损而离场，因为长期投资根本就不在其投资策略之中，或者所谓的长期投资没有以价值回归为基础，如果继续坚持下去则只能是遥遥无期的等待。

2. 在多种投资策略之间频繁转换

面对投资市场投资风格风云变幻，投资人为获得最大利润，可能在多种投资策略之间不断转换。理论上看，不同投资策略有其最适宜的市场投资风格，如果能够保证总是或者大多数情况下转换成功，获得的投资收益应该比坚守一种投资策略要高。但是，不同投资人个性不同，很难适应不同投资策略的不同要求，因而转换投资策略尤其是频繁转换投资策略很难成功。我们将投资人在多种投资策略之间频繁转换视为对投资策略滥用的另一种表现形式。

事实上，投资人在多种投资策略之间频繁转换，说明投资人并没有核心投资策略，这将增加交易成本，最终成功的概率往往不高，第2章讨论过的基金投资风格漂移就是很好的例证。

关键概念

詹森指数　　夏普指数　　特雷诺指数
价值投资策略　　成长投资策略　　技术分析投资策略
市场组合投资策略

本章小结

1. 投资学理论就是对四大投资准则的深入分析和研究，各种投资学理论可以概括为四大投资准则。
2. 对投资绩效的评估必须考虑投资收益和投资风险，投资绩效评估的主要公式有詹森指数、夏普指数和特雷诺指数。
3. 投资绩效可从资产配置和证券选择方面进行归因分析。
4. 投资策略主要有价值投资策略、成长投资策略、技术分析投资策略和市场组合投资策略四种。
5. 对投资策略的滥用破坏了投资策略的一致性要求，导致投资人失败。

问题和应用

1. 谈谈你对投资学理论可概括为四大投资准则的理解。
2. 分析詹森指数、夏普指数和特雷诺指数的异同点。
3. 简要解释投资组合收益率的归因分析。
4. 谈谈你对价值投资策略、成长投资策略、技术分析投资策略和市场组合投资策略的理解。
5. 投资人对投资策略滥用的主要表现是什么？是什么原因导致了这种滥用？

案例分析参考思路

第 2 章案例

2007 年国人投资意向以股票和基金等较高风险产品为首选，且占比分别高达 44.7% 和 30.30%，表明了国人乐观、激进的投资风格。

2012 年国人投资最明显的变化是分散化趋势，黄金、银行理财（有些类似储蓄）等保守性产品上升为前两位，股票、基金排名及占比均大幅度下降，显示出国人趋于谨慎、稳健的投资风格。

第 3 章案例

投资市场的参与者有发行人、中介机构、投资人和监管者：发行人希望高价发行股票；由于收费等因素，中介机构可能会偏向发行人；投资人希望发行人低价发行，投资人之间有多空立场的不同；监管者负有维系投资市场生态平衡的责任。

第 4 章案例

风险和收益的基本关系：高收益往往与高风险相伴而生，没有风险的长期高收益不符合风险和收益的基本关系，潜藏有欺诈的可能。

第 5 章案例

布朗组合投资策略会历久弥新，因为它包含四大类主要资产，且这些资产的相关性不高，因而能够获得较好的投资收益，且相应的投资风险也较低。

第 6 章案例

从理论上看，ETF 等指数基金的投资组合是最优风险投资组合，其收益超过大多数非指数基金收益并不奇怪。

第 7 章案例

教授的观点体现了有效市场的精髓。另外两种观点说明，市场有效不可能非常严谨，或者说，市场经常会处于无效状态。很多人不能想到所有的可能结果说明，投资人理性有限。

第 8 章案例

债券负利率是因为债券价格过高，未来债券价格可能在利率上升的情况下大幅度下跌。

第 9 章案例

股市信息真真假假不是中国股市的专利产品。判断信息的真伪需要结合股票的市场表现进行分析，认真研究信息发布者的真实目的。要全面分析信息和对信息进行适当联想。

第 10 章案例

乐视网截至 2015 年的年报显示：企业营业收入虽然爆发式增长，但企业营业利润和利润总额不仅未能同步增长，而是自 2012 年后持续大幅度下降，净利润增长的持续性严重值得怀疑。

	2011 年	2012 年	2013 年	2014 年	2015 年
营业收入(万元)	59 855	116 730	236 124	681 893	1 301 672
营业利润(万元)	16 136	19 741	23 670	4 786	6 942
利润总额(万元)	16 424	22 801	24 640	7 289	7 416
净利润(万元)	13 112	19 419	25 501	36 402	57 302
营业利润/净利润	1.23	1.02	0.93	0.13	0.12

第 11 章案例

技术分析是对市场演变趋势进行的分析，有时特别是在短期内对投资人的操作有一定的指导作用。但市场上的投资大师鲜有以技术分析而出名的。股市“章鱼帝”更多情形下只能是一种巧合。

第 12 章案例

股指期货具有重要的做空功能。理论上看，股市下跌的确与股指期货存在一定的关联。

第 13 章案例

如果上市公司华帝股份真的买入 877 万元法国队夺冠 1 赔 9 的彩票，相当于买入看涨期权，则其营销费用可以控制在 877 万元范围内，相当于支付的期权费用。

参考文献

[1] 张海滨．投资大百科［M］．北京：北京大学出版社，2008.

[2] 陈胜权，等．英汉证券与金融工程词典［M］．北京：经济管理出版社，2003.

[3] 张伟．投资规划［M］．北京：中国金融出版社，2006.

[4] 梅奥．投资学基础［M］．陈国进，译．北京：机械工业出版社，2010.

[5] 博迪，等．投资学（原书第6版）［M］．陈收，等译．北京：机械工业出版社，2006.

[6] 普林格．积极资产配置：投资者理财指南［M］．张晔明，译．北京：中国青年出版社，2008.

[7] 阿佩尔．机会投资［M］．孔庆成，译．北京：机械工业出版社，2007.

[8] 麦基尔．漫步华尔街［M］．骆玉鼎，等译．北京：中国社会科学出版社，2007.

[9] 饶育蕾，等．行为金融学［M］．北京：机械工业出版社，2010.

[10] 迈尔斯．股市心理学［M］．虞海侠，译．北京：中信出版社，2004.

[11] 雷德黑德．个人投资方法［M］．董波，译．北京：中国人民大学出版社，2004.

[12] 邱晓华，郑京平．解读中国经济指标［M］．北京：中国经济出版社，2003.

[13] 韩良智．怎样阅读与分析上市公司财务报告［M］．北京：经济管理出版社，2004.

[14] 西格尔．股市长线法宝［M］．范霁瑶，译．北京：机械工业出版社，2009.

[15] 杜欣．输家·赢家：中国股市大起底［M］．北京：新世界出版社，2001.

[16] 贺显南．投资学［M］．贵阳：贵州人民出版社，2006.

[17] 北京当代金融培训有限公司，北京金融培训中心．金融理财原理［M］．北京：中信出版社，2007.

[18] 谢剑平．现代投资学［M］．北京：中国人民大学出版社，2004.

[19] 霍文文．证券投资学［M］．北京：高等教育出版社，2013.

[20] 德弗思科，等．定量投资分析［M］．劳兰珺，等译．北京：机械工业出版社，2012.

[21] 周佰成，等．量化投资策略［M］．北京：清华大学出版社，2019.

[22] 饶育蕾，等．行为金融学［M］．2版．北京：机械工业出版社，2018.

[23] 培根．投资组合绩效测评实用方法（原书第2版）［M］．黄海东，译．北京：机械工业出版社，2015.

部分用书教师意见和反馈

（按照高校汉语拼音字母排序）

我们使用《投资学原理及应用》作为教材，感觉挺好：一是内容比较适合 36 个课时的教学安排；二是这本书既注重证券投资基础知识，又设计了必要的数量分析，且难度适中；三是理论与实际联系比较紧密，学生在学习过程中有身临国内投资环境之感，十分难能可贵。

——北京第二外国语学院经济学院　张金宝

在教学中我常深深感到，非金融学专业的学生对“投资学”这门课程的需求非常强烈，作为教师的我也一直希望找到合适的教材，这本书正好满足了我的需求。现在，我这门课程十分受欢迎，每年安排 450 个课位都很紧张，教材真是起了很大作用。其实，投资学教学的最大挑战（也是对学生最大的吸引力）就在于理论如何与现实有机结合，而这恰好是《投资学原理及应用》这本书的亮点所在！

——北京航空航天大学经管学院　谢岚

我们在给金融双学位学生第一次讲授投资学课程之前，都会选择贺老师编著的这本《投资学原理及应用》教材，并一直在使用。这本教材把投资学理论与实践结合得很紧密，每章都有鲜活的案例支撑，内容讲解深入浅出，语言文字生动活泼，可读性很强，真的非常好！

——北京语言大学商学院　宋晓玲

我从 2008 年给本科生讲授“投资学”课程开始，就一直沿用滋维·博迪等人所著的《投资学》。虽然国外教材案例丰富，但内容零散，尤其是缺乏国内证券市场案例，实在遗憾。而贺显南教授的这本书却做到了将理论和中国投资市场实践融为一体，填补了这样的缺憾。我准备在下学期将此书作为主要教辅参考书推荐给学生，并打算在今后的教学中逐步将其作为教材使用。

——重庆大学经济与工商管理学院　陈其安

这本书的内容紧跟实际，是一本非常优秀的教材，很适合我们的学生学习。现在像贺老师这么用心写教材的老师不多，相信贺老师的教材会越来越受欢迎。

——东莞理工学院城市学院　姜洪涛

从这本书的第2版开始，我们就将其选用为教材。全书以投资人需求为主线展开理论研究，四大投资准则贯穿全书，章节内容层层递进、环环相扣、首尾呼应。新颖的写作视角保证了教材理论上的严谨性，品读时更有一气呵成的体验。未来我们也会继续使用这本书，也非常愿意推荐更多的投资学教师使用。

——广东工业大学管理学院　贺晋

我从国外业界转至国内高校任教，新接“投资学”课程，并自购了数本教材进行比较，经多方对比后，决定采用贺教授的这本书。我认为，目前的教科书多半枯燥且少业界实务，而国外译著又缺乏对中国市场的剖析，《投资学原理及应用》却弥补了两者之缺憾，内容充实、生动实用。

——广西师范大学漓江学院　李根宏

作为证券投资学课程的授课老师，我对贺教授这本教材的关注是从第1版开始的，目前使用该教材已有多年。这本教材逻辑清晰，知识结构合理，并配有中国金融市场的最新案例、视频资料以及精心编写的习题集，非常有利于教学。教材每三年更新一版，贺教授为此付出了大量心血，实属不易，因此我强烈推荐这本教材。

——河北工业大学经济管理学院　李延军

相比国内其他教材，《投资学原理及应用》是一本理论性和实践性相结合的佳作，既有理论深度，又紧贴中国资本市场现实，通过各种案例和习题对投资学原理进行了深入浅出的阐释。此教材在我校已经连续使用了三学年，无论是对于金融学科还是非金融学科的学生，均具有较好的适用性。

——河北金融学院　刘莉

我们在过去很多年始终找不到一本高质量的国内投资学教材，直到第一次看到《投资学原理及应用》教材，感觉内容和深度都很符合我们一直以来的需要。这本教材有理论深度、有中国国情、有习题集和教辅，既有经典的逻辑框架，又有立足于中国资本市场的丰富案例。我拟配合博迪的《投资学》使用《投资学原理及应用》教材。

——湖南大学工商管理学院　陈艳

这是一本结合中国资本市场实践、很适合中国学生使用的教材。我个人建议将《投资学原理及应用》作为首选教辅，并尝试选讲部分内容与现在通行的国际教材进行对照。

——华南理工大学　邓可斌

这本教材的素材大多来自A股市场，且在投资哲学方面进行了有益尝试，相比其他教材，非常适合中国学生学习。贺老师有意把《投资学原理及应用》做成精品的传世之作，我认为他已经做到了。

——金陵科技学院商学院　熊发礼

此书第1版出版不久后，我们就将其作为教材，并一直使用至今。贺老师的教材具有三个特点：第一，重视实践应用，书中含有丰富的案例和例题，分析解答细致；第二，体现中国资本市场实践，书中的数据、案例和分析主要是基于中国资本市场，各种金融工具的介绍也兼顾中国特点；第三，精炼的理论表达，把复杂的投资学理论以比较精炼的形式表述清楚，实属不易。总之，这是一部用心之作，值得品读，适合用作本科投资学教材。

——吉林师范大学经法学院　赵洪丹

作为证券投资学课程的授课老师，多年来看过和用过很多投资学教材，但都不是特别满意。当我看到贺显南老师的这本教材时，不禁眼前一亮，书中提供了丰富的中国市场的最新案例来解释投资学原理，还有一本精心编写的配套习题集，非常有利于教学，于是我果断地把它列为我授课班级的教材以及线上慕课的配套阅读材料。

——江西财经大学金融学院　钟小林

国内教材编写者大多没有做过投资，或者虽有投资经历但业绩很难尽如人意，拼凑的教材完全没法看。作为从业界跳槽到高校的我，之前从未选用过国内教材，但浏览过这本书之后很惊喜，编著者非常用心，内容非常好，的确是难得的好教材。

——临沂大学　齐春宇

我们很早就将这本书作为教材使用。这是一本生动的投资实践与深刻的投资理论相结合的教材，也是一本内容翔实且投资案例丰富多彩的教材，具有中国气派，讲好了中国故事，是适合我国大学本科教学不可多得的参阅教材。

——兰州财经大学金融学院　周立

贺显南教授编著的《投资学原理及应用》比博迪的《投资学》简洁易懂，内容编排更符合逻辑，贴近中国资本市场实情，下学期我拟将该教材定为学生首选教辅。

——上海交通大学安泰经管学院　王宇曦

这本教材不拘泥于原理解释，又能联系中国案例，体例接近国外的“投资学”教材，实属罕见，我非常喜欢，并一直用作为财务管理辅修专业和未明确要求使用外版教材的其他专业的课程教材。

——上海师范大学商学院　王诤诤

贺显南教授的这本书是一本非常适合中国大学生学习的教材。全书理论丰富，尤其强调现实针对性，而且大量鲜活的现实案例更能让学生很好地理解并掌握理论。博迪的《投资学》虽然经典，但它以美国金融市场百年发展为基础，几乎不涉及中国资本市场，而这本教材很好地填补了这个空白。从教材提供的丰富的阅读材料和视频材料，以及案例数量、质量和时效性来看，贺教授为此付出了大量心血。我们学校已将其作为学生的参考教材，我强烈推荐本书。

——中国社会科学院大学经济学院　李朝晖